教育部人文社会科学重点研究基地北京大学中国考古学研究中心 2007 年度重大项目"鲁北沿海地区先秦时期盐业考古"(项目批准号:07JJD780120)阶段性成果之一

教育部 2010 度人文社会科学研究规划基金项目"商代东土的文化、经济与社会组织——兼论商王朝的地方社会"(项目批准号:10YJA780001)阶段性成果之一

北京大学震旦古代文明中心学术丛书之二十九

商周时期渤海南岸地区的盐业

燕生东　著

文物出版社

北京·2013

封面设计：张希广
责任印制：陆　联
责任编辑：窦旭耀

图书在版编目(CIP)数据

商周时期渤海南岸地区的盐业 / 燕生东著. —北京：
文物出版社,2013.9
（北京大学震旦古代文明研究中心学术丛书）
ISBN 978－7－5010－3535－9

Ⅰ.①商…　Ⅱ.①燕…　Ⅲ.①盐业史—研究—中国—
商周时代②制盐—考古—中国—商周时代　Ⅳ.①F426.82
②K878.04

中国版本图书馆 CIP 数据核字(2012)第 203513 号

商周时期渤海南岸地区的盐业

燕生东　著

＊

文 物 出 版 社 出 版 发 行
（北京东直门内北小街2号楼）

http://www.wenwu.com
E－mail：web@wenwu.com

文 物 出 版 社 印 刷 厂 印 刷
新 华 书 店 经 销
787×1092　1/16　印张：20
2013 年 9 月第 1 版　　2013 年 9 月第 1 次印刷
ISBN 978－7－5010－3535－9　定价：120.00 元

Aurora Centre for Study of Ancient Civilizations, Peking University Publication Series, No. 29

The Salt Archaeology of Shang and Western Zhou Period in the Coastal Region of the Bohai Gulf

Yan Shengdong

Cultural Relics Press

Beijing • 2013

目　录

第一章　绪　论

一　本书涉及的地理范围与时代

本书所涉及的地理范围为渤海南岸地带及相邻的内陆地区，即今莱州湾沿岸、渤海湾西南岸即古今黄河三角洲地区，大体包括了山东省潍坊、东营、滨州、淄博、德州市及河北省的沧州东南部等相关县市(图1.1—1)。

所研究的年代范畴也就是制盐工具盔形器出现、流行及结束的年代，即整个殷墟时期(含中商末期及整个晚商时期)至西周早期。

二　古文献所见渤海南岸地区的先秦盐业

渤海南岸地区，海滩平坦、广阔，蕴藏着丰富的高浓度地下卤水，非常适合盐业生产。这里是为古人所熟知的、著名的盐业生产基地[①]。传说中的宿(夙)沙氏就在该地区发明了煮海为盐。《世本·作篇》："宿(夙)沙作煮盐"，《说文解字》："古者宿(夙)沙初作鬻海盐"，学者多认为宿(夙)沙氏生活在炎黄时期。《北堂书钞》卷一百四十六引《鲁连子》："宿沙瞿子善煮盐，使煮滔(渍)沙，虽十宿不能得"，《左传》鲁襄公二、十七、十八、十九年还提及了齐灵公的寺人和少傅夙沙卫，显示齐国不仅有宿(夙)沙族群的存在，而且他们还可能是世世代代的制盐专业高手。因此，学者们多认为宿(夙)沙族群生活在齐国沿海一带[②]。宿(夙)沙氏因首创煮盐，还被后世尊为"盐宗"。

最早提及渤海南岸地区盐业情况的是战国早期文献《左传》。《左传·昭公三年》记载春秋末年晏子在回答叔向关于齐国近况的询问时，说田氏为笼络百姓、收买人心，"山木如市，弗加于山，鱼、盐、蜃、蛤，弗加于海"[③]。这说明当时田氏施行了与姜齐不同的政策——食盐销售过程不另加盐税的惠民策略。《左传·昭公二十年》还载，晏子批评齐景公暴征其私，导致民人苦病，"山林之木，衡鹿守之；泽之萑蒲，舟鲛守之；薮之薪蒸，虞候守之；海之盐、蜃，祈望守之"。齐国海边的盐业由祈望官看守和管理着。在晏子的劝说下，齐景公才"使有司宽政，毁关，去禁，薄敛，已责"[④]。这些表明，春秋末年，齐国的盐业

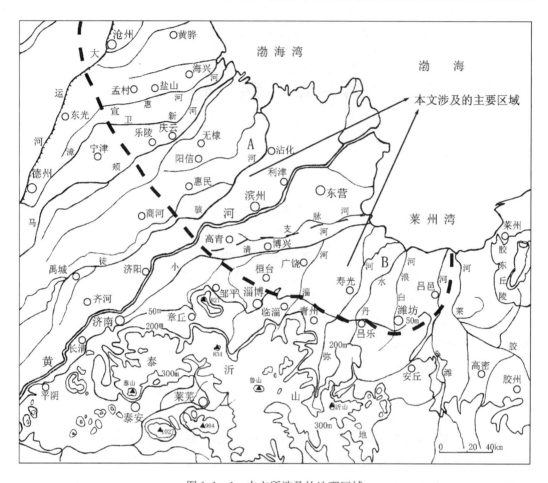

图 1.1－1　本文所涉及的地理区域

（根据《山东地图册》⑤内山东地形图改绘，1998 年；A. 黄河三角洲地区，B. 莱州湾南岸地区）

活动如盐业生产和盐制品销售的确受到过国家的严格控制，但这一政策根据执政者的需要可弛可禁，从文本记录者立场来看，更倾向于弛禁。战国晚期文献《国语·齐语》、《管子·小匡》和《管子·戒》等也有类似盐政记录，只是把时代提早到齐桓公那个时代。

战国中晚期，渤海南岸地区（属齐地）已成为人们所熟知的、著名的盐业生产基地。形成于这个时期的多个文献提及了该地区的盐业，如"青州贡盐"、"幽州鱼盐"、"北海之盐"、"渠展之盐"、"东莱鱼盐"、"齐国鱼盐之地三百里"、"齐之海隅鱼盐之地"等。《战国策》和《管子》轻重诸篇还明确了记载齐国产盐之地、盐业规模、制盐方法及盐业生产在齐国的地位。在战国、汉代政客和史学家眼里，渤海南岸地区的"鱼盐之地"（渠展之盐）是当时天下最有价值的物质资源之一，也是齐国财富的象征；齐国始封君姜太公的"便鱼盐之利"和管仲"设轻重鱼盐之利"政策成为齐国富民强的主要条件之一。

从《管子》轻重篇的有关记录可以看出,东周时期,齐国还发生了中国盐业史的一次革命——率先实行了"食盐官营",包括食盐的民产、官征收、食盐官府专运专销、按人口卖盐征税等制度。该阶段,食盐除了在本地消费外,还通过黄河和济水源源不断输向中原地区的梁(魏)、赵、宋、卫、濮阳等地⑥。管仲还因首创了食盐官营制度,也被后世尊为"盐宗"。

文献记录还显示该地区制盐原料可能不是海水,而是盐坑、盐泽(沼)、潟湖之水和地下卤水。如《水经注·淄水》:"淄水入车马渎,乱流东北,径琅槐故城南,……又东北至皮丘坑入于海",说明皮丘坑(坑)靠近渤海,《北堂书钞》一百四十六卷引晋伏琛《齐地记》"齐有皮邱坑,民煮坑水为盐,色如白石,石盐似之",《太平御览》地部四十引晋郭缘生《述征记》云"齐人谓湖曰坑",清王念孙《读书杂志》曰"坑,大泽也"。煮盐原料为潟湖或盐泽之水,但不是海水。《新唐书·地理志》卷三八记载,贞观元年,东莱郡掖县"有盐井二",则直接说明了该地区还有盐井。这些资料显示该地区的制盐工艺流程可能有异于其他沿海地区。文献资料还表明先秦时期东方地区的盐业生产中心在渤海南岸地带,汉代及之后才转移到胶东半岛及鲁东南沿海一带。

据研究,殷墟卜辞中的"卤"就是指的盐卤,金文、甲骨文中都有涉及殷商时期盐业生产和盐政的记录。有学者认为,商王朝的产盐之地为运城一带的河东盐池,武丁对西北地区的征伐,主要是保持盐路畅通⑦。还有学者认为,商王朝所用之盐除河东池盐外,还利用了东方滨海地区的海盐,晚商时期大规模征伐夷(人、尸)方,就是获取东方地区的海盐⑧。由于殷墟时期商王朝势力在西部、西北部大规模退缩,晋南地区未能见到商文化聚落,卜辞中记录的盐业活动应发生在东方沿海地区即渤海南岸地区。这一点,卜辞中也有明确证据,"癸未卜,在海师(次),贞:旬亡祸?王占曰:吉。在十月,唯王迍卤"(《甲骨文合集》36756),讲的是殷历十月即夏历二月仲春之季⑨,商王帅兵东巡海隅,在产盐之地振兵田猎,保护盐田。

冯时先生还系统梳理了殷商时期的盐业生产和盐政等情况⑩。关于制盐方式。卜辞中的"醢"字,中为"卤",下从"凵",象坎池之形,意为从坑池中获取盐卤,这说明商代已有引水至池晒之成盐之法。商周金文中的"覃"字,象煮盐之形,上部即盐卤之卤,下部为煮盐之器,器呈尖底,这显示当时还煮卤成盐。

关于制盐业的社会分工,东方地区已有专门煮盐和制作盛盐之器的族氏。商周金文中有"覃"族,如覃父乙爵、亚覃父乙卣、亚覃父丁爵等,"覃"乃以器煮盐之会意字,覃族本应煮盐为职业,后以之为族氏名。覃即周代的"谭"国,谭为子姓,属殷民之族。西周时期,谭国在东方地区,东周时期则在济南平陵城一带或临淄以东。而山东滨城兰家出土铜卣上铭文应释为"甾",即卜辞中的甾族,兰家可能是古甾国所在地,"甾"形意为甾缶之象形,甾氏以制造盛盐之甾器为职。商王朝非常重视盐业,商王不仅亲自巡视、规划、保护产盐之地,派重臣负责敛取或运输盐卤,还有专设负责盐业生产的大臣。"盬"字意象引池晒盐之形,在卜辞还用为地名,甲骨文中有商王"往于盬","步于盬","延复有行从盬","于帝盬","往萑盬","盬萑","尞于盬"等记载,亲自视察和规划产盐之地,并在那里举行祭祀活动。弜为殷大臣,曾代王行事。"壬戌…令弜…取卤? 二月"(《甲骨文合集》7022),"戊戌卜,贞曰:弜其从卤,亡口?"(《甲骨文合集》20177),"取"有敛收之意,弜在殷历二月即夏历六月季夏之际,代替商王到盐场之地敛取盐卤。商王朝还有专职官吏主管盐业,"卤小臣其又(有)邑?…乎…邑?"(《甲骨文合集》5596),说商王赐予卤小臣采邑之事。小臣卤有自己的封邑,说明"小臣"在商王朝内等级较高。

此外,商代的卤还有特殊功能,如商王把盐卤用作祭祖之物,贵族间朝问觐见时把盐卤作为致送的礼品。

传世的五枚战国齐"徙盐之玺"铜玺,有学者认为它们是齐国食盐流通过程中使用的官印,目的是保证食盐的正常流通以及有效征税或避免重复征税[11]。

三　考古学的发现与研究

渤海南岸商周时期盐业问题的考古学探索主要是围绕制盐工具——盔形器的分布、时代、功用、文化性质及同其他地区制盐工具相比较等问题而展开的,只是最近才对该地区盐业聚落形态的分布、规模、堆积特点、内部结构及相关的制盐工艺等问题展开系统田野考古和研究工作。

1. 考古工作概况

上世纪50年代初兴修水利工程时,利津、沾化、滨县、广饶等县市沿海地带就曾出土过大量盔形器。1955年,文物部门还对沾化县杨家遗址(群)进行了试掘。王思礼先生根据这类器物多分布在渤海沿岸,出土数量又多,器形特殊,遂认定为东周时期煮盐工具,并首次公布了盔形器的图片[12]。60年代,北京大学考古实习队在弥河、潍河流域的寿光、青州(益都)市一带文物调查时也发现过盔形器[13]。70年代,滨州市文物管理处在滨城兰家、卧佛台、小赵家等商周遗址调查、钻探和试掘时,新发现了一批完整盔形器或残片,还大体了解了这些遗址的埋藏和堆积情况[14],重要的是在沾化县杨家、利津县南望参等遗址(群)发现了可能是烧制盔形器的陶窑群(煮盐的灶?)。自60年代以来,滨县、广饶、寿光、寒亭、潍坊等县市文物部门就征集了大量完整盔形器[15]。80年代以来,考古工作者在内陆地区青州市赵铺[16]、凤凰台[17]、寿光市边线王[18]、章丘市宁家埠[19]、王推官庄[20]、邹平县丁公[21]等商周时期遗址发掘时,也发现了少量完整盔形器。这些盔形器出土单位(水井、灰坑、地层堆积)的层位关系明确,又与商代末期、西周早期陶器共存。盔形器的年代可早至殷墟晚期、西周早期已得到共识。桓台县史家商代水井、灰坑里还发现了一批完整的殷墟早期盔形器②。

2001 年春,山东大学考古系在淄博市淄川区北沈马遗址的西周早期堆积内发现了若干件盔形器标本③。2001 年春至 2002 年冬,山东省文物考古研究所鲁北先齐文化与齐国早期都城研究课题组发掘了桓台县前埠、唐山、李寨,博兴县寨卞等遗址,在殷墟一至四期至西周初期的灰坑和水井等遗迹内发现了少量盔形器,这样则进一步证实了盔形器的年代可早至殷墟文化一期④。

2001 年春,山东大学东方考古研究中心等单位以探讨鲁北海岸线变迁为目的对寿光市北部的大荒北央西周早期遗址进行了试掘,清理面积 100 余平方米。该遗址属于典型制盐遗存,所见盔形器的数量占陶器总量的 90%以上,还见摊灰括卤堆积及淋卤坑等制盐遗迹⑤。

2003 年夏,山东省文物考古研究所等单位在阳信李屋遗址发掘了一个殷墟时期的制盐村落,该聚落包含了房屋、院落、窖穴、取土坑、窑址、墓葬以及生产、生活垃圾堆积。出土陶器中,盔形器和日用器皿各占 50%左右⑥。该年秋,山东省文物考古研究所等单位在山东寿光市北部双王城一带发现规模巨大的商周时期盐业遗址群,并在随后的几年内,陆陆续续进行了一系列考古工作。不仅初步了解了该盐业遗址群的分布情况,还发现了与制盐有关的卤水坑井、各类坑池、盐灶等遗迹⑦。

2007 年之后,教育部人文社会科学重点研究基地北京大学中国考古学研究中心重大项目"鲁北沿海地区先秦盐业考古研究"、国家科技部"中华文明探源工程"(2)重大项目"技术与经济研究课题"、国家文物局指南针计划"中国早期盐业文明与试点"等课题陆续立项以及全国第三次文物普查工作开展以来,北京大学中国考古学研究中心、山东省文物考古研究所与各县市文物部门联合对莱州湾沿岸地区的昌邑、潍坊市滨海开发区、寒亭、寿光、广饶、博兴和黄河三角洲地区的东营、利津、沾化、无棣、滨城、惠民、庆云、乐陵和黄骅等县市沿海一带进行了系统考古调查工作,共发现了龙山时期、殷墟时期至西周早期、东周时期、汉魏时期、宋元时期的上千处制盐遗存。其中,新发现和确定了广饶县东北坞、南河崖、东赵、坡家庄,寿光市双王城、大荒北央、王家庄,潍坊市滨海开发区央子及东营市刘集、利津县洋江、垦利刘庄、沾化县杨家、庆云县齐周务等十余处殷墟时期至西周初期大型盐业遗址群,单个盐业遗址数量超过 300 处,说明该阶段是渤海南岸地区一个盐业生产鼎盛期。而规模和数量与这时期相匹配、制盐工具也不同的东周时期盐业遗址群的发现,显示东周时期是该地的第二个盐业生产高峰期⑧。目前,已确定了昌邑市唐央、廒里、东利渔,潍坊滨海开发区西利渔、烽台、固堤场、韩家庙子,寿光市单家庄、王家庄、官台、大荒北央,广饶县东马楼、南河崖,东营市刘集,利津县南望参、洋江,沾化县杨家,无棣县邢家山子,海兴县杨埕,黄骅市郛堤等二十多处遗址群,上千处遗址,发现了卤水坑井、沉淀坑、盐灶等制盐遗存和房屋、院落建筑遗迹、墓地等。不同时期盐业聚落形态的分布、规模、内部结构、堆积特点及所呈现的制盐工艺流程、生产组织、生产性质等,不仅为渤海南岸地区古代盐业生产水平、制盐方式、生产性质、管理形式等提供了考古依据,为研究该地区商周时期盐业诸问题提供了对比资料,也便于把商周时期盐业考古资料放入一个长时段发展过程来考虑。

2008 年春,山东大学考古系等单位对广饶南河崖编号 GN1 遗址进行了发掘,清理面积上千平方米,发现了若干座盐灶、淋卤坑、卤水坑、房址(盐棚)及摊灰括卤等制盐遗迹㉒。

自 2008 年春至 2010 年冬,为配合南水北调东线工程山东段双王城水库建设,由山东省文物考古研究所、北京大学中国考古学研究中心、寿光市文化局等单位组成的考古队对水库建设所占压的编号 07、014A、014B 和 SS8 四处盐业遗址进行了大规模发掘工作,清理面积超过上万平方米,揭露了多个商周时期制盐作坊区,发现了卤水井、卤水沟、沉淀池、蒸发池、储卤坑、大型盐灶、灶棚、生产和生活垃圾等商周时期制盐遗存㉓。自此,对渤海南岸地区殷墟时期和西周早期的制盐单元结构有了基本了解。此外,与盐业生产相关的科学分析和研究工作如环境、制盐技术、陶器产地、盐工生计等方面也陆续展开。

2. 研究简史

把盔形器看作东周时期煮盐用具,是基于这类器物主要集中分布于渤海沿岸,出土数量多,形态特殊,在野外发现的这类器物"多与东周时期的鬲、豆、盆等共存",以及《管子·轻重甲篇》等文献有"今齐有渠展之盐,请君伐菹薪,煮沸(济)水为盐"、"北海之众,毋得聚庸而煮盐"等记载。上世纪 80、90 年代以来,学者们已普遍认识到盔形器可早到殷墟时期,并普遍把盔形器看作分布在鲁北地区的商周时期东方土著(东夷)式陶器㉚。

对制盐工具盔形器类型学、编年、文化性质、分布与功用等专门研究始于上世纪 90 年代。曹元启先生首次对盔形器进行了形态分析㉛,他把历年来发现和收集掌握的盔形器进行了排比,共划分了 12 式,总结出了盔形器从尖底、尖圜底到圜底,器体由小到大的演变轨迹,大体编制西周早期到西汉早期的编年发展序列。其中,以东周时期盔形器数量最多。由于盔形器的分布与现在盐场分布基本一致;盔形器出土时,器口朝上,多成排出现,外表粘有红烧土;器物多夹砂、厚胎、圜底,适宜煮熬;沿海的潮涧地带又分布着高浓度卤水。因此,他认为盔形器是煮煎海水、地下卤水或卤膏(硝)的用具。

方辉先生利用新资料对鲁北地区海盐生产进行了研究㉜。他根据邹平丁公遗址的新发现和殷墟出土的盔形器,认为盔形器的出现年代为殷墟三期,他把盔形器分为 5 式,大体排出从圜底、到尖圜底、再到尖底,从殷墟三期到东周时期与曹文相反的的演变序列。对于盔形器属于煮盐的工具,他补充的证据是盔形器与三峡煮盐工具、美洲玛雅地区煮盐工具圜底罐、日本的尖底圜底器相似。因盔形器大小相若,他认为盔形器还作为盛载海盐的量器,并便于运输。联系到甲骨文"卤小臣"及滨州兰家出土青铜器上的符号,推测商王朝在山东滨海地区设有盐业管理机构,来负责海盐的生产与供给。他还根据甲骨文相关记载,认为商人东征夷方的目的,就是控制鲁北地区的海盐。还在以后的论文中,他进一步强调了这一观点[34]。

李水城先生考察了莱州湾及胶东沿海地区盐业遗存后,对已刊布资料进行了梳理和分析[35]。他有以下认识:其一,盔形器流行时代为商代晚期至西周。其二,盔形器大体分两大类,一类为圜底,另一类为尖底。盔形器胎体厚重,不具备一般生活用具的特征,有的遗址还发现将盔形器集中放置在地面或窑内,表明盔形器是一种特殊的专业化生产用具。其三,盔形器集中分布于胶济线以北,以莱州湾近海滩涂地带最为集中,有相当一部分出盔形器的遗址坐落在今盐场范围内或附近,以莱州湾为圆心,沿今海岸线 15～30 公里构成一面向海湾的弧,该范围为高密度区,遗址出土盔形器最高占陶器总量 90％以上。在高密度外围为低密度区,遗址内也见少量盔形器。那些集中出土盔形器的遗址当时更加靠近古海岸线。沿海滩涂地下水位高,加之潮水涨落,土壤高度盐化,极不利于农业垦殖。其四,盔形器形态与三峡地区的花边口圜底罐及国外制盐工具相似,盔形器出土的环境与国内外制盐遗址十分接近。其五,历史上齐国一直为重要的海盐产地。被尊为"海盐之神"的夙沙氏,其部族活动传说就在山东境内。因此,盔形器应为生产海盐的用具。他还通过对盔形器大小尺寸的测量获知,盔形器通高在 20～22、口径 16～18 厘米,变化幅度不大,呈现出标准化的趋势。据此,也推测盔形器还具有装盛海盐的量器功用,并便于运输。在以后的研究文章中,把莱州湾地区制盐年代、工具形态、盐业遗址的分布及堆积特点、制盐原料、成盐方法等诸问题与日本沿海盐业遗存进行了比较。他认为不同民族在陶器制盐阶段的技术有着相对大的一致性,推测莱州湾商周制盐火煎法或日晒蒸发法[36]。他还进一步提出,东夷族的制盐产业就集中在莱州湾沿岸一带,商人东征的真正目的是为了掠夺夷人的海盐[37]。他强调的是盔形器出土背景和国内外盐业遗址堆积的相似性上。

根据大荒北央制盐遗存的发现,结合盔形器上残留物质的科学分析,参照古文献关于海盐生产工艺的记录,王青等先生复原了渤海南岸地区商周时期制盐流程:开沟获取卤水,摊灰刮卤,坑中淋卤,最后用盔形器煎卤成盐;并认为盔形器部分来自内陆地区,部分产自本地。内地与沿海以海盐和制盐工具所进行的交换表明,沿海地带在西周前期已成为鲁北内陆作为社会经济中心的资源控制区,这可能与周初齐国实行的"通商工之业、便鱼盐之利"有关[38]。他还根据他所掌握的鲁北北部古代遗址分布情况,复原了不同时期的海岸线,认为分布在"古海岸线"的遗存应与制盐有关,从遗址的分布情况来看,该地区的制盐业可早到新石器中晚期。他还认为,鲁北内陆则是制盐工具的生产供应区和食盐的消费区,沿海与内陆地区山前平原很早就建立了生产和消费的往来[39]。

朱继平等先生具体分析了阳信李屋、寿光大荒北央遗址以及内地桓台、博兴县商代遗址出土的盔形器、鬲、豆、罐及采集的土壤样本。XRF 分析结果表明李屋、大荒北央遗址盔形器内的 Na 元素和 Cl 元素含量明显高于其他样品，盔形器表面附着土样溶解后滤液结晶体的 XRD 和体视显微镜分析，还可看出主要成分为 NaCl 的白色晶体，因而确定盔形器为当时的制盐容器。但是，盔形器分析结果与三峡地区古代制盐工具圜底罐存在着差异④。

刘莉、陈星灿先生根据商文化遗址在晋南的消失刚好与二里岗上层时期商文化向东方扩张在一致时间上"前后相接"，认为商人向东扩张的目的就是获取这里的海盐资源。而在利津等地区发现的规模有序的晚商盐业遗址，很可能是由国家专控的，并推测大概同样性质的盐业生产在二里岗晚期阶段已经开始。换句话说，二里岗时期对晋南盐业的放弃，大概是商王朝东扩和对沿海地区新的盐业资源实施控制的结果④。刘绪先生在评价寿光双王城、阳信李屋遗址（群）的考古发现时，联系到晚商文化在北、西、南的收缩，而在山东地区的发展一直比较稳定，苏埠屯商墓出土陶器组合与殷墟墓葬的相同，说明晚商文化在该地区的发展与盐业生产有关②。赵辉先生根据垣曲盆地早商文化和聚落的突然消失，认为商人失去了晋南地区盐业生产基地后，就转移到了东方沿海地区③。这些认识很具有启发意义。

最近，冯时先生梳理了甲骨文、金文及战国文字保留的古代盐卤史料，谈及了商周时期东方地区的制盐方法和盐政，他认为济南青州一带的谭国（族）之"覃"，因事关煮盐之职为族氏，而滨州地区的甾族则以制造盛盐之器为职，二者分工明确④。

通过近几年来的沿海和内陆腹地考古工作，根据盐业遗址（群）聚落形态的分布，渤海南岸地区特殊的地理环境，丰富的、高浓度的地下卤水资源以及在双王城发现的坑井和坑池，发掘者认为制盐工具盔形器主要流行于殷墟时期至西周早期，商代生产性质应属于商王朝控制下的盐业活动，首次表明商周时期制盐原料不是海水而是地下卤水，卤水在坑池内还经过了风吹日晒。结合内陆地区同时期聚落分布上的发展变化，规模巨大的制盐遗存群的出现，殷商文化、经济在该地区的突然繁荣，人口和聚落数量的聚集和增多，以及不同功能区聚落格局的形成，遂提出了渤海南岸地区是殷墟时期商王朝的盐业生产中心这一观点⑤。

3. 简要评述

已有的考古发现和研究成果促使了本地区盐业考古的开展，也为以后相关问题的深入探讨打下了良好基础。国内外制盐工具和盐业遗址堆积的横向对比，也拓展了我们的视野。但是，这些研究工作也存在一定局限，包括作者在内已提出的一些观点需要详尽论证和补充，并随着新资料的出现和增多，需做些适当修正。

比如，制盐工具盔形器的详细编年、断代和文化性质等方面还缺乏系统研究和论证。而把目前所发现盐业遗址与《史记》《管子》等所记载齐国两周时期盐业生产情况结合起来考虑是有问题的,因为根据目前所见资料,制盐工具盔形器年代属于殷墟时期至西周早期,与西周中晚期、东周时期无关。关于商代盐业的生产性质,有些学者认为是当地人生产海盐,而商末商人东征夷方的目的,在鲁北地区就是控制和掠夺该地区的海盐,暗示这个时期盐的生产也是由当地人(夷人)所从事和控制的(把盔形器看作土著文化的器物,也应是类似观点)。这些观点似乎与目前的考古资料相矛盾。煮盐工具盔形器以及盐场遗址分布在潍河以西的商文化圈内,显示出当时盐业生产性质应是商人控制下的盐业生产。商人(文化)大约在二里岗上层已经进入渤海南岸沿海地区,多年的考古工作并没有证实这个时期已经出现制盐活动。因此,还不能说商人"东征(侵)"是为了控制和掠夺该地的盐业资源。

再如,关于制盐工艺流程问题,有学者根据盔形器与三峡地区的圜底罐、国外煮盐工具形态相似来复原渤海南岸地区制盐技术,或者比附于元、明、清文献中的海盐生产过程。目前看来,这些看法似乎与发现的考古资料并不一致。而且,这些比较,侧重的是共性,忽视了渤海南岸地区的新发现、不同时期制盐遗存和用具的特殊性和复杂性。因此,不重视甚至无视该地区盐业考古的实际和资料事实,拘泥于官方文献对某地区制盐业的文献叙述,以及与国内外制盐遗存的跨地区类比,很可能导致分析的偏颇和结论的片面。

更重要的是,盐业考古不仅了解生产技术,还要进一步了解大规模化盐业生产、销售、运输、相关物资流动等内容以及背后的社会、政治和经济内容,这些研究不仅需要横向、纵向对比及科技考古的支持,更需聚落考古理念和方法。

总之,渤海南岸地区盐业考古,无论是研究方法还是研究内容上,都有进一步研究的空间。

四 其他地区盐业考古情况

欧洲、美洲、非洲及日本等地区盐业考古工作开展较早,总结出了许多操作可行的理论和方法,也累积了一些工作经验,对中国盐业考古研究启示很大。

1. 关于制盐原料、制盐方式及盐制品的功能方面

学者们对美洲、非洲、大洋洲及东南亚等等地前工业化地区的盐业生产进行了详细调查和研究,获得了关于制盐原料、制盐方式的大量民族志资料,由此,还探讨了不同地区、不同社会群体内盐制品的功能及盐业在社会经济、文化发展中的地位等问题,观察了这些地区制盐活动废弃后的堆积,以此来发掘和解释古代的盐业遗存㊽。

盐,据来源不同可分为岩盐、海盐、井盐、池盐等。制盐原料种类较为繁多,细分起来,有盐矿、蒸发盐(盐湖水干涸)、地下盐泉卤水、盐湖水、盐湖内的盐碱土、海水、海内泥炭(在荷兰北部和南部,通过燃烧蕴含海水的泥炭获得泥炭盐)、沿海地下卤水(如渤海南

岸）、滩涂地上盐碱土（斥卤）、含盐植物（如新几内亚薏苡仁）等。这些为我们寻找盐业遗址有很大帮助。

在制盐工艺流程上，如何取卤、制卤（提高浓度、净化卤水）、成盐、制模、包装、运输等方面，还提出了一些生产模式，很有参考价值。

盐在生理上的主要功能在于刺激心脏跳动、平衡身体体液以及促进神经系统上。从这方面讲，盐是人生命的必需品。但也有学者认为人对盐的需求由文化因素所创造，而非生理因素。盐主要作为调味品、烹饪佐料、祭祀用品、医疗用品，在某些地区具有货币的功能，在中国古代还是贵族控制下的威望物品⑫。

盐具有提出肉及鱼类的水分以防止细菌造成组织腐坏的能力。用腌制鱼、肉和蔬菜，是古代保存蛋白质的主要方法，也是保存蔬菜的方法。这一技术促进了十五、十六世纪以来的欧洲殖民扩张，一方面可把远洋捕捞的鳕鱼用盐腌制保存，运往消费区，另一方面解决了航海家们远航所需的蛋白质来源⑬。

盐的生产与贸易成为社会经济发展的典范。盐业促进了现代社会的起源，威尼斯共和国的经济繁荣以及商业统治地位都是建立在盐业生产以及盐业贸易基础上的。盐业贸易加剧了西方现代化的进程，在欧洲史上，西班牙的衰落以及荷兰的崛起都可以证明人们一直在争夺盐业贸易的霸权地位⑭。

2. 如何寻找和确定盐业遗址和制盐工具

盐本身属于易溶物质，在田野考古中很难确定盐的存在。国外的研究成果显示，各地早期盐业生产的器物及遗迹现象具有相似之处。

盐业遗址多靠近盐矿、盐湖、盐泉、沿海等地方。制盐场所的选择上除了考虑距离制盐原料近外，还要考虑靠近燃料来源和便于盐制品的运输、销售等因素。

盐业遗存堆积往往比较厚，埋葬着数量巨大的陶器残片，而且器类单一，不见或少见生活用具，如法国北部的洛林 Seille 河谷，那里是历史上著名的盐产区，制盐遗址厚达 12米，日本沿海的制盐遗址也厚达 1 米以上。由于制盐陶器的使用往往是一次性的，其耗费量巨大，所以会形成数量惊人的废弃堆积。

遗迹不同于一般农耕聚落，常见工作面、盐灶、过滤池、蒸发池等遗存。

制盐陶器相对粗糙，仅内部略作处理，器物口径比较大，器底明显偏小，常见圜底、尖圜底、尖底和圈足的造型，器壁偏厚，特别是器底更厚。

同一个区域制盐容器的容积大致相等，这些陶器除了担负制盐器具的同时，还有量器之功能。这种标准化的情形常见在制盐的陶模子或直接熬煮成块的陶器上，盐模做成的盐块便于运输和贸易，甚至充当货币使用⑮。

3. 四川盆地及其邻近地区古代盐业的景观考古学研究

自上世纪末以来，考古工作者对三峡地区中坝盐业遗址进行了大规模发掘，清理面积累积近万平方米,发现了大量史前和商周时期盐业遗存③,为中国盐业田野考古工作提供了许多参考和经验。但从田野考古角度而言,该遗址(也包括其他遗址)的发掘和研究还有些遗憾,比如卤水来源问题没有解决,未找到各时期的卤水坑井;尤其是没有发现盐业生产最主要的证据——各时期盐灶(只见新石器晚期、汉代和唐代窑或灶);多数学者把商代的尖底杯或角杯看作盐模,但是这个时期的煮盐用具却不得而知。

最近,由李水城、罗泰先生提出并正在实践的四川盆地及临近地区古代盐业的景观考古学研究,目标是重建四川盆地及临近地区陶器制盐技术,揭示早期盐业生产的组织和管理方式,把盐业生产视为"产业系统"的一个组成部分,来探讨制盐业这种在生态背景下的"经济行为"与"社会—文化发展"之间的互动关系㉜。

有学者还通过三峡地区早期制盐用具的标准化、规模化、专业化程度分析了当地社会组织结构的变化过程㉝。

科技分析方面,有学者测试了三峡中坝遗址内土壤、圜底罐残留物成分及内外壁保留的氯化钠情况,探讨了遗址的性质和圜底罐的功用㉞。

近几年来,李水城等先生在中国境内倡导的盐业考古,已经取得了令人瞩目的重要成果。这些工作和收获对中国盐业考古而言,均具有开创性的意义。

五　盐业遗址聚落形态的考古实践

以聚落遗址为研究对象或者是在社会关系的框架下进行田野考古操作和研究的聚落形态考古㉟,其研究内容包含了以下几个方面,单个聚落形态和内部结构的研究、聚落分布和聚落之间关系的研究以及聚落形态历史演变的研究。盐业考古不仅了解生产技术,还有进一步了解盐业生产、销售、运输及相关物资生产与流动的社会管理、组织等,而这些信息就体现在聚落的存在状况。因此,聚落形态分析同样适合于渤海南岸地区的盐业考古研究。如,制盐技术即工艺流程方面,可以通过盐业遗址聚落整体形态和内部各类遗迹的构成,分析其制盐作坊内部结构,进而了解其制盐工艺流程;盐业生产组织方面,可从每个制盐基本单元所反映的人数和分工入手,分析盐业遗址群内聚落布局和关系,获得盐业生产组织的概况;要认识制盐业这种特殊的产业活动背后所反映的生产性质、社会分工,及支撑盐业生产、管理,食盐运输、销售及盐工所需生活、生产物资流动背后的经济网络和社会关系,更需要通过更大范围内、不同性质和功能的聚落形态研究来把握。

而目前,商周时期渤海南岸地区的盐业考古主要对制盐工具、盐业遗址特殊堆积的横向和纵向比较,或者比附于元、明、清文献中的相关记录,还缺乏盐业遗址聚落形态的考古研究。

　　渤海南部沿岸地区特殊的地理环境,非常不适合古代人们长期居住和农耕活动。与高度开发的内陆地区相比,这里的遗址延续时间短,不同时期遗址重叠者也少,而且,古代盐业遗址保存相对较好。自上世纪50年代起,当地政府为开发滨海平原的土地资源,组织人员疏浚河道,修挖排水工程,排涝除碱,并修建防潮大坝,防止海潮内侵。现在的农耕活动为挖沟取土,抬高地表,迫使咸水下流,再用淡水冲压,盐碱地通过多次洗碱后才改良为耕地。农业部门为排涝除盐碱,每隔300米左右就修挖一条较宽深的排水沟,再每相距50米左右修挖与之垂直的小排水沟,这样就形成了纵横交错的排水系统。几乎等距离的排水沟、水沟两侧断面以及水沟两侧出露的古代遗物,不仅为徒步调查提供了空间刻度,也为全面系统勘察、钻探、铲刮断面、试掘工作提供了线索和工作便利。另外,村民在整修田地时常发现制盐工具如盔形器碎片集中区或盐碱比较多的地块,由于难于种植农作物,村民称之为"央子"和"疙瘩地",这些地方经证实就是古遗址所在地。因此,在这里进行田野考古工作就比较容易发现遗址,也容易把握盐业遗存的分布、规模、堆积厚薄及遗址群内部结构等情况。

　　2003年以来,北京大学中国考古学研究中心和山东省文物考古研究所等单位先后对渤海南岸滨海平原一带的盐业遗存进行了一系列田野工作。田野调查、复查、钻探、试掘、发掘及相应的作业和记录方法等主要借鉴了中国考古学家在各地田野考古实践和总结出的成功经验,并参考了国外的一些方法[⑤]。盐业遗址聚落形态田野作业大体可分三个步骤[⑥]。

　　第一步,通过系统考古调查、钻探和试掘工作,了解各时期盐业遗址聚落形态的堆积特点、分布形式、聚落数量、规模、空间布局等状况,并初步整理调查所获资料,建立起每个盐业遗址或遗址群的详细分期框架,总结出各时期每处盐业遗址的年代延续规律。

　　第二步,通过大面积的考古发掘工作,揭露出一个完整的制盐单元,并尽可能地清理若干个盐业遗址来总结出制盐作坊基本设施结构的规律和特点。考古发掘的目的不单是了解古代尤其是商周时期该地区的制盐工艺流程,如制盐原料(该地有海水、地下卤水、潟湖咸水、盐碱土等)、制卤过程(即如何净化卤水和提高卤水浓度)、成盐方式(即如何煮盐或晒盐)以及煮盐所需燃料、盐工居住和生活情况,而且通过发掘,还能让我们认识到哪类遗迹、遗物代表着哪类制盐单元的功能设施。

　　第三步,当有了各类遗迹、遗物与不同制盐功能设施对应关系的认识后,再重点复查和钻探一些重要遗址,目的是分析不同规模盐业遗址内功能区划和制盐单位数量等问题,每个盐业遗址和盐业遗址群的制盐单元数量与空间分布形态,并寻找、分析有无堆积形态特殊的遗址或遗迹。

　　第二、三步的工作内容和方法比较简易理解,下面重点介绍第一步的具体作业方法和工作程序。

两人一组沿着排水沟两侧同时徒步行走,发现陶片等遗物时,扩大调查范围。以陶片和遗迹的有无确定是否是遗址,以它们的分布范围判断遗址的规模⑧。确定下遗址后观察所在地势,测量其地理坐标。最后把所发现的遗址一一落在万分之一、五千分之一的测绘图上和卫星拍摄的地图上。

铲刮水沟两侧所暴露出的断面,观察文化层厚度、遗迹现象和性质;充分利用钻探手段来确定遗址的有无,遗址面积的大小,文化堆积的厚薄,并判定重要遗迹现象的性质。由于遗址数量多,考虑到人手、经费和工作时间等问题,只能有选择地对相关遗址进行了重点钻探;对那些破坏大,遗迹遗物暴露较多的遗址,则作了重点调查、钻探、清理和遗物的系统采集。对个别破坏较大的遗迹如盐灶、小型的陶片集中地等则进行清理。

对遗址出露和经钻探、清理所见的坑池、沟、盐灶、灰坑、坑井、盔形器碎片集中地等遗迹现象则重点做了拍照、测绘和文字记录,并绘制遗迹分布图。

不仅对坑池、沟、盐灶、灰坑、坑井、盔形器碎片集中地等遗迹内的标本进行了分别专门收集,而且还对同一遗址内不同遗迹内或不同区域内暴露的遗物进行分别采集和记录,作为单独的分析单位,这样便于认识遗址内不同功能的遗迹分布格局,同一性质遗迹单位的历时过程。此外,还把遗物集中地作为一个采集单元,尽可能全面采集,尤其排水沟两侧新近掘挖出的遗物。如果一个遗址的面积比较大,存有多个遗物集中区,就把每个区作为一个采集单元,分析遗迹现象,判断其性质,观察出土遗物的特征,排比盔形器的编年,来分析各采集单元的年代关系、形成过程和制盐单位的数量。遗物的采集和找寻主要侧重于具有分期意义的盔形器口沿、底部,以及断代明确的生活用具如鬲、甗、罐、簋、豆、瓮碎片,对动物遗骸、烧土、残灶(窑)壁断块等特殊遗物也进行了重点采集。另外,对可能涉及制盐流程的如草木灰堆积、板结的灰土、海积层土样等及制陶业有关的样本如灶(窑)壁、烧熘的陶片、黏土等标本进行了专门采集,便于下一步的实验分析。

运用这些方法,通过这三阶段的考古工作,不仅获得对一个盐业聚落内部结构的认识,也获得了十几处规模巨大的盐业遗址聚落群资料。

六 本书旨趣

本书主要是用聚落形态考古研究的理念和方法,通过分析制盐遗存内部堆积形式和布局来了解一个制盐单元的基本结构,并结合与制盐相关遗迹和遗物的化学成分和形成原理分析,探讨商周时期的制盐工艺流程。分析盐业遗址群的时空变化,各盐业遗址群内部结构和空间布局,来认识各时期制盐业的生产组织和生产规模。此外,通过剖析与盐业遗址群有关的内陆地区聚落群分布、结构、功能差异、经济形态及等级划分,来了解滨海地带的盐业聚落群与内陆地区各聚落之间的关系和生产性质。最终目的是探讨是谁和如何来管理、控制和操作渤海南岸地区大规模的盐业生产活动以及盐制品、各类生产和生活物资的流动。

本书还用系统论的观点,把盐业生产视为该地区"产业系统"的一个重要组成部分,把盐业置于商王朝和地方封国控制下的社会系统考察,探讨专业化、规模化盐业生产给该地区带来的社会组织结构、政治、经济、文化等变化。

本书的具体研究内容如下:

1. 环境、资源与大规模制盐活动的关系。本节探讨渤海南岸地区哪些环境和资源因素有利于大规模盐业生产,哪些方面制约着盐业生产。

2. 盐业聚落群及内陆相关聚落群的分布、盐业遗存的年代学研究等问题。介绍这几年来在渤海南岸地区发现的盐业遗址群及相关聚落遗址群的分布与分区情况。根据内陆地区如青州、博兴、桓台、邹平以及章丘等通过正式考古发掘的商周时期遗址资料,建立起内陆地区的盔形器及伴出生活器皿的编年框架,再把滨海盐业遗址和内陆腹地聚落遗址的分期统筹在一个统一的年代框架之内。据此可分析盐业遗址群内部、各盐业遗址群之间及与内陆地区聚落遗址群的时空关系。

3. 制盐作坊的结构与制盐工艺流程等问题。根据最近的考古发掘资料,复原一个完整制盐单元的结构,并结合对各类制盐遗存的科学分析,探讨制盐工艺流程、每个生产单元的年产量、所需劳动力及盐业生产的季节等问题。

4. 盐业聚落群内部结构、不同盐业聚落群之间的关系以及所反映的盐业生产组织、生产规模等问题。通过分析盐业聚落群内部制盐单元数量、空间分布以及各盐业聚落群之间的时空结构变化,探讨各阶段的盐业生产组织结构及变化过程,并了解其发生变化的历史原因。

5. 盐业聚落群与内陆地区聚落群之间的关系问题。分析咸淡水分界线两侧的聚落及相连接的内陆地区聚落群的布局、居民生计方式、经济等功能差异、社会等级划分、组织结构以及与各盐业聚落群的对应关系,探讨盐业生产所需生活、生产物资来源,了解有多少族群参与了盐业生产及相关生产和生活用品的物流活动。

6. 渤海南岸地区商周时期盐业生产性质问题。通过分析与制盐工具盔形器伴出其他物质遗存的文化性质,文献资料对渤海南岸地区与商周王朝关系,该地区在商周王朝社会发展中的地位,大规模化盐业生产的组织与管理,盐制品的外运等,来探寻是谁在控制着盐业生产与相关物资流动等活动。

注释:

① 本章根据燕生东《山东地区早期盐业的文献(字)叙述》改编而成,见北京大学震旦古代文明研究中心编《古代文明研究通讯》总第三十七期,2008 年,第 51～58 页;又见《中原文物》2009 年第 2 期,第 51～56 页。参见

本书附录二。

② 郭正忠《中国盐政史》古代篇,人民出版社,1999年,第19～22页;陈伯桢《中国早期盐的使用及其社会意义的转变》,《新史学》第17卷第4期,2006年,第15～72页。

③ 杨伯峻编著《春秋左传注·昭公三年》(修订本),中华书局,1990年第二版,第1235、1236页。

④ 杨伯峻编著《春秋左传注·昭公二十年》(修订本),中华书局,1990年第二版,第1417、1418页。

⑤ 山东省测绘局编制《山东省地图册》,山东省地图出版社,1998年第二次印刷,第5页。

⑥ 郭正忠《中国盐政史》古代篇,人民出版社,1999年,第26～28页。

⑦ 杨升南《从"卤小臣"说武丁对西北征伐的经济目的》,台湾师范大学国文系等编《甲骨文发现一百周年学术研讨会论文集》,文史哲出版社有限公司(台北),1998年,第221～226页。

⑧ 方辉《商周时期鲁北地区海盐业的考古学研究》,《考古》2004年第4期,第53～67页;冯时《古文字所见之商周盐政》,《南方文物》2009年第1期,第59～71页。

⑨ 常玉芝《殷商历法研究》第六章,吉林文史出版社,1998年,第422页。本文涉及殷商历月问题均依常文。

⑩ 冯时《古文字所见之商周盐政》,《南方文物》2009年第1期,第59～71页。下文所引卜辞和金文盐业资料和观点均出自冯文,不再另注。

⑪ 赵平安《战国文字中的盐字及相关问题研究》,《考古》2004年第8期,第56～61页。

⑫ 王思礼《惠民专区几处古代文化遗址》,《文物》1960年第3期,第91～92页;山东省文物管理处、山东省博物馆合编《山东文物选集·普查部分》,文物出版社,1959年,第1～3、65页。

⑬ 资料现存于山东省文物考古研究所临淄工作站。

⑭ 常叙政主编《滨州地区文物志》,山东友谊书社,1992年,第5～13页;山东省利津县文物管理所《山东四处东周陶窑遗址的调查》,《考古学集刊》第11集,中国大百科全书出版社,1997年,第292～297页。

⑮ 这些器物多保存在当地博物馆或文管所,参见李水城、兰玉富等《鲁北——胶东盐业考古调查记》,《华夏考古》2009年第1期,第11～25页;山东大学东方考古研究中心等《山东寿光北部沿海环境考古报告》,《华夏考古》2005年第4期,第3～17页;滨城文物管理所、北京大学中国考古学研究中心《山东省滨州市滨城区五处古遗址调查简报》,《华夏考古》2009年第1期,第26～38页。

⑯ 青州市博物馆(夏名采)《青州市赵铺遗址的清理》,张学海主编《海岱考古》,第一辑,山东大学出版社,1989年,第183～201页。

⑰ 山东省文物考古研究所等《青州市凤凰台遗址发掘》,张学海主编《海岱考古》,第一辑,山东大学出版社,1989年,第141～182页。

⑱ 贾效孔主编《寿光考古与文物》,中国文史出版社,2005年,彩版肆拾肆。

⑲ 济青公路文物考古队宁家埠分队《章丘宁家埠遗址发掘报告》,山东文物考古研究所编《济青高级公路章丘段考古发掘报告集》,齐鲁书社,1982年,第5～114页。

⑳ 山东省文物考古研究所《山东章丘市王推官庄遗址发掘报告》,《华夏考古》1996年第4期,第27～51页。

㉑ 山东大学历史系考古专业等《山东邹平丁公遗址试掘简报》,《考古》1989年第5期,第391～398页,图版一;山东大学历史系考古专业等《山东邹平丁公遗址第二、三次发掘简报》,《考古》1992年第6期,第496～504页。

㉒ 光明等《桓台史家遗址发掘获重大考古成果》,《中国文物报》,1997年5月18日第一版。资料现存桓台县博物馆。

㉓ 任相宏、曹艳芳等《淄川北沈马遗址的发掘与研究》,任相宏、张光明等主编《淄川考古》,齐鲁书社,2006年,第43～186页。

㉔　燕生东、魏成敏等《桓台西南部龙山、晚商时期的聚落》,《东方考古》第 2 集,科学出版社,2006 年,第 168～197 页;魏成敏、燕生东等《博兴县寨卞商周时期遗址》,《中国考古学年鉴 2003》,文物出版社,2004 年,第 207～208 页。

㉕　王青《寿光市北岭新石器时代遗址和大荒北央商周时期遗址》,《中国考古学年鉴 2002》,文物出版社,2003 年,第 235 页;山东大学东方考古研究中心、寿光市博物馆《山东寿光市大荒北央西周遗址的发掘》,《考古》2005 年第 12 期,第 41～47 页。

㉖　燕生东、常叙政等《山东阳信李屋发现商代生产海盐的村落遗址》,《中国文物报》,2004 年 3 月 5 日第 1 版;燕生东、赵岭《山东李屋商代制盐遗存的意义》,《中国文物报》,2004 年 6 月 11 日第七版;燕生东《山东阳信李屋商代遗存考古发掘及其意义》,北京大学震旦古代文明研究中心编《古代文明研究通讯》总第 20 期,2004 年,第 9～15 页;山东省文物考古研究所、北京大学中国考古学研究中心等《山东阳信县李屋遗址商代遗存发掘简报》,《考古》2010 年第 3 期,第 3～17 页。

㉗　燕生东、袁庆华等《山东寿光双王城发现大型商周盐业遗址群》,《中国文物报》,2005 年 2 月 2 日第一版;燕生东《山东寿光双王城西周早期盐业遗址群的发现与意义》,北京大学震旦古代文明研究中心编《古代文明研究通讯》总第 24 期,2005 年,第 30～38 页。

㉘　燕生东、田永德、赵金、王德明《渤海南岸地区发现的东周时期盐业遗存》,《中国国家博物馆馆刊》2011 年第 9 期,第 68～91 页。

㉙　王青等《山东东营南河崖西周煮盐遗址考古获得重要发现》,《中国文物报》2008 年 7 月 11 日第七版;山东大学考古系、山东省文物考古研究所等《山东东营市南河崖西周煮盐遗址》,《考古》2010 年第 3 期,第 37～49 页。

㉚　燕生东、党浩等《山东寿光双王城盐业遗址群》,《中国文物报》2008 年 2 月 17 日,中国十大考古新发现展示材料;山东省文物考古研究所、北京大学中国考古学研究中心等《山东寿光市双王城盐业遗址 2008 年的发掘》,《考古》2010 年 3 期,第 18～36 页。

㉛　如:王迅《东夷文化与淮夷文化研究》,北京大学出版社,1994 年,第 42 页;栾丰实《东夷考古》,山东大学出版社,1996 年,第 343～347 页;栾丰实《商时期鲁北地区的夷人遗存》,三代文明研究委员会编《三代文明研究》(一),科学出版社,1999 年,第 270～279 页;中国社会科学院考古研究所编《中国考古学·夏商卷》,中国社会科学出版社,2003 年,第 308、313～315 页;陈淑卿《山东地区商文化编年与类型研究》,《华夏考古》2003 年第 1 期,第 52～68 页。

㉜　曹元启《试论西周至战国时代的盉形器》,《北方文物》1996 年第 3 期,第 22～26 页。

㉝　方辉《商周时期鲁北地区海盐业的考古学研究》,《考古》2004 年第 4 期,第 53～67 页。

㉞　方辉《从考古发现谈商代末年的征夷方》,《东方考古》第 1 集,科学出版社,2004 年,第 249～262 页;方辉《商王朝经略东方的考古学观察》,荆志淳等编《多维视域——商王朝与中国早期文明研究》,科学出版社,2009 年,第 70～84 页。

㉟　李水城等《莱州湾地区古代盐业考古调查》,《近年来中国盐业考古领域的新进展》,《盐业史研究》2003 年第 1 期,第 82～91 页,9～15 页;李水城、兰玉富等《鲁北——胶东盐业考古调查记》,《华夏考古》2009 年第 1 期,第 11～25 页。

㊱　李水城《中日早期盐业考古的比较观察》,北京大学考古文博学院编《考古学研究(六)——庆祝高明先生八十寿辰暨从事考古研究五十周年论文集》,科学出版社,2006 年,第 99～113 页。

㊲　李水城《中国的盐业考古及其潜力》,见《世界文化的东亚视角——全球化进程中的东方文明》,北京大学出版社,2007 年,第 445～455 页。

㊳ 山东大学东方考古研究中心、寿光市博物馆《山东寿光市大荒北央西周遗址的发掘》,《考古》2005 年第 12 期,第 41~47 页;王青、朱继平《山东北部商周时期海盐生产的几个问题》,《文物》2006 年第 4 期,第 84~89 页;王青、朱继平《山东北部商周盔形器的用途与产地再论》,《考古》2006 年第 4 期,第 61~67 页。

㊴ 王青《山东北部沿海先秦时期海岸变迁与聚落功能研究》,《东方考古》第 3 集,科学出版社,2006 年,第 281~297 页。

㊵ 朱继平、王青等《鲁北地区商周时期的海盐业》,《中国科学技术大学学报》第 35 卷第 1 期,2005 年,第 139~142 页;傅罗文(Rowan FLAD)等著,袁振东译《中国早期盐业生产的考古和化学证据》,《法国汉学》丛书编辑委员会编《考古发掘与历史复原》,《法国汉学》第十一辑,中华书局,2006 年,第 23~35 页。

㊶ 刘莉、陈星灿《城:夏商时期对自然资源的控制问题》,《东南文化》2000 年第 3 期,第 45~60 页。

㊷ 刘绪《2004 年度夏商周考古重大发现点评》,北京大学震旦古代文明研究中心编《古代文明研究通讯》,总第 26 期,2006 年,第 16,17 页。

㊸ 赵辉《读〈垣曲盆地聚落考古研究〉》,2007 年 11 月 7 日第四版。

㊹ 冯时《古文字所见之商周盐政》,《南方文物》2009 年第 1 期,第 57~71 页。

㊺ 燕生东《山东阳信李屋商代遗存考古发掘及其意义》,北京大学震旦古代文明研究中心编《古代文明研究通讯》总第 20 期,2004 年,第 9~15 页;燕生东《山东寿光双王城西周早期盐业遗址群的发现与意义》,北京大学震旦古代文明研究中心编《古代文明研究通讯》总第 24 期,2005 年,第 30~38 页;燕生东《渤海南岸商周时期盐业考古的新进展》,《2006 全国博士生学术论坛——考古学分论坛论文集》,2006 年,吉林大学,第 320~337 页;燕生东、兰玉富《2007 年鲁北沿海地区先秦盐业考古工作的主要收获》,北京大学震旦古代文明研究中心编《古代文明研究通讯》总第 36 期,2008 年,第 43~56 页。

㊻ 付罗文(Rowan FLAD)著,陈伯桢译《新几内亚、乌干达及西罗马帝国的盐业生产、交换及消费》,《盐业史研究》2003 年第 1 期,第 95~104 页;Jeffrey R. Parsons *The Last Saltmakers of Nexquipayac, Mexico——An Archaeological Ethnography*, Ann Arbor, Michigan,2001;Eduardo Williams *The Ethnoarchaeology of Salt Production at Lake Cuitzeo, Michoacán, Mexico*,Latin American Antiquity, Vol. 10, No. 4. (Dec.,1999),第 400~414 页。

㊼ 陈伯桢《中国早期盐的使用及其社会意义的转变》,《新史学》第 17 卷第 4 期,2006 年 12 月,第 54~57 页;(法)皮埃尔·拉斯洛著,吴自选等译《盐:生命的食粮》,百花文艺出版社,2004 年,第 10~18 页。

㊽ (美)马克·科尔兰斯基(Mark Kurlansky)著,夏兰良等译《盐(Salt A World History)》,机械工业出版社,2005 年,第 2~59 页。

㊾ (法)皮埃尔·拉斯洛著,吴自选等译《盐:生命的食粮》,百花文艺出版社,2004 年,第 89~106 页。

㊿ 李水城《中日古代盐业产业的比较观察:以莱州湾为例》,《考古学研究》(6),科学出版社,2006 年,第 99~113 页;李水城《中国的盐业考古及其潜力》,《世界文化的东亚视角——全球化进程中的东方文明》,北京大学出版社,2007 年,第 445~455 页;陈伯桢《由早期陶器制盐遗址与遗物的共同特性看渝东早期盐业生产》,《盐业史研究》2003 年第 1 期,第 31~38 页;近藤义郎《土器制盐の研究》,东京青木出版社,1984 年,第 420~482 页。

(51) 四川省文物考古研究所、北京大学考古文博学院等《中坝遗址的盐业考古研究》,《四川文物》2007 年第 1 期,第 37~49 页。

(52) 李水城、罗泰主编《中国盐业考古——长江上游古代盐业与景观考古学研究》(第一集),研究项目的背景和目的,结论与展望章节,科学出版社,2006 年,第 10~29,318~339 页。

(53) Flad,Rowan K *Specialized Salt Production and Changing Social Structure at the Prehistoric site of*

Zhongba in Eastern Sichuan Basin，*China*，Unpublished PH. D. Dissertation，University of California，2004；傅罗文著，吕红亮译《专业化与生产：若干基本问题以及中坝制盐的讨论》，见四川大学博物馆等编《南方民族考古》第六辑，科学出版社，2010 年，第 11～40 页。

㉞ 傅罗文（Rowan FLAD）等著，袁振东译《中国早期盐业生产的考古和化学证据》，《法国汉学》丛书编辑委员会编《考古发掘与历史复原》，《法国汉学》第十一辑，中华书局，2006 年，第 23～35 页。

㉟ 严文明《聚落考古与史前社会研究》，《文物》1997 年第 6 期，第 27～35 页；张光直《谈聚落形态考古》，《考古学专题六讲》，文物出版社，1986 年，第 74～93 页。

㊱ 参见：石家河考古队（赵辉、张弛）《石家河遗址群调查报告》，《南方民族考古》第五辑，1992 年，第 213～294 页；赵辉《聚落考古工作方法的尝试》，张忠培、许倬云主编《中国考古学跨世纪的回顾与前瞻》，科学出版社，2000 年，第 166～172 页；中美两城地区联合考古队《山东日照两城地区的考古调查》，《考古》1997 年第 4 期，第 1～15 页；中美两城地区联合考古队《山东日照地区系统区域调查的新收获》，《考古》2002 年第 5 期，第 10～18 页；方辉《对区域系统调查法的几点认识与思考》，《考古》2002 年第 5 期，第 56～64 页；我们在桓台和博兴南部也做了些探索性工作，见燕生东、魏成敏等《桓台西南部龙山、晚商时期的聚落》，《东方考古》第 2 集，科学出版社，2005 年，第 168～197 页。田野调查中，对遗址的范围、堆积厚薄及重要遗迹的寻找上，更多的是利用了钻探手段。此种方法由山东省文物考古研究所张学海先生提倡，魏成敏、孙波等先生积极实践，笔者在滨海平原盐业考古调查应用中获益良多。

㊲ 燕生东《渤海南岸地区先秦盐业考古方法及主要收获》，《东方考古》第 7 集，科学出版社，2010 年，第 297～321 页。

㊳ 其实，遗址面积的判定时是一项比较复杂的工作，那些破坏程度较大的遗址，其面积比较容易确定，但由于遗物的人为搬动，遗址的面积多被"扩大"。而那些遗迹、遗物暴露较少的遗址，其规模又很难把握。参见燕生东《关于判定聚落面积、等级问题的思考》，《中国文物报》2007 年 2 月 16 日第七版。

第二章　环境与资源

沿海地区制盐业受自然环境、资源的影响较大。地理环境、气候及交通条件,均决定着盐业布局;海水或地下卤水盐度的高低以及获取它们的难易,淡水、燃料、生产、生活物资来源的有无等问题则限制甚至决定着盐业生产方式、规模大小和盐场的兴废。

渤海南岸地带及相邻的内陆地区,在地质构造上,属于黄骅坳陷中的盐山凹陷、常庄凹陷、歧口凹陷、埕北凹陷、沧东凹陷、板桥凹陷区,济阳坳陷东部的车镇凹陷、沾化凹陷、东营凹陷以及沂沭断裂带区北部的昌潍凹陷区[①]。在地理单元、地貌特征、海岸类型上大体分为莱州湾沿岸及古、今黄河相互套叠的复式三角洲地带两大区(渤海湾西南岸属古黄河三角洲地区)。莱州湾南岸地带,主要受沿岸若干条入海河流来沙的影响,部分湾底泥沙受海洋动力作用也参与了沿岸地貌的塑造,广泛发育了全新世中期以来形成的海河积平原,沉积物主要是粉砂淤泥质。黄河三角洲一带,由于受古、今黄河泥沙的影响,沿岸多为被海洋动力改造的黄泛平原,沉积层厚、地面坡度平缓,沉积物主要为淤泥、泥质粉砂及粉砂质泥。特殊的自然环境和丰富的卤水资源,使这里成为古今制盐的理想场所,但也有一些不利于大规模盐业生产的因素。

一　地貌

渤海南岸地带主要为地势平坦的滨海冲积平原,但细分起来,莱州湾南岸地带和黄河三角洲地区的微地貌还有些差别,下面分述之。

1. 莱州湾南岸地带

莱州湾,西起支脉河口(一说今黄河口),东至虎头崖,岸线全长 120 多公里,是山东最大的海湾。沿岸地带主要包括了莱州、昌邑、寒亭(今潍坊滨海经济开发区,下同)、寿光、广饶五县市的西北和北部地区。海岸以低平、岸线平直、潮滩宽阔均匀为其特色。海岸线变动比较缓慢,属微弱淤涨性质。滨海平原系海相沉积物及胶莱海、潍河、白浪河、弥河、淄河、小清河等几条较大河流的冲、洪积物叠盖而成[②]。地势低平,自然坡降率为四千分之一至万分之一。莱州湾南岸地带地貌形态自海岸至内陆腹地呈条带分布,依次为潮滩、海积平原、海河积平原、冲积平原、冲洪积平原(山前平原)和泰沂山地丘陵及河谷平原,地势由北向南逐步增高[③](图2.1—1、2)。

　　潮滩宽阔平坦,平均宽度4～6公里,土壤由砂和粉砂组成。主要微地貌类型有沿岸河流(如小清河、淄河、老河、弥河、白浪河、虞河、堤河、潍河、北胶莱河)尾闾槽道、潮沟和潮间沙堤。潮滩上的潮水沟密集,多有附属于潮间河道两侧的羽状潮沟系。大潮高潮线以上的滨海湿地带,分布着斑状的盐沼地,生长着稀疏的耐盐植物。

　　海积平原,海拔2米左右,宽3～8公里,土壤由棕黄色粉砂组成。低洼处成盐沼。大海潮特别是风暴潮经常浸及该地,无农作物生长,居民点稀少。

　　海、河积平原,位于海积平原之南。海拔8米以下,宽2～15公里。地势平坦广阔。微地貌主要有缓平坡地、浅平洼地、三角洲。土壤由棕黄色、暗棕色粗砂、黏土质粉砂及黏土组成。浅层地下水埋藏浅,仅1～2米,流动不畅,水质强烈矿化。这里淡水资源匮乏,土地盐渍化严重,植被稀少,土壤垦殖率低,开垦难度大,但经系统改良后,可种植一些经济作物。该区常遭特大风暴潮侵淹,居民点较少。目前,发现的商周时期盐业遗址群主要集中在这一带。本区是我们关注的重点。

　　冲积平原,海拔10米以上,大致在今八面河—羊口盐场南堤—蔡央子—东利渔—敖里一线以南,宽度10～30公里。由流经本区的小清河、淄河、老河、弥河、白浪河、虞河、

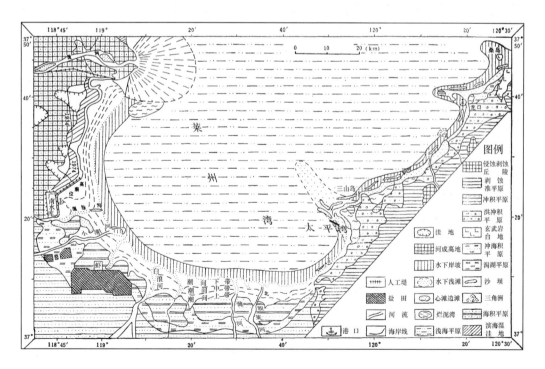

图2.1—1　莱州湾南岸地区部分地貌示意图

(据《中国海湾志》第三分册P39图1—5—1,1991年)

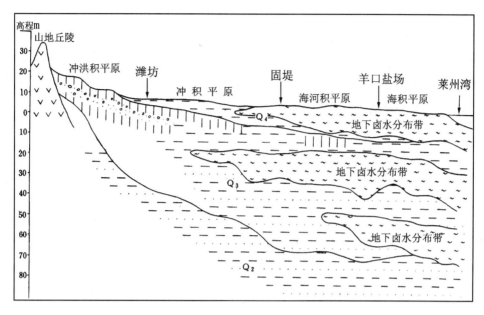

图 2.1－2　莱州湾南岸地区第四纪沉积环境综合剖面示意图

(据《中国北方沿海第四纪地下卤水》95 页图 6－6 改绘，1994 年)

堤河、潍河和北胶莱河冲积物组成，地势平坦。冲积物为棕色黏土和粉砂组成，废弃的河道内为中细－中粗砂夹砾石。在寿光、寒亭、昌邑等县市冲积平原上还散布着 200 余处由风力作用带来的黄土堆积体[④]。冲积平原与海河积平原交接区为湖沼洼地，自西向东有白云湖、青沙湖、麻大－锦秋湖、巨淀湖－清水泊、黑冢泊、别画湖（大湾口）等，均为全新世湖沼，现淤成低洼地。巨淀湖－清水泊、黑冢泊、大湾口（别画湖）洼地原属于沿海潟湖，内为潮滩相、潟湖沉积相和陆相湖泊相的不同环境沉积物相互叠置[⑤]。巨淀湖长轴约为北西向，长 40、宽约 20 公里，大湾口潟湖也呈北西向分布，长约 30、宽 20 公里。潟湖干涸后，由于地下蕴藏着丰富的卤水，目前发现的央子、双王城、东北坞、官台、东赵、东北坞等商周时期盐场群就坐落其内或北部边缘。海、河积平原与冲积平原交接处即是现在的咸淡水分界线。分界线两侧，分布着许多与盐场群同时的居住村落。冲积平原地区，地势平坦，气候适宜，淡水资源丰富，土地肥沃，土地利用率、垦殖数较高，农业发达，素有"粮仓"之称，是古人活动的理想场所。这一带也是古代东、西交通要道。自新石器中期以来，文化发达，聚落密集，人口集中。该区发现了若干处与盐业聚落群同时的聚落群。

冲洪积和冲积扇平原，海拔 50 米以下，宽度达 10～20 公里。分布于泰沂山地、丘陵前缘，由棕黄色、黄灰色含砾粉砂和粉砂质黏土组成。平原是在山麓剥蚀面的基础上，由山地河流冲积、沉积而成。

冲洪积平原以南为泰沂山地、丘陵，河谷平原广布。

冲洪积和河谷平原上都有各时期聚落分布。

2. 黄河三角洲地区

历史上黄河在该地区南北摆动,形成了古、今黄河相互套叠的复式三角洲地带。这里也是著名的黄河支津九河古道区⑥。目前,从这里入海的河流除黄河外,还有马颊河、德惠新河、秦口河、徒骇河、潮河、支脉河、宣惠河、淤泥河、石碑河、南排河、子牙河等。

该区地貌自海向西依次为潮滩、滨海平原(海积、河海积平原)、黄泛区平原。地势低洼而平缓,土层深厚。该区由于黄河等携带泥沙常年淤积的影响,冲积物由疏松的河成陆源物质堆积而成。

该地区海岸低平,水浅,无港湾,无基岩出露,高潮岸线曲折多端,低潮岸线比较平直。泥质潮滩发育,潮间带宽6~10公里,分布着贝壳堤、潮间河口沙坝、潮水航槽沟、指状沟、潮间分流河道及潮间河口沙嘴微地貌。一系列高差不大的河道、高地、河间和垂直于海岸的河沟纵横交错,把广阔的海积平原划分成了一个个小区域。

黄骅盐场之南、大口河河口以北为古黄河和漳河入海形成的三角洲(主要是1128年以前黄河淤积形成)。黄河改道后,长期受潮汐、风浪的再改造作用,沿岸形成了宽广平坦的潮滩和树枝状密布的潮水沟。在潮滩的平均高潮线上缘,分布着一列数十个不连续的由贝壳及砂组成的新月形"岛链",砂岛链每年以5米的速率后退。此外,在潮滩上尚分布着许多被本地人称之为坨子的残留高地,为黄河三角洲平原残迹。古三角洲平原上分布着一个个巨大的潮沟和一系列小潮沟,由于潮沟伸入内陆,腹地宽广,形成大面积的淤泥质海积平原。由古黄河、漳河、卫河、鬲津河、马颊河、徒骇河等和海洋共同作用形成的海积—河积平原、地势低平,海拔高程一般在5米以下,地势由西南向东北缓慢倾斜。在沧州东部沿海一带该区内由明显的四条南西—北东向古河道带和六条与海岸平行的古贝壳堤,无棣、沾化沿海则留下了2条贝壳堤。古河道与贝壳堤之间分布着大小不等的洼地及古潟湖。

大口河河口至支脉河口之间为1855年黄河由河南铜瓦厢决口东流,夺大清河入海后形成的近代黄河三角洲海岸,海岸多弯曲,潮滩发育好,宽度大。该海岸是近代黄河三角洲淤涨最快的海岸段,平均淤进速率为0.16公里/年。现在黄河三角洲,因尾闾河道的不断摆动,构成了本区由河成高地为骨架,与河间洼地相间而成的起伏地形,分布着以河流作用为主、海洋动力作用为辅两者共同塑成的各种地貌形态,靠近海一侧有心滩、边滩、河口沙嘴、废弃三角洲块体,内陆一侧有废弃河道,河成高地、洼地和湿洼地。

黄泛区平原,总体上,地势由西向东、西南向东北倾斜,海拔由40米下降至5米。由于黄河多次改道、泛淤,地表既受洪水的反复冲切,又有淤积套叠,形成了古河槽、岗、坡、洼交错排列的微地貌景观。在横向上,呈指状交错,在纵向上,呈波浪状起伏⑦。

该区的古遗址多被不同时期的淤沙淤土覆盖,很少有出露,因而就很难被发现。

无棣、海兴沿海一带还存有火山残体。无棣大山海拔 62.5 米。海兴小山和磨磨山，海拔 36 米，绵延 5 公里，宽 1.5 公里。山体上及周围有第四纪风积黄土，土层深厚，比较肥沃。山体周围淡水资源丰富，宜于古人避海潮居住[8]。

二 土壤与植被

渤海南岸地区的海积平原和海、河积平原，宽度 20~40 公里，海拔 8 米以下，广泛分布着滨海盐土。滨海盐土系滨海地区盐渍性母质，经过以海潮水浸渍和溯河倒灌为主要盐分补给方式的积盐过程而发育的土壤。该区地下水位一般为 1~2 米，土壤和地下水的 PH 值多在 7.5~8.5。土壤表层积盐重，含盐 1‰~3‰，有的高达 5‰~8‰。土壤和地下水的盐分组成与海水的盐分组成一致，均以氯化物占绝对优势。土壤盐分的变化，受到季风气候的深刻影响，雨季，土壤盐分受到降水的淋溶而下渗，但难以自然脱盐；春秋季节，因气候干燥，土壤水蒸发强烈，高矿化地下水在毛管水上升力的作用下，进入强烈蒸发过程，引起土壤盐分向表层土集聚，周而复始，土壤严重盐渍化[9]。

滨海盐土自海岸向内陆又可分为滨海潮滩盐土、滨海沼泽盐土和滨海盐土亚类，呈带状分布。植被群落的种类与分布也与土壤盐渍化状况密切相关。积盐最重的盐土上为光板地。植被群落从海岸至内陆（即积盐程度由强至弱）的顺序是：稀疏黄蓿菜群落，以盐蒿、碱蓬为主的盐蒿群落，以马绊草、碱蔓菁、芦苇、柽柳为主的獐毛群落、茅草群落。

滨海潮滩盐土亚类主要分布在滩涂地上，是在潮间带有海渍的河流沉积物或海渍物发育的土壤（成土母质为富含石灰的海渍河流沉积物）。在日潮区，滨海潮滩盐土绝大面积为光板地，仅在低洼处有稀疏的黄蓿菜生长；月潮区，则有黄蓿菜、碱蓬、柽柳、芦苇生长，植被覆盖度大于日潮区，柽柳灌丛沿着海岸呈带状分布，带宽 1.3~3 千米，株高 2 米左右，成为天然海岸灌丛。滨海沼泽盐土是在滨海地区经盐化和沼泽化过程发育的一种土壤，分布在湖沼洼地、沿河低洼地上，多由古潟湖相沉积物发育而成。季节性积水或常年积水之处多生长着旺盛的芦苇等湿生植物群落（图 2.2—1），洼地周围有马绊、盐蒿（猪毛蒿、灰绿碱蓬、茵陈蒿）和碱蔓菁。滨海盐土亚类，分布高程一般在 3.5 米以上，多与盐化潮土成复区。大部分为盐荒地，植被群落因土壤含量不同而异，含盐量高的以黄蓿菜、碱蓬和柽柳为主要建群种，含盐量较低的以盐蒿、马绊草为主要建群种[10]。

滨海盐土向内陆逐渐演变为草甸盐土，自然植被有柽柳、马绊、茅草等，可适当开垦种植农作物。

滨海平原地区的土壤含盐高，被严重盐渍化，加之地势平洼，排水困难，很难开垦种植农作物，发展农业。盐碱地上的柽柳群和洼地、沼泽、河畔的芦苇等植物是煮盐的好燃料和建筑用材，部分植物如黄蓿菜等茎叶、蔓菁根部可食用，黄蓿菜种子可榨油[11]，可补食

图 2.2—1　新塌河两岸的芦苇

（2010 年摄于寿光市郭井子村西北侧的塌河）

物之匮乏。平原上茂密的盐生植物，如碱蓬、蒿类、黄蓿菜，均为优良的牧草，这里是大规模牧养马、牛、羊的良好场所，历史上的养马场也大多建在滨海平原上。此外，该区土壤不利于树木生长，居民所需木材须从内陆输入。

三　气候

渤海南部沿海地区地处中纬度，属暖温带大陆性季风气候滨海半干燥温凉气候分区。本文主要介绍影响盐业生产的气象要素如降水量、蒸发量、日照时数、气温、风、风暴潮等[12]。

该区年平均降水量介于 550～650 毫米之间，远低于山东省平均值（平均为 710 毫米），是山东省降水量最低区。春季干旱严重，入春后气温回升快，风多，降水稀少，日照率高。3～6 月上旬的降水量仅 100 毫米左右，仅占全年的 15％ 左右。盛夏多雨，占全年雨量的 70％ 以上，多引起河水暴涨，下游河水漫流。冬季气温较低，雨雪较少，寒冷而干燥。渤海南岸地区平均蒸发量在 2200～2400 毫米之间,而无棣埕口一带是山东省蒸发量最高的地方,年平均值高达 2400 毫米以上。蒸发量是降雨量的 3～4 倍。蒸发量以五月最高,达 200～400 毫米,整个春季至夏初(3、4、5、6 月)约为 860～1500 毫米,是降水量的 7～10 倍。年平均日照时数为 2700～3021 小时,年辐射总量 121～130 千卡/平方厘米·年,均为山东和河北省的最高值。春季日照时数竟达为 1019～1075 小时。无棣一带还是全省极端最高气温的最高值区,在摄氏 40 度以上。黄河三角洲及北,西南风和东北风稍占优势,莱州湾位于胶莱平原气流通道北口,东南风和西北风较多。5 月底、6 月中旬该地尤其无棣县一带还常发生持续续一周左右的干热风,高温下的干燥气流,是盐业生产的理想天气,素有“出神盐”之称[13]。

该地区旱、涝、碱灾害频繁。在近 500 年来旱涝灾害的统计中,发生旱涝的频率高达 63.9%。旱灾平均 3 年一遇,涝灾 3.2 年一遇,还经常出现连旱、连涝现象。

渤海南岸地区是中国遭受风暴潮灾害最为严重的地区之一。渤海伸入大陆,三面被大陆包围,是一个很浅的半封闭的大陆架区,加上平缓的海岸和低缓的滨海平原,海水就很容易侵入陆地。当持续强烈的东南风会把黄海的海水流入渤海,引起渤海海水面上涨,海水位会在短时间内暴涨 3～6 米;当增水恰与海区天文潮的高潮相叠加时(太阳和月亮的引潮合力的最大时期之潮),或此时盛行风速大、持续时间长的西北风,就会形成风暴潮。海水侵入大陆纵深达 20～30 公里。据统计,破坏力的较大风暴潮灾大约十几年遇一次,特大潮灾数十年遇一次,多发生在每年 4～5 月份和 11 月份。风暴潮的侵入对盐场和沿海居民的生命财产安全将带来巨大的破坏作用。目前,沿海多建有防潮大坝拦截海水。

当汛期江河水爆满时,遇到天文大潮顶托会造成洪水难以下泄,海水还会沿河道顶托,引起海水内侵,也构成水灾。

四　全新世海侵与环境演变

地质和环境学者们根据上百个地质钻孔的岩性岩相(海相、陆相)资料、微体古生物有孔虫的种类、数量及出土频率、地下水化学成分、土壤易溶盐、贝壳堤等方面的分析资料,勾画了渤海南岸地区全新世海侵、海退、海岸线变迁过程,并分析了海侵对地下咸水形成与分布的影响[14]。该地区距今 7000～6000 年发生了海侵,学界分别称之为恩利海侵和黄骅海侵。海侵盛期海岸线当时在今沧州以东、盐山、庆云崔口、无棣车镇、滨城北镇、博兴纯化、广饶花官、码头、寿光台头、侯镇、寒亭泊子、昌邑北部,海侵面积达 1 万 3 千平方公里(图 2.4-1)。海侵盛期所到之处就是现在的浅层咸淡水分界线。大约在 5500 年左右,海水逐渐后退,后退过程中在黄骅沿海地区由早到晚、由内陆向海留下了 6 条长短不一、与岸线基本平行的贝壳堤⑮,而在山东黄河三角洲地区留下了两条,莱州湾地区仅1条贝壳堤。最早的一道贝壳堤是黄骅沈庄－东孙村贝壳堤(Ⅵ道),它与山东黄河三角洲和莱州湾的无棣埕口－邢山子－马山子－沾化西山后－广饶王署埠－沙台崖－寿光郭井子－寒亭央子－昌邑火道－平度新河贝壳堤相连,形成于5500年前后。第Ⅴ道,苗庄－同居贝壳堤,形成于4500～5000年前后;第Ⅳ道,常庄－武帝台－沙井子贝壳堤,形成为3500前后;第Ⅲ道,脊岭泊－刘洪博贝壳堤,形成于3000年前后;第Ⅱ道,歧口－狼坨子－大河口－王子岛、小坨子、河口、老爷庙、淄脉沟四队贝壳堤,形成于2500～1000年⑯。

目前,渤海南岸地区发现的商周时期盐业遗址(也包括后期的村落)主要分布在发育最早的贝壳堤两侧,一方面,由于贝壳堤是最大海潮所到范围(当然,贝壳堤的形成时间远早于盐场的出现),一般的海潮难以波及该地区;另一方面,由于贝壳堤底板和两侧的黏土、板结的贝壳层阻挡了咸水的渗入,雨水进入从贝壳和粗砂层中就会很快渗出和聚集,形成了所谓的一眼眼淡水泉或水坑(俗名"潭疙瘩")⑰,尽管水量并不大,这在淡水极度匮乏的滨海平原一带,是何等的珍贵。

多个学者根据古河道演变、孢粉、微体古生物、放射性碳测年、因子分析、考古遗址出土动植物遗骸等资料,复原了全新世以来的古、今黄河三角洲气候和植被变迁⑱。距今12000～8000年,冰期结束,气温回升,但气候冷暖变化频繁。该区属于以针叶林和针阔混交林为主的森林草原景观,年平均气温可能比现在低,但降水较现代多。但距今8000年左右,气候适中,森林植被发育,西部平原地势较高的地方可能有落叶阔叶林生长,滨海区则为沼泽草甸景观。距今8000～

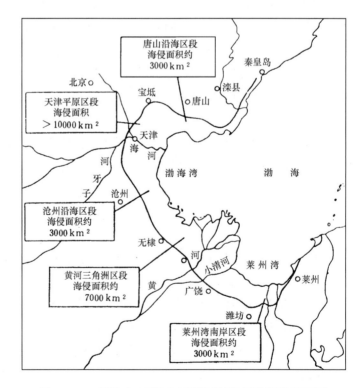

图2.4-1 渤海南、西岸全新世海侵所至范围及海侵面积
(据《中国北方沿海第四纪地下卤水》107页图6-14,1994年)

5500 年,是冰后期的最佳适宜期,1 月份平均气温可能比现在高 2～4 度,年降水量比现在多 100～200 毫米,温暖湿润的气候更有利于森林植被的生长,平原高岗和古河道高地上生长着较多的阔叶树林,其间还夹杂着亚热带树种,平原及沿海低洼地上沼泽茂盛。5500～2500 年,气候温凉干燥,平原地带仍为阔叶林为主的森林草原景观,但松树成分增多,草原面积增大。气候变干使地表矿化度增高,盐分加重,沿海一带变为蒿、藜等盐生草本植物为主的沼泽草甸植被。

据研究,距今 8000～5000 年,黄河流经本地,以孟村为顶点,北至天津、黄骅、南至无棣一带。之后,不断由北向南(由无棣向沾化—东营)迁移[19]。

有学者通过对莱州湾南岸平原古湖泊巨淀湖—清水泊剖面沉积物的多项气候代用指标:粒度、碳酸盐含量 ($CaCO_3$)、碳酸盐碳氧稳定同位素含量 ($\delta 13Ccarbonate$,$\delta 18Ocarbonate$)、全有机碳含量 (TOC)、碳/氮比值 (C/N)、磁化率 (χlf)、频率磁化率 (χfd)的分析,重建了距今 8300～4000 年的古气候变化和环境变迁序列[20]:莱州湾南岸的气候变化序列为冷干(8300～7700 a BP)—暖湿(7700～5900 a BP)—凉干(5900～5400 a BP)—偏暖湿(5400～4700 a BP0)—冷干(4700～4000 a BP),目前的滨海平原分别为滨岸平原—潮控陆架区浅海—滨岸平原—潮控陆架区浅海—滨岸平原的旋回变迁,而现在的巨淀湖、清水泊一带则为陆相湖泊—潮滩潟湖—陆相湖泊—潟湖—陆相湖泊的旋回变迁。

此外,考古工作者还根据各自掌握的古遗址在滨海平原的分布情况,试着复原了全新世中期海侵所致范围及海岸线变迁过程[21]。当然,在本地区利用考古资料复原海岸线变迁,必须考虑以下问题:一是要有系统完整的田野考古资料,而目前,本地区考古基础工作比较薄弱,还不能说已全面了解沿海古遗址的分布情况;二是沿海平原地带不适合农耕、定居等活动,人们只有在那里制盐活动才能留下遗迹,若不制盐,也就不存在遗址了,换句话说,无遗址的地方还不能判定为海域;三是目前的考古工作证实,古代制盐所需原料非海水而是地下卤水,说明当时的盐场并不靠近海岸,也就是说遗址的存在,也并不意味着当时的海岸线就在附近;四是该区属于著名的沉降平原区,每年以 2 毫米(一说4 毫米)速率下沉[22],这就不难理解像利津南望参、洋江和东营刘集商周遗址埋藏在地下2～4 米了(当地海拔在 4 米左右)。所以,随着资料的增多,考古学界复原的"海岸线"一直在向现在的海岸延伸。按照有些学者复原的海岸线,我们发现的多个遗址就深入"渤海"了。因此,利用考古资料在该地区复原海岸线变迁,这些都是不能不考虑的因素。此外,有学者复原的海岸线东营至小清河之间在 5000～3000 年间为一海湾,主要是把博兴黄金寨的全新世湖沼相沉积看作成海相沉积了[23]。最近,我就在所谓的"港湾"内了还发现了多处龙山文化遗址和若干处规模较大的殷墟时期、两周时期盐业遗址群。

五　卤水资源

渤海南岸地区独特的气象水文、地质构造和地貌条件,形成了埋藏于第四系海陆交互沉积层中的多个地下卤水层。

渤海南岸地区属于缓慢沉降的泥沙质平原,坡降率四千至万分之一,地势低洼、平坦、宽阔。海湾潮汐多为不规则的半日潮,每月还发生月潮。频发的风暴潮能使海水上溯 20 公里,有时达 40～60 公里。海潮、风暴潮和海侵过后,潮滩、沿海平原洼地(坑)、潟湖内会滞留大量海水。该地区降水稀少,蒸发量大,多年平均蒸发量是多年平均降水量的 4 倍,尤其是春季蒸发量为降水的 7～10 倍。海水通过水/气界面蒸发作用或潜层蒸腾作用,浓缩成浓度较高的卤水。当卤水比重加大,就会下沉渗流到泥沙层中聚集。由于这里土层岩性颗粒细,地下水径流微弱,非常适于地下卤水的沉降、聚集。此外,流经卤水分布区的河流,除较大河流如黄河对两侧地下水有较强冲淡能力外,其他河流均为季节性河流,对地下水的补给能力较弱,有利于卤水的生存和再浓缩。海侵后的海退阶段,陆相沉积物就掩埋了前期卤水层即成为地下卤水。如此几次大规模的海陆变迁,形

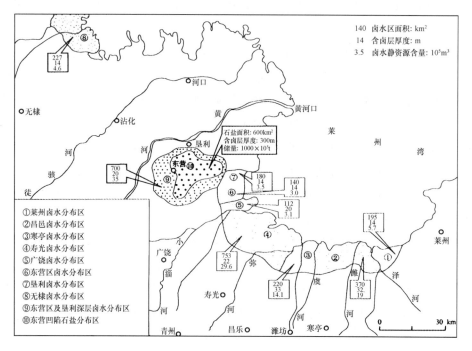

图 2.5－1　渤海南岸地区已探明地下卤水分布及储量预测示意图

(据《山东矿床》535 页图 4－3－27,2006 年)

成了多个海相卤水含水层与陆相隔水层相叠置的韵律层序。卤水的形成模式可简化为：潮滩、洼地、潟湖内的海水→蒸发浓缩→下渗聚集→海陆变迁→地下卤水[24]。

渤海沿岸浅层卤水广泛分布于渤海沿岸的黄骅、海兴、无棣、沾化、河口、利津、恳利、广饶、寿光、寒亭、昌邑、莱州等距海岸线 0～30 公里范围内的滨海地带（图 2.5－1）。仅山东地段就已探明总面积就超过 2197 平方公里，卤水资源量约为 82 亿立方米，NaCl 储量达 1.65 亿吨。浅层地下卤水的浓度一般为 5～15 波美度，最高达 19 波美度，是海水的 3～6 倍（渤海湾海水浓度不足 3 波美度）。浅层卤水共分三层，上部为潜水含卤层，底板埋深 0～22 米，形成于全新世。中层含卤水层形成与 2～4 万年，底板埋深 20～32 米。下层含卤水层形成于 8～10 万年，底板埋深 35～60 米。三个含卤水层间都有隔水性能较好的黏土、粉砂黏土层[25]。

渤海南岸地区山东境内地下卤水分布带大体可分三大区，一是莱州湾沿岸高浓度卤水区，二是沾化县秦口河至无棣县漳卫新河之间的马山子中低浓度卤水分布区，三是今

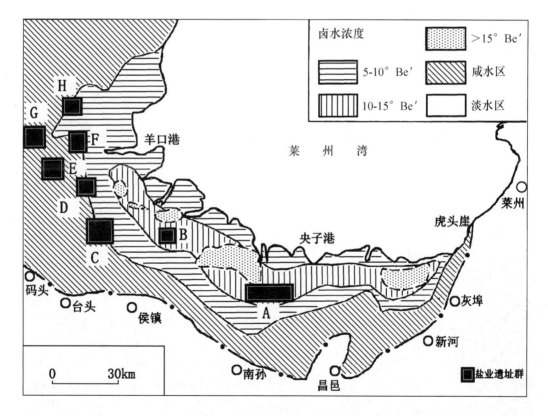

图 2.5－2　莱州湾南岸地区地下卤水分布带与商周时期盐业遗址群关系示意图

A. 央子遗址群，B. 王家庄遗址群，C. 双王城遗址群，D. 大荒北央遗址群，E. 东北坞遗址群，F. 南河崖遗址群，

G. 东赵遗址群，H. 坡家庄遗址群（据《山东矿床》525 页图 4－3－16 改绘，2006 年）

黄河三角洲地下卤水分布区⑳。这三区内都有商周时期盐业遗存分布。

　　莱州湾南岸是地下卤水浓度最高、储量最大的集中地区。在这弯月形狭窄地带里，卤水区呈水平向分布条带状，与海岸线大致平行，形成了近岸、远岸低浓度带、中间高浓度带的分布格局(图2.5—2)。近岸低浓度带宽约10～15公里，卤水浓度(即波美度，下同)一般7～10度。中间高浓度带宽约5～10公里，大致相当于海拔2.5米等高线的位置，卤水浓度高而稳定，为10～15度。远岸低浓度带，宽约10～15公里，距海岸较远，受海水影响小，但受陆源淡水和大气降水影响较大，卤水浓度在5～10度。

　　黄河三角洲地带，受古今黄河和其他河流河水的冲淡，浓度一般不高，多在5～13波美度。目前，勘探面积较小，利用效益低⑳。推测早期阶段，该地区卤水浓度可能较今稍高些，因数千年来环境变迁，湖、河水的冲淡作用后而变低。

　　目前，所发现的商周时期盐业遗址群多在高浓度南侧和远岸地区的低浓度带上(图2.5—2)。

图2.5—3　莱州湾南岸地区的现代盐田

(2008年摄于寿光市羊口一带的盐场)

图 2.5—4　堆积在盐池旁的盐山

（2009 年摄于潍坊市央子办事处韩家庙子村北的盐场）

当前,渤海南岸地区的制盐原料主要是抽取深层(地下 60 米)高浓度地下卤水晒盐,该地区已是中国沿海地区最大的产盐基地之一(图 2.5—3、4)。地方文献上记录,明清时期,该地主要是挖掘盐井汲取地下卤水来晒盐或煮盐;最近的考古发现表明,商周时期和金元时期也是利用地下卤水来制盐。

六　讨论

渤海南岸地区储藏丰富、盐度远大于海水的、容易获取的浅层地下卤水为盐业生产提供了取之不尽的原料。滨海平原面积广阔、地势平坦,淤泥粉砂土结构细密,渗透率小,是开滩建场的理想土层。一系列垂直于海岸的河道,把广阔的滨海平原地划分成了一个个小区域,这里是建设盐场的空间场所。该区四季分明,年降水量较少,夏季雨水集中,年蒸发量远大于年降水量,光照充足,不仅有利于盐场的建设和维护、而且利于卤水的蒸发。尤其是春季至夏初这段时间,气温回升快,风多且大,降水稀少,蒸发量很高,非常有利于盐业生产。柽柳、茅草以及生长在河旁、洼地、沼泽地带茂盛的芦苇是煮盐的燃料来源及建筑用料。盐场以南、以西是宽度几十公里、土地肥沃、适于农耕的河冲积平原,绵延数百公里的山地丘陵和宽阔的山谷是盐业生产所需粮食、木材、生产工具等生产和生活物资的重要来源。众多发达的水系和宽平的平原也便于生活、生产物资及盐制品的短途流动(可保证在本地区短途物流的顺畅)。这里交通便利,盐制品外运方便,沿泰沂山地北缘是东西交通的大道㉘,古道向西可达中原地区,沿古黄河及支津、古济水、漯河等河溯流向上也可直达中原地区。

　　此外,这里沿海地区的鱼虾类资源非常丰富,有"百鱼之乡"之称㉙。丰富的渔业资源,促使了沿海捕捞业的兴起,也将会刺激了盐业的发展。渤海南部属泥沙质海底,海水又浅,盐度低,水温较高,加上河流从内陆地区带来的腐殖质,利于浮游生物生长,这些种类繁多浮游生物又是鱼虾的天然饵料,因此,这里成为多种经济鱼虾和蛤螺贝类优良的洄游、索饵、栖息和繁殖场所。每年的春、秋季节,从深海和远海的无数鱼虾会季节性洄游,来此地聚集、繁殖、生长,而幼小鱼虾成为其他大、中型鱼类的饵料,会吸引更多更大的鱼群游到此地寻食。每当鱼汛来临,鱼虾充满浅海、潮间带、河汊、河流入海口处,易于大规模捕捞。当捕捞的大量鱼虾难以保存时,就需要食盐来腌制。古文献中谈及中国沿海地区的特产多是那一地区的海盐或海物,唯提到渤海南岸地区(在东周时期属于齐国疆域)时,说这里为"鱼盐之地"。鱼虾是人们重要的蛋白质来源,鱼虾经盐腌制后就可以保存长久,向外输出。沿海捕捞业的兴起,也会刺激了盐业的发展。如此说来,该地渔业和制盐业的产生和发展在某些阶段也是相辅相成的。

　　但是,这里特殊的地理环境也不太利于盐业的大规模化生产。生活和生产物资(工具)如粮食、石器、铜器、陶器、木材等几乎全部需要从内陆运输,淡水的极度匮乏(仅在贝壳堤上可提供少许淡水资源)、恶劣的气候会严重影响盐工们的日常生活和定居;地势低洼,夏季雨水集中、下游河道河水漫流、洪灾频发,大型河流如黄河尾闾的左右摆动,将给盐场建设和盐工生活带来诸多不便;十年、几十年一遇的、侵入内陆二三十公里的暴风潮,将对该地区盐场设施、盐工生活居住地甚至生命安全将带来灾难性破坏。因此,特殊的自然环境和盐业资源迫使大规模制盐活动如滩场建设、盐业生产、盐制品外运、生产和生活物资流动需要有个统一的社会组织来管理、控制、运作,需团结一致共同抵御自然灾害,承担损失,完成盐业生产、盐制品外运以及生产和生活物资的贸易活动。从这一角度而言,环境因素可能是该地最早出现食盐官营的主要原因之一。

　　总之,特殊的资源与环境表明其制盐工艺流程有异于其他沿海地区、内陆地区。此外,滨海平原上大规模盐业生产必须依托于内陆地区经济和社会的发展。

注释：

① 山东省地方史志编纂委员会编《山东省志·地质矿产志》，山东人民出版社，1993年，第113～119页。

② 李道高等《莱州湾南岸平原浅埋古河道带研究》，《海洋地质与第四纪地质》2000年第20卷第1期，第23～28页。

③ 本章主要参考了以下文献：山东省地方史志编纂委员会编《山东自然地理志》，山东人民出版社，1996年，第36～47页；中国海湾志编纂委员会《中国海湾志》第三分册，莱州湾，海洋出版社，1991年，第41～42页；李荣升等《山东海洋资源与环境》，海洋出版社，2002年，第29～35、65～67页；山东省盐务局编著《山东省盐业志》，齐鲁书社，1992年，第87～155页。

④ 张祖鲁《渤海莱州湾南岸滨海平原的黄土》，《海洋学报》1995年第7卷第3期，第127～134页。

⑤ 江美华《莱州湾南岸全新世古气候与古湖泊研究》，北京大学环境学院2004年硕士研究生学位论文，第60页。

⑥ 吴忱、许清海等《黄河下游河道变迁和古河道证据及河道整治研究》，《历史地理》第十七辑，2001年，第1～28页；刘起釪《〈禹贡〉兖州地理丛考》，《文史》第三十辑，中华书局，1988年，第25～45页。九河是指复釜河、洁河、鬲津河、钩盘河、简河、胡苏河、马颊河、徒骇河、太史河等。

⑦ 该节主要参考了以下文献：山东省地方史志编纂委员会编《山东自然地理志》，山东人民出版社，1996年，第85～117页；河北省地方志编纂委员会编《河北省志》第三卷《自然地理志》，河北科学技术出版社，1993年，第21、22、42～49页；山东省东营市地方史志编纂委员会编《东营市志》，齐鲁书社，2000年，第91页；《沧州市志》编纂委员会编《沧州市志》，方志出版社，2006年，第157～225页；海兴县地方志编纂委员会编《海兴县志》，方志出版社，2002年，第95～99页；黄骅县地方志编纂委员会《黄骅县志》，海潮出版社，1990年，第6991页；山东省无棣县史志编纂委员会编《无棣县志》，齐鲁书社，1994年，第70～82页；山东省沾化县地方史志编纂委员会编《沾化县志》，齐鲁书社，1995年，第59～61、66～68页。

⑧ 山东省无棣县史志编纂委员会编《无棣县志》，齐鲁书社，1994年，第81页；滨州市文物管理处《滨州市第三次全国文物普查资料汇编》，2010年内部资料，第170页，也提及碣石山一带有古井；海兴县地方志编纂委员会编《海兴县志》，方志出版社，2002年，第99、672页。据调查，小山周围有古井数百口。

⑨ 山东省土壤肥料工作站《山东土壤》，中国农业出版社，1994年，第253～270页；史立本等《地下水更新技术与黄河三角洲区域治理》，山东大学出版社，2000年，第27～28页。

⑩ 赵可夫、李法曾主编《中国盐生植物》，科学出版社，1999年，第81页；河北省地方志编纂委员会编《河北省志》第四卷《海洋志》，河北人民出版社，1994年，第134～139页；山东省潍坊市寒亭区史志编纂委员会编《寒亭区志》，齐鲁书社，1992年，第105～106页；山东省昌邑县县志编纂委员会编《昌邑县志》，内部发行，1987年，第75～78页；山东省广饶县地方史志编纂委员会编《广饶县志》，中华书局，1995年，第113页；山东省寿光县地方史志编纂委员会编《寿光县志》，中国大百科全书出版社上海分社，1992年，第102页。

⑪ 笔者对盐生植物的认知尤其是何种植物可食用、何种植物可作燃料用，主要来自在寿光市双王城发掘期间六股路村民王光玉不厌其烦地介绍，在此表示感谢。

⑫ 本节主要参考了以下文献：山东省地方史志编纂委员会编《山东自然地理志》，山东人民出版社，1996年，第129～175页；李爱贞、金荣兴《莱州湾地区干湿气候研究》，山东省地图出版社，1997年，第1、2、53、66、67、114页；山东省盐务局编著《山东省盐业志》，齐鲁书社，1992年，第87～155页；河北省地方志编纂委员会编《河北省志》第二十六卷《盐业志》，中国书籍出版社出版，1996年，第1页；黄骅县地方志编纂委员会（杨庆礼主编）《黄骅县志》，海潮出版社，1990年，第72～76页；海兴县地方志编纂委员会编《海兴县志》，方志出版

社,2002年,第95～137页;无棣、沾化、东营、广饶、寿光、寒亭、昌邑各县市志所记录的沿海气候部分;昌邑县盐业公司编志办公室《昌邑县盐业志》,内部发行,1986年,第38、39页;无棣县盐务局编著《无棣县盐业志》,山东省地图出版社,2003年,第88页;《寿光县盐业志》编写组《寿光县盐业志》,内部发行,1987年,第22～28页;广饶县盐务局编《广饶县盐业志》,济南出版社,1994年,第56～68页。

⑬ 无棣县盐务局编著《无棣县盐业志》,山东省地图出版社,2003年,第88页。

⑭ 杨怀仁等《黄河三角洲地区第四纪海进与岸线变迁》,《海洋地质与第四纪地质》,1990年10卷3期,第1～14页;庄振业等《渤海南岸6000年来的岸线演变》,《青岛海洋大学学报》1991年第21卷第2期,第99～109页;徐家声《渤海湾黄骅沿海贝壳堤与海平面变化》,《海洋学报》1994年第16卷第1期,第68～77页;耿秀山等《河北—天津沿海贝壳堤的生物地质学及年代学》,第86～78页;李绍全等《黄河三角洲发现古贝壳堤》,《海洋地质与第四纪》1984年第4卷第2期,第119页;李绍全等《黄河三角洲上的贝壳堤》,《海洋地质与第四纪地质》1987年7卷增刊,第103～111页;王绍鸿《莱州湾西岸晚第四纪海相地层及其沉积环境的初步研究》,《海洋与湖沼》1979年第10卷第1期,第9～22页;赵希涛、王绍鸿《中国全新世海面变化及其与气候变迁和海岸演化的关系》,施雅风主编《中国全新世大暖期气候与环境》,海洋出版社,1992年,第111～120页;赵希涛主编《中国海面变化》第一篇第二章第一节,山东科学出版社,1996年,第44～83页。

⑮ 贝壳堤是波浪作用的产物,是波浪在潮间带及潮下带把大量的贝壳及其碎屑搬运至高潮线堆积的结果。因而,学者们多认为贝壳堤应是古岸线的遗存。

⑯ 最近,该地区贝壳堤的碳十四测年数据经校正后,大多提前了500年左右,比如全新世最早的贝壳堤形成于距今7000～6000年间,这样与原来认识的海侵、海退时间差别较大,本文结合考古资料,采取了折中方案。见王宏等著《环渤海海岸带^{14}C数据集（Ⅰ、Ⅱ）》,《第四纪研究》2004年第24卷第6期,第602～613页;2005年第25卷第2期,第141～156页。

⑰ 荣子录《马跑泉的传说》,尹秀民主编《文博研究集粹》,东营市新闻出版局,1995年,第245页;山东省无棣县史志编纂委员会编《无棣县志》,齐鲁书社,1994年,第81页;山东省潍坊市寒亭区史志编纂委员会编《寒亭区志》,齐鲁书社,1992年,第108页;黄骅市地方志编纂委员会《黄骅县志》,海潮出版社,1990年,第82页。

⑱ 如:许清海等《25000年以来渤海湾西岸古环境探讨》,《植物生态学与地植物学学报》1993年第17卷第1期,第20～32页;许清海等《30ka B. P. 来鲁北平原的植被和环境》,梁名胜等主编《中国海陆第四纪对比研究》,科学出版社,1991年,第188～197页;许青海等《河北平原全新世温暖期的证据和特征》,施雅风主编《中国全新世大暖期气候与环境》,海洋出版社,1992年,第66～71页;又见张丕远主编《中国历史气候变化》,山东科学技术出版社,1996年,第40～44页;孟广兰等《渤海Bc—1孔第四纪孢粉组合及古气候》,《海洋与湖沼》1987年第18卷第3期,第253～263页;李文漪等《河北东部全新世温暖期植被与环境》,《植物学报》1985年第27卷第6期,第640～651页;燕生东《全新世大暖期华北平原环境、文化与海岱地区》,周昆叔、莫多闻等主编《环境考古研究》（第三辑）,北京大学出版社,2006年,第73～84页。

⑲ 王国栋《鲁北平原第四纪古地理的演变》,《海洋地质与第四纪地质》1989年9卷2期,第61～67页。

⑳ 江美华《莱州湾南岸全新世古气候与古湖泊研究》,北京大学环境学院2004年硕士研究生学位论文,第60页。

㉑ 巫鸿《从地形变化和地理分布观察山东地区古文化的发展》,苏秉琦主编《考古学文化论集》,文物出版社,1987年,第165～180页;徐其忠《从古文化遗址分布看距今七千年～三千年间鲁北地区地理地形的变迁》,《考古》1992年第11期,第1023～1032页;韩嘉谷《渤海湾西岸考古调查和海岸线变迁研究》、《一万年来渤海西岸环境变迁对古文化发展的影响》,《北方考古研究(四)》,中州古籍出版社,1997年,第12～21、59～70页;胡秉华《山东史前文化遗迹与海岸、湖泊变迁及相关问题》,《中国考古学会第九次年会论文集・1993

年》,文物出版社,1997年,第35～49页;王青《鲁北地区的先秦遗址分布与中全新世海岸变迁》,周昆叔、莫多闻等主编《环境考古研究》(第三辑),北京大学出版社,2006年,第64～72页;王青《山东北部沿海先秦时期海岸变迁与聚落功能研究》,《东方考古》第3集,科学出版社,2006年,第281～297页。

㉒ 徐家声《渤海湾黄骅沿海贝壳堤与海平面变化》,《海洋学报》1994年16卷1期,第77页。

㉓ 王绍鸿《莱州湾西岸晚第四纪海相地层及其沉积环境的初步研究》,《海洋与湖沼》1979年第10卷第1期,第21页。

㉔ 韩有松等《中国北方沿海第四纪地下卤水》,科学出版社,1994年,第123～157页;韩友松《第四纪滨海相地下卤水分布、成因与开发》,曾呈奎等主编《中国海洋科学研究及开发》,青岛出版社,1992年,第355～358页;孔庆友等编《山东矿床》,山东地下卤水矿床章节,山东科学技术出版社,2006年,第522～536页。

㉕ 韩有松等《中国北方沿海第四纪地下卤水》,科学出版社,1994年,第13～20页;孔庆友等编《山东矿床》,山东地下卤水矿床章节,山东科学技术出版社,2006年,第522～536页。

㉖ 张林泉主编《中国鲁北盐区遥感调查研究》,山东科学技术出版社,1989年,第90～99页。

㉗ 韩有松等《中国北方沿海第四纪地下卤水》,科学出版社,1994年,第13～20页;孔庆友等编《山东矿床》,山东地下卤水矿床章节,山东科学技术出版社,2006年,第522～536页;河北省地方志编纂委员会编《河北省志》第二十六卷《盐业志》,中国书籍出版社出版,1996年,第1页。

㉘ 侯仁之《淄博市主要城镇的起源和发展》,《历史地理学的理论与实践》图二,上海人民出版社,1984年,第339页。

㉙ 无棣县盐务局编著《无棣县盐业志》,山东省地图出版社,2003年,第60页;山东省东营市地方史志编纂委员会编《东营市志》,齐鲁书社,2000年,第111页;山东省沾化县地方史志编纂委员会编《沾化县志》,齐鲁书社,1995年,第75、76页;中国海湾志编纂委员会《中国海湾志》第三分册,莱州湾,海洋出版社,1991年,第67～73、77页。

第三章　聚落分布与年代

　　近几年来,渤海南岸地区的滨海平原上发现了十几处规模巨大的商周时期盐业聚落群。这些遗址群出土的器物中,几乎全是制盐工具盔形器。此外,与盐业聚落群同时并存的还有分布在咸淡水分界线两侧的聚落和内陆腹地的多处聚落群,这里也出土了数量不一的盔形器。本章先谈谈这些聚落群的分布概况,再以盔形器为主体,辅以日用器皿,进行年代等方面的探讨。

　　在滨海地带的盐业遗址内出土陶器以盔形器为大宗,是判断这些遗址年代的主要依据。多处遗址虽经过发掘,出土了大量盔形器,但每处盐业遗址延续时间较短。因而,仅仅凭借一种器物和某一处盐业遗存进行年代学研究是不充分的,也难把这些遗址的年代与更大文化分期对应起来。所幸近二十多年来,莱州湾南部地区的内陆腹地如青州、桓台、邹平、博兴、淄川以及章丘等县市地区(主要是淄河以西)通过正式考古发掘的商周时期各遗址内都出土了少量盔形器,还伴出了具有文化分期、断代意义的日用器皿;位于黄河三角洲地区咸淡水分界线一侧的阳信县李屋商代遗址还进行过清理,出土了数量可观的盔形器和日用陶器,这些成为进行年代研究的重要依据。由此,我们就可以将滨海遗址、咸淡水分界线和内陆腹地遗址的分期统筹在一个统一的年代框架之内了。

　　需要说明的是,分期所用遗存主要是制盐工具盔形器和与之共出的日用陶器。根据不同区域和不同性质遗址出土盔形器和日用陶器的数量差异,所利用和分析材料的侧重点也不太一样,比如,沿海地区的分期对象为盔形器,咸淡水分界线两侧为盔形器与日用陶器,而内陆腹地则主要是日用陶器。考虑到盐业考古还在起步阶段,各地出土资料的不平衡性,盐业遗址的年代学研究又刚刚开始,传统类型学上和陶器分期的整合研究,往往多突出陶器相同点,忽略其差异。所以,本书暂把渤海南岸地区划为莱州湾南岸地区和黄河三角洲地区加以分析,并尽可能展示更多的考古资料。

　　本章分期研究的依据,主要是利用正式通过考古发掘资料,并参考已有的商代和西周陶器分期成果,构建起分期框架,再逐一分析调查所获资料。各类聚落年代研究的目的,不仅把盐业遗址与内陆相关聚落址搭建了同一个年代平台,而且,为盐业遗址群内部结构分析奠定了基础,同时,与盔形器同出的日用陶器分析也为下章节的渤海南岸地区商周时期考古学文化性质和盐业生产性质提供了部分依据。

一 聚落分布与特点

根据各类聚落遗址的分布区域、堆积特点、出土遗物、聚落结构、分布形态及功能等差异,可把渤海南岸地区的聚落群自沿海至内陆分为三个分布带。

第一个分布带,位于距现在海岸5~30公里范围内、海拔5米以下、蕴含丰富地下卤水的海积和海河积平原上,多集中于形成于距今5000年前后的贝壳堤两侧。目前,已发现遗址群十几处,遗址总数在300处以上。遗址分布范围非常广大,东至潍河以西的昌邑,经潍坊市滨海经济开发区、寿光、广饶,向西过小清河,再向北经东营、利津、垦利、沾化、庆云、无棣等县市(图3.1—1),最北可至河北的海兴、黄骅一带,横跨250余公里①。

莱州湾沿岸地区基本未被晚期淤土覆盖,古遗迹、遗物暴露充分,通过考古调查很容易发现古遗址。但是,现代盐田的大规模建设,相当部分遗址(群)遭到了毁灭性破坏。这几年考古调查和发掘工作主要集中在这一地区。目前,已发现和确定了广饶县东北坞、南河崖、东赵、坡家庄,寿光市双王城、大荒北央、王家庄以及潍坊市滨海开发区央子等商周时期大型遗址群(图3.1—2)。而古、今黄河三角洲地区的东营、利津、沾化、无棣、庆云、海兴、黄骅一带,数千年来,黄河等河流多次改道,河道南北摆动,形成了著名的黄泛区。古遗址多被厚厚的淤土覆盖,保存虽好,但不易被发现。遗址的出露均依赖于河道、水库及城乡工程建设中的偶然发现,目前,除了杨家等能肯定属于规模较大的遗址群外,其他只是发现了一些遗址点,如沾化西封、东营市刘集②、利津县洋江③、垦利刘庄、庆云县齐周务④、无棣县车镇马颊河⑤、海兴县东部和西南部⑥、黄骅市南排河⑦等。根据该地区遗址成群分布的规律,这些点肯定各隶属于某大型遗址群。

该地带遗址多以群的形式出现,规模巨大。每处遗址群的面积从上数平方公里、数十平方公里至上百平方公里不等。每群大约有十几至七八十处遗址组成。单个遗址的规模不是很大,除少部分面积在1~3万平方米外,多数一般在4000~6500平方米之间。文化堆积多不厚,一般在0.5~1米,延续时间也较短。所见遗物主要是烧土、草木灰和制盐工具盔形器。盔形器所占陶器总数比例在95%以上,生活器皿则少见。最近的考古发掘表明,各遗址均见卤水坑井、坑池、盐灶、灶棚、工作间、灰坑以及烧土、盔形器碎片与草木灰混杂在一起的生产垃圾内遗存。显然,这一分布带的遗址应为盐业遗存。

第二个分布带,环绕于盐业遗址群的内侧,分布在今咸淡水分界线两侧地带的聚落遗址群。大体坐落于全新世最大海侵所至范围的两侧周围。该地带遗址分布范围较广,莱州湾南岸地区,在广饶县西北部、寿光市中北部、寒亭区和昌邑市中部、博兴县东北部,黄河三角洲地区,在阳信县东部、滨城区及利津县西部、沾化县西南部等都发现了遗址群。各地聚落群多与盐业遗址群相对应。往往在上百或数百平方公里的范围内形成一

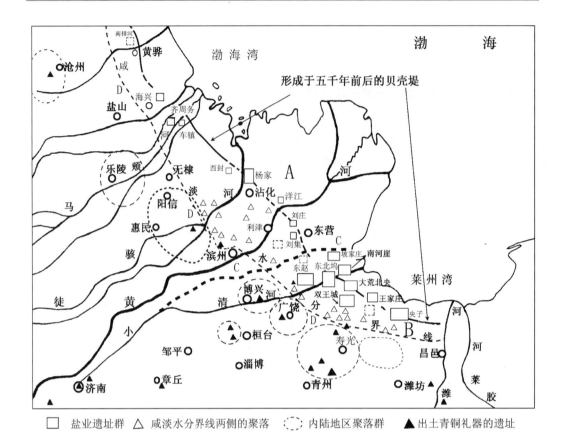

图 3.1－1　商周时期渤海南岸地区各类聚落群分布示意图
（A.黄河三角洲地区，B.莱州湾沿岸地区，C.黄河三角洲与莱州湾沿岸地区分界线，D.第二、三分布带聚落群界线）

个较大的聚落群，各聚落之间间距在 3 公里左右。每处聚落规模不大，一般在数千至上万平方米左右，但每个聚落群内往往有一个规模较大的中心遗址，面积在数万至十几万平方米不等。遗址堆积厚、延续时间长。出土的盔形器多完整器，数量也较多，占陶器总数的 50％ 左右。该区土壤已盐碱化，不适合农业生产。阳信县李屋遗址发掘表明，该地带的遗址主要是盐工及亲属人员生活的居住地，而中心聚落则属于盐业生产、盐制品外运、物资控制和流动的管理阶层生活场所。

　　第三个分布带即内陆腹地的聚落群，位于上述聚落群分布带的内测，均坐落于土层深厚、适宜农耕的河冲积平原、山前洪冲积及黄泛冲积平原上。该区聚落址分布范围也非常广，莱州湾南岸地区的青州北部、寿光南部、广饶南部、临淄北部、博兴东南部、桓台等地，黄河三角洲地带的惠民、阳信、庆云、乐陵、河北省沧县和孟村一带，都有这类性质聚落（群）的发现（图 3.1－1）。其特点，一般在上百或数百平方公里范围内形成一个或数个较大的聚落群。聚落分布较密，间距一般 2～3 公里，比较有规律，显示出聚落在分布上有一定的规划。单个聚落的规模较大,聚落面积(不含墓地)一般在 3～6 万平方米间,个别在十或数十万平方米。堆积厚,延续时间长,出土陶器中以生活器皿为主,盔形器只占 5％以下,且多出土于水井内。有些遗址内出土了青铜礼器,显示出等级稍高些。考古发掘表明,该分布带的聚落多为农耕村落,部分在经济、政治上具有特殊功能。该地带聚落遗址群的兴衰与前两个地带聚落群同步,说明它们存在着千丝万缕的联系。

二 莱州湾南岸地区的遗址分期

该地区田野工作多,考古资料丰富。本节先对内陆腹地商周时期遗址内出土的盔形器和日用器皿进行分期研究,再分析滨海地区经考古发掘的盐业遗址出土的盔形器,建构出该地区详细的分期框架。再以之为标尺,对滨海平原上其他盐业遗址及内陆地区各类聚落出土遗存逐一进行分期研究。

(一)内陆腹地相关遗存分期

1. 桓台县前埠遗址

发掘面积超过 300 平方米,清理了一批殷墟一至四期、西周早期窖穴、灰坑和水井[⑧]。各时期的遗迹单位内出土了少许盔形器(碎片),并伴出具有分期断代意义明确的生活器皿。桓台县前埠和下文的唐山等遗址是本书进行盔形器分期研究的考古学依据之一。

J1 底部淤土层(使用堆积内)出土完整盔形器 1 件(图 3.2－1:1),圆唇、卷沿、侈口、圆鼓腹、圜底较大,腹及底拍印横竖交错的细绳纹,时代较早。而井内废弃堆积出土的那件可复原盔形器(图 3.2－1:4),方唇,直沿、盘口,深弧腹,腹上部横竖交错的中绳纹,腹上及底部拍印斜绳纹,形态特征与前者异,年代应稍晚。该井还出土了殷墟一期的绳纹鬲和甗(图 3.2－1:13、14)。大型灰坑 H129 也出土了一些盔形器碎片,其中的两件,方唇、直沿、口略呈盘状、深弧腹,腹下部略外鼓,腹部拍印斜绳纹(图 3.2－1:22、23),同出的生活器皿有绳纹鬲、甗、假腹豆、圈足盘(图 3.2－1:25～31)、甑、簋、罐、钵、瓮等,具有殷墟二期晚段的特征。H132 出土的盔形器(图 3.2－2:32),方唇、直沿、口沿带有盘口特征,沿面内斜,上腹略直,拍印斜绳纹,伴出殷墟三期的生活器皿绳纹鬲、甗(图 3.2－2:39、42)。H103、H101 出土的盔形器为圆唇,直口,腹上拍印交错细绳纹(图 3.2－2:33、34),同时期的鬲、甗、簋均属于殷墟三期(图 3.2－2:38、40、41、43)。H106 等出土的盔形器口沿残片(图 3.2－2:45),方唇,直沿、沿面内斜,腹上拍印斜粗绳纹。同时期的陶器有殷墟四期前段的袋足绳纹鬲、三角划纹簋和敛口、粗柄豆等(图 3.2－2:47、50、53)。

2. 桓台县唐山遗址

2001 年揭露面积近 200 平方米,此前,桓台博物馆等单位曾清理上万平方米[⑨]。大型灰坑 H122 在出土的数千件陶器中,有十余片(件)盔形器口沿(图 3.2—1:7、10)、腹部底部及过烧变形的残片。调查时也采集了盔形器残片(图 3.2—1:3)。盔形器为圆唇,卷沿或直沿,侈口或盘口,腹部上拍印较细或较粗的横绳纹。同出的生活器皿有绳纹鬲、甗、假腹豆、圈足盘(图 3.2—1:11、12、15、16、17、18、21)、簋、罐、瓮等,时代均属于殷墟一期。我们铲刮大型灰坑 HK2 断面时,也清理出盔形器残片(图 3.2—2:54、55),圆唇,唇面内凹,斜直腹,腹上拍印斜粗绳纹。桓台博物馆工作人员在试掘此坑时,曾发现完整的西周早期绳纹瘪裆甗和鬲(图 3.2—2:63、66)。所见盔形器的时代也应属于这阶段。

此外,该遗址内还采集到一件器体较小的盔形器(图 3.2—2:60),方唇、敞口、斜直腹、尖底,腹底部拍印较粗的斜绳纹,具有盔形器时代较晚的特征。

据以上分析,可把前埠和唐山出土盔形器的遗迹单位分为五个前后发展的年代组,前埠 J1、唐山 H122 为第一年代组,前埠 H129 第二年代组,前埠 H132、H103、H101 为第三年代组,前埠 H106 为第四年代组,唐山 HK2 为第五年代组。

3. 桓台县史家遗址

据介绍,H17,南北长 2.1、宽 1.6、深 3.2 米,底部出土完整盔形器 5 件[⑩],该坑可能为水井。据桓台博物馆陈列的一批盔形器,说明其他单位也出土了完整盔形器(图 3.2—1:2、5、6、24)。该遗址发掘所见生活器皿如陶鬲、斝(图 3.2—1:19、20)多属殷墟一期。盔形器大体可分两类,一类为圆唇,卷沿,盘口,圆鼓腹,腹部较浅,器体矮胖,腹部多拍印横绳纹;另类为方唇,直沿,唇面平直,侈口,腹部略弧近似直腹,腹部较深。根据桓台唐山和前埠的发掘资料,前者年代应早于后者。

4. 博兴县寨卞遗址

2002 年秋冬的发掘中[⑪],在商代堆积内也发现了一些盔形器口沿(图 3.2—1:8、9)。圆唇,卷沿、侈口或盘口,腹部拍印较粗的横绳纹,具有时代较早的特征。与同出生活器皿的年代基本一致。

5. 邹平县丁公遗址

经过数次大规模发掘,清理面积数千平方米。该遗址从殷墟一期延续至西周初期,各时期均出土了盔形器。发表的完整盔形器共 2 件(图 3.2—2:44、46),分别出自 T2A⑤层和 H17。盔形器为圆唇,侈口,唇面内凹,弧腹下垂,大圜底,腹部拍印斜粗绳纹。与盔形器伴出的器物有绳纹甗甑部、甗鬲部和簋。观甗甑部卷沿、敞口、斜直腹、鬲部为袋足,无实足根,簋为厚方唇,腹部刻划三角纹特点(图 3.2—2:48、89、51、52)乃为殷墟四期前段的特征[⑫]。其共出的盔形器年代也应属于这个阶段。

6. 章丘市宁家埠遗址

清理面积比较大,遗迹也丰富,有墓葬、房址、灰坑、窖穴、水井等遗迹单位,出土陶器主要有鬲、甑、甗、圈足尊、盆、簋、钵、豆、双系罐(壶)、瓮等。发掘者把这批资料分为两期

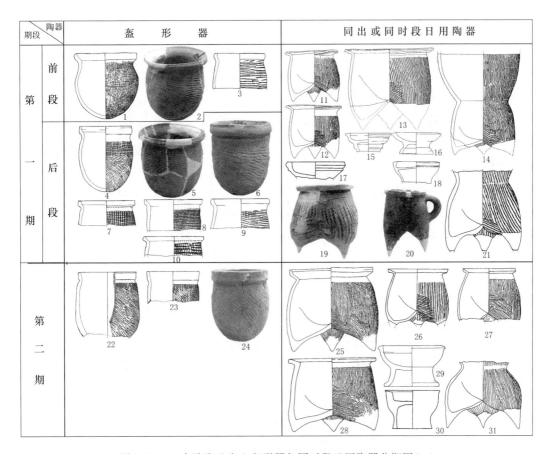

图 3.2－1　内陆腹地出土盔形器与同时段日用陶器分期图(一)

1、4、13、14、22、23、25、26、27～31. 桓台前埠 J1：9，J1⑤：011，010，012，H129④：01、02，H104：1，
H129：2，4，1、6、5、07；2、5、6、24、19、20. 桓台史家 H17 等；3. 桓台唐山采；7、10、11、12、15、16、17、
18、21. 桓台唐山 H122③：01、02，H122④：2，1，H122①：1，H122③：3，H122④：3、4，H122③：2；
8、9. 博兴寨卜 TG122W 夯土④：01、02

三段，早期为殷墟四期，晚期为西周早、中期⑬。目前看来，该遗址并没有出土鲁北地区西
周早期指示性遗存(即商式器物、周式器物和当地器物共存的现象)，所出土的陶器及卜
骨均不出殷墟三、四期范畴。出示盔形器 4 件，H20：1，厚方唇，平沿，直口，弧腹，腹部拍
印细绳纹(若图、文字描述准确的话)，年代应稍早些。J6 底部淤土堆积内出土 3 件完整
器物⑭(图 3.2－2：35、36、37)。J6：1，宽直沿，直口，深直腹，大圜底，腹部拍印成排的斜、
竖细绳纹，时代稍早；J6：3，圆唇、侈口，唇面内斜，深弧腹外鼓，腹部拍印交错中绳纹，应
晚于前者；J6：2，器形与前者相似，唯腹部拍印斜粗绳纹，与丁公出土盔形器相同，但腹
部未下垂，时代应早于后者。尽管报告内未出示这两个遗迹单位的日常生活器皿，就器
形而言，明显比丁公发表的那两件盔形器早，拟定在殷墟三期为恰。

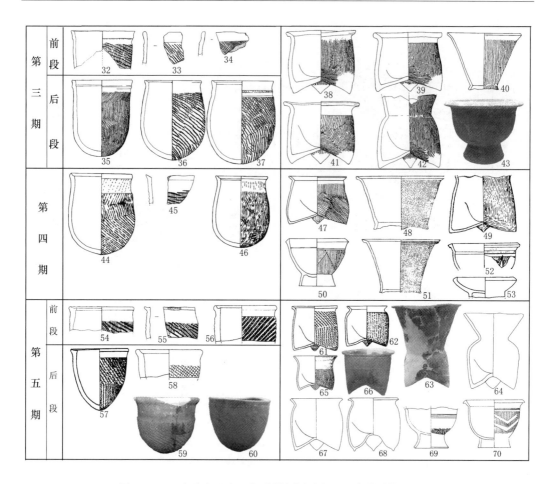

图 3.2－2　内陆腹地出土盔形器与同时段日用陶器分期图(二)

32、33、34、38~42、45、53. 桓台前埠 H132：01、H103：01、H101：01、H112：1、H132：1、H112：1、H120：1、
H132：2、H106：01、H105：1；35、36、37. 章丘宁家埠 J6：1、2、3；43. 桓台存留采；44、46、48、49、51、52. 邹平丁
公 T2⑤A：1、H17：3、T2⑤A：2、H17：1、T2⑤A：5、H17：2；47、50、60. 桓台唐山采、02M2：1、采；54、55、63、
66. 桓台唐山 HK2：01、02、HK2：1、2；56、61、64、65、67、69、70. 淄川北沈马 H5：56、64、3、5、2、36、7；58、68. 淄
川北沈马 H6：6、1；57、62. 章丘王推官庄 H148：2、5；59. 济南唐冶 H189

7. 济南市唐冶遗址

2006 年经过发掘，H189 出土一件可以复原的盔形器(图 3.2－2；39)，器形较小，敞
口，斜直腹，尖底，是盔形器较晚的特征[⑮]。该遗址的早期堆积比较单纯，出土了素面鬲、
甗、红褐陶高圈足簋、绳纹鬲、甗及商式簋等典型西周早期陶器。因此，盔形器的年代应
与其同时。

8. 章丘市王推官庄遗址

西北距宁家埠仅 1 公里。出土盔形器共 3 件。其中，H132：12 复原及线图似有问

题,H144:24仅为底部,不论。H148:2(图3.2-2:57)圆唇、沿面内凹,侈口,斜收腹,尖圜底。伴出的器物有西周早期绳纹袋足鬲、卷沿圆肩绳纹鬲(图3.2-2:62)、宽沿有领鬲等。简报作者认为该遗址分为四段,大体相当于殷墟三、四期至西周早期[16]。王推官庄出土的生活器皿与相隔不远的宁家埠殷墟三、四期陶器及济南唐冶西周初期陶器比较,均有较大差别,应晚于这两个遗址。但该遗址出土的宽薄口沿周式簋,卷沿、袋足绳纹足,连裆鬲,高领鬲,均具有西周早、中期的特征。因此,所见盉形器仍为西周早期。

9. 淄博市淄川区北沈马遗址

发掘区位于遗址北部,揭露面积达上千平方米,清理的遗迹较为丰富,有道路、房址、陶窑、窖穴、水沟、灰坑及墓葬等[17]。根据报告中所公布的资料,H5、H6(图3.2-2:56、58)、G1及T1703第3层堆积内都出土了的盉形器口沿和腹部。盉形器为圆唇、沿面内凹、厚胎、斜直腹,腹上拍印粗绳纹。与盉形器伴出的生活器皿有绳纹鬲、素面鬲、素面甗、商式簋、盆等(图3.2-2:61、64、65、67、68、69、70),为典型的西周早期陶器群。笔者到现场也采集到了盉形器残片。关于遗址的时代,报告分两期四段,大体属于商代晚期至西周早期。北沈马发掘区所见陶器均属于西周早期,这一点已有人专门论述[18]。所见盉形器也应为西周早期阶段。但北沈马遗址调查资料中存殷墟时期陶器,笔者与冯峰博士在发掘区南部200米的土台上见到了这个时期的堆积和陶鬲、甗、罐等遗物,可见,商代文化遗存应分布在这一带。

10. 青州市凤凰台遗址

共发现7件盉形器,发表2件。其中一件出自地层单位T614④内,一件出土灰坑H630内,后者伴出一件绳纹盆口沿。简报作者认为属于商代晚期[19]。但报告公布的陶器线图如素面鬲、绳纹瘪裆鬲、绳纹鼎、素面簋、三角划纹商式簋、粗柄豆等均为该地区西周早期典型遗存,而非商代晚期遗存。但盉形器H630:2线图,厚方唇,直沿,直口,弧腹略直,圜底较大,腹底绳纹较细,具有时代稍早的特征,拟属于商代三期前段,看来,凤凰台遗址应有商代晚期的遗存。盉形器T614④:4为方唇、敞口、斜直腹、尖底,腹部拍印斜粗绳纹,是盉形器最晚阶段的特征。

11. 青州市赵铺遗址

共发现4件盉形器,简报出示了1件。简报作者认为这批材料的年代属于商代晚期[20]。盉形器T4②:1,圆唇,唇面内斜,口略敞,直腹,尖圜底,腹部、底部拍印斜粗绳纹,其形态特征为西周早期的风格。而房址、墓葬出土的陶器如实足矮小的素面鬲、绳纹瘪裆鬲、浅腹盆、三角划纹商式簋和粗柄豆等均为该地区西周早期典型遗存,这与盉形器的时代是基本相符的。

以唐山和前埠遗址的分期为基干,辅以史家、寨卞、宁家埠、丁公、王推官庄、唐冶、北沈马、凤凰台、赵铺等遗址资料,可把盉形器及伴出的陶器分为连续发展的五期,每期根据资料的多少和盔形器形态演变,每期的盔形器还可分前、后两段(图 3.2－1、3.2－2)(第二期除外)。这五期大体相当于殷墟一至四期、西周早期。

(二)已发掘盐业遗址的分期

目前,经过正式考古发掘(含试掘)的主要有寿光市双王城遗址群 SL9、SL31、014、07 和 SS8 遗址,大荒北央遗址群 SD2 遗址,广饶县南河崖遗址群 GN1 遗址等。

1. 寿光市双王城遗址群

双王城遗址群历经 6 次系统考古调查,目前已发现商周时期盐业遗址 75 处。自 2008 年以来还进行了大规模考古发掘,所获资料盔形器材料最为丰富[⑩]。笔者就所掌握的资料,以试掘和发掘资料为主,并辅以调查材料,对盔形器进行分期研究。

编号 SL9 遗址,清理了两座残破的盐灶 YZ1、YZ2,以及打破 YZ1 的两个灰坑 HK1、HK2。在 YZ1 中部长 1.6、宽 1.3 米范围的青灰色烧结硬面上还摆放着十几个盔形器。HK1、HK2 也出土了大量盔形器陶片。这些单位出土的盔形器形态各有差别,应是不同年代造成的。通过对盔形器类型学的比较,可以发现,YZ2 最早,次为 YZ1,打破 YZ1 的 HK1、HK2 最晚。

编号 SL31 遗址,曾清理过 1 座残盐灶和一个堆满盔形器残片的灰坑,二者出土盔形器形态也不尽一样,与 SL9 遗址出土盔形器的时代互有交错。这样,加上这两个遗址采集的其他标本,可把这些资料分为五个年代单元。根据前面对内陆地区盔形器演变轨迹的认识,这些遗迹出土的盔形器主要分属于一、二期的各个阶段(图 3.2－3)。

在编号 014A、014B 遗址清理面积近 3000 平方米,所获完整盔形器数量较多。各遗迹单位间叠压或打破关系比较清晰,各单位还出土了数量不一的完整盔形器。014B 遗址内与盐灶 YZ1 使用过程同时的生产垃圾(主要是盔形器)至少分为十数层堆积,代表着较长时间的多次倾倒行为(每次可表示一个编年单位)。盐灶和烟道内也出土了完整盔形器。储卤坑 H2 内还出土了最后一次煮盐后废弃的 10 多件完整盔形器。叠压在盐灶 YZ1 之下的早期遗存如 HK1 也出土了数件完整盔形器。014A 遗址多个遗迹单位也出土了一批完整盔形器。根据遗迹叠压打破关系和盔形器的形态演变,把 014 遗址的盔形器分为四个年代单元。这些盔形器形态特征上均异于 SL9、SL31 遗址所出。而从盔形器演变轨迹上,明显较晚些,大体相当于内陆地区盔形器分期的三、四期和五期早段(图 3.2－4)。其中,最晚的遗迹内,与盔形器伴出的生活器皿有西周早期的素面鬲、素面甗、绳纹袋足鬲、绳纹甗、罐、簋等。

如是,再结合调查资料,可把双王城各盐业遗址出土的盔形器分为连续发展的五期十段,其中,第一期又可分前、中、后 3 段,第五期只见前段,其他各期均能分出前、后两段。经过大规模发掘的 07 和 SS8 遗址,分属于一、二期和三、四期。翻检其他盐业遗址所获盔形器标本,也均不出这五期范围。总之,双王城一至四期段的资料丰富些,延续时

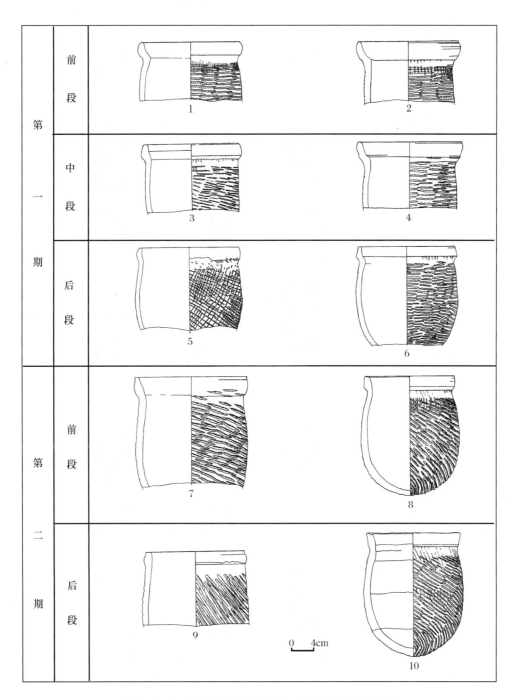

图 3.2—3　寿光双王城遗址群出土盔形器分期图（上）

1、2. SL9YZ2：1，2；3、4. SL9 采集：1，2；5、6. SL31YZ1：1，SL9YZ1：9；7. SL31YZ：1；8. SL9HK1：1；
9. SL31 中东部采集；10. SL9HK2：1

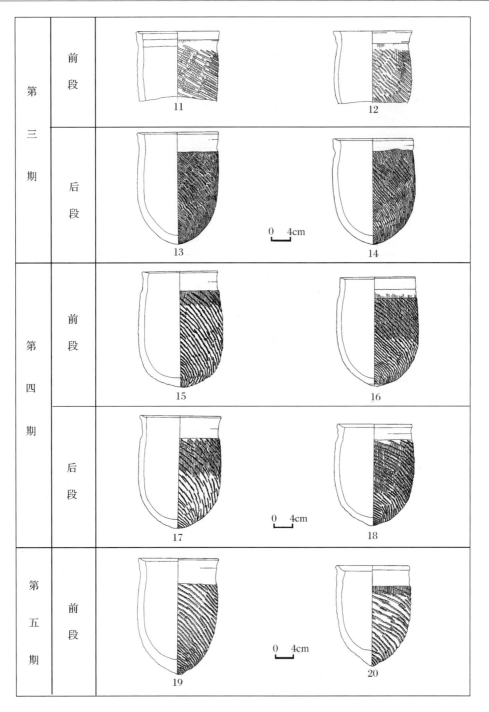

图 3.2－4　寿光双王城盐业遗址群出土盔形器分期图(下)

11.018A 采：1；12. SS4 采：1；13、14.014BHK1：3、7；15、16.014AH20：1、H30：1；

17.014AJ1：1；18.014BH4⑩：7；19.014BZY1 西南烟道：1；20.014BH2：2

间长些,而第五期出土遗物相比而言较少,延续时间可能较短些。

总之,双王城盐业遗址群盔形器所划分的五期段大体可与内陆地区盔形器五期相对应,二者演变顺序完全一致。

2. 寿光市大荒北央 SD2 遗址

2001 年,山东大学东方考古研究中心等单位试掘了编号 SD2 遗址[②],清理面积 110 平方米。根据简报所提供的资料,坑池(即报告所称第 2 层)出土的盔形器与在遗址地表上采集的盔形器相比较,略有差异,前者器壁较薄,腹深些,口部小些,底部也不如后者的尖,时代应稍早些。参照盔形器演变轨迹,可把 SD2 遗址出土的盔形器分前、后两段(图3.2—5)。与盔形器伴出的陶器如素面鬲、绳纹鬲、三角划纹簋等均为鲁北地区西周早期的典型器物。因而,这两段应是属于这个时期。

SD2 遗址的前段大体相当于双王城遗址群的第五期前段。

3. 广饶县南河崖 GN1 遗址

2008 年春夏,山东大学考古系等单位在编号 GN1 遗址东部进行了发掘,清理面积近千平方米[③]。发掘者认为时代为西周中期前后。就盔形器整体特征而言,应属于内陆地区盔形器总分期中的第五期即西周早期。

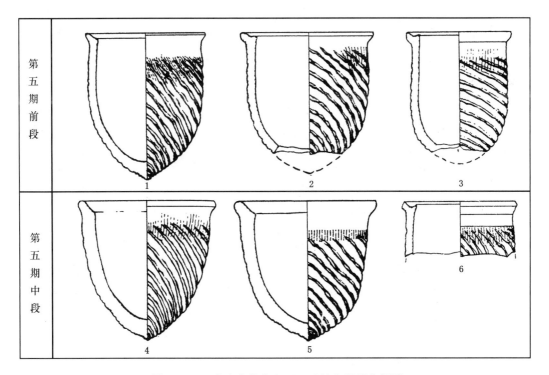

图 3.2—5　寿光大荒北央 SD2 遗址盔形器分期图
1. TG1②：1;2. 小荒北央采：1;3. TG1②：2;4. 采：10;5. TG1②：3;6. TG1②：8

　　清理的盐灶、工作间、储卤坑、盐棚、坑池、煮盐后倾倒的生产垃圾堆积以及打破盐灶、坑池的灰坑遗迹单位内均出土了数量较多的完整盔形器。隶属于 YZ4 的工作间 F3工作面上及坑池内堆积如 T0304TC1 出土的盔形器应是盐灶使用过程遗留和废弃。所见盔形器为窄沿,深腹略外鼓,尖圆底,器胎稍薄,时代应稍早。而打破盐灶周围的灰坑和堆在坑池上的生产垃圾(发掘者中多划为盐灶、房址等遗迹),从层位学上晚于上述盐灶及相关堆积。出土的盔形器为大宽沿,斜收腹,尖底,厚胎,年代也明显晚。根据这些打破关系及盔形器的形态变化,可把 GN1 遗址发掘区出土的盔形器分为三段(图 3.2—6:1~6)。出土的生活用陶器如素面鬲、素面甗、绳纹鬲、三角划纹商式簋、弦纹罐等均为西周早期该地典型器物群(图 3.2—6:7~13)。

　　南河崖 GN1 号遗址发掘区内出土盔形器前段、中段与大荒北央 SD2 遗址前、后段相当,而后段应是盔形器发展过程中最晚的一个阶段。

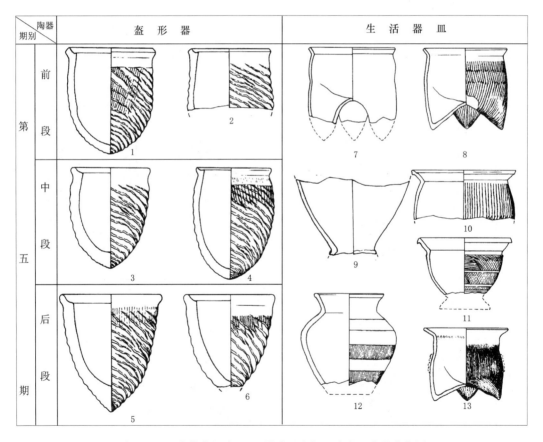

图 3.2－6　广饶南河崖 GN1 号遗址发掘区内出土陶器分期图

1. F3①：03；2. T0304TC1①：02；3. H11：01；4. T0105YZ1①：03；5、6. YZ3③：01、025；7. F1：03；8. T0404TC1①：01；9. F1；1；10. H25①：1；11. H25②：3；12. H17①：40；13. F1：1

如是,莱州湾南岸地区盐业遗址出土盔形器可分为连续发展的五期十二段,其中,第一、五期期又可分前、中、后 3 段,其他各期均能分出前、后两段。

(三)分期框架的建立

整合一下沿海地区盐业遗址和内陆腹地相关遗存分期资料,可把莱州湾南岸地区的盔形器及伴出陶器分为连续发展的五期,盔形器资料多,其分期可更为详尽些,第一至四期均可分前、后两段,第五期可分为早、中、晚三段。当然,根据需要,每期还可以划分出更详细的编年。

大体看来,莱州湾南岸地区盔形器(黄河三角洲地区的盔形器也基本一致,见下)的演变轨迹为:口部从圆唇、宽沿、侈口,到方唇、直沿、直口,再到窄口沿、唇沿内斜、多凹槽、侈口,最后发展到卷沿、侈口;腹部由浅弧外鼓,到垂腹、大圜底、器壁较薄,到腹部变深、器体修长、尖圜底、器壁变厚,再到器腹多浅弧或斜直、尖底,器胎较厚;器表从拍印较粗的横排绳纹、横竖交错绳纹,到较细的斜绳纹和交错绳纹,最后为斜粗绳纹。具体说来,一期的盔形器,卷沿、盘口,腹部呈圆球状,圜底较大,腹部拍印横绳纹或横竖交错绳纹,绳纹略粗,器壁较薄;二期为宽直沿,唇面平直,腹部外弧、瘦长,腹部为斜绳纹,绳纹变细;三期为直口,唇面开始内斜,腹部外鼓,多交错细绳纹,四期,腹部外鼓下垂,腹部出现斜粗绳纹,器壁增厚,第五期唇面内凹,敞口,斜直腹,斜绳纹较粗,尖圜底或尖底,器壁增厚,一般 2~3 厘米,底部厚 4~6 厘米,部分竟达 8 厘米。

(四)其他盐业遗址群的分期

根据以上分期成果,可对莱州湾滨海平原上所调查的考古资料逐一进行分期分析。寿光市双王城遗址群分期情况前面已经提及,不再另述。

1. 寿光市大荒北央遗址群

目前,共发现西周时期盐业遗址 27 处。翻检各遗址所采集的标本,也分可为与 SD2 遗址相同的前、后两段(图 3.2—7)。大体相当于盔形器分期中的第五期前、中段。

2. 寿光市王家庄遗址群

已发现盐业遗址 7 处,遗址保存较好,所采集盔形器标本较为碎小。就盔形器形态特征而言,可分前、后三段,与大荒北央遗址群出土盔形器时代基本相当,属于盔形器总分期中的第五期前、中段(图 3.2—8)。

3. 潍坊市滨海开发区(原属寒亭区)央子遗址群

央子遗址群规模较大,东西横跨 18 公里。实际上,央子遗址群包含了韩家庙子、固堤场、烽台、东利渔、河北岭子、崔家央子以及昌邑市东利渔等 7 处规模较小的盐业遗址群。经过详细调查的韩家庙子有 4 处、固堤场 7 处、烽台 2 处、西利渔 1 处、东利渔 6 处,而河北岭子和崔家央子早年曾出土过完整盔形器[24],说明那里也有遗址(群)。就盔形器形态特征和同出的生活器皿来看,韩家庙子、河北岭子出土盔形器时代最早,可分三期五

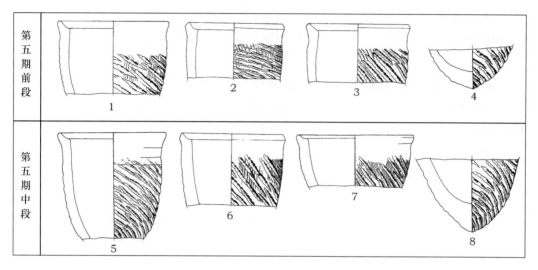

图 3.2-7　寿光大荒北央遗址群出土盔形器分期图

1. SD18；2. SD15；3. SD2；4. SD13；5. SD14；6. SD15；7. SD13；8. SD33

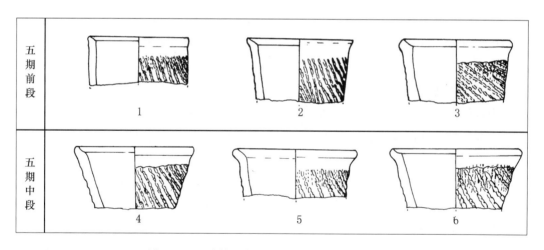

图 3.2-8　广饶王家庄遗址群出土盔形器分期图

1、2. 出自 W23 号遗址；3、6. 出自 W24 号遗址；5. 出自 W25 号遗址

段,相当于盔形器分期的一、二期前、后段及三期前段(图 3.2-9)。固堤场、烽台、东利渔、西利渔、崔家央子出土盔形器时代较晚,可分前、后两段(图 3.2-10),相当于盔形器分期的五期中、后段。目前看来,央子遗址群缺乏三期后段、四期及五期前段的遗存,这可能与考古工作不足有关。

4. 广饶县东北坞遗址群

目前已发现盐业遗址 35 处[⑳],各遗址未经过考古发掘,所获标本均为采集。编号

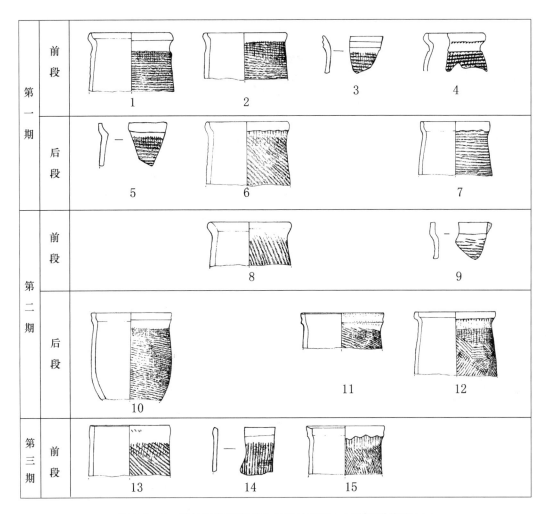

图 3.2—9　潍坊滨海开发区央子遗址群出土盔形器分期图(上)

4. 出自河北北岭子；13、14. 出自韩家庙子 H21 号遗址；余出自韩家庙子 H17 号遗址

HT1 遗址面积较大，堆积厚，上被现代墓地占压、破坏，地表散布盔形器碎片较多，片径大，器物形态和种类也多，延续时间较长。编号 GD6、GD14 等遗址暴露出的盔形器碎片也较多，器形明显异于 HT1 遗址所出。参照盔形器分期结果，可把东北坞盐业遗址群的盔形器分为前后连续发展的四期七段。大体相当于双王城遗址群盔形器分期的前三期至四期前段(图 3.2—11)，也分别相当于内陆地区盔形器分期的一至四期。东北坞遗址群的第一至三期，遗存较为丰富，每期可分为前、后两段，第四期遗存少，延续时间可能比较短。

5. 广饶县南河崖遗址群

位于广饶县和寿光市境内的南河崖遗址群，目前已发现遗址 53 处⑤。除编号 GN1

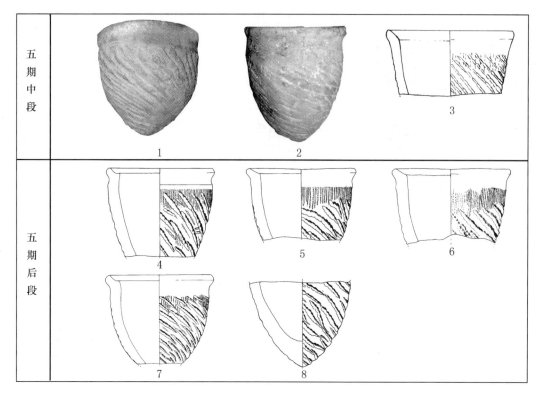

图 3.2—10　潍坊滨海开发区央子遗址群出土盔形器分期图(下)

1、2. 出自崔家央子遗址；3. 固堤场 G10：2 ;4. 固堤场 G4：1；6～8. 固堤场 G1：1、3、2、4

遗址经过发掘外,其他遗址仅经调查,标本系采集。部分遗址内所采集盔形器标本属于这三期段,部分遗址出土盔形器腹稍外弧,深些,底部较大,绳纹稍微细,明显早于 GN1 遗址发掘所出。根据盔形器演变轨迹,可把南河崖遗址群出土的盔形器分为连续发展的两期五段(图 3.2—12),前期又可分为前、后段,而后期可分为前、中、后段。大体相当于盔形器分期的四期(即前期)和五期(即后期)各段。其中,南河崖前期前段与东北坞四期前段比较接近,后期前、中段与大荒北央的前、后两段年代相当。

6. 广饶县东赵遗址群

已发现 8 处盐业遗址。东赵村、南口、北口周围的 5 处遗址,遭破坏较重,出土了数量较多的盔形器标本。根据其形态变化,可分三期五段(图 3.2—13),大体相当于东北坞的前五段相当。其中,第一、二期可分为前后两段,所见遗存较多,第一期盔形器种类形态较丰富多样,第三期前段遗存较少,遗址延续时间应比较短。与盔形器同出的陶制生活用具如鬲、甗、甑、盆、罐、豆、小口四系背水壶、瓮等标本,绝大多数属殷墟一、二、三期。

此外,东赵遗址被东北部 12 公里的支脉河王家岗村一带,多个地方也出土过盔形

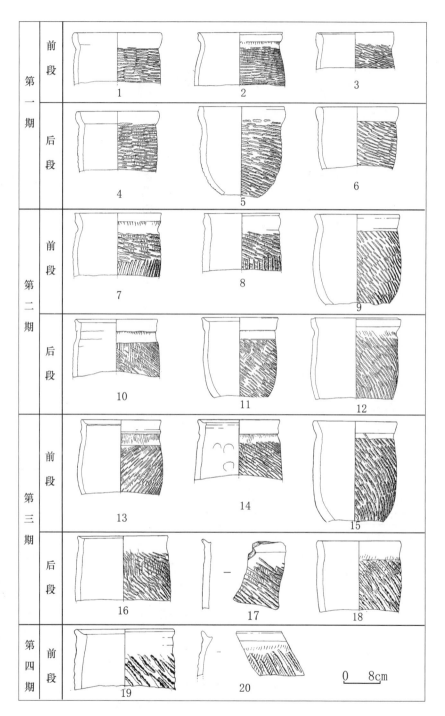

图 3.2－11　广饶东北坞盐业遗址群出土盔形器分期图

1～9、15. HT1；10、11、16、20. GD14；12. GL1；13. GD6 北；14. GD6 南；17、19. GD5；18. GD4

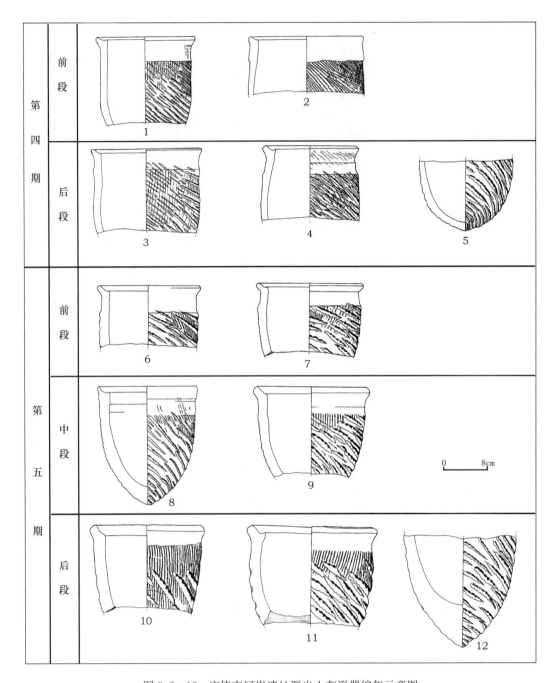

图 3.2-12　广饶南河崖遗址群出土盔形器编年示意图

1、3. GN14：01、02；2. GN1：01；4、5、7. GN17：01、GN17P2：01、GNP1：01；6. GN24：01、02；

8、9. GN13：01、02；10. GN11：01；11. GN27：01；12. GN28：01

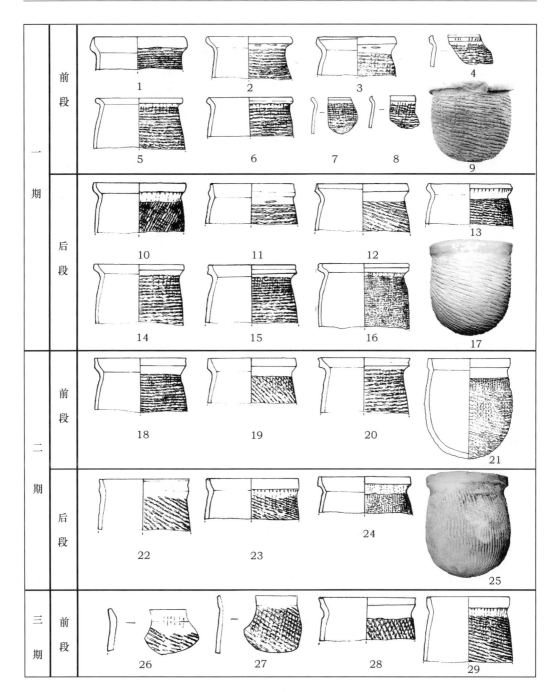

图 3.2—13　广饶东赵盐业遗址群出土盔形器分期图

1、3、12、13、19、23、26、27.出自东赵 2 号遗址；9.出自东赵 1 号遗址；17、21.出自南口遗址；

25.出自尚道遗址；余出自东赵 3 号遗址

器,那里应当有相应的盐业遗址。王家岗
公布的那件,就其特征而言,属于盔形器
分期中第五期前段[27](图 3.2—14)。

7. 广饶县坡家庄遗址群

东营市博物馆第三次全国文物普查
发现,2010 年冬天我们又对个别遗址作了
复查,目前已发现遗址 10 处,所见标本均
为采集,数量较少,片径也小。就其形态
特征而言,可分为四期七段,大体相当于
盔形器分期的一期前、后段、二期后段、四
期后段、五期前、中、后段(图 3.2—15)。
延续时间较长,但不见二期前段、三期前
后段及四期前段遗存,原因待考。

(五)咸淡水分界线两侧聚落遗址出
土盔形器分期

上世纪五六十年代,水利部门在广饶
县境内疏浚和开挖小清河时,发现过大量
完整盔形器,文物部门在广饶县和寿光市

图 3.2—14　广饶王家岗村一带出土的盔形器

中北部咸淡水分界线两侧的商周遗址内也收集了一批完整盔形器[28]。依照已有分期框
架,可把这些盔形器分为前后发展的五期(图 3.2—16、17)。

其中,一、二期还可各分为前后两段,第三、四期所见完整器较少,暂未划分前后段,
第五期分为早、中、后 3 段。这五期与北部盐业遗址群双王城、东北坞、大荒北央、南河
崖、央子盔形器各期段完全一致。需要指出的是,该区域尤其是广饶县西北部的一、二期
盔形器(图 3.2—16:2、3、6),方唇,卷沿,侈口,圆弧腹,腹部多拍印交错绳纹,器形比较特
殊。这些类器物还广见于博兴、桓台等县境内同时期遗址里,在东赵盐业遗址群内都有
发现(图 3.2—13)。但不见于双王城、东北坞盐同时期盐业遗址内。

(六)淄、弥河流域聚落遗址出土日用陶器分期

前面所谈及内陆腹地与盔形器共存的日用器皿陶器分期(图 3.2—1、2)均涉及的是
自淄河以西地区,而淄河以东的淄、弥河流域,即咸淡水分界线以南的内陆地区,因商代
至西周遗存发表资料较少,学界对其商代文化面貌、分期、性质及生活在本地居民看法有
异,比如,有学者根据苏埠屯墓地(第六章将专门谈及该墓地)所出资料,认为商文化(人)
在殷墟三、四期商才进入该地区[29],或认为商文化与当地考古学文化共存区域[30],或认为
殷墟时期这里居住着夷人(人方)[31],属于土著文化分布区[32],等等。鉴于此,笔者有目的

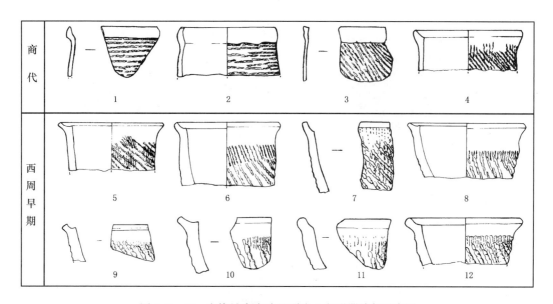

图 3.2—15　广饶坡家庄遗址群出土盉形器编年示意图

1、2. 一期前、后段；3. 二期后段；4. 四期后段；5、6. 五期前段；7、8、9. 五期中段；10~12. 五期后段

（1、3、4~11. 出自坡家庄 2 号遗址；2. 出自三柳遗址；12. 出自坡家庄 3 号遗址）

地翻检了不同地区如广饶东卧石③、青州郝家庄④、寿光丁家店子⑤等遗址历年来调查的资料。发现，这些遗址所出土陶器除分属各期段的少量盉形器外，主要是生活器皿如鬲、甗、盆、罐、豆、簋、瓮等，遗物非常丰富，文化性质属于典型商文化，年代上均延续了整个殷墟时期，显示出聚落的稳定性。参照殷墟文化和淄河以西遗址出土陶器的分期架构，可把博兴东部、广饶、寿光、青州、临淄等地商周时期遗址出土的陶器（限于笔者所见的完整器）分为连续发展的五期（图 3.2－18）。分别与该地区日用陶器总分期的第一至五期相当。这说明该区域殷墟时期至西周早期各期陶器特征和演化轨迹与淄河以西地区是基本一致的。

三　黄河三角洲地区的遗址分期

位于咸淡水分界线两侧的阳信李屋遗址进行过发掘，出土的盉形器和日用器皿等方面的资料较多，可先对该遗址进行分期研究，再以附近兰家遗址出土的器物为补充，建立起该地区的盉形器及日用陶器分期框架，据此，再逐一分析其他地区遗址的分期情况。

（一）盉形器和日用器皿分期框架的建立

1. 李屋遗址

位于阳信县水落坡乡李屋村东南 1 公里。2003 年夏季，文物部门进行过发掘，揭露

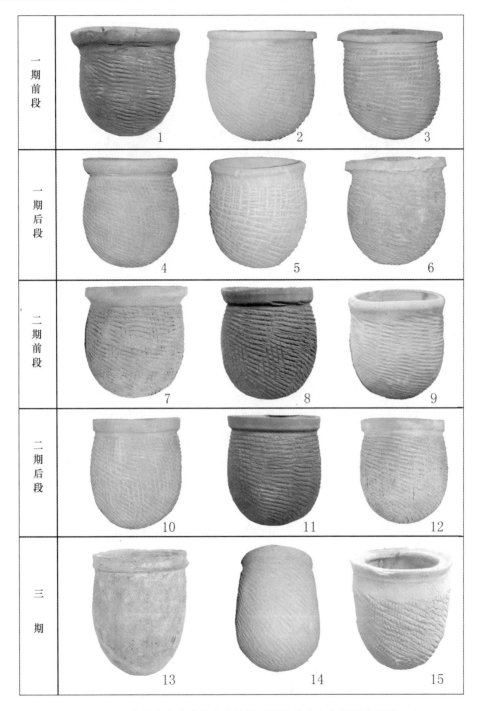

图 3.2—16　莱州湾南岸咸淡水分界线两侧聚落出土盔形器分期图(一)

1、4、7、8、10. 广饶中北部采集；2、3、11. 广饶小清河一带；5、13. 寿光高家；

6、12. 广饶西杜疃；9、15. 寿光刘家桥；13. 寿光石门董

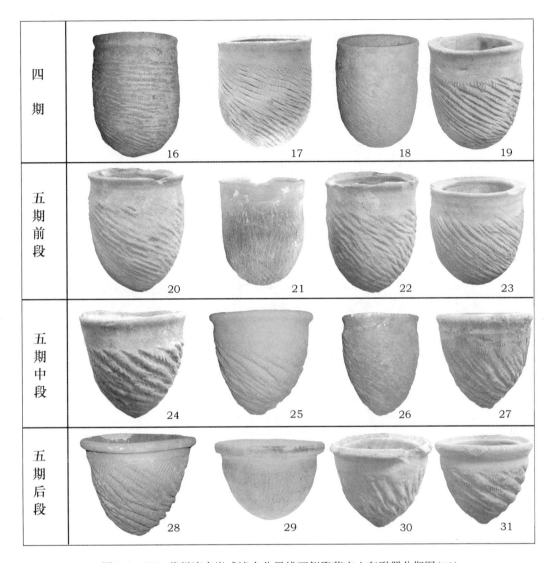

图 3.2—17 莱州湾南岸咸淡水分界线两侧聚落出土盉形器分期图(二)

16、17、21. 寿光高家;18. 寿光农业局沼气池;19、20、22、23、24、27、30、31. 寿光中部地区;
25. 寿光崔家;26. 寿光埠子顶;28. 广饶大桓台;29. 寿光薛家

面积为 400 平方米⑧。所见各类遗迹较为丰富。各遗迹层位叠压或打破复杂,出土盉形器和生活器皿的数量特多,盉形器演变轨迹清晰,为该地区的分期研究提供了地层学和类型学依据。可予以单独讨论。

李屋遗址具有分期意义的打破或叠压关系的遗迹共有 6 组,M32、M36、H15→H20→H33、H32、H38、H43、H45、M47;H 20→房屋(院)垫土→H46;M40→H12→H30、M41→房屋垫土→H31;H22→房屋垫土→H31;H37、H41→H21→H24→H42 等(→表示

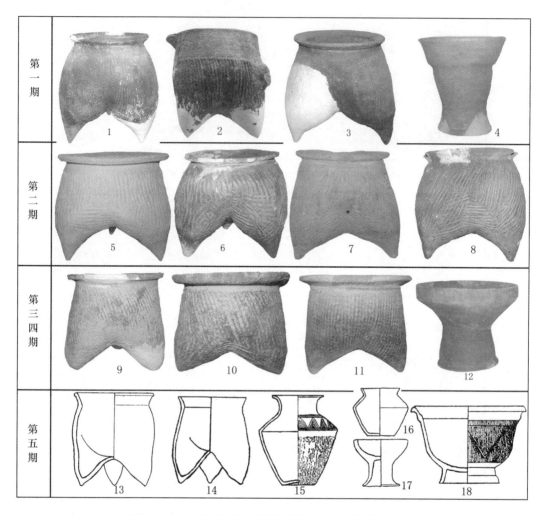

図 3.2—18　淄、弥河流域聚落遗址出土日用陶器分期图

1、3、5~11. 鬲；2. 斝(?)；4. 假腹豆；12、17. 豆；13、14. 素面鬲；15. 中型罐；16. 小罐；18. 簋(1、5. 广饶北卧石；2、10.
广饶西辛、3. 临淄乙烯；4. 博兴利代；6. 广饶西营；7、12. 博兴店子；8. 广饶榆林；9. 广饶崔王；11. 寿光南台头；12.
寿光延庆寺；13. 青州凤凰台(H009：1)；14、16、18. 青州赵铺 M1：2、3、1；15、17. 临淄东古 M1002：3、2)

叠压或打破关系)，其中 H46、H33、H22 坑内及 H20 底部各自出土了完整或可复原盏形
器(部分属于器物因烧过而导致变形)8~12 件，其盏形器形态不一，前后发展关系明确，
个别坑内还伴出了断代意义的生活器皿。其他灰坑或窖穴单位出土了大量盏形器碎片
和少量完整盏形器。更重要的是这些遗迹单位还出土数量较多的，具有分期和断代意义
的日用器皿。这些是我们进行分期研究的考古学依据。

　　通过地层学和类型学的分析，我们可把李屋出土盏形器和日用器皿分为前后连续发
展的 6 个年代组。C9、H42、H45、H46 为第一年代组，H38、H43、H31 为第二年代组，

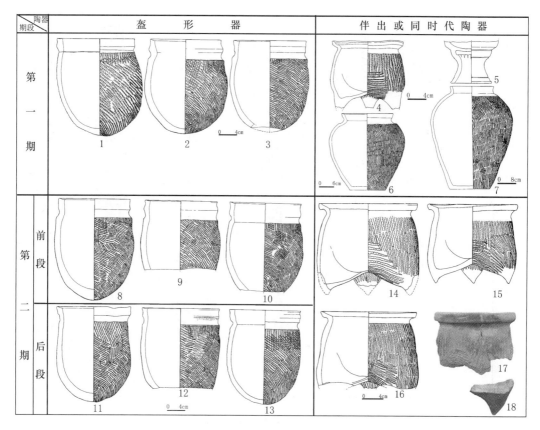

图 3.3－1　阳信李屋出土盔形器及日用器皿分期图（一）

1、7.C9：2、3；2、6.H46：1、2、3；4.H42：2、1；5.H45：01；8.H38：1；9、10.H43：01、02；

11、12.H33：1、2；13.H32：1；14～18.H31③：2、1、3、01、02

H33、H32 为第三年代组，H22、H24 为第四年代组，H20、H12、H37 为第五年代组，H15、M37、M41 为第六年代组。简单归并后，第一年代组为第一期，第二、三年代组为二期的前、后段，第四、五年代组为三期的前、后段，第六年代组为第四期（图 3.3－1、3.3－2）。其中二、三期遗存最为丰富。李屋遗址商代堆积比较厚达 3 米左右，但地下水位较高，加之为保存房屋、院落垫土堆积，未能向下清理，所以，目前所见第一期资料较少。遗址上部堆积被东周、汉代和金元时期墓葬所破坏，故第四期及以后的遗存保存不多。但在多座东周墓葬如 M23 填土内发现了四期的盔形器碎片（图 3.3－2：34、36）。因而可以说，李屋遗址第四期的遗存也是比较丰富的。南部约 10 公里的兰家遗址出土的四、五期资料较为丰富（见下），可补李屋分期上的缺环。从类型学和伴出的日用器皿来分析，李屋第一期盔形器相当于莱州湾南岸地区盔形器分期中的第一期后段，李屋第二、三、四期相当于后者的二、三、四期前段。

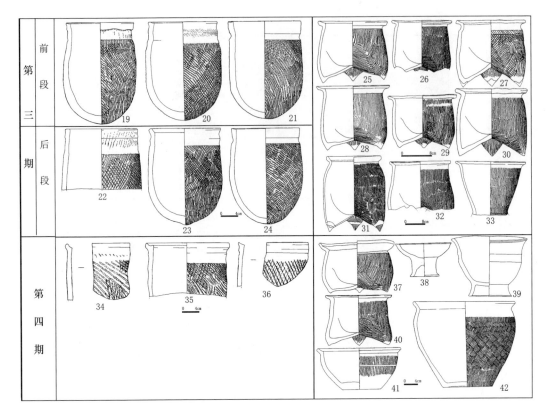

图 3.3－2　阳信李屋出土盔形器及日用器皿分期图(二)

19、20. H22：1、2；21、29、32. H24③：2、1、②：1；22、33. H12⑨：01、02；23、24、28、31. H20③：3、7、
①：2、③：1；25、27、30. H37：1、3、2；26. H22：01；34、36. 东周 M23 填土；
35、42. H15④：01、6；37、41. M41：1、2；38、39. M32：2、1；40. C16：2

2. 兰家遗址

位于滨城区堡集镇兰家村东部,北距李屋遗址仅 10 公里,虽未做过发掘,但历年来出土了大量商周时期的遗物⑰。调查所获陶片中见有一至三期的盔形器。在遗址北部出土过完整盔形器 7 件。根据形态特征,参照李屋遗址和莱州湾南岸地区盔形器的分期,可把兰家出土的完整盔形器分为 3 期 4 段(图 3.3－3)。其中,圆唇、沿面内凹(斜)、深弧腹下垂、腹上拍印斜粗绳纹,明显异于李屋第三期盔形器,应比后者晚,但与第四期特征相同。而斜直腹、尖圜底、器体变矮小的盔形器,应是盔形器比较晚期的特征。这两期大体相当于莱州湾沿岸地区盔形器第四期前、后段、第五期早、中段。

李屋所日用陶器主要为居址内所出,兰家主要是墓葬,二者的分期资料可互为补充。历年来,兰家遗址西部和东部被破坏的墓地内出土了一批完整陶器。器物种类有鬲、簋、豆、小型罐和中型罐等。这可能代表着随葬陶器的组合,在东方地区商文化系墓葬内也

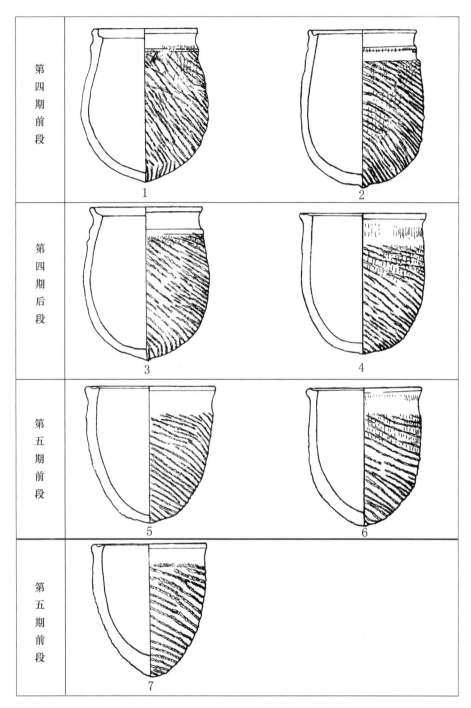

图 3.3－3 滨城兰家出土盔形器分期图

1－7. BLSZ：15、17、16、19、20、21、18

比较常见。这批陶器延续时间比较长,如假腹豆,实足较高的绳纹鬲,卷沿、深腹簋,侈口、圆腹小罐(图3.3—4:1、2、3、7、5、6)都是时代较早的陶器,而宽折沿、无实足根鬲,粗柄、喇叭状豆,厚方唇、浅腹三角划纹簋,腹上有乳丁纹的小罐(图3.3—4:15～20)明显较晚,拟进入了西周早期。据此,可把这批陶器分为五期(图3.3—4),大体相当于殷墟一期至四期、西周早期。李屋遗址的日用陶器中,缺乏西周早期的资料,兰家遗址可补其缺环。

(二)分期框架

根据以上分析,可把黄河三角洲地区出土盔形器和伴出的日用器皿分为连续发展的五期。大体与莱州湾地区的一至五期相对应。盔形器资料多,其分期可更为详尽些,除第一期外,每期都可分为前后两段。其中,第一期相当于莱州湾南岸地区的一期后段,五期前、后段相当于后者的五期早、中段。

(三)盐业遗址群的分期

1. 沾化杨家遗址群

杨家位于沾化县城北8公里范围内,规模较大,尽管遗址被淤土覆盖,总体分布和遗址数量不清楚,但目前已发现近20处盐业遗址。上世纪50年代,文物部门在北部遗址内(编号ZY1遗址)进行过发掘。我们于2007年春天在遗址群北半部做过详细调查。历年来出土了盔形器和生活器皿也均来自北半部遗址群。

从采集的盔形器标本看,可分为三期五段,即相当于黄河三角地区盔形器总分期的三期后段,四期前、后段,五期前段、后段(图3.3—5)。杨家遗址群遗址以西、西南的盐工居住地遗址如兰家、李屋、陈家等都出土了有一、二期、三期前段的盔形器,显示应有相对应的、同时期的盐业遗址。根据莱州湾南岸地区盐业遗址分布规律看,杨家南半部应有这些时期的遗存。

2. 沾化西封遗址(群)

位于沾化冯家镇西封村西北约300米,面积约1万平方米,文化堆积厚约两米。原定为战国时期遗址,最近的调查发现了制盐工具盔形器,从其空间位置而言,应属于盐业遗址[8]。所见标本年代相当于黄河三角洲地区盔形器总分期的三、四期至五期前段。

3. 利津洋江遗址(群)

位于利津县西北小赵与洋江村之间,西距南望参遗址12公里的洋江遗址,东距现在海岸约30公里。系上世纪90年代修建水库时发现。出土陶片主要为盔形器,应属于盐业遗址。从采集的盔形器标本看,可分为两期三段,时代相当于黄河三角洲地区盔形器总分期的四期前、后段至五期前段(图3.3—6)。

4. 东营刘集盐业遗址(群)

刘集遗址(群)位于东营市区以西12公里,村民打井在地表4米以下发现了该遗址

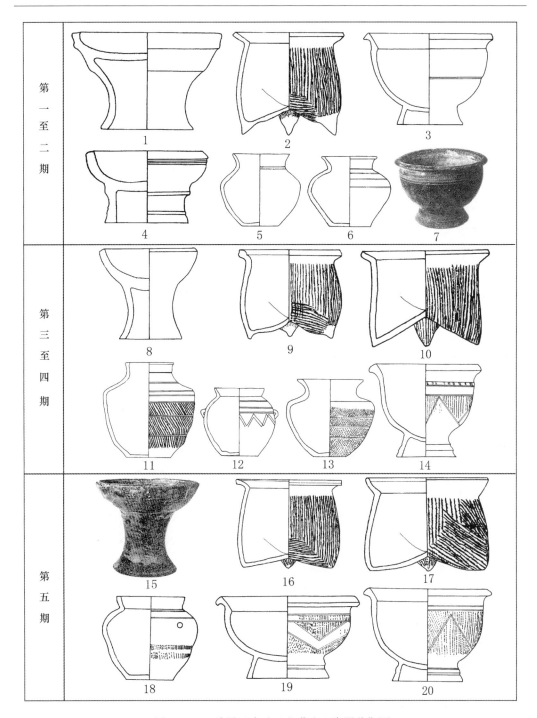

图 3.3－4　滨城兰家遗址墓葬出土陶器分期图

1、4、8、15. 豆（BLSZ：8、9、10，1957 年采集）；2、9、10、16、17. 鬲（BLSZ：1、2、6、4、3）；3、7、14、19、20. 簋（BLSZ：22，1957 年采集，BLSZ：3、25、3）；5、6、12、18. 小罐（BLSZ：37、36、43、35）；11. 中型罐（BLSZ：30）；13. 圆肩小罐（BLSZ：29）

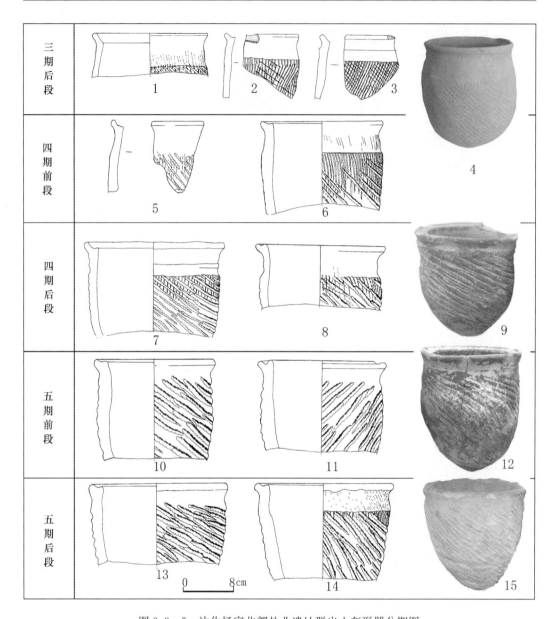

图 3.3—5　沾化杨家北部盐业遗址群出土盔形器分期图

1、2、3、5、6.ZX1(01、02、03、04、05);4. 东杨遗址采;7.ZY2：01;8.ZY1：01,9、12、15. 采集(沾化文管所藏品);
10.ZY6：01;11.ZY5：01;13.ZY6：02;14.ZY7：01(4、9、12、15 未按比例)

（海拔也仅 3 米左右,以此也证实该地在地质构造上属于沉陷区)。东营市博物馆曾进行
了小规模试掘。出土的陶片绝大多数是制盐工具盔形器,遗址又比较靠近海岸一侧,说
明应属于盐业遗址。从盔形器口沿、底部和绳纹特征来看,可分为两期三段,时代相当于
该区盔形器总分期的四期前、后段、五期前段(图 3.3—7)。

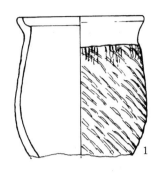
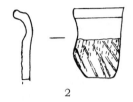
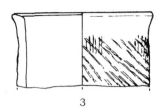

图 3.3—6　利津洋江遗址出土盔形器

1. 四期前段,2. 四期后段,3. 五期前段

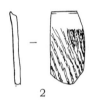
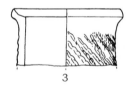
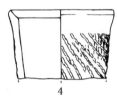

图 3.3—7　东营刘集遗址出土盔形器

1. 四期前段,2. 四期后段,3、4. 五期前段

5. 垦利刘庄盐业遗址(群)

位于垦利县董集镇刘家村正南,村民修水库时破坏了遗址。近年来,村民发现了数百件陶片,其中以盔形器为大宗。就盔形器口沿、底部及腹部绳纹特征来看,可分为两期三段,时代相当于该区盔形器总分期的四期前后段、五期前段。

6. 庆云齐周务盐业遗址(群)

1973(2)年,庆云县文化馆收集了齐周务遗址出土的 6 件完整盔形器,就其形态特征而言,可分为三期五段,时代分属该地区盔形器总分期的三期、四期前、后段至五期早段(图 3.3—8)。

7. 无棣县车镇盐业遗址(群)

该区还未曾做过田野工作,据有关文献描述[38],出土的盔形器具有该地区盔第五期的特征。

8. 海兴县盐业遗址群

海兴县发现的多个商周时期盐业遗址,资料未公布,笔者也未能亲自去调查。目前所发现的 1 件完整盔形器,属于该地区的第五期[40]。

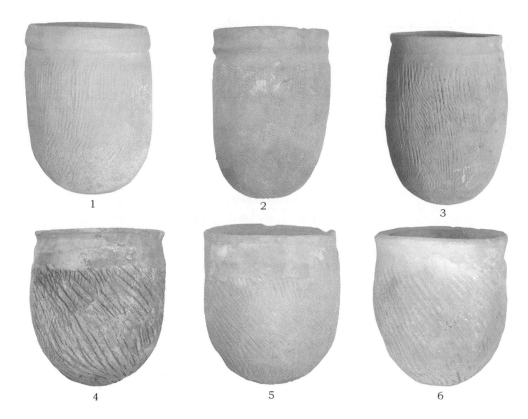

图 3.3－8　庆云齐周务遗址出土盔形器

1. 三期前段；2、3. 三期后段；4. 四期前段；5. 四期后段；6. 五期前段

9. 黄骅市南排河遗址（群）

有学者曾提及黄骅县南排河发现的殷墟前期遗存，就位置看，属于盐业遗址问题不大，如是，也应有商代制盐工具盔形器①。

（四）咸淡水分界线两侧聚落址分期

关于黄河三角洲地区咸淡水两侧聚落遗存分期，上面已对李屋和兰家遗址进行过分析，下面谈谈其他遗址的情况。

陈家遗址位于沾化杨家遗址群西南 13 公里，西距李屋遗址 19 公里。其聚落面积、堆积情况、出土遗物与李屋相同②，笔者曾做过多次调查。根据李屋等遗址的分期，可把陈家历年来采集的日用陶器和盔形器陶器分为四期（图 3.3－9：1～12）。这四期分别与李屋四期相当，盔形器形态特征和演变轨迹也几乎一致。

利津南望参遗址位于洋江盐业遗址（群）以西 11 公里，距杨家盐业遗址群以南 9 公里处，遗址被淤土覆盖。曾出土过晚商各时段的陶器。出土盔形器标本时代与陈家基本一致。就笔者所见的一件完整盔形器，斜直腹、尖圆底，具有该地区盔形器五期后段的特

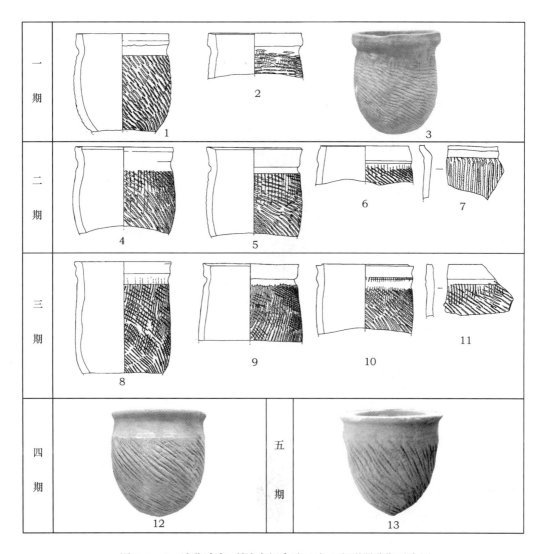

图 3.3－9　沾化陈家、利津南望参遗址出土盔形器分期示意图

1~12. 沾化陈家(4、8 为沾化县文管所采集,收藏,1、5 为 2005 年山东省文物研究所采集,余为 2007 年采集);

13. 利津南望参

征(图 3.3－9:13)。

(五)内陆腹地遗存分期

惠民、阳信[13],庆云、乐陵[14],及沧州、孟村[15]等县市地的聚落群,尽管未曾发掘,就调查所获与盔形器同出的陶(片)如鬲、甗、豆、罐、盆、瓮、钵等资料而言,大体也可分为五期(图 3.3－10、11),分别与该地区盔形器和日用陶器总分期的第一至五期相当。笔者曾在惠民刘黄、大商、大郭以及在乐陵、庆云等县调查了几个遗址,所获资料也均不出上述时

图 3.3－10　惠民商代遗址出土的陶器

（1、4、5 为三期，2、6 为四期，3 为二期）

1. 小口瓮（孙家沟）；2、3. 盔形器（刘黄）；4、6. 盆、鬲（大商）；5. 簋（省屯）

图 3.3－11　孟村及庆云商周时期遗址出土陶器

（1～4 为第一至四期，5 为第五期）

1. 鬲（孟村高窑庄）；2、3、4. 鬲、豆（孟村高窑庄?）；5. 鬲（庆云姚千 QY：4）

代范围。

四　断代分析

　　莱州湾和黄河三角洲地区出土盔形器及伴出的生活器皿均可分为五期。其中，盔形器的分期更为详尽些，一至四期均可分前、后两段，第五期可分为早、中、晚三段。可根据与盔形器同出或同期的日用器皿年代,来判断盔形器每期的年代。第一期的鬲、甗、斝实足根较高,鬲整体呈正方形,绳纹较粗,这些属时代较早的特征,假腹豆、圈足盘、罐和瓮的年代也较早,大体为殷墟第一期,即相当于邹衡先生商文化分期的第Ⅷ组(殷墟文化第一期),部分遗存相当于《殷墟发掘报告》中的第一期,部分遗存还相当于洹北花园庄晚期,即新界定的"中商文化"第三期晚段[46]。因此,本文所说的殷墟一期实际上包含了晚商文化和中商文化的一部分[47]。第二期实足根较高的鬲、甗及假腹豆、粗柄豆、簋等形态特征与殷墟二期同类陶器相似,时代也应接近。而三、四期的矮实足根鬲,宽折沿、袋足、无实足根鬲,卷沿、侈口、斜直腹甗甑部,三角划纹簋,粗柄豆,三角划纹小罐等常见于殷墟三、四期。盔形器的三、四期应与殷墟(晚商文化)三、四期相当。而第五期的以素面鬲、甗等为代表的当地文化陶器与周式陶器、商式陶器共存乃是莱州湾地区西周早期遗存典型特点[48]。因此,第五期应属于西周早期。

此外,河南殷墟和河北等地商代遗址出土盔形器的年代也可检验以上判断。

安阳殷墟花园庄东地 H1 出土了一件盔形器(H1:9),伴出的生活器皿有小口瓮(罐)、大口瓮、直口瓮、盆、簋、鬲口沿及腹部(图 3.4—1:2~5)。报告编写者定为殷墟三期[49]。但就其特点而言应为三、四期之交,定在殷墟四期前段较为恰。圆唇、沿面内凹,弧腹外鼓,上拍印斜粗绳纹(图 3.4—1:1),就其特征而言,在渤海南岸地区属于盔形器四期早段。

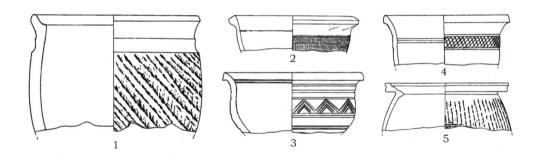

图 3.4—1 安阳殷墟花园庄东地 H1 出土的盔形器及生活器皿
1. 盔形器(H1:9);2、3、4. 簋(H1:22、21、1),5. 鬲(H:27)

殷墟白家坟东北部出土一件完整盔形器(VDT4⑥:3),形态较小,口径 11.5、高 15厘米,与济南唐冶遗址那件同属小型器类。该盔形器圆唇、唇沿较厚,侈口,沿面内凹,弧腹外鼓、圜底,腹部拍印粗绳纹(图 3.4—2:1),就其特征而言,相当于渤海南岸地区盔形器四期前段,这与原报告定为苗圃三期大体相符[50]。

河北隆尧县双碑遗址 H36 也出土了一件盔形器口沿[51],报告作者把其定为殷墟四期。盔形器 H36:2 沿面内凹,弧腹外鼓,腹上拍印粗细不同的交错绳纹(图 3.4—2:2),其特征属于渤海南岸地区盔形器四期前段无疑。

总之,可把把盔形器的年代定为殷墟一至四期至西周早期。换句话说,盔形器流行时代主要为殷墟时期。目前,在沿海地区盐业遗址群内还未发现西周早期以后的盔形器,并且,在内陆地区西周中晚期聚落遗址内也未见盔形器。而东周时期,沿海地区出土的制盐工具为内壁拍印或戳印几何纹、器形较大的中口圜底瓮和大口圜底罐(可能还有圜底

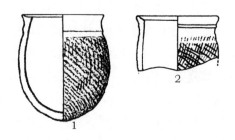

图 3.4—2　殷墟及双碑出土盔形器
1. 安阳殷墟白家坟 VDT4⑥∶3;2. 隆尧双碑 H36∶2

盘)[52],与盔形器区别甚大。据此,我们把其流行年代的下限定在西周早期。其绝对年代大体在公元前 1300～950 年左右[53],延续了大约 350 年左右。

五　讨　论

渤海南岸地区的聚落群,根据其分布区域、堆积特点、出土遗物、聚落结构、分布形态及功能等差异,自沿海至内陆分可为三个分布带。渤海南岸地区制盐工具盔形器与伴出的日用器皿可分为五期,其中第一至四期分别相当于殷墟一至四期,第五期为西周早期。这说明盔形器流行年代主要为殷墟时期。

表 3.5—1 为莱州湾南岸地带和黄河三角洲主要盐业遗址群、咸淡水分界线两侧和内陆地区聚落遗址出土盔形器年代对应表。说明第一、二、三分布带的聚落群在年代上基本同时。看来,它们同时突然出现,同时繁荣,又几乎同时消失。因此,可把这三个分布带上的聚落群视为一个整体。

此外,黄河三角洲地区,无论是沿海平原盐业遗址、咸淡水分界线两侧的聚落遗址,还是内陆地区的聚落遗址,所见盔形器均不见一期前段和五期后段的资料。或可说明这里盐业生产开始稍晚些,结束却早些。

表 3.5—1　渤海南岸地区主要遗址(群)出土盔形器年代对应表

区域与遗址群 期段		莱 州 湾 地 区									黄 河 三 角 洲 地 区						
		双王城	大荒北央	东北坞	南河崖	东赵	坡家庄	央子	王家庄	内陆区	咸淡分界线区	刘集	洋江	杨家	齐周务	陈家	兰家	李屋
一期	前段	√		√		√	√	√		√	√							
	后段	√		√		√	√	√		√	√	?	?	?	?	√	√	√

（续表）

区域与遗址群 / 期段		莱州湾地区										黄河三角洲地区						
		双王城	大荒北央	东北坞	南河崖	东赵	坡家庄	央子	王家庄	内陆区	咸淡分界线区	刘集	洋江	杨家	齐周务	陈家	兰家	李屋
二期	前段	√		√		√	?	√		√	√	?	?	?	?	√	√	√
	后段	√		√							√	?	?	?	?	√	√	√
三期	前段	√		√		√	?	√		√		?	?	√	√	√		√
	后段	√				?		?				?	?					
四期	前段	√		√	√	?	?	?								√		
	后段				√		?		?									
五期	前段	√	√		√	?	√	?	√							√		
	中段	√										?			?	?		
	后段				√		√	√		√	√							

　　"√"为有该期段遗存，"?"表示目前还未发现该期段遗存，但据盐业聚落群分布规律及周围聚落出土的盔形器情况，推测应存在该期段遗存。

注释：

① 燕生东、兰玉富《2007年鲁北沿海地区先秦盐业考古工作的主要收获》，北京大学震旦古代文明研究中心编《古代文明研究通讯》总第36期，2008年，第43～56页；鲁北沿海地区先秦盐业考古课题组《鲁沿海地区先秦盐业遗址2007年调查简报》，《文物》2012年第7期，第4～15页。

② 东营市博物馆2005年发掘，资料待发。2007年春季，笔者在东营市博物馆看到了这批资料。

③ 洋江遗址系1997年盐窝镇小赵与洋江村民修水库发现，见利津县地方史志编纂委员会编《利津县志》（1986～2002），中华书局，2006年，第629页。笔者于2007年春见到了这批资料。

④ 1973年，齐周务村修挖通往漳卫新河的水沟发现该遗址，资料现藏在县文化馆，参见山东省庆云县县志编委会《庆云县志》第五卷文化篇，内部发行，1988年第二版，第543页。笔者于2008年冬作过调查。

⑤ 无棣县盐务局编著《无棣县盐业志》，山东省地图出版社，2003年，第411页。

⑥ 据县志记载，在漳卫新河、大尤村、沃土村、县城西南、小山周围等都曾发现过商周时期的遗物，有些可能也属于盐业遗址（群），见海兴县地方志编纂委员会编《海兴县志》，方志出版社，2002年，第671～672页；刘树鹏《海兴出土春秋时期"将军盔"》，《燕赵都市报》2006年5月10日，据介绍，在23平方公里范围内都有盐业遗址。如是，海兴一带就分布着多个规模较大、不同时期的盐业遗址群，我们期待着下一步的田野工作。

⑦ 韩嘉谷《一万年来渤海西岸环境变迁对古文化发展的影响》，《北方考古研究（四）》，中州古籍出版社，1997年，第59～70页。

⑧ 燕生东、魏成敏等《桓台西南部龙山、晚商时期的聚落》，《东方考古》第2集，科学出版社，2005年，第168～197页。

⑨ 燕生东、魏成敏等《桓台西南部龙山、晚商时期的聚落》，《东方考古》第2集，科学出版社，2005年，第168～197页。

⑩　光明等《桓台史家遗址发掘获重大考古成果》，《中国文物报》，1997年5月18日第一版。资料现存桓台县博物馆。

⑪　魏成敏、燕生东等《博兴县寨卞商周时期遗址》，《中国考古学年鉴2003》，文物出版社，2004年，第207、208页。

⑫　山东大学历史系考古专业等《山东邹平丁公遗址试掘简报》，《考古》1989年第5期，第391～398页，图版一；山东大学历史系考古专业等《山东邹平丁公遗址第二、三次发掘简报》，《考古》1992年第6期，第496～504页。

⑬　济青公路文物考古队宁家埠分队《章丘宁家埠遗址发掘报告》，山东文物考古研究所编《济青高级公路章丘段考古发掘报告集》，齐鲁书社，1982年，第27～48页。

⑭　所发表的线图与文字描述、图片、实物相差较大，笔者重新绘制了线图。

⑮　蒙济南市文物考古研究所高继喜先生允拍照并使用。

⑯　山东省文物考古研究所《山东章丘市王推官庄遗址发掘报告》，《华夏考古》1996年第4期，第27～51页。

⑰　任相宏、曹艳芳等《淄川北沈马遗址的发掘与研究》，任相宏、张光明等主编《淄川考古》，齐鲁书社，2006年，第43～186页。

⑱　蓝秋霞《山东地区西周陶器研究》，山东大学历史文化学院2004年硕士学位论文，第18、25～47页；张通《北沈马遗址再分析》，北京大学考古文博学院2007年本科生毕业论文，第20页。

⑲　山东省文物考古研究所等《青州市凤凰台遗址发掘》，张学海主编《海岱考古》，第一辑，山东大学出版社，1989年，第141～182页。

⑳　青州市博物馆（夏名采）《青州市赵铺遗址的清理》，张学海主编《海岱考古》，第一辑，山东大学出版社，1989年，第183～201页。

㉑　燕生东、兰玉富《2007年鲁北沿海地区先秦盐业考古工作的主要收获》，北京大学震旦古代文明研究中心编《古代文明研究通讯》总第36期，2008年，第43～56页；2008年调查和发掘情况介绍见燕生东、党浩等《山东寿光双王城盐业遗址群》，《中国文物报》2008年2月17日，中国十大考古新发现展示材料；2008年度发掘可参见山东省文物考古研究所、北京大学中国考古学研究中心等《山东寿光市双王城盐业遗址2008年的发掘》，《考古》2010年第3期，第18～36页。

㉒　山东大学东方考古研究中心、寿光市博物馆《山东寿光市大荒北央西周遗址的发掘》，《考古》2005年第12期，第41～47页。

㉓　王青等《山东东营南河崖西周煮盐遗址考古获得重要发现》，《中国文物报》2008年7月11日第二版；山东大学考古系、山东省文物考古研究所等《山东东营市南河崖西周煮盐遗址》，《考古》2010年第3期，第37～49页。

㉔　曹元启《试论西周至战国时代的盔形器》，《北方文物》1996年第3期，第22～26页；参见潍县文化馆编《潍县文物志》（内部刊），1985年，第16～20页。

㉕　燕生东、兰玉富《2007年鲁北沿海地区先秦盐业考古工作的主要收获》，北京大学震旦古代文明研究中心编《古代文明研究通讯》总36期，2008年，第43～56页。

㉖　李水城、燕生东《山东广饶南河崖发现大规模盐业遗址群》，《中国文物报》2008年4月23日第二版。

㉗　山东省文物管理处、山东省博物馆合编《山东文物选集·普查部分》，文物出版社，1959年，图见第65页。

㉘　广饶县博物馆《山东广饶西杜疃遗址调查》，《考古与文物》，1995年第1期，第1～7页；王建国《山东广饶县草桥遗址发现西周陶器》，《考古》1996年第5期，第93～94页；曹元启《试论西周至战国时代的盔形器》，《北方文物》1996年第3期，第22～26页；山东大学东方考古研究中心等《山东寿光北部沿海环境考古报告》，

《华夏考古》2005 年第 4 期,第 3~17 页;李水城、兰玉富等《鲁北—胶东盐业考古调查记》,《华夏考古》2009 年第 1 期,第 11~25 页;笔者在广饶和寿光博物馆观察和核对了这批资料,并获允使用。

㉙ 如任相宏《泰沂山脉北侧商文化遗存之管见》,张光明等主编《夏商周文明研究——97'山东桓台中国殷商文明国际学术讨论会》,中国文联出版社,1999 年,第 54~64 页;任相宏《从泰沂山脉北侧的商文化遗存看商人东征》,《中国文物报》1997 年 11 月 23 日第三版。

㉚ 如:高广仁、邵望平《海岱文化与齐鲁文明》,商代东土的方国文明章节,江苏教育出版社,2005 年,第 207~284 页;邵望平《商王朝东土的夷商融合》,《东方考古》第四集,科学出版社,2008 年,第 95~103 页。

㉛ 李学勤《论新出现的一片征人方卜辞》,《殷都学刊》2005 年第 1 期,第 1~3 页;李学勤《商代夷方的名号和地望》,《中国史研究》2006 年第 6 期,第 3~7 页;方辉《从考古发现谈商代末年的征夷方》,《东方考古》第 1 集,科学出版社,2004 年,第 249~262 页。

㉜ 刘延常《珍珠门文化初探》,《华夏考古》2001 年第 4 期,第 94~105 页。

㉝ 资料现藏于广饶博物馆,该遗址曾出土大量商代遗存,刘桂芹先生还进行过初步整理。

㉞ 历年来调查的商代遗物现保存在青州市博物馆,山东大学历史文化学院徐基先生提供线索。2008 年笔者观察了山东省文物考古研究所的调查材料。2009 年秋,参加了山东省文物考古研究所何德亮先生主持的郝家庄遗址考古发掘工作,期间详细调查了该遗址。

㉟ 历年来调查资料现存于寿光市博物馆。

㊱ 燕生东、常叙政等《山东阳信李屋发现商代生产海盐的村落遗址》,《中国文物报》2004 年 3 月 5 日第一版;山东省文物考古研究所、北京大学中国考古学研究中心等《山东阳信县李屋遗址商代遗存发掘简报》,《考古》2010 年第 3 期,第 3~17 页。

㊲ 可参考滨城文物管理所、北京大学中国考古学研究中心《山东省滨州市滨城区五处古遗址调查简报》,《华夏考古》2009 年第 1 期,第 26~38 页。

㊳ 国家文物局主编《中国文物地图集·山东分册》,中国地图出版社,2008 年,上册第 344 页,下册第 868 页;新资料由滨州市文物处张卡先生提供。

㊴ 其描述为"圆筒形,尖底,青灰色,通体旋风纹(粗绳纹?),坚硬,击之响声清脆,高 22.5、外经 20、内径 16、内深 18.5 厘米,壁厚约 2 厘米"。参见无棣县盐务局编著《无棣县盐业志》,山东省地图出版社,2003 年,第411 页。

㊵ 据称,其"形状、大小如古代武将头盔,上尖下圆(?),口外径 19.5 厘米,内径 13.7 厘米,高 22 厘米。自上而下有数道均匀弯曲的槽沟,槽沟内有盐硝痕迹"。参见刘树鹏《海兴出土春秋时期"将军盔"》,《燕赵都市报》2006 年 5 月 10 日。

㊶ 韩嘉谷《一万年来渤海西岸环境变迁对古文化发展的影响》,《北方考古研究(四)》,中州出版社,1997 年,第 59~70 页。

㊷ 常叙政主编《滨州地区文物志》,山东友谊书社(济南),1991 年,第 5~13 页;王增山等《山东四处东周陶窑遗址的调查》,《考古学集刊》第 11 集,中国大百科全书出版社,1997 年,第 292~297 页;国家文物局主编《中国文物地图集·山东分册》,中国地图出版社,2008 年,下册第 208、867~868 页。

㊸ 山东滨州市文物管理处等《山东阳信县古文化遗址调查》,《华夏考古》2002 年第 4 期,第 39~47 页。

㊹ 山东省德州市文物管理办公室《山东乐陵、庆云古遗址调查简报》,《华夏考古》2000 年第 1 期,第 29~40 页;国家文物局主编《中国文物地图集·山东分册》,中国地图出版社,2008 年,上册第 312~313 页,下册第 813、818 页;笔者于 2008 年冬天调查了这些遗址。

㊺ 沧州市文物保护管理所、沧县文化馆《河北沧县倪杨屯商代遗址调查简报》,《考古》1993 年第 2 期,第 117~

121 页;卢瑞芳《沧州商周以前古文化遗址的发现与认识》,三代文明研究委员会编《三代文明研究》(一),科学出版社,1999 年,第 440～447 页;沧州市文物局《沧州文物古迹》,科学出版社,2007 年,第 10～35 页;沧州地区文管所《孟村回族自治县高窑庄遗址调查简报》,《文物春秋》1993 年第 3 期,第 8～10 页;据卢瑞芳文和黄骅市博物馆藏品介绍,黄骅郛隄城出土了殷墟三期陶鬲(图 3.3－11:3),如是,那里属于滨海平原,应为盐业遗址。但笔者于 2008 年冬天到郛隄城内及周围调查时并未发现这个时期的遗存。

⑯　参见:邹衡《试论殷墟文化分期》、《试论夏文化》、《夏商周考古学论文集》(第二版),文物出版社,2001 年,第30～85、98～109 页;中国社会科学院考古研究所《殷墟发掘报告(1958～1961)》,文物出版社,1987 年第 4～10 页;唐际根《中商文化研究》,《考古学报》1999 年第 4 期,第 393～420 页。

⑰　考虑到渤海南岸地区殷墟一至四期的考古学文化和聚落是一个连续的过程,为叙述上的便利和需要,本文才未加细分。

⑱　蓝秋霞《山东地区西周陶器研究》,山东大学历史文化学院 2004 年硕士学位论文,第 18、25～47 页。

⑲　中国社会科学院考古研究所编著《安阳殷墟花园庄东地商代墓葬》,科学出版社,2007 年,第 22、23 页。

⑳　中国社会科学院考古研究所编著《殷墟发掘报告 1958～1961》,文物出版社,1987 年,第 159、160 页。

㉑　河北省文物研究所、隆尧县文物保管所《隆尧县双碑遗址发掘报告》,河北省文物研究所编《河北省考古文集》,东方出版社,1998 年,第 142、146 页。

㉒　燕生东、兰玉富《2007 年鲁北沿海地区先秦盐业考古工作的主要收获》,北京大学震旦古代文明研究中心编《古代文明研究通讯》总第 36 期,2008 年,第 43～56 页。

㉓　中国社会科学院考古研究所编著《中国考古学·两周卷》,中国社会科学出版社,2003 年,第 253、294 页;中国社会科学院考古研究所编著《中国考古学·夏商卷》,中国社会科学出版社,2004 年,第 54、55 页。

第四章 制盐作坊和制盐工艺的复原

探讨商周时期渤海南岸地区制盐作坊结构布局、工艺流程、每个制盐(即生产)单元的年产量、所需劳动力及盐业生产的季节等诸问题,就要从田野考古发现的各类遗存入手,解析和复原制盐单元内的各类设施及分布,并结合各类制盐遗存的科学分析成果。

近年来,由山东省文物考古研究所、北京大学中国考古学研究中心和寿光市文化局组成的考古队对寿光市双王城水库建设所占压的多个盐业遗址进行了大规模发掘工作。主要清理了编号 07、014、SS8、SL9 四处制盐作坊遗址,其中,对 014A 遗址进行了全面地揭露。根据 014 遗址发掘资料[①],辅以其他盐业遗址的考古发现,就上述问题作一初步探讨。

一 典型的制盐作坊与制盐流程

逐一分析那些已进行过考古发掘的盐业遗址内各遗存,结合相关遗存的科学分析成果,初步了解与制盐有关的各类设施及空间分布、每一制盐作坊内生产单元的数量,复原当时的制盐作坊、制盐单元结构及工艺流程。

(一)考古发掘材料分析

1. 寿光市双王城 014 遗址

014 遗址位于原双王城水库大坝的西北部,在整个遗址群的中部偏西北处。两条南北向的排水沟穿过遗址东部和西部,遗址遭到了轻微破坏。2003 年冬季,发现该遗址,2004 年秋季之后进行过多次钻探和试掘。根据地表采集的陶片和排水沟断崖暴露出的遗物、遗迹,初步把遗址范围定为南北长 150、东西宽 100 米,面积 15000 平方米(图 4.1—1)。遗址西北部和东南部各有一处隆起地带,高出周围半米左右,地表散布大量盔形器碎片。西部排水沟断崖上暴露出堆满红烧土和盔形器碎片的坑井。东部排水沟断面上还出露了长度超过 25 米的坑池,底部经过防渗漏加工,铺垫了灰绿色沙黏土,底面平整、光滑,坑池内堆满废弃的草木灰和坚硬的白色土块。调查者初步认定这些遗迹与当时的制盐遗存有关[②]。

发掘前,考古队对该遗址进行了详细钻探,发现遗址中部有一条生土带,把遗址分为

了北、南两部分,遂分别定为 014A、014B 遗址。在北半部(即 014A)布 5×5 平方米探方
70 余个,清理面积近 2000 平方米,对该制盐作坊区进行了全面揭露(图 4.1－1)。在遗
址南半部(14B)中部隆起地带布方 18 个,面积 450 平方米,对该部进行了重点清理,还对
排水沟断崖暴露出的各类坑池进行了铲刮和钻探,目的是对该类堆积进行比较。

　　发掘工作中,工作人员还采集了坑井内的卤水、各类坑池的不同淤土和板结的硬土

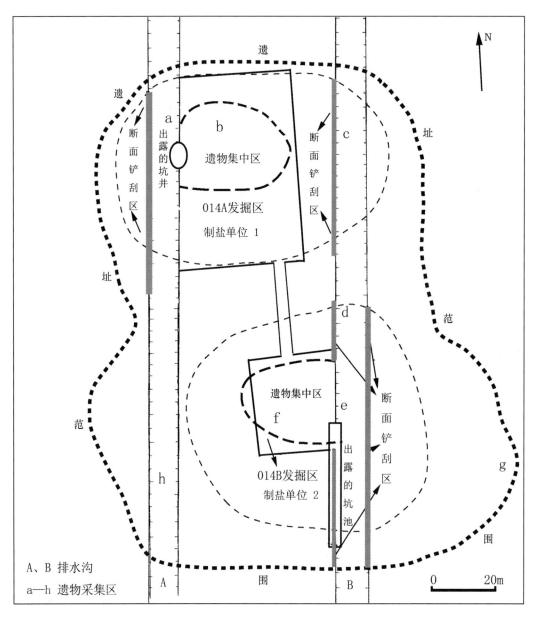

图 4.1－1　寿光双王城 014 遗址调查情况、发掘位置及制盐单元示意图

面、储卤坑的淤土层、盐灶及生产垃圾中盔形器、白色块状物等标本,送至北京大学考古文博学院科技考古实验室、中国科学院科技考古实验室、中国文化遗产研究院等单位进行科技分析,并根据分析的结果及随着认识水平的提高进行了反复取样,来讨论并验证考古现场所发现或认定的考古遗存现象和性质。同时收集了有关动物和植物遗骸,为探讨制盐工的日常饮食结构及食物来源做准备。环境考古方面的专家也到野外获取了相关环境资料,目的是了解渤海南岸地区全新世中期以来的环境和海陆变迁,探究环境与资源对制盐活动影响以及大规模制盐活动对环境的影响等问题。

　　经钻探和发掘结果表明,014A、014B 遗址各为一个完整的制盐单元,每个生产单元长 80、宽约 70 米,面积 6000 平方米左右。出土盔形器和生活用陶器分期研究显示,这两个制盐单元都从第三期前段延续至五期前段,说明它们同时共存。换句话说,014 遗址是一个包含两个生产单元的制盐作坊。

　　因此,可把双王城 014 遗址作为本章介绍的重点。

　　(1)制盐单元 1

　　目前,在 014A 遗址即制盐单元 1 所揭示的制盐作坊单位的设施(遗迹)主要有卤水坑井、卤水沟、大型盐灶、储卤坑、灶棚(基槽、柱洞)、烧火的工作间、各类坑池、生产与生活垃圾倾倒区,以及与盐工生活有关的活动面(居住面)、窖藏、生活用蓄水坑等(图 4.1-2)。

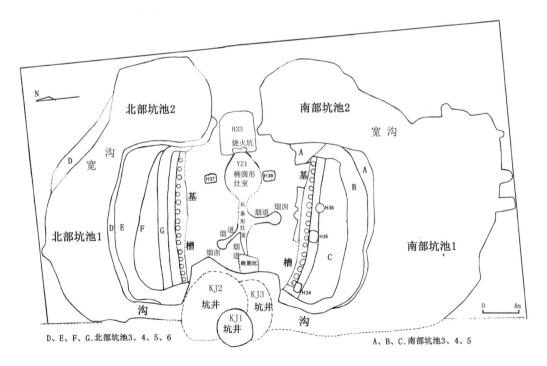

图 4.1-2　寿光双王城 014 遗址制盐单元 1 内主要遗迹分布示意图

图 4.1-3   寿光双王城 014 遗址制盐单元 1 内 KJ1 底部(西→东)

下面逐一具体分析下各类制盐设施的结构、堆积特点及功用等。

坑井位于中西部,已发现不同时期坑井(盐井)3 口(编号 KJ1、2、3)。由于不断清淤和掏挖,早期坑井被晚期坑井破坏。保存较好为晚期的一口坑井,编号 KJ1(图 4.1-3),口大体呈圆形,直径在 4.2~4.5 米,总深 3.5 米。井坑上部为敞口、斜壁,1 米以下变为直口、直壁,口径变小。在井底周围置插木桩(两根为一组,至少有 16 组),再将编好的束状芦苇绳填入木桩四周,围成井圈,坑井底部还铺垫芦苇。这样,便于渗集卤水和防止井壁塌陷、流沙淤塞。木棍长 1.2 米多,直径 10 厘米以内,一端插入井底。井圈保存高度约 1 米,井壁上能看到编好的芦苇绳圈共 13 层。由于木棍和芦苇常年浸泡在卤水里,崭新如故(图 4.1-4)。井圈内堆满因常年积水而形成的紫黑色淤泥和灰绿色淤沙。坑井废弃后填满草拌泥烧土块和盔形器碎片。

由于这一带地表浅层内没有淡水资源,浅层地下水埋藏也浅,仅 1~2 米,加之坑井

图 4.1—4　寿光双王城 014 遗址制盐单元 1 内 KJ1 东壁上的芦苇及木棍

与水沟、坑池(见下)相连,可以认定这些坑井就是当时的卤水井。对蒸发池内灰绿色淤土、煮盐过程刮撇出的白色块状物、盔形器内壁白色垢状物的氧碳同位素比值科学分析,表明为非海相碳酸盐,换句话说,当时的制盐原料为地下卤水[3]。

坑井外围有一不规则浅坑,东西长约 10、存宽 6 米,深约 0.2 米,底部堆积着淤沙淤泥层。浅坑南、北部各伸出一条沟,分别通向南、北两侧的坑池。连接坑井和坑池的水沟较短。沟长约 6 米,宽约 2 米,深 0.55 米,沟内堆满颗粒稍粗的淤沙和淤泥。

南、北两侧的坑池呈成组出现。一组坑池包括一个弧边长方形大型坑池、一个弧边正方形中型坑池以及连接二者的宽沟构成。由于坑池的不断整修和掏挖,坑池分别向南、东南、北、东北部扩展,早期坑池被晚期坑池破坏,只有晚期坑池保存较好。北部残存 5 组、南部保留了 4 组不同时期的坑池(见图 4.1—2)。早期坑池较深在 0.6~1 米,晚期深只有 0.3~0.6 米。大型坑池位于南北两侧,池内堆积着颗粒较细的灰白色淤沙和深褐色粘淤土层,具水平层理。中型坑池分别位于东南和东北部,池内堆积着呈水平层理的灰绿色淤沙,每层间都有板结的硬面,大体能分几个不同阶段的层次。在坑池整修过程中,灰绿色淤土还被平整夯打,使之成为新坑池的底面。所有沟、坑池和宽沟都建在黏性较大的砂土层上,底部普遍经过夯打加工,个别地方还铺垫黏土,底部光滑平整,非常坚硬,这样可起着防漏、防渗作用。

经全站仪测量,从水沟到大型坑池、中型坑池,地势逐步降低,其间落差分别在 10 厘米以上,水沟与中型坑池之间的高差竟达 25 厘米。说明水流方向应该是由水沟先到大型坑池,最后再至中型坑池。

南部保存较好的那组坑池(编号南部坑池 1、2),大型坑池平面呈圆角长方形,长约 24 米,宽约 15 米,面积超过 350 平方米。北部深达 0.6 米,南略浅坑,在 0.3～0.4 米内。池内堆积大体分为上下两部分,上部分为废弃后堆积,系厚达 0.2～0.4 米的自然堆积(灰褐色淤沙土);下部为使用堆积,又可分为南、北两部分,北半部分为层层叠压的灰白色淤沙和褐色淤黏土,南半部为层层板结的淤沙土层。南半部比北半部高 5～10 厘米。中型坑池南北长 11.5、东西宽 9.9 米,面积约 110 平方米,坑池深度在 0.5 米以内。在坑池停用过程中还堆有薄薄的草木灰层和烧土块。连接大型坑池和中型坑池的宽沟,长 7.5、宽 6.4 米,堆积着交互叠压的褐色淤沙土和灰绿色淤沙层(图 4.1－5)。

北部那套保存完整的坑池(编号北部坑池 1、2),大型坑池呈弧边窄长条形,长 16.5、宽约 7.5 米,面积 130 平方米,深在 0.2～0.4 米,池内堆积内容与南部大型坑池近同,只是使用堆积保存薄些,褐色黏土层厚些。中型坑池边长 9.6～11.5 米,面积约 110 平方米,深 0.4 米。坑池内使用堆积为灰绿色淤沙土,废弃后堆满草拌泥烧土和盔形器碎片。连接大型坑池与中型坑池的宽沟不太明显,大型坑池东部逐渐收缩,变窄与中型坑池相连。因而宽沟不太明显。沟总长约 7 米、宽 3.5 米,宽沟内堆积与大型坑池内相同(图 4.1－6)。

南部大型坑池的南部边缘、东缘还有 4 处豁口(见图 4.1－5),北部大型坑池北缘有一处豁口(见图 4.1－6)。豁口,宽 1～1.5、存长 0.5～1、深 0.1～0.2 米。豁口内堆积板结的淤沙层和草木灰。

由以上可以特征可以判断,堆积着呈水平层理的、厚厚的灰白色淤沙和深褐色淤黏土的大型坑池应是沉淀沟,与之连接的中型坑池为蒸发池,并具有保存卤水的功用。南部大型坑池面积大,南半部分地势又比北半部分高,又有坚硬的板结层面,说明卤水在北半部分集中沉淀后,漫流到南部区域,在蒸发中,卤水析出钙化物,形成了板结的硬面①,说明这类坑池也具有蒸发功用。大型坑池边缘上的豁口,似是排淡口。雨水来临时,防止卤水不被冲稀,在盐池下风口处开口,将浮在表面的雨水排出。至于蒸发池内板结的硬面,系卤水浓度增加时,钙化物析出有关。蒸发池内的灰绿色沙土,可能是随着池内卤水浓度的增加,与卤水中某些元素的富集有关。根据物相组成的半定量分析结果表明,蒸发池内灰绿色沙土比沉淀池和卤水沟多了白云石,即多了 $MgCO_3$ 的物质⑤。分析结果

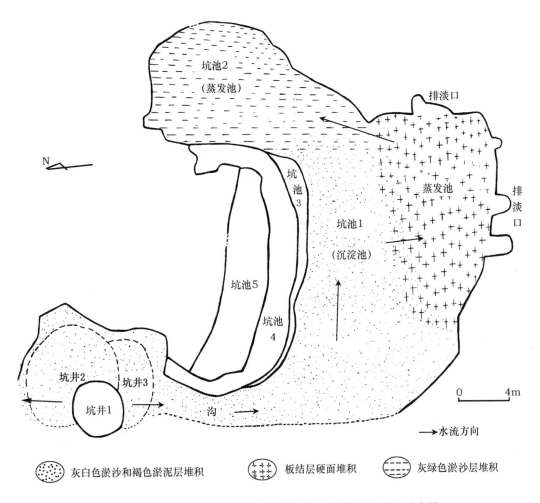

图 4.1－5　寿光双王城 014 遗址制盐单元 1 南部坑池平面示意图

也显示,井水从到卤水沟、过滤池(沉淀池)、流向蒸发池的过程中,水中的 Ca、Mg 离子浓度依次得到了降低,即杂质含量逐级下降,这样,卤水还达到了逐级提纯的目的。此外,根据碳酸盐氧同位素温度计算方法,测定的池内灰绿色淤土板结硬面内碳酸盐的形成温度为 32℃,说明淤土中的碳酸钙是经风吹日晒后形成的,这也直接证明了这类坑池的性质[⑥]。

盐灶和灶棚位于中心部位及东部,与盐井处于同一中轴线上,所在地势较高。修挖灶坑和搭建灶棚前,先挖东西长 20 米、南北部宽 16 米、深 0.5 米长方形大坑。坑内铺垫纯净的灰褐色沙黏土,并经层层加工,使之坚硬。在垫土之上中心部位修挖灶坑、储卤坑,在两侧挖坑埋柱,搭设灶棚(图 4.1－7、8)。

盐灶由工作间、烧火坑、火门、椭圆形大型灶室、长条状灶室、三条烟道和圆形烟囱以

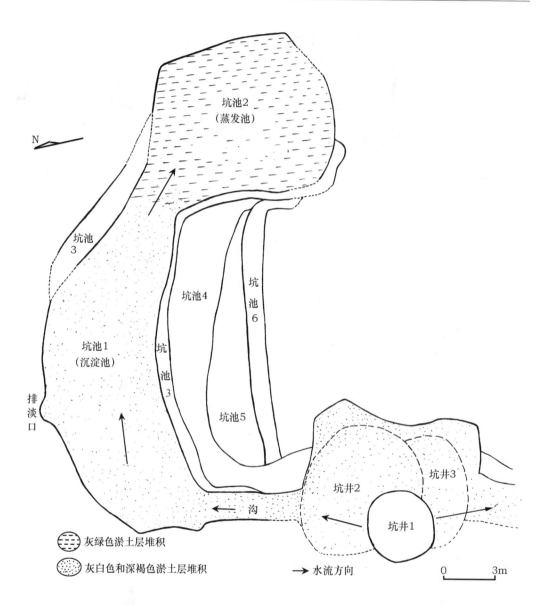

图 4.1－6　寿光双王城 014 遗址制盐单元 1 北部坑池平面示意图

及左右两个储卤坑组成(见图 4.1－7、8)。总长在 17.2、宽 8.3 米。盐灶东部和中部被晚
期堆积破坏,保存较差,西部地势较高,烟道和烟囱保存较好。工作间位于东部,呈圆角
长方形,为半地穴式,长 5、宽 4.2 米,保存深度约 0.3 米,底面由东向西倾斜。底部保存
有 3 个活动面。每层活动面都经过加工和践踏,非常坚硬。层面上还保存了人们活动时
留下的灰土。下层的活动面系铺垫的灰绿色沙土。上层活动面上还出土了盔形器碎片
和较多的生活器皿陶鬲、甗、盆和罐等碎片。工作间西部为烧火坑,平面呈亚腰形,长

图 4.1－7　寿光双王城 014 遗址制盐单元 1 内 YZ1 及周围遗迹分布图(东→西)

1.7、宽 0.5、深约 0.6 米,坑内堆满草木灰。烧火坑西侧即为火门,宽 1.3 米,残高 0.15
米,门口两侧各放 1 件倒置的盔形器,火门底部和左右两壁烧制坚硬,色呈砖红。

　　火门口向西连接椭圆形大型灶室。灶室规模较大,东西长 5.5、南北宽 4.3 米,面积
达 20 多平方米。灶室壁存高仅 0.1 米。由于遭到晚期堆积的破坏和动物的钻营,灶室
周壁和底面多剩无几。保留下来的灶壁呈砖红色,烧制较硬,厚达 5~8 厘米。底部烧结
层厚达 20 厘米,至少保存了两层硬面。东、西灶壁外侧宽 0.60~1.2 米范围内都间接受
到火高温的烘烤,质地变得坚硬,颜色呈酱紫和黑褐。

　　椭圆形灶室向西通向长条形灶室。灶室遭到了晚期堆积的破坏。长约 4 米,复原宽
0.6~1.4 米。灶室西端和南北两侧伸出一窄长条烟道和圆形烟囱。烟道和烟囱周壁烧
结不太好,较为疏松。烟囱底部保存有若干层烟灰。西部烟道长 2.7、宽 0.4~0.8 米,烟
囱已不存。南部烟道长 2.2、宽 0.65 米,烟囱直径约 1.5 米,存深 0.4 米。坑内填满倒塌
的烟囱顶部红烧土。北部烟道长 2.2、宽 0.3、存深 0.35 米,烟囱直径为 1~1.2 米,存深
0.5 米。烟道烧土上和烟囱内还保存有盔形器残片。

　　椭圆形灶室南北两侧各有一个圆角长方形坑(编号 H37、H38)。南部坑(H38),长

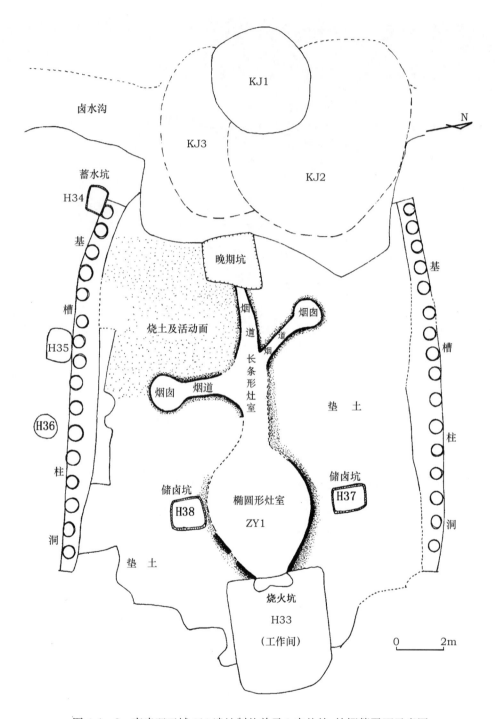

图 4.1－8　寿光双王城 014 遗址制盐单元 1 内盐灶、灶棚等平面示意图

1.9、宽 1.2 米,存深 0.25 米;北部坑(H37),长 1.4、宽 0.9 米,存深 0.30 米。坑周壁、底部都涂抹一层薄薄的深褐色黏土和 5 厘米厚的灰绿色沙黏土,并经加工,使之坚硬,防止渗漏。坑内底部堆积 5 厘米厚的灰绿色淤沙层,呈水平层理状,说明坑内存放过水。坑内灰绿色淤沙土与紧邻的中型蒸发坑池内堆积一样,说明坑内的水应来自后者,这两个坑池又位于椭圆形灶两侧,其功用应是储卤坑(见图 4.1-7、8)。

灶棚平面形状近似正方形,边长 15.5 米,面积达 230 平方米(见图 4.1-7、8)。只在南、北两侧挖坑立柱,木柱排列成的墙体略成弧形把灶室、烟道、烟筒和储卤坑包围在中间。东南、西北两端开口,西北部口紧临坑井,宽 12.4 米。东南部口宽达 15.5 米,中间为工作间,左右紧靠蒸发池,有窄道伸向制盐作坊区以外,应是进口。基槽紧贴长方形大坑的南、北两壁。槽呈弧边长条形,长 15.5 米、宽 0.7~1.4 米,存深 0.15 米,在基槽底面挖洞埋柱。南、北两排各有 16 个柱洞,柱洞间距 0.3~0.5 米,柱洞几乎呈等距离分布,排列非常紧密。柱洞直径一般在 0.5~0.7 米,深约 0.6~0.7 米以上、斜直壁、平底,洞坑壁和底部涂抹(?)厚达 5~10 厘米的深褐色黏土,可防止木柱腐烂(需要说明的是,洞坑内填满较为松软的灰褐色沙土或盔形器碎片,不见淤沙淤泥,可排除是淋卤坑或储卤坑的可能)。从保存痕迹来看,木柱直径在 0.35~0.45 米。

南部烟道和西部烟道与南排柱洞之间范围内还保存有活动面。活动面由东北向西南倾斜,南北 6.5、东西 5.5 米,面积近 40 平方米。活动面至少可分为 4 层,最上层为烧土面,系黏土烧制,干净光滑,厚 5~10 厘米。其余为践踏灰土面和铺垫的沙黏土层,比较坚硬。因此,该范围应是居住区(见图 4.1-8)。

住居区、南排柱洞外侧与沉淀池之间由西到东有 3 个灰坑,编号 H34、H35、H36。H34,口呈长方形,长 1.1、宽 0.8、深 0.8 米,四壁、底部较为规整,坑内周壁和底部涂抹防渗漏的深褐色粘砂土,坑底部淤积黄色淤沙层,这与沉淀池、蒸发池和储卤坑的淤沙不一样,可能表明水源、水质也不同。考虑到该坑紧邻居住区,所盛放的水应是盐工饮用的淡水。H35,口呈圆角长方形长 1.4、宽 1、存深 0.25 米,H36,口呈圆形,直径 1 米,存深 0.35 米,铺垫灰色沙土。这两个坑,周壁、底部都经过加工,光滑规整,填土也比较纯净,应是储存物品的窖穴。

工作间东部及东部的现代排水沟断面上发现了若干座灰坑,坑内堆积物多为草木灰,还出土了盔形器残片和数量较多的生活器皿。个别灰坑 H33,规模较大,深达 1 米,里面堆满了草木灰,为烧火煮盐后倾倒入的。这些说明该区域应是生活和生产垃圾倾倒区。

从以上介绍中,可以把 014 遗址制盐单元 1 的基本结构布局总结为:卤水坑井、盐灶、灶棚以及附属于盐灶的工作间、储卤坑等位于地势最高的中部,以之为中轴线,卤水沟和成组的坑池对称分布在南北两侧(见图 4.1-2),而生产垃圾如盔形器碎片、烧土和草木灰则倾倒在盐灶周围空地和废弃的坑池、灰坑内。

(2)制盐单元2

014B遗址即生产单元2,盐灶、储卤坑和灶棚与生产单元1几乎一致,但保存较好,下面也重点给予介绍。

生产单元2位于生产单元1的南部,解剖的探沟表明,二者有25米长的生土带相隔。经钻探,遗址东西长80、南北宽70米,面积近6000平方米,隆起的中心部位面积达900平方米。位于遗址中心的盐灶、灶棚和储卤坑及相关遗迹进行了重点清理(图4.1—9、10、11)。

盐灶除了工作间被现在的排水沟破坏外,其余保存较好。残存下来的盐灶由火门、椭圆形大型灶室、长方形灶室、长条形烟道和圆形烟囱及左右两个储卤坑组成,存长13、宽9米(见图4.1—9、10)。

修挖灶坑和储卤坑之前,先在地面上掘出"凸"字灶坑。坑长13.2、东南部宽10、西北部宽3.3米,深0.56米,直壁、平底。坑内铺垫从它处运来的黄褐色沙黏土,层层夯打,使之坚硬。夯层大体有7~11层之多,层厚在5~10厘米。在夯土之上再修挖灶坑和储卤坑(见图4.1—9)。

工作间已被排水沟破坏,仅存火门。呈簸箕状,西宽东窄,西部渐宽与椭圆灶室连为

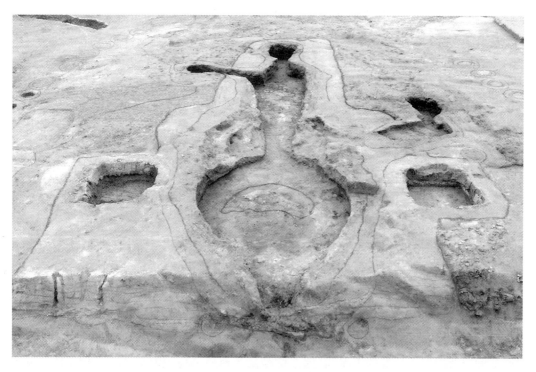

图4.1—9 寿光双王城014遗址制盐单元2内灶坑、盐灶、储卤坑(东→西)

一体,底面由东向西逐渐增高。西部宽 1、东部宽 0.64 米,残长 0.9 米,存深 0.3~0.6 米。火门底部及左右两壁烧制坚硬,颜色呈砖青和砖红。火门底面上有一层草木灰。从断面上看,至少有三层烧结层面和相应的灰面,表明火门经多次使用或修补。

椭圆形大型灶室(编号灶室 A),长 4.5、南北宽 3.6 米,周壁外斜,灶室剖面略成袋状,底部长 4.5,宽 3.8 米。灶室保存最深处达 0.7 米,一般在 0.5 米。灶室内堆积主要为红烧土和黄白色块状物。大约可分三大层,每层都有紫红色的烧结面,说明灶室内至少经过了三次较大规模修整。最下部层面保存较好,距火门和南北壁附近地区,底面烧结坚硬,其他部位松软,南、北两侧的附近底面上还有薄薄的烟灰和草木灰层,可以看出走火的痕迹,而灶室中间的半月牙形土台没有直接受火痕迹,只是间接受到火高温的烘烤,变得坚硬,颜色呈青紫和黄褐。因后期使用过程,灶室内曾多次平整过,土台基本不存,长 2.1,宽 1.2 米,存高仅 5 厘米。灶室周壁烧结坚硬,烧结面厚达 0.2~0.3 米,大体分为两层,内层呈红色,厚 5~10 厘米,外层呈米黄色,厚 0.1~0.2 米。

椭圆形大型灶室向西、向北各通向一中型灶室。其中,向西方向的灶室(编号灶室 B)晚,打破了向北的灶室(编号灶室 C)。西部的灶室 B 大体呈长方形,长 5.5、宽 0.8~1.7 米,保存深度 0.4~0.6 米。室内堆积也可分为三个大的层次,大体与椭圆形灶室相对应。东部烧面较硬,西部烧面松软,上面覆盖着烟灰。烟灰大体分出若干个层,系多次使用的结果。南、北两壁烧结面的厚度 0.2~0.25 米,结构与椭圆形灶室相同。北壁有两层砖红色和米黄色层,说明壁面至少经过了两次大的修补加工。

长方形灶室西端和西南各由一烟道、烟囱相连。烟道底面向烟囱底面倾斜。西部烟道较短,仅 0.8 米,最窄处 0.28 米。烟囱口呈圆形,直径 1.1~1.2,深 0.6 米。周壁还粘贴盆形器碎片。烟囱内堆积分为两部分,上部主要为倒塌的烟囱顶部烧土,下部为使用时留下来的烟灰,厚达 0.1 米,能分出 6 层灰面。西南烟道长 1.6 米,宽 0.4 米,深 0.5 米,上部烧土堆积上还有放有完整和残破的盆形器。烟囱口呈椭圆形,长 0.8、宽 0.64、存深 0.7 米。其内堆积主要分为三大层,最上层为倒塌的烟囱顶部烧土,中间为黄色沙层,最下面为烟灰层。烟火至少可分为 8 层,说明烟道和烟囱经过了若干次使用过程。

椭圆形灶室伸向北的盐灶 C,有椭圆灶室、长方形灶室(灶室 D)和烟道、烟囱组成。从打破关系来看要早于前者,但从出土盆形器看,时代差不多,说明该灶曾与椭圆形灶室曾连为一体,是在某个阶段为扩大灶室面积向北扩展而成的,后废弃。椭圆形灶室存长 3、宽 1.8 米。长方形灶室,长 2.9、宽 0.9 米,底面由南向北倾斜。最深处为 0.3 米。长方形灶室向西伸出通向烟道和烟囱。烟道较短,仅 0.8 米,宽 0.3 米,烟囱,平面呈圆形,直径 0.7~0.8 米,存深 0.44 米。烟道、烟囱内堆积分为两层,上部堆积为倒塌的顶部烧土,下部为烟灰层。

大型椭圆形灶室南、北两侧各有一储卤坑,编号 H2、H3。坑口平面呈方形,直壁、平

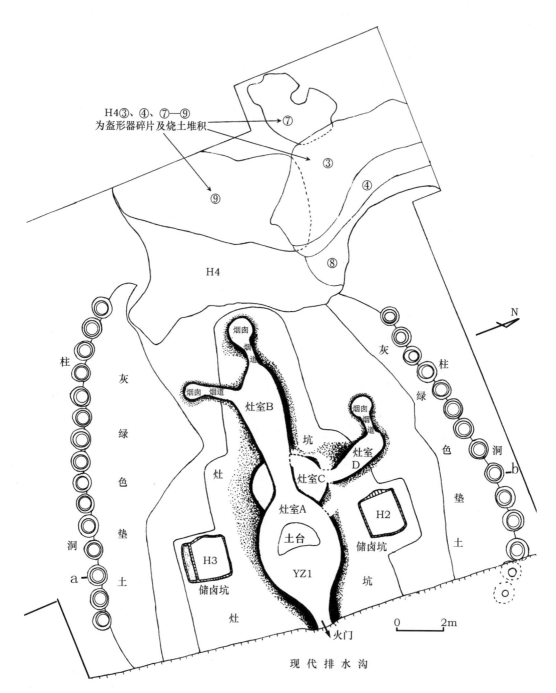

图 4.1—10　寿光双王城 014 遗址制盐单元 2 内盐灶、灶棚等遗迹平面图

图 4.1－11　寿光双王城 014 遗址制盐单元 2 内 YZ1 和灶棚(北→南)

底。周壁和底部涂抹厚达 5 厘米的深褐色黏土和灰绿色沙土,个别地方粘贴盔形器陶片,并经加工,使之坚硬,防水渗透。底部淤积着厚达 5～10 厘米的灰绿色土层。北侧储卤坑 H2(图 4.1－12),长 1.64 米、深 0.5 米,西壁向外有凸口,宽 0.3 米,似是上下或踩站的地方。淤沙层面上还保存 10 数件比较完整的盔形器,其中四件还连接在一起,个别盔形器底部还粘有草拌泥烧土。就 014B 遗址而言,该坑出土的盔形器时代最晚,可能是最后一次制盐活动结束后倾倒入的。南部储卤坑 H3 长 1.6、深 0.55 米。底面上有盔形器和鬲残片。底部,解剖表明铺垫褐色黏土有 10 厘米厚,并经过了层层夯打(图 4.1－13)。此外,014BH3 还打破了较早的一个储卤坑(014BH10),说明此处的储卤坑还经过了多次修补。

　　灶棚平面呈梯形,东西宽 13.3 米、南北长(中部)16 米,面积约 200 平方米,南、北两排柱洞组成的弧形墙体把灶室、烟道、烟囱和储卤坑围在中间(见图 4.1－10、11)。灶棚西北、东南部没有柱洞,应为进出口,西北部出口宽 12 米,东南部出口宽 17 米。灶棚内面积近 200 平方米。南排几乎等距离分布着 15 个柱洞,北排残存 14 个,柱洞(坑)间距 5～30 厘米。立柱前先挖柱坑,柱坑口呈圆形,直径 0.8～0.9 米,深 0.3～0.7 米,北排东段两个柱洞,深度接近 1 米。坑内填满黄褐色沙黏土,并夯打使之坚硬,中间再挖小坑,小坑周壁和底部涂抹 3～10 厘米厚的深褐色粘泥,然后埋设木柱。柱坑内一般有两层摸

图 4.1－12　寿光双王城 014 遗址制盐单元 2 内 H2(东→西)

泥,个别有 3～5 层,说明在此曾经修补或者埋设多次木柱。从粘泥包裹的痕迹看,木柱直径为 0.35～0.5 米。南排、北排柱洞与盐灶之间铺垫一层灰绿色沙土,厚 5～40 厘米,并略加工,北部由南向北渐厚,南部是由北向南增厚。

　　灶棚和盐灶西部废弃的坑池内,集中堆积着盔形器碎片和烧土堆积层(编号 H4)。

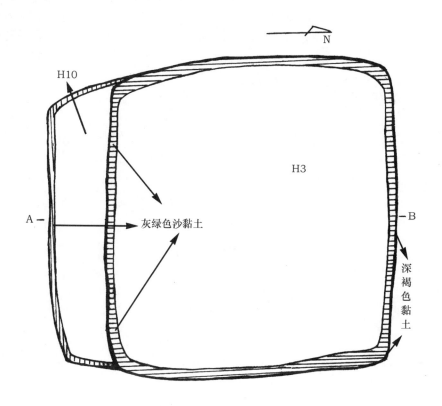

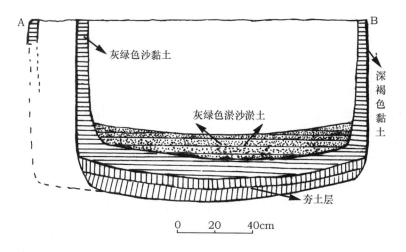

图 4.1－13　寿光双王城 014 遗址制盐单元 2 内 H3 平剖图

图 4.1—14　寿光双王城 014 遗址制盐单元 2 内 H4 内 C7 堆积(南→北)

在长 13.5、宽 10.5 米区域内已清理出六层这样的堆积(见图 4.1—10),其中,编号 C7 是单独为一片堆积,呈不规则圆形,直径 4 米多,厚达 0.25 米,可能是一次煮盐后倾倒的生产垃圾(图 4.1—14)。从 H4 出土的盔形器形态来看,时代为殷墟四期至西周早期,这与盐灶出土的盔形器同时,说明这里是煮盐后倾倒的生产垃圾。

灶室南部废弃的坑池堆积着厚达半米的草木灰层,夹杂着坚硬的灰白色钙化块,草木灰层长度超过 15 米,深超过 0.5 米。出土的盔形器的形态一致。说明这里应是该盐灶烧火煮盐后的垃圾。

东部排水沟铲刮的剖面和遗址钻探表明,制盐单元 2 内盐灶南、北两侧也有成组的坑池,各类坑池内堆积与制盐单元 1 同类坑池相同,说明二者制盐作坊区的布局也是一样的。

以上发掘、钻探、断面铲刮的情况说明,014 遗址内制盐单元 2 制盐设施及布局与制盐单元 1 完全一致。

2. 寿光市双王城 07 遗址

　　该遗址位于原双王城水库大坝北侧,面积约 2 万平方米,但商代制盐堆积多被大量的宋元盐灶、过滤沟、盐井和现代水塘、排水沟破坏。该制盐作坊内布局不太清楚,但从钻探、发掘和暴露出的坑井、盐灶和坑池,该遗址至少有两个同时共存的制盐单元,时代从第一期前段延续至三期后段。

　　发掘区位于东部的制盐单元内,清理面积在上万千平方米以上(清理商代堆积范围近 4000 平方米)。发现了第一期后段的完整盐灶及附属设施一套。盐灶由工作间、椭圆形灶室、长条形灶室,一条烟道、一个烟囱组成。椭圆形灶室南、北两侧各有一个储卤坑。成排的柱洞位于盐灶两侧,说明也有盐棚的存在。盐灶东南 3～4 米外发现卤水坑井,坑底芦苇和木棍,与双王城 014 遗址制盐单元 1 内发现的坑井完全一致。灶室结构、储卤坑、盐棚等与其他盐灶基本一致⑦。唯一不同的是,灶室规模稍小,工作间位于西南(北)部,烟道和烟囱位于东,整个方向与 014、SS8 遗址和南河崖 GN1 遗址发现的盐灶相反,但与双王城 SL9YZ1 遗址相同。

　　3. 寿光市双王城 SS8 遗址

　　该遗址位于原双王城水库西侧,面积在 6000 平方米以上。钻探、发掘显示,该遗址只有一个制盐单元,时代从三期前段延至四期后段。

　　2008 年冬至 2010 年夏,考古队在遗址中部和北部发掘面积两千多平方米,清理出殷墟三期前段盐灶及附属设施一套。盐灶由近似方形的工作间、椭圆形灶室、长条形灶室,两条烟道和两个圆形烟囱组成。盐灶面积在 40 平方米以内。烟道和烟囱位于西部和南部,烟囱周壁围以烧土和盔形器碎片。椭圆形灶室南、北两侧的各有一个圆角长方形储卤坑。灶室外也有两排柱洞,但柱洞还没有全部找到,数量不清。南排距灶室距离稍近,柱洞为圆角方形。北排侧距灶室稍远。北排柱洞与灶室之间发现一座大型圆形灰坑,较深,坑内堆满草木灰和烧土,未清理至底。发掘者推测是卤水井。但坑内未见深灰色淤泥淤沙及用芦苇、木棍编制的井圈,其位置又在盐棚内,因此,该坑属于窖穴可能性最大。与盐灶同时的盐井、各类坑池结构与布局未能找到和搞清⑧。

　　4. 寿光市双王城 SL9 遗址

　　SL9 遗址紧靠原水库东大坝旁。当年堆筑大坝时推掉了遗址的上部,西部的水塘和东部的排水沟也破坏了遗址。只保存下来了两座残盐灶(编号 YZ1、YZ2)和 3 个灰坑(图 4.1-15)。2007 年,对 ZY1、YZ2 遗存进行了清理。

　　编号 YZ1,仅存椭圆形灶室底面烧土一部分,烧土范围长 2.1 米,宽 1.8 米,厚达 0.1 米。在中部长 1.6、宽 1.3 米范围的青灰色烧结硬面上还摆放着排列整齐的十几个盔形器(图 4.1-16、17)。盔形器口部因暴露在野外、浸泡在水中,经反复日晒、冰冻后粉化,但盔形器底部保存较好。盔形器底部置放在草拌泥层上,器物之间塞以碎陶片,便于稳定,草拌泥层内有成排的条状和圆形烧土块(见图 4.1-17)。灶室旁的灰坑内还发现了

圆柱状、扁柱形、方柱状和
长条状烧土残块，个别保存
个别存长 20 多厘米(图 4.1
－18)，烧土条块烧制坚硬，
上还有木条状凹痕迹。

　　YZ1 盐灶室底面西南
部,烧结面坚硬,颜色呈砖
青。灶面颜色由西向东逐
渐变为深红,地势由西向东
逐步增高,说明盐灶内的走
火方向是从西南向东北。
该盐灶的烟道、烟囱在东北
方向。 如是,则与 07 遗址
发现的情况一致。

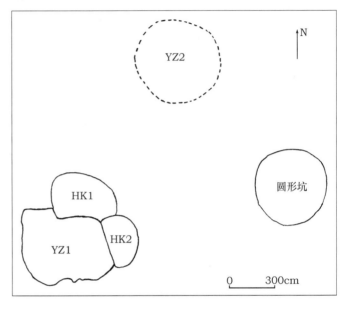

图 4.1－15　寿光双王城 SL9 遗址残存遗迹分布示意图

图 4.1－16　寿光双王城 SL9 遗址 YZ1 塌落的盔形器(北→南)

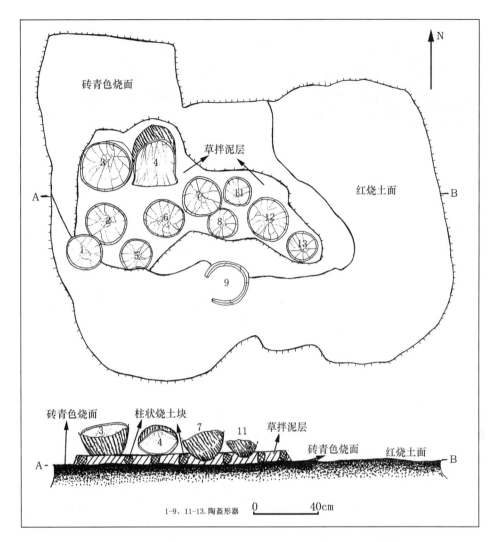

图 4.1－17　寿光双王城 SL9 遗址 YZ1 灶面上的盔形器及草拌泥层

位于 YZ1 东部 8 米,有一圆形坑,直径约 4.5 米,内堆积烧土和淤土,估计是与 YZ1 有关联的卤水坑井。YZ2 位于 YZ1 东北部,二者相距约 7 米。仅存椭圆形灶室底部受火烘烤过的烧土痕迹。呈椭圆形,短径 4.2,长径约 5 米,规模较大。烧土范围内,周边呈砖红色烧土,较硬,而中部直径约 1.10 米的范围内,颜色呈深褐色、灰褐色,较松软,受火程度明显不如周边。说明原来存在着与 014 遗址制盐单元 2 盐灶内椭圆形灶室中部土台性质相似的设施。

YZ1 底面上出土盔形器为殷墟一期后段,而 YZ2 烧土上及周围所见盔形器均为殷墟一期前段,说明这两座盐灶并不同时。SL9 遗址虽然发现了两个盐灶,但应只有一个制

图 4.1－18 寿光双王城 SL9 遗址出土的长条和圆柱状烧土块

盐单元。

此外,在双王城编号 04、09、015、SS9、SL31、SL35 等遗址的调查、钻探和试掘中都发现过保存比较好的卤水坑井、盐灶及各类坑池等遗迹。

5. 广饶县南河崖 GN1 遗址

南河崖编号 GN1 遗址面积较大,达 21000 平方米,堆积厚,比较复杂。就调查所采集标本盔形器来看,第四期、五期各阶段的盔形器都有发现,延续时代比较长。调查和钻探显示,第四期前、后段只有一个制盐单元,而第五期各阶段同时存在着两个制盐单元。

2008 年春季,山东大学考古系等单位对南河崖编号 GN1 遗址东半部的一个制盐单元进行了发掘,清理面积达近千平方米[⑨]。清理出盐灶、工作间、灶棚、坑池、卤水坑井(?)等遗存。

盐灶及相关设施位于发掘区的中西部(编号 YZ4),由工作间(F3)、火门(烧火处)、椭圆形灶室、两条烟道、两个圆形烟囱(出烟口)组成,总长 16.8 米(图 4.1－19)。整体形状、结构与双王城同类设施基本相同。

工作间(编号 F3,发掘者定为输送卤水的工棚)位于 YZ4 东南侧,有火门与之相接。平面呈圆角长方形,内堆积分为三层活动面,各层面内都出土盔形器和生活器皿,每层面积大小不一,第一层面积 38 平方米,第二层 22 平方米,最下层 16 平方米。

伸入工作间的火门呈簸箕状,长 1.1 米,宽约 0.9 米,周壁烧结坚硬。

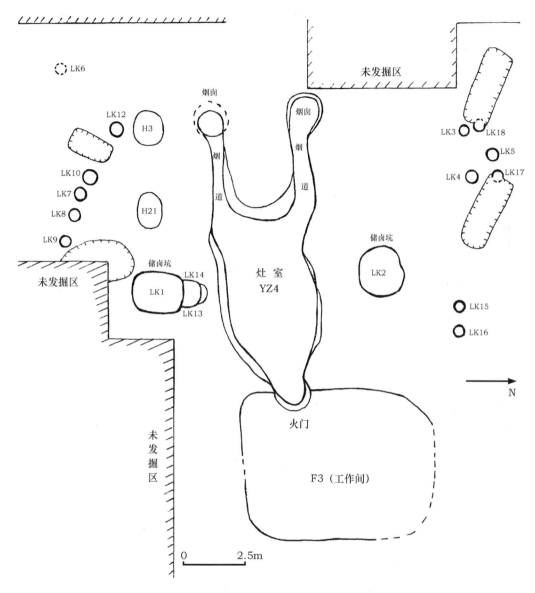

图 4.1－19　广饶南河崖 N1 遗址发现的盐灶及相关遗迹分布图

（据《山东东营市南河崖西周煮盐遗址》图三改绘）

灶室总长约 13、宽 3.75 米，面积达 30 多平方米。椭圆形灶室长约 6 米，宽在 3.5 米以上，西部有烧土台，似为搭设网架之类所用。灶室深约 0.7 米，至少可分 6 个烧土面（每层有烟灰和草木灰为证）。椭圆形灶室西部伸出两条平行的烟道，长约 2.5 米，烟囱近呈圆形，北部那个直径约 0.9 米，深 0.5 米。烟囱周壁围以草板泥和废弃的盔形器。烟道、烟囱的底面明显高于灶室。

　　椭圆形灶室南北两侧各有储卤坑。北部 LK2 呈圆形,直径约 1.7 米;南部 LK1 呈圆角长方形,长 2 米、宽 1.5 米,周壁均有涂抹防渗漏的泥土。此外,LK1 还打破了储卤坑 LK14,而 LK14 又打破了储卤坑 LK13,说明此处的储卤坑经过了多次扩建和修补。

　　灶室和储卤坑各有两排柱洞,呈弧形把灶室和烟道围起来。北排被汉代墓葬和晚期堆积破坏,柱洞仅发现 7 个(编号 LK3、LK4 LK5、LK15、L/16、LK17、LK18)。编号 LK3、LK4 与 LK5、LK17、LK18 呈两排排列,应是不同时期进行过扩建或修挖。南排也被晚期墓葬破坏,东半部未能清理,已发现 6 个(编号 LK6、LK7、LK8、LK9、LK10、LK12),编号 LK6 者,远离盐灶,与其他柱洞不在一条直线上,似另有归属。柱洞围起来的灶棚面积,南北长 15、东西宽约 10 米,面积在 150 平方米以上。灶棚内的 H3、H21,坑口分别呈圆形和椭圆形,比较规整,可能是窖穴。

　　盐灶周围堆积着煮盐后倾倒的生产垃圾垃圾和生活垃圾,为成片的烧土、盔形器碎片、白色诟状块(层)堆积(发掘者归为盐灶和房屋,编为 YZ1、YZ2、YZ3 及 F1、F2、F4)。工作间西北部的淤沙淤土与草木灰相间堆积(编号 TC1)(可看作煮盐停歇后,草木灰流入或倾倒于坑池后形成的结果),应是坑池内正常遗存堆积。

　　此外,H25①下(?)的 H17,口部近呈圆形,口径 3.8 米,未清理至底。据说钻探在 3 米以上,拟是一座卤水坑井。但未发现井圈,不排除是窖穴的可能。若是坑井,其位于 YZ4 工作间西北侧,与目前发现的盐井位于烟道顶端一侧又不太符合。据简报公布的资料,该坑出土盔形器 H17①:1,小方唇、侈口,上腹稍直,明显早于 YZ4 及相关工作间、储卤坑出土的盔形器,这说明该坑井与已发现的盐灶不同时,也可能隶属于另座较早的盐灶。

　　以上分析说明,该制盐单元内主要设施布局为:盐井、盐灶、工作间、灶棚位于西北—东南方向的地势较高处,左右两侧为坑池,周围为生产和生活垃圾区,整体布局与双王城所见制盐单元构造完全一致(图 4.1—19)。

　　6. 寿光市大荒北央 SD2 遗址

　　2001 年山东大学东方考古研究中心等单位对编号 SD2 遗址进行了试掘,清理面积近 110 平方米。发掘区所谓的第二层,灰绿色淤土、黄褐公淤土与草木灰、白色板结面相互叠压的堆积,似乎是坑池内的堆积。而抹有褐色黏土的小坑(简报编号均为灰坑)分布密集,尽管发掘面积小,但可以看出排列有序,大体可分呈对称分布的两排,西北部的 H1、H2 为一排,东南部的 H2、H4、H5、D1 为一排,柱洞周围铺垫灰绿色沙土(G1)和黄褐色粉黏砂土(第 3 层),它们均是灶棚垫土的一部分。这些与双王城发现的同类遗存完全一致。

　　(二)制盐作坊与制盐单元结构

　　1. 制盐作坊内的制盐单元数量

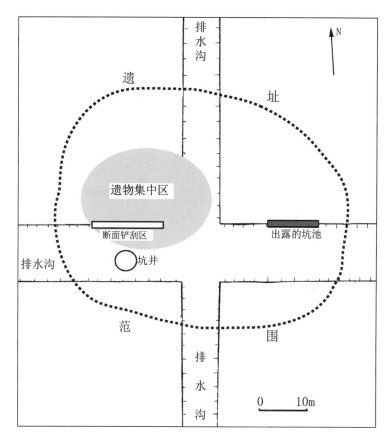

图 4.1—20　双王城 09 遗址制盐作坊示意图

　　目前看来,每处盐业遗址就是一个制盐作坊单元。考古调查发现,烧土和盔形器碎片集中分布在遗址的中心部位,形成一个隆起地,面积在 500～1000 平方米之间,我们在田野工作时称之为遗物集中区。钻探和发掘表明,这些遗物集中区就是盐灶、盐棚、坑井等制盐设施所在地。换句话说,每处遗物集中区就代表着一处制盐单位(即盐业生产基本单元)。面积在 4000～6500 平方米者,仅有一处遗物集中地,也只有一个生产单元,如双王城 SS8、09 遗址(图 4.1—20);盐业遗址面积在 1 万平方米左右,内有两处遗物集中区者,一般表示着有两个同时共存的制盐单元,如双王城 014 遗址(见图 4.1—1);面积在1～2 万平方米的遗址,一般存在 3 处遗物集中地,有三处同时共存的制盐单元,如双王城 08、SL31、SL35 等遗址(图 4.1—21、22);而面积在 2 万平方米以上的遗址,有 4 处遗物集中地,存在着四处同时的制盐单元,如双王城 015 遗址(图 4.1—23)。同一个作坊内的制盐单元之间关系较周围制盐作坊单元可能密切些。

　　此外,调查和发掘还发现,早期阶段(第一、二期前段)制盐单元内不同时期盐灶的位

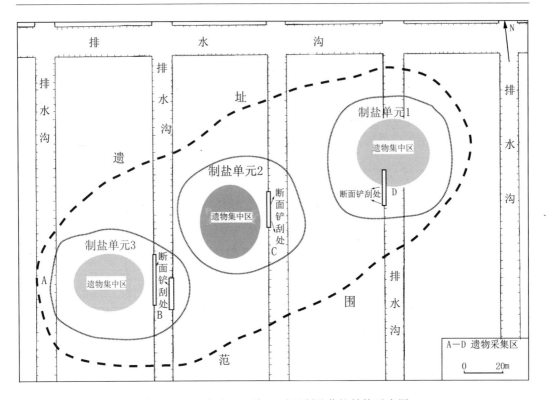

图 4.1－21　寿光双王城 08 遗址制盐作坊结构示意图

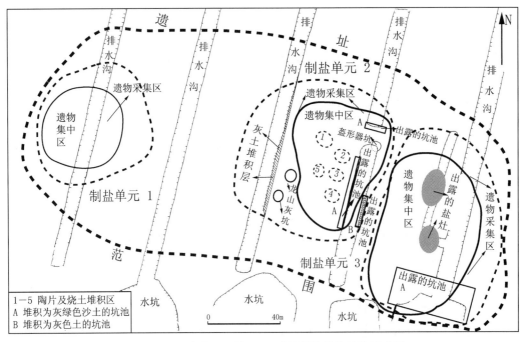

图 4.1－22　寿光双王城 SL31 遗址制盐作坊结构示意图

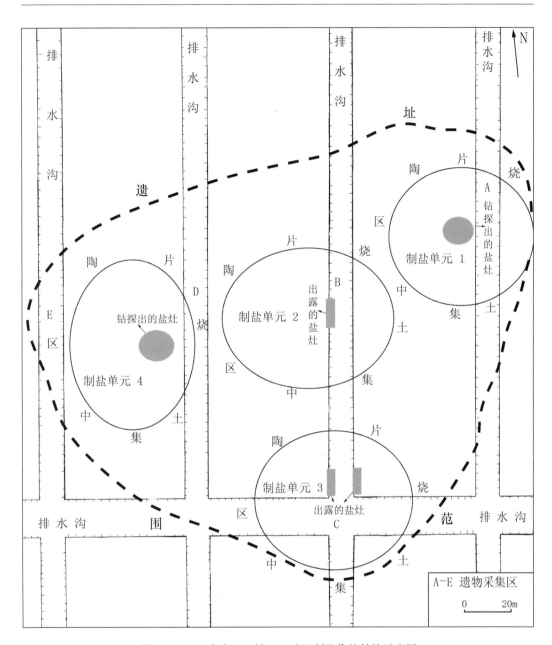

图 4.1—23　寿光双王城 015 遗址制盐作坊结构示意图

置是前后或左右移位（如双王城 SL9、SL31 遗址），而在晚期阶段（第三、四期、五期）在某个地方反复修挖、建造（如双王城 014、SS8 遗址）。因而早期阶段遗物集中区的面积显得较大，晚期阶段就小些，但这并不影响制盐单元数量的判定。这些特点对于认识和每处遗址内制盐单元的结构和数量，每处盐业遗址群的规模即同时期共存的制盐单元总数是非常重要的。

当然,还有个别特殊情况。如,通过对采集遗物和铲刮断面遗迹分析,寿光双王城面积较大的 015 遗址虽有 4 处遗物集中地,但早期阶段的遗物分布在南半部两个遗物集中区,而晚期阶段的遗物才遍布 4 处遗物集中区,说明早期阶段只有两个制盐单元,晚期阶段才有四个同时期的制盐单元。广饶南河崖编号 GN1 遗址面积达到 2 万多平方米,虽有多处遗物集中地,但第四期遗物只存在南部,说明这个时期只有一个制盐单元,而经发掘,第五期西周时期的遗物才遍布整个遗址,同时共存着两个制盐单元。

每个制盐作坊一般只有一个生产单元(位),个别面积较大者有 2~4 个同时并存的生产单元。每个制盐单位内部结构非常合理,各个盐业遗址群的布局又如此相似,显然有一定的统一规制。

2. 制盐单元结构

制盐单元的主要设施,可分为几部分:与原料有关的地下卤水坑井;净化卤水和提高卤水浓度的卤水沟、过滤池(沉淀池)、蒸发池以及连接二者的宽沟,与煮盐有关的工作间、储卤坑、盐灶以及围在盐灶上的盐棚等,其中,盐灶的设施比较复杂,主要有烧火坑、火门、椭圆形灶室、长方形灶室、烟道和圆形烟囱等;其他附属设施,如与盐工生活有关的位于盐棚内居住区、窖穴、淡水坑,此外生产垃圾倾倒区,多为灰坑和废弃的坑池。

一个完整的制盐单元结构布局可总结为(图 4.1—24):卤水坑井、盐灶、灶棚以及附

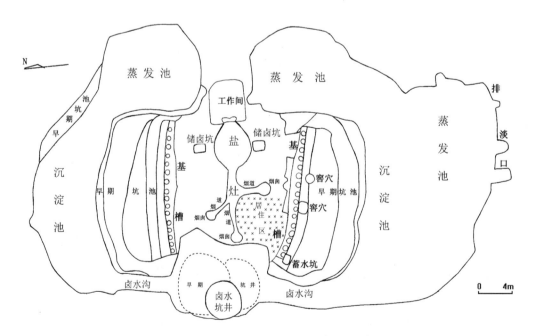

图 4.1—24　一个完整制盐单元结构示意图(以寿光双王城 014A 遗址为例)

属于盐灶的工作间、储卤坑等位于地势最高的中部,以之为中轴线,卤水沟和成组的坑池对称分布在南北两侧,生活设施位于盐棚内外附近,而生产垃圾如盔形器碎片、烧土和草木灰则倾倒在盐灶周围空地和废弃的坑池、灰坑内。每个制盐单元的占地面积约 2000 平方米,加上倾倒的生产、生活、建筑垃圾以及生活(产)活动范围,面积在 5000 平方米上下。

需要特别指出的是,盐灶上的大型灶棚,其作用主要有四。其一,防止盐灶的雨淋和风吹日晒而导致的塌陷、毁坏,利于盐灶和储卤坑的多年反复使用。其二,该地由于傍海,多 8 级左右的大风,时常还有风潮袭击,而木柱粗、埋设深、排列密,可起防风御潮之作用。其二,春末夏初,受蒙古一带低压系统和移动性入海高压影响,该地区多吹东南风和西南风,灶棚门口朝向东南或西南,这样顺风,助火势,利煮盐,西北的缺口有利于火烟的排除,如此,盐工还避免了烟熏火燎之患。其四,考虑到厂棚面积远远大于盐灶,且棚内有上百平方米空地,上还铺垫着防潮、防水的灰绿色沙黏土,014 遗址制盐单元 1 灶棚内还保留有 30 多平方米烧土硬面和带有灰迹的活动面,盐工可以在此避风挡雨遮阳,也可以临时住宿,还可作为仓库使用,储放盐制品、制盐用具和生活物资等。

(三)制盐流程

结合历年来的调查、钻探、试掘资料,可复原渤海南岸地区殷墟时期至西周早期的制盐流程如下。

制盐原料为浓度较高的地下卤水而非海水。从坑井内取出卤水后经卤水沟流入沉淀池过滤、沉淀,卤水在此得到初步蒸发,再流入蒸发池内风吹日晒,形成高浓度的卤水,在这个过程中,部分碳酸镁钙析出,卤水还得到了纯化。盐工把制好的卤水放入盐灶两侧的储卤坑。在椭圆形和长方(条)形灶室上搭设网状架子,网口内铺垫草拌泥,其上置放盔形器(见下节,盔形器和煮盐技术)。在工作间内点火,往盔形器内添加卤水,卤水通过加热蒸发后,不断向盔形器内添加卤水。煮盐过程中还要撇去漂浮着的碳酸钙、硫酸钙、碳酸镁钾等杂质。盐块满至盔形器口沿时,停火。待盐块冷却后,打碎盔形器,取出盐块。最后把生产垃圾(盔形器、烧土、草木灰)倾倒在一侧。与制盐相关遗存的化验分析也证实了这一工艺流程。

二　盔形器和煮盐技术

盐业遗址内出土的器物中 95% 以上为盔形器,而 90% 左右盔形器的腹部内壁都存有白色垢状物(图 4.2－1)。双王城 014B 遗址灶室内出土了成堆的白色和黄白色块状物,其特点是内部呈颗粒状、空隙大、结构松散、重量轻(图 4.2－2:1、2、3)。同时在生产垃圾内还发现了成片的白色粉状物(图 4.2－2:4)。双王城 014 遗址制盐单元 2 南部坑

图 4.2－1　寿光双王城 014B 遗址出土盔形器内壁上的白色垢状物

图 4.2－2　寿光双王城 014 遗址出土的白色块状和粉末

1、2. 出自 014B 遗址 YZ1 室内；3. 出自 014B 遗址生产垃圾堆积层内；4. 出自 014A 遗址生产垃圾堆积层内

池废弃垃圾堆积内还出土了灰白色硬块。南河崖 GN1 遗址也发现了板结的白色块状物堆积层。这些应是煮盐过程撇刮出来的钙化物和碱硝类。科学分析结果表明,这些白色物质主要是钙镁的碳酸盐,以碳酸钙为主,还包括碳酸镁以及碳酸钙镁等碳酸盐,这些白色物质都是煮盐过程形成的[10]。

　　显然,盔形器应为煮盐工具。但商代的盔形器绝大多数为泥制陶,不能直接受火。并且,绝大多数盔形器底部没有二次受火的痕迹,腹上粗宽的绳纹上也没有烟炱。因此,如何煮盐即如何摆放盔形器是必须要考虑的。

　　由于各灶室底面都有很硬的受火面,烟道和烟筒内有很厚的烟灰,说明灶室应是封闭的。在盐业遗址废弃的坑池和生产垃圾内都出土了成片成堆的草拌泥烧土堆积,双王城 014 遗址制盐单元 1 内 KJ1 内中层堆积全是这样的烧土。烧土内掺加的草(主要是芦苇)数量多,茎秆也粗,因而,烧土结构疏松,质轻。所见形状多数呈圜底状(图 4.2－3:2),内壁还有粘印的绳纹,部分呈扁平状。考虑到相当数量的盔形器底部还粘带圜底状红色草拌泥(图 4.2－3:1),说明这些圜底状的烧土应是附贴在盔形器底部的(盐灶内周壁未见草拌泥烧土)。

　　上面所提及的双王城 SL9 遗址 YZ1,还保存着煮盐过程中塌陷下来的堆积。可清楚地看出,盔形器均置放在草拌泥层上,草拌泥内排列着条状和圆形烧土块,器物之间还塞以碎陶片,便于稳定(见图 4.1－17)。灶室旁灰坑内也发现大量圆柱状、扁柱形、方柱状和长条状烧土残块。烧土条块烧制坚硬,上还有木条状凹痕迹(见图 4.1－18)。这类遗存在 014 遗址发掘过程中也发现很多,由于烧土内羼杂的芦苇等草叶茎太多,非常酥散,不易提取。最近,在广饶县东赵遗址群内多个盐灶周围发现了这类遗存(图 4.2－4、5)。

图 4.2－3　寿光双王城 014 遗址出土盔形器底部及凹状草拌泥红烧土

图 4.2—4　广饶东赵 3 号遗址出土的长条和圆柱状烧土块

图 4.2—5　广饶东赵 2 号遗址出土的长条和圆柱状烧土块

图 4.2－6　寿光双王城 014 遗址制盐单元 2 内 H2 出土的盔形器

此外,在 014 遗址制盐单元 2 内储卤坑 H2 内就发现了 4 个盔形器联为"一体"的现象,盔形器间塞以碎片,使之稳固(图 4.2－6)。

这些充分说明灶室上应该搭设网状格架子,网口内铺垫草拌泥,其上再置放盔形器(图 4.2－7)。长方形和长条灶室有利于搭架子和置放盔形器,而宽达 3.5～4.5 米椭圆形灶室,直接在上面搭设架子,框架较宽,上面盛满卤水的盔形器,会因为重量太大,容易塌陷。但灶室内堆筑的土台,可以让框架缩短,解决了承重问题。

据碳酸盐氧同位素温度计算方式,分析出了盔形器内白色垢状物的形成温度在 60℃左右,远低于与金元时期用铁盘煮盐时碳酸盐形成的温度 90℃～100℃。这应是盔形器器壁厚,底部与火还隔层草拌泥,盔形器未能直接受火,慢火熬煮盐的结果[①]。此外,由于盔形器底部垫有草拌泥隔层,在熬煮时,泥制盔形器也不易破裂。

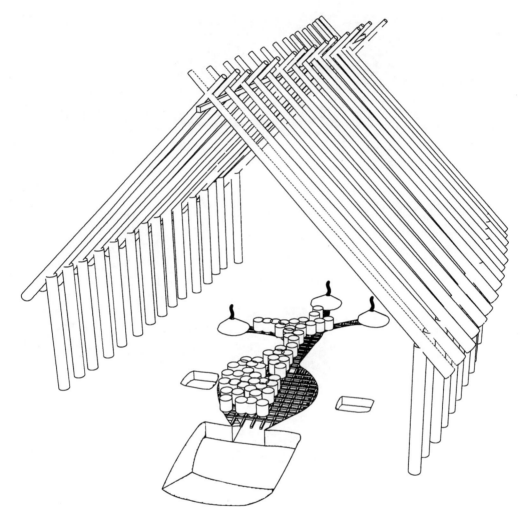

图 4.2－7　盔形器在灶室内摆放示意图及灶棚架构复原图

三　产量及相关问题

探讨一个制盐单元的年产量,就必须考虑几个相关因素:盔形器自重与盛盐量、盐灶的面积、每年的煮盐次数及季节性等。

1. 盔形器自重及盛盐量

煮盐工具盔形器口径、最大腹径、通高尺寸大小,器物自重、盛盐量的多少在某种程度上则影响着每一盐灶(也就代表着一个生产单元)置放的盔形器数量及每次举火所获盐产量。

以下为莱州湾南岸地带（包括内陆和沿海）和黄河三角洲地区的阳信李屋遗址不同时代的部分盔形器尺寸、器物自重和盛盐量⑫等数据登记表（表 4.3—1、2），以及各期盔形器自重和盛盐量变化曲线图（图 4.3—1、2、3、4）。

表 4.3—1 莱州湾南岸地区不同时代盔形器尺寸、盛盐量及自重登记表

遗址名称	出土单位	时代	口径、腹径、高 cm	盛盐量（克）	器物自重（克）
前埠	J1⑤：9	一期	19.4～19.9～19.8	3050	1650
双王城 SL9	HK2：1	二期	16.3—18—21.2	3080	2550
双王城 SL9	HK1：1	二期	17.4—18.2—22.1	3100	2600
双王城 014B	HK1：1	三期	17.4—19.2—24.2	3415	3450
双王城 014B	HK1：2	三期	18.4—18.6—24.4	3215	3550
双王城 014B	HK1：3	三期	19—19—25.4	3250	3500
丰城高家	采集	三期	16.5—16.8—21.8	3750	3900
丰城高家	采集	三期	器体烧制变形		3350
双王城 014A	H20：1	四期	17.4—19.6—26	3415	3350
双王城 014A	H35：1	四期	18—19.4—25.4	3900	3350
双王城 014A	H30：1	四期	19—20.8—27.4	4715	3700
双王城 014B	YZ1：1	五期早段	18.5—18.4—26	3100	3550
双王城 014B	H4：3	五期早段	17—18.2—23	2815	3540
双王城 014B	采	五期早段	18—17—25	2700	3450
双王城 014B	H2：9	五期早段	16—17—22.4	2225	3000
双王城 014B	H2：2	五期早段	17—16.8—22.7	2200	2950
双王城 014B	H2：8	五期早段	16—16.8—23	2210	2900
双王城 014B	H2：1	五期早段	15.8—16.4—23	2300	3100
丰城高家	采集	五期早段	19.5—20—26	2300	2350
固堤场 HG1	采集	五期晚段	24—22		4850

注释：腹径指最大腹径，下同。五期中段后，盔形器腹部斜收，最大腹径即口沿以下。

表 4.3—2 阳信李屋遗址不同时代盔形器尺寸、盛盐量及自重登记表

遗址名称	出土单位	年代	口径、腹径、高 cm	盛盐量（克）	器物自重（克）
李屋	C9：1	一期后段	18.2—19.8—21.8	3200	2650
李屋	H46：5	一期后段	16.6—20.4—22.4	2850	2650
李屋	H46：4	一期后段	16.5—20—22.6	2950	2750
李屋	H46：6	一期后段	16.6—19.8—22.3	2850	2650

（续表）

遗址名称	出土单位	年代	口径、腹径、高 cm	盛盐量（克）	器物自重（克）
李屋	H33：4	二期早段	17－17.4－21.3	2550	2850
李屋	H33：5	二期早段	16.4－17.6－22.6	2500	2850
李屋	H32：1	二期晚段	16.1－16.8－21.1	2050	2100
李屋	H24③：1	三期早段	17.5－17.2－22.5	2950	2550
李屋	H22：4	三期早段	17.2－18.5－22.8	2500	2450
李屋	H22：10	三期早段	16－17.6－23.4	2450	2500
李屋	H22：12	三期早段	16.5－17.3－21.8	2400	2400
李屋	H22：1	三期早段	16.3－18－22.8	2650	2450
李屋	H22：3	三期早段	16.9－18－22	2550	2550
李屋	H20③：6	三期后段	16.5－17.6－20.9	2650	2050
李屋	H20③：3	三期后段	17.1－17.9－22.2	2400	2100
李屋	H20③：7	三期后段	15.9－17.6－22	2450	2050

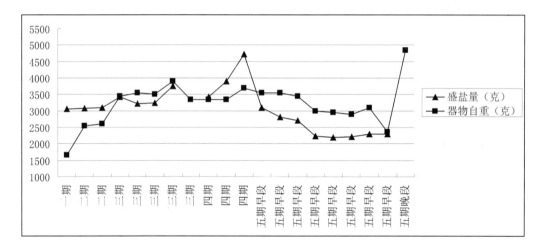

图 4.3－1　莱州湾南岸地区各期盔形器自重及盛盐量变化曲线图

统计数据尽管还有些局限，比如，统计的个体数不够多，两大地区各时期标本数量也不一样，黄河三角洲地区，没有统计到第四、五期盔形器标本，而莱州湾南岸地区，第一二期的标本又太少。但把相关数据整合起来可以看出，第二、三、四及五期前段器物的口径、腹径大小统一性比较强，口径在 16～18 厘米，腹径在 17～18 厘米，通高在 20～25 厘米区间。而在其他时段，变化比较大。盔形器自重 2000～3500 克，盛盐量在 2500～3500 克间。总体而言，变化曲线并不是那么大，当时盔形器的生产应遵循统一的定制。

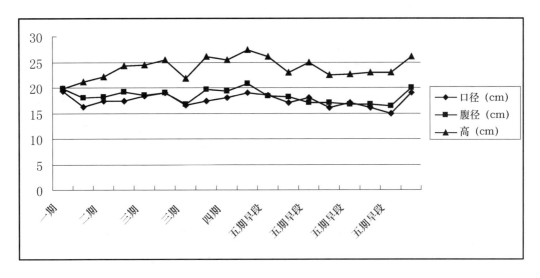

图 4.3－2　莱州湾南岸地区各期盔形器口径、腹径、高尺寸变化曲线图

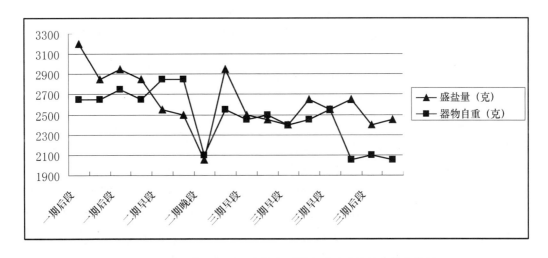

图 4.3－3　阳信李屋遗址各期盔形器自重及盛盐量变化曲线图

　　具体而言,殷墟时期莱州湾沿岸地区的盔形器口径多在 17～20、高 22～26 厘米,黄河三角洲地区的盔形器口径在 16～18、高 22～24 厘米之间,前者的口径明显大于后者。莱州湾南岸地带盔形器盛盐量多在 2500～3500 克,而黄河三角洲地区多在 2500～3000克之间,后者盛盐数比前者少了 1 斤,说明黄河三角洲地区盔形器的容积明显小些。莱州湾南岸地区,一、二期盔形器盛盐量约在 3000 克左右,三、四期升至 3500 克左右,盛盐量逐渐上升,而第五期又明显下降,仅 2500 克左右。一、二期盔形器自重在 1600～2600之间。三、四期至五期早段升重,达 3500 克左右,而五期中后段器壁加厚,自重在 4500～

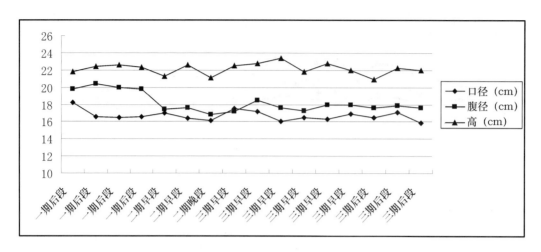

图 4.3－4　阳信李屋遗址各期盔形器口径、腹径、高尺寸变化曲线图

5000 左右,自重明显上升。黄河三角洲地区,一期至二期早段盔形器盛盐量较多,在 2800～3200 之间,与莱州湾南岸地带差不多,三期为 2700～2600 克之间,明显少于同期的莱州湾南岸地带。盛盐量从早到晚逐步减少;而盔形器自重也是这样的趋势,从一、二期的 2650～2850 克,降至第三期的 2550～2050 克之间(尽管没有统计到第四、五期的盔形器,但就目前所见资料,也基本符合这些情况)。

　　盔形器盛盐量受制于器形尤其是口沿和腹部的大小及器壁厚薄的影响。同样大小的器物,若器壁较厚的话,容量也不会太多,如五期的盔形器,看起来,器物较大,但器壁加厚,盛盐量却变少。煮盐工具盔形器的容积大小即盛盐量,似乎并不能直接决定着每次煮盐所获数量。但口沿与腹部的形态和大小影响着一个盐灶内置放的盔形器数量。比如莱州湾南岸地带,殷墟时期的盔形器虽然容积大些,盛盐量多些,但腹部外鼓,同等面积的灶室,放置的盔形器数量少些;虽然西周早期盔形器容积小,盛盐量少,但腹部斜收,同等面积的灶室内,置放的盔形器数量就多。看来,不管盔形器尺寸如何变化,如果盐灶室面积不变的话,每次举火煮盐,一座盐灶获盐总数却是相差无几的。

　　此外,就目前所测盔形器数据看,莱州湾南岸地带和黄河三角洲地区,盔形器容积变化较大,看不出作为量具的可能性。盔形器自重与盛盐量差不多,甚至远远超过盛盐量,把盔形器作为盛盐工具外运,徒增其重量,加重了运输负担,似乎也不太方便。

　　2. 估计产量的其他相关因素

　　盐灶的数量和面积决定盐的产量。就目前资料而言,一个制盐(生产)单元只有一座盐灶,对双王城 014、SS8 遗址和南河崖 GN1 遗址内不同时期制盐单元内盐灶的测量和计算,每个盐灶的面积在 30～40 平方米(目前所见,第一期盐灶面积大小不一,比如,寿光双王城 07 遗址发现的盐灶面积比较小,而在 SL9、SL31 遗址发现的盐灶面积比较大,盐灶规模还未统一规制，或可说明当时每一制盐单元每年产盐量还不太固定)，根据煮盐工具盔形器的口径和腹径大小，可以推算出，每座盐灶同时可以放置 150～200 盔形器(不同时期盔形器的口沿和腹部直径不一样，腹径大者盛盐数量多，但灶面上放置的盔形器数量较少，反之亦然)，每个盔形器能容 2.5～3.5 公斤盐(不同时期的盔形器盛盐量多寡不一)，也就是说一个制盐单元，一次举火就可获上千斤盐。盐灶的面积在不同盐场群、不同时期都是基本一致的，换言之，不同地区、不同时代，每座盐灶每次举火煮盐，所获盐数都在 1 千斤左右。这不仅是由生产方式决定的，而且主要可能反映的是一种定制的存在。

而每个制盐单元每年能煮多少次盐，这就需要了解当时盐业生产的季节性问题。

由于灶棚进口和烧火的工作间在西南或东南方向(前者多出现在第一期，后者出现在第二、三、四、五期)，说明煮盐的时候应盛行西南风或东南风。根据碳酸盐氧同位素温度计算，蒸发池中灰绿色板结沙土层中碳酸盐形成温度达 32℃。查有关气象资料[13]，该地盐区南风和东南风出现频率最多，春季主要是春末盛行西南风，春末夏初流行东南风，气温上升也很快，地面温度多达 30℃以上。因而可以说举火煮盐时就应在这个时期。而掘井修池、建灶搭棚、提水灌池、卤水沉淀、蒸发过程应在其前，并需花费相当长一段时间。所以，制盐季节应在春天直到夏季雨水来临之间。该地气候特点也表明，春季至夏初，风多，日照时间长，气温上升快，降水少，蒸发量高，非常有利于卤水的蒸发，适宜制盐。

此外，卜辞也有涉及制盐季节的记录。"癸未卜，在海師(次)，贞：旬亡祸？王占曰：吉。在十月，唯王迖鹵"(《甲骨文合集》36756)，商王在殷历十月即夏历二月仲春之季[14]，率兵东巡至海隅产盐之地，振兵田猎，保护盐田，此时，应为制盐季节。"壬戌…令弜…取鹵？二月"(《甲骨文合集》7022)，弜在殷历二月即夏历六月，受商王之命到产盐之地敛取盐卤。显然，制好的盐卤应在夏历六月之前。这两个材料说明当时制盐的时间也在春季、夏初期间。

滨海盐区，地势低洼，仲夏至秋初这段时间，雨水集中，各河道河水漫流、洪灾频发，冬季又较内陆寒冷多风，不适合长期居住、制盐。另外，目前制盐作坊内只有建在灶棚内的临时住所，没有专门供盐工定居的房屋来抵御夏天风雨和冬季寒潮，而盐工及亲属人员长期定居的地方位于盐区 10～20 公里以外的内陆咸淡水分界线两侧的聚落内。所以，当时制盐时间应集中整个春季和夏初这段时间，也就是说当时制盐是季节性的。当然，这种季节性制盐是有规律的、固定性的、周而复始的。

总之，一个制盐单元一年只在夏初集中煮一次，每次出盐在一千斤左右。

3. 一个制盐单位的盐工数量

盐工每年的工作任务是非常繁重的。春季，盐工从定居地返回盐场，并随身运来煮盐用的盔形器⑮和日常生活用品。在盐场,需要在不太长的时间内,完成淘井、疏通水沟、整修坑池、修筑盐灶、搭设(或修补)灶棚、提水灌池、制卤、煮盐等工作任务,还要把制好的盐制品运出。返回 10～20 公里之外的住居地后,还要烧制盔形器,以备煮盐使用(见第六章)。秋末冬初和隆冬季节还要来到盐场附近收割薪料,积薪为来年煮盐做准备。

关于一个生产单元所需盐工数量,可从盐业生产过程,盐制品、盔形器的运输所需劳力数量以及盐工居住区规模来计算。首先,制卤过程,从井内提水至少需要两人一组计 4 人,分别向南北两个坑池不停地提水灌池;与此同时,南北两侧的坑池内也应各有 2 人导水、整池堵漏,其中,这 4 人还可与提水者轮换工作(提水是最消耗体力的工作);此外,还要有 1～2 人干些杂活,比如准备食品和饮用水等。这需要盐工 10 名左右。其次,在煮盐过程,烧火需 1～2 人,从左右两个蒸发池向两个储卤坑运送卤水至少需 2 人,从储卤坑向盔形器内不断添加卤水至少需 2 人,1～2 人做杂物,也是 10 人左右。再次,运送盐制品和盔形器,肩背或担挑上千斤的盐制品(每人背负或肩担 100 斤计),一次运输到 10～30 公里以外居住地的话也需要 10 人左右,而从居住地运送 200～250 件(一个盐灶可放置 150～200 各盔形器,但要考虑破损率,须预留备用品),总重量也恰好在 1 千斤左右,也需 10 人左右来承担。最后,目前在发掘的制盐作坊内,没有发现盐工专门居住的房屋设施,只在灶棚两侧存有临时居住场所,如 014 遗址制盐单元 1,灶棚内红烧土活动面的面积(若临时居住的话)仅 30 平方米左右,能容下的人数也不会太多;而位于咸淡水分界线两侧的盐工夏、秋冬季节及亲属人员生活的居住地,据分析,每个社区人口规模也不太大,成人劳力也只有 10 人左右(见第六章)。

概言之,一个生产单元的盐工数量应保持在 10 人左右。

4. 年产总量与盐工人总数

每处制盐单元一次举火就能获盐上千斤,第五章将谈到,殷墟时期,双王城就有同时共存制盐单元约 50 处,东北坞也有 20 多处。也就是说,仅双王城每年就要达 5 万多斤,整个渤海南岸地区,不下 10 余处大规模的盐业遗址群,年产量应几十万斤左右,数量是相当惊人的。

每一制盐单位有盐工 10 人,仅双王城就同时存在着盐工 5 百余人,而整个渤海南岸地区,直接参与盐业生产的人数应在数千人以上。

四　制盐作坊内出土的其他遗存

每处盐业遗址内都发现了成堆的草木灰堆积,显然是煮盐后倾倒的垃圾。煮盐需要大量的薪柴,收割薪柴应需要刀镰工具。然而,双王城、大荒北央、南河崖盐场遗址经大规模考古发掘,发现的工具类如石制品、骨角蚌制工具却非常少,大荒北央仅出土了 1 件石镰,双王城 014 遗址发现了 1 见砾石和极少量蚌刀镰;南河崖 GN1 号遗址出土蚌镰不足 10 件。这或许说明这类工具需要统一管理,集中存放,只是目前还未发现而已;或许说明刈割燃薪并不在盐场内或附近,而在盐场附近的专门草场区。

一个灶棚仅立柱就需要直径达 40 多厘米的木材 30 多根(还不包括梁架、檩条等),像双王城盐业遗址群同时期制盐单元达四五十处(见第五章),说明仅双王城就至少需要足够粗的木头 1500 多根。可见,仅木材一项的需求量是相当惊人的。双王城 014 遗址卤水坑井底部内填塞的木桩,经鉴定为麻栎[16],麻栎为深根性植物,喜在土层深厚、湿润、肥沃、排水良好的中性或微酸性土壤中生长,不耐积水、洼地和盐碱地[17],但在制盐场所内未发现加工木料的工具如锛、凿、斧。这些木材可能在内陆地区加工好后运入的。

盐场周围土壤不适合农作物生长,盐工们日常所食用粮食需从内陆输入。至于所用是何种粮食,因相关资料还未曾分析,暂不讨论。

出土的动物遗骸可以让我们了解些盐工们的肉食种类、结构及来源[18]。

014A 和 014B 两个发掘地点,共获动物材料 87 件,其中 86 件为可鉴定标本。哺乳动物的种属有麋鹿、中型鹿、小型鹿、牛、羊、猪和狗等,共 34 件标本,代表了至少 12 个个体(图 4.4-1),其中以家养的动物猪、狗、牛、羊为主,以少量野生为辅。由于盐场非长久居住地,因而这些家养动物应来自定居区。

其中,麋鹿的材料发现 3 件,分别为 1 件角残段和 2 件完整的趾骨。后者可以互相连接,推测可能是利用鹿皮的证据。

中型鹿仅见 1 件右侧肱骨近端残块,小型鹿为 1 件右侧跟骨,结节脱落,应为幼年

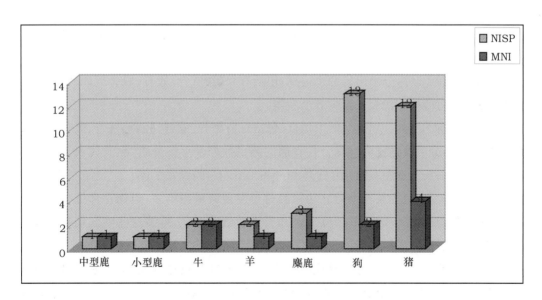

图 4.4-1　寿光双王城 014 遗址出土哺乳动物分布示意图

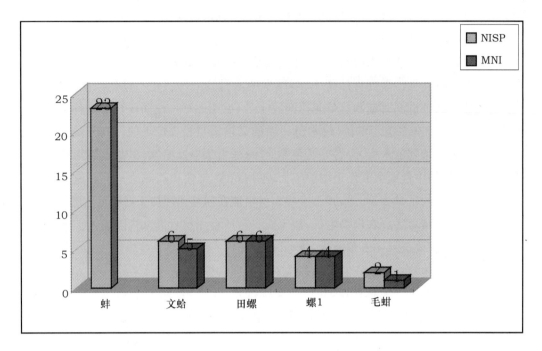

图 4.4－2　寿光双王城 014 遗址出土软体动物分布示意图

个体。

　　牛的材料只发现 2 件，1 件左侧髋骨残块，1 件右侧下颌骨带 P3～M3 残块，分别出自两发掘个地点，代表了 2 个个体。

　　羊的材料包括 1 件左侧肩胛骨残块，1 件右侧胫骨残块，均出自 014A 这一地点，代表了 1 个个体。

　　狗的材料有 13 件，分别出自两个地点，包括有尺骨、肱骨、股骨、胫骨等四肢骨残块，还有部分下颌骨残块。代表了至少 2 个个体。

　　猪的材料有 12 件，分别出自两个地点，包括有肩胛骨、肱骨、胫骨、桡骨、股骨等四肢骨残块，还有部分下颌骨残块。综合各骨骼的测量数据及年龄分析，至少代表了 4 个个体。其中包括一头半岁左右的幼年个体和一头 1 岁左右的青年个体。

　　上述牛、羊、狗、猪等家养类哺乳动物的材料发现数量虽不多，但保存部位多为四肢骨和上下颌骨，没有相应的关节部位短骨和脊椎肋骨等发现，推测这些哺乳动物应该是在外地屠宰过后运来本地消费的。这也就说明了家养动物来自内陆居住区的可能。

　　发现蚌壳残片 23 件，因为破碎比较严重，很难判断其具体种属，但是通过对其整体特征的判断，初步认为属于淡水蚌类，可能主要做蚌刀蚌镰工具。其他软体动物包括文蛤、田螺和毛蚶等，共 18 件（图 4.4－2）。这几种软体动物中文蛤和毛蚶的生活环境均为河口附近的潮间带或浅海泥沙中,田螺为淡水螺类,表明这一时期制盐场所离海不远,而且周围有着一定的淡水环境。

广饶南河崖编号 N1 遗址和寿光大荒北央编号 SD2 遗址出土的动物骨骼鉴定结果与双王城相似,哺乳动物种类主要有家养的牛、猪、狗和野生的麋鹿,软体动物主要有生活在近海、河流入海口及淡水的文蛤、青蛤、毛蚶、河蚬、丽蚌、圆顶珠蚌等。当时的肉食结构中黄牛、猪、麋鹿比重最大[19]。

此外,在东赵 2 号、3 号遗址内采集到数量较多的蚌壳,经鉴定,均为淡水种属,有丽蚌、楔蚌、扭蚌等。

总之,盐工的肉食来源主要是家养的猪、狗、牛、羊和野生鹿类,并食用生活在潮间带或浅海泥沙的蛤、蚶、螺类以及淡水域的蚌、螺等。

从保存的骨骼部位看,家养的哺乳动物以四肢骨和下颌骨为主,肋骨发现极少,也没有发现头骨和脊椎骨,这些现象表明这些哺乳动物应该不是本地屠宰的,可能是由外地运过来的。而发现的野生哺乳动物,因为种属比较单一,而且保存部位有限,也可以认为其不是在本地捕获、宰杀的,同样是由外地运来的。

注释:

① 参见山东省文物考古研究所、北京大学中国考古学研究中心等《山东寿光市双王城盐业遗址 2008 年的发掘》,《考古》2010 年第 3 期,第 18～36 页。

② 燕生东等《山东寿光双王城发现大型商周盐业遗址群》,《中国文物报》2005 年 2 月 2 日第一版;燕生东《山东寿光双王城西周早期盐业遗址群的发现与意义》,北京大学震旦古代文明研究中心编《古代文明研究通讯》,总第 24 期,2005 年,第 30～38 页。

③ 按照对 Keith 和 Weber 提出的利用氧碳同位素比值判断氧碳碳酸盐的沉积环境的经验公式:计算了所有样品的 Z 值。Z 值的大小决定了碳酸盐的沉积环境,当 Z 值大于 120 时,表明其为海相碳酸盐,而 Z 值小于 120 时,为陆相碳酸盐。分析表明,遗址内出土的白色钙化物无论是陶片表面的白垢还是其他的钙化物都小于 120,因此这些碳酸盐都是非海相的碳酸盐。特别是绿色淤土中的碳酸盐,最能够代表原生碳酸盐的来源,其 Z 值为 111,略小于 120,因此也是非海相碳酸盐,但值又接近 120,说明该碳酸盐和海相有密切的关系,最有可能的是介于海陆相之间,说明这很有可能是地下卤水来源。详见崔剑锋、燕生东等《山东寿光市双王城遗址古代制盐工艺的几个问题》,《考古》2010 年第 3 期,第 50～56 页。

④ 据研究,当地下卤水浓度达到 17～19Be' 时就会析出钙化物,见韩有松等《中国北方沿海第四纪地下卤水》,科学出版社,1994 年,第 130～133 页。

⑤ 崔剑锋、燕生东等《山东寿光市双王城遗址古代制盐工艺的几个问题》,《考古》2010 年第 3 期,第 50～56 页。

⑥ 崔剑锋、燕生东等《山东寿光市双王城遗址古代制盐工艺的几个问题》,《考古》2010 年第 3 期,第 50～56 页。

⑦ 《寿光市双王城盐业遗址》,山东省文物考古研究所编《考古年报 2009 年》、《考古年报 2010 年》。笔者于 2010 年夏天考察了该遗址,发现柱洞、坑池已出露,只是未辨认出和清理。

⑧ 《寿光市双王城盐业遗址》,山东省文物考古研究所编《考古年报 2009 年》、《考古年报 2010 年》。据介绍,其制盐单元布局与 014 遗址不同,但笔者于 2009 年、2010 年四次考察了该遗址,发现部分柱洞、坑池已出露,

只是未辨出和全面清理,而且该遗址没有全面揭露,各类坑池结构和关系并没搞清楚。

⑨　王青等《山东东营南河崖西周煮盐遗址考古获得重要发现》,《中国文物报》2008 年 7 月 11 日第二版;山东大学考古系、山东省文物考古研究所等《山东东营市南河崖西周煮盐遗址》,《考古》2010 年第 3 期,第 37～49 页。

⑩　崔剑锋、燕生东等《山东寿光市双王城遗址古代制盐工艺的几个问题》,《考古》2010 年第 3 期,第 50～56 页。

⑪　崔剑锋、燕生东等《山东寿光市双王城遗址古代制盐工艺的几个问题》,《考古》2010 年第 3 期,第 50～56 页。

⑫　盛盐量测定方法:盐业遗址出土的盔形器煮过盐后,内壁口沿以下就存有留下白色垢状物,说明垢线即盛盐的上限。因此,向内放置盐粉末时,就至该线为止。所使用盐是用地下卤水晒制的,称重的工具为一般木杆称和天平。需要注意的是,盔形器煮盐后形成的是团块,我们置放的是盐粉末,同样体积的团状盐块重量应大于粉末状盐。

⑬　山东省寿光市羊口镇志编委会《羊口镇志》,山东潍坊新闻出版局,1998 年,第 56～65 页;山东省寿光县地方史志编纂委员会编《寿光县志》,中国大百科全书出版社上海分社,1992 年,第 94 页;山东省广饶县地方史志编纂委员会编《广饶县志》,中华书局,1995 年,第 104 页;山东省盐务局编著《山东省盐业志》,齐鲁书社,1992 年,第 118 页;无棣县盐务局编著《无棣县盐业志》,山东省地图出版社,2003 年,第 88 页;《寿光县盐业志》编写组《寿光县盐业志》,内部发行,1987 年,第 22～28 页;广饶县盐务局编《广饶县盐业志》,济南出版社,1994 年,第 56～68 页。

⑭　常玉芝《殷商历法研究》第六章,吉林文史出版社,1998 年,第 422 页。

⑮　盐场附近,黏土和淡水资源不易获得,且土壤内含盐量较高,不便烧制陶器。这一点有学者早已指出,见王青、朱继平《山东北部商周盔形器的用途与产地再论》,《考古》2006 年第 4 期,第 61～67 页。

⑯　树种属经山东大学东方考古研究中心靳桂云教授鉴定,特此致谢。

⑰　刘长江、靳桂云、孔昭宸编著《植物考古——种子和果实研究》,科学出版社,2008 年,第 106、107 页。

⑱　宋艳波、燕生东等《鲁北殷墟时期遗址出土的动物遗存》,《海岱考古》第四辑,科学出版社,2011 年,第 483～500 页。

⑲　宋艳波、王青等《山东广饶南河崖遗址 2008 年出土动物遗存分析》,《东方考古》第 7 集,科学出版社,2010 年,第 387～399 页。

第五章　盐业遗址群结构剖析
——盐业生产组织管窥

从地理区划而言,渤海南岸地区商周时期盐业遗址可粗分两个大区,一是黄河三角洲地区,一是莱州湾沿岸地区。盐业遗址多以群的形式出现。每群大约有几十处盐业遗址组成。每处遗址群的面积从上百平方公里、数十平方公里至数平方公里不等。每大区内可分若干大群,如黄河三角洲地区有杨家、洋江、刘集、刘庄、车镇、齐周务等,莱州湾沿岸有东赵、坡家庄、双王城、大荒北央、东北坞、南河崖、王家庄和央子等盐业遗址群。这些大区、大群的年代基本同时共存,从殷墟一期延续至西周早期。殷墟时期,这些规模巨大的盐业遗址突然出现在渤海南岸地区,而在西周早期又突然消失。

田野考古资料表明,一个完整的制盐单元,包括了卤水坑井、卤水沟、沉淀池、过滤池、蒸发池、储卤坑、大型盐灶、灶棚、烧火煮盐的工作间、生活用蓄水坑、储藏生活用品的窖穴等,还有盐工住居的简易房屋等设施。制盐单元内各类设施基本布局为:卤水坑井、盐灶、灶棚以及附属于盐灶的工作间、储卤坑等位于地势最高的中部,以之为中轴线,卤水沟和成组的坑池对称分布在南北两侧(见第三章),而生产垃圾如盔形器碎片、烧土和草木灰则倾倒在盐灶周围空地和废弃的坑池、灰坑内。制盐单位内部结构非常合理,各个盐业遗址群的布局又如此相似,显然有一定的统一规制。

从盐业生产过程提卤、制卤、煮盐过程,从制盐场所向盐工定居地运输盐制品、从内陆携带盔形器至制盐场所等所需劳动力数量以及盐工居住区规模来推算,一个最基本的制盐单元所需盐工数量在10人左右。

每个制盐单元的占地面积约2000平方米,加上倾倒的生产、生活、建筑垃圾以及生活(产)活动范围,面积在5000平方米上下。调查发现,绝大多数盐业遗址面积都在4000~6500平方米。一个制盐单元为一处制盐作坊是当时的常例。制盐作坊遗址面积在1万平方米左右,一般表示着有两个同时共存的制盐单元。面积在2万平方米以下的盐业遗址,一般有三处同时共存的制盐单元,盐业遗址规模2万平方米以上的,存在着四处制盐单元。同一个作坊内的制盐单元之间关系较周围制盐作坊单元可能密切些。

诚然,所在位置要受制于制盐原料即地下卤水的分布,但大规模盐业作坊群的出现和有规律地分布更像是社会行为的结果,是当时社会有意识、有目的规划的结果。盐业作坊群内部的规划和空间分布能够反映社会组织的亲疏关系,空间位置相近者应显示它们有更近的社会关系。就某种程度而言,盐业作坊(群)的新建、重组、废弃、迁移等活动还可以显示出当时盐业生产组织发生了重要变革。

根据以上认识,本章以盐业遗址"共时性"和"历时性"两条坐标轴作为展开分析的线索,一方面考察每处盐业遗址群内部布局和结构,另一方面考察不同阶段内盐业遗址群制盐作坊布局、制盐单元数量和内部结构的变迁。在时间上,本章利用第三章所提供煮盐工具盔形器详尽的分期框架,从尽可能详细的时间序列中逐一剖析每处盐业聚落群的形成过程;在空间上,由微观到宏观展开研究,将从制盐最小生产单元入手,分析每个盐业遗址群的同时期制盐单元数量、制盐作坊单元空间分组分群以及每个大区内各盐业聚落群之间关系,进而分析盐业生产组织的构成及变迁情况。

一　盐业遗址群结构

(一)莱州湾南岸地区

莱州湾南岸地带中南部未被晚期淤土淤沙覆盖,盐业遗址暴露充分。近年来,考古工作者在广饶支脉河以东、昌邑潍河以西的滨海平原上进行了田野系统调查,发现了东赵、坡家庄、东北坞、南河崖、双王城、大荒北央、王家庄、央子等商周时期大型遗址群(图5.1-1)。

其中,广饶东北坞、南河崖、寿光双王城、大荒北央等盐业遗址群集中分布在寿光西北部、广饶东北部地区南北长15.5、东西宽7公里,方圆110平方公里范围内(图5.1-2)。遗址保存好,暴露充分。多年考古调查、钻探、试掘、大规模发掘主要集中在这一区域,所获资料详备。它们是本章讨论的重点。

1. 寿光双王城盐业遗址群

寿光双王城水库位于羊口镇(原为卧铺乡)寇家坞村北、六股路村南、林海公园西南(图5.1-2)。东北距今海岸线约27公里。双王城一带位于古巨淀湖东北边缘。当地村民和地方志中曾称之为"盐城"、"霜王城"。据研究,古巨淀湖-清水泊大致西起广饶的花官、斗科,东至寿光的宋庄、官台,南达大营、南塔,北到广北农场,面积近1000平方里[①]。据研究,巨淀湖形成于全新世中期,属于交替轮回的潮滩-潟湖和陆相湖泊[②]。目前所见水库,上世纪60年代之前为湖沼地。水库的建设只是通过堆土在四周筑成大坝堤,水库内原地貌并未大改动。水库周围,地表平坦,地势低洼,海拔仅3~4米。上世纪60年代之前,当地村民曾在双王城北部和寇家坞村南部掘井修滩晒盐,考古调查时,还发现了盐井和煮盐遗留下的灰渣等。多年的考古调查、发掘资料显示,龙山、东周和金元时期也有人在此制盐活动,其中,东周时期遗存是东部官台盐业遗址群的一部分,金元时期的制盐规模也较大。

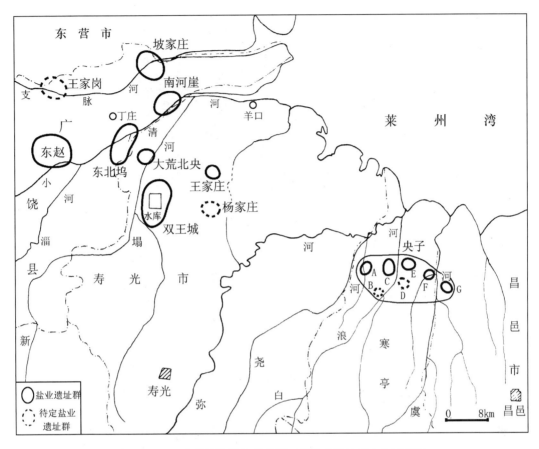

图 5.1—1 莱州湾沿岸地带商周时期盐业遗址群分布示意图

A. 韩家庙子遗址群, B. 河北岭子遗址群, C. 固堤场遗址群, D. 崔家央子遗址群, E. 烽台遗址群,

F. 西利渔遗址群, G. 东利渔遗址群

自 2003 年夏在水库东、西两侧发现商周时期制盐遗址后,北京大学中国考古学研究中心、山东省文物考古研究所、寿光市博物馆于 2003 年、2004 年③和 2007 年、2008 年进行了 6 次较大规模的田野考古调查、钻探和试掘工作。考古队先后徒步行程 1500 公里,调查范围超过 36 平方公里。2008 年春至 2010 年秋,为配合南水北调东线山东段双王城水库工程建设,由山东省文物考古研究所、北京大学中国考古学研究中心、寿光市文化局组成的考古队还对水库工程建设所占压的编号 07、014、SS8 盐业遗址进行了大规模发掘,清理面积超过上万平方米。

双王城盐业遗址群南至寇家坞村南,北至六股路村南,东至新沙公路,西达新塌河东岸,东北紧邻清水泊盐场。遗址群面积南北长约 6、东西宽近 5 公里,面积约 30 平方公里。已发现古遗址 83 处,其中,龙山文化时期遗址 3 处,商代至西周初期 75 处,东周时期

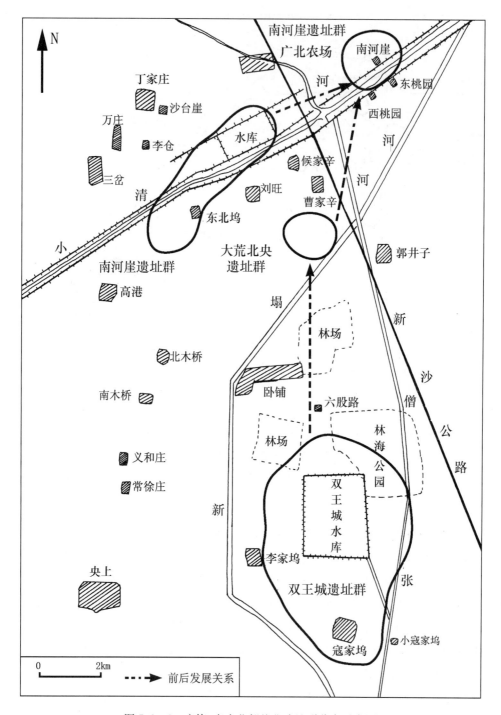

图 5.1－2　广饶、寿光北部盐业遗址群分布示意图

（据 1971 年版 5 万分之一地图改绘）

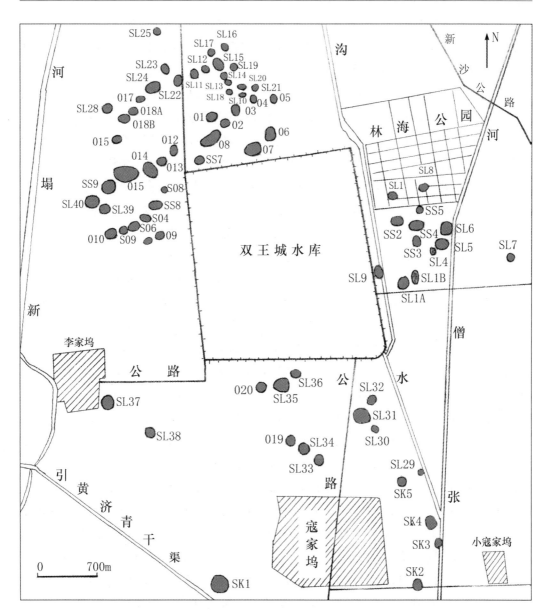

图 5.1－3　寿光双王城盐业遗址群分布示意图

（据 2007Google Earth 太空卫星照片改绘）

4 处，金元时期 7 处。双王城是目前所发现的数量最多的盐业遗址群（图 5.1－3）。

　　通过数次大规模的反复调查、多个遗址的试掘和发掘工作，目前，已基本搞清了双王城商周时期盐业遗址群的规模、分布范围、延续时代、制盐作坊结构、制盐单元数量及布局等。下面可予重点分析。

　　双王城盐业遗址群出土的盔形器可分为连续发展的五期十段,除第一期又可分前、中、后3段,第五期只见前段外,其他各期分别可前后两段。整个盐业遗址群大体从殷墟一期延续至西周早期前段(见第三章)。

　　把盔形器分期的结果反映到各个盐业遗址上,逐一分析各制盐作坊的历时性、共时性,可以发现双王城制盐作坊群存在着三个较为稳定发展阶段:一期至三期前段为第一阶段,三期前段至四期前段为第二阶段,四期前段至五期前段第三阶段④,盐业作坊群整体上由南向北逐渐移动。大约在西周早期前段,双王城制盐业作为一个整体开始消失。

　　第一阶段的盐业遗址主要位于遗址群的中南部,在南北5.6、东西4.5公里,约25平方公里范围内(图5.1-4,表5.1-1),已发现制盐作坊26处,至少37个制盐单元(寇家坞南部、引黄济青干渠两侧地带,晚期淤土较厚,清代塌河还从此流过,可能破坏过一些遗址。加之,考古队员在这带的调查工作也不够细致,故推测还应该有未发现的盐业遗址)。其中,一个制盐作坊内有三个同时期制盐单元的遗址共3处:SK1、SL31、SL35,有两个同时期作坊单元的遗址共5处:SL37、SL40、06、07、015,只有一个制盐单元的遗址共有19处(表5.1-1)。如此看来,一个制盐作坊内有1个制盐单元应为当时的通例。

　　从空间分布上看,这个时期的制盐作坊至少分为10组(图5.1-4,表5.1-1),SK1为A组,有3个制盐单元(南部一带为引黄济青干渠和老塌河河道,应还有遗址);SK2、SK3、SK4为B组,有3个制盐单元(西部被蔬菜棚破坏和覆盖,可能还有遗址);SK5、SL39为C组,有2个制盐单元(周围被干渠破坏,被土坝覆盖,不排除还有遗址的可能);019、SL33、SL34为D组,有3个制盐单元(南部被土坝覆盖,019系早年调查,面积不清);SL31、SL32、SL33为E组,有5个制盐单元;020、SL35、SL36为F组,有5个制盐单元;SL37、SL38为G组,有2个制盐单元(西部为李家坞村,可能破坏过遗址);SS2、SS3、SS4、SL9为H组,有4个制盐单元;06、07为K组,至少有4个制盐单元(06遗址原认定只有一个制盐单元,最近修挖水库水库,在北部金元时期盐业遗存下部暴露出商代卤水坑井、坑池等,说明该遗址有两个制盐单元);015、S06、SL40为I组,有5个制盐单元。其中,保存较好,调查资料详备的组群,如E、F、I每组制盐作坊单元数为5个,H、K组制盐单元数为4个。每组制盐作坊有4~5个制盐单元可能在双王城盐场群内为常数。如是,第一阶段的制盐单元总数应在40~50个之间。

　　每组群制盐作坊之间应较它群关系密切。如果一个制盐作坊(多数情况下就是一个制盐单元)为当时最基本的社会生产组织单位的话,那么,这10组中的每组群则表示着高一层次的生产组织单位。显然,整个双王城盐业遗址群又代表着更高一级层次的盐业生产组织。如是,这个阶段,双王城共有三级盐业生产组织。

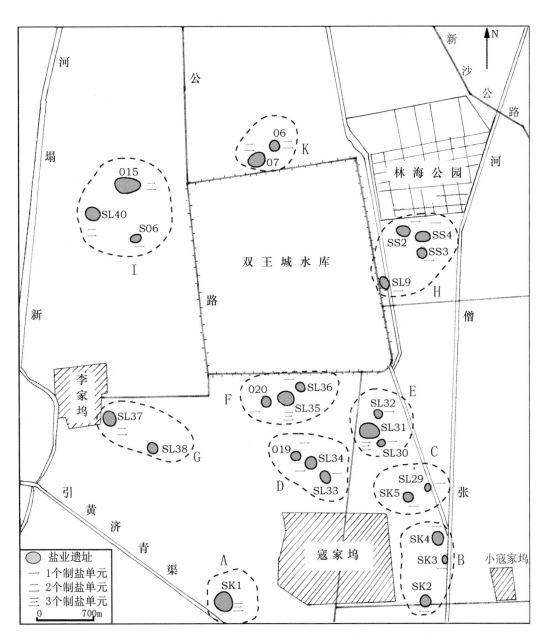

图 5.1-4　寿光双王城第一阶段盐业遗址群分布示意图

（A－K 为制盐作坊小组群）

表 5.1－1　寿光双王城第一阶段制盐单元登记表

遗址编号	面积(m²)	制盐单元数量(个)	备注
SK1	18000	3	
SK2	5000	1	被淤土覆盖
SK3	1000	1	被破坏殆尽
SK4	6500	1	
SK5	5000	1	保存不好
S06	6000	1	
06	9500	2	
07	> 13000	≥2	被破坏,发掘※
015	11000	2	被晚期制盐遗址破坏
019	5000?	1?	早年调查,面积不清
020	5000	1	
SS2	5500	1	
SS3	5000	1	
SS4	6500	1	
SL9	2000	1	被破坏殆尽,清理过盐灶
SL30	4000	1	被破坏
SL29	?	1?	被挖掉
SL31	17000	3	清理过盐灶及灰坑
SL32	5500	1	
SL33	5000	1	南部被破坏
SL34	6000	1	
SL35	18000	3	
SL36	5000	1	
SL37	11000	2	
SL38	5500	1	
SL40	11000	2	
合计		合计	
26		37	

　　※07 遗址经过发掘,该遗址被晚期堆积覆盖和破坏,很难判断出制盐单元的数量。2010 年在 4000 多平方米内发掘区,只发现一处这个时期制盐单元。2004 年在该制盐单元东南 80 米处钻探出各类坑池。2008 年春发掘区内遍布盔形器和烧土陶片堆积。所以,可判断该遗址至少有两个制盐单元,存有 3 个的可能性最大。

第二阶段,共有 42 处遗址,分布于整个遗址群中部东西长 5.4、南北宽 2.1 公里,约 13 平方公里的范围内。与第一阶段相比较,在空间分布上,有集中化的趋势(图 5.1－4、5)。该阶段遗址保存较好,多数遗址经过反复调查和钻探工作,个别进行了试掘和发掘,出土资料也比较详备。

位于南部的 SK1、SL31、SL35、SL38 遗址,出土的这时段盔形器非常少,似乎不属于制盐遗址(不排除具有其他功用的可能)。其余 38 处均为制盐作坊遗址,其中,015 遗址有 4 个同时期制盐单元,08 遗址有 3 个同时期制盐单元,07、014、018、SS1、SS9、SL5、SL6、SL24、SL40 等遗址各有两个同时期制盐单元,其余盐场各只有一个制盐单元。该阶段制盐单元总数量达 49 个(图 5.1－5,表 5.1－2),与第一阶段的制盐单元数量基本持平。

从空间分布上看,这些制盐作坊大体可分为甲、乙两大组群。甲群,东部的 SS1A、SS1B、SS2～5、SL1、SL4、SL5、SL6、SL7、SL8,计 12 处制盐作坊,共有 14 个制盐单位;乙群,西部的 25 处制盐作坊,计 35 个制盐单元(见图 5.1－5)。每群组的规模较第一阶段大,空间上不易再划分更细的小组群。说明第二阶段整个双王城只存在着两个规模较大的生产组织单位。

这个阶段,制盐作坊在分布空间上"集中化"的现象,同样情况还出现在东北坞等盐业聚落群上,或可说明这个时期的盐业生产管理组织上较前一阶段发生了变化。

表 5.1－2　寿光双王城第二阶段制盐单元统计表

遗址编号	面积(m²)	制盐单元数量(个)	备注
SS1A	5500	1	与 SS1B 可能为一个遗址
SS1B	5000	1	
SS2	5500	1	
SS3	5000	1	
SS4	6500	1	
SS5	5000	1	
SS7	6000	1	被破坏,试掘
SS8	6000	1	发掘
SS9	11000	2	试掘
06	6500	1	试掘
07	＞13000	≥2	试掘
08	16000	3	
09	6000	1	试掘
010	6500	1	

(续表)

遗址编号	面积(m²)	制盐单元数量(个)	备注
012	5500	1	
013	6000	1	
014	15000	2	发掘
015	22000	4	试掘
016	4000	1	
017	5500	1	
018A	5000	1	与018B可能为一个遗址
018B	5000	1	
S04	5500	1	
S06	5500	1	
S08	4500	1	
S09	6000	1	试掘
SL1	500	1	被挖掉
SL4	4000	1	
SL5	11000	2	
SL6	12000	2	
SL7	4500	1	
SL8	1000	1	被挖掉
SL24	12000	2	
SL28	5500	1	
SL39	5500	1	
SL40	11000	2	
SL31	17000?	?	※
SL35	18000?	?	※
SL38	5500?	?	※
SK1	18000?	?	※
合计		合计	
41(35、37)*		49	

　　※根据埋藏过程,遗址地表上暴露出晚期遗物应比早期的多,但这4个遗址内虽出土了三期后段和四期前、后段的盔形器,但数量极少,似乎不存在这阶段的制盐作坊。如是,在四期前后,这些遗址可能发生了功能性变化,比如成为短暂的住居或仓储区,这是以后田野工作中应当关注的。41处表示遗址数量,37处表示制盐作坊数量,SS1A、SS1B和018A、018B分别可合为一个制盐作坊,故制盐作坊实际数量为35处。

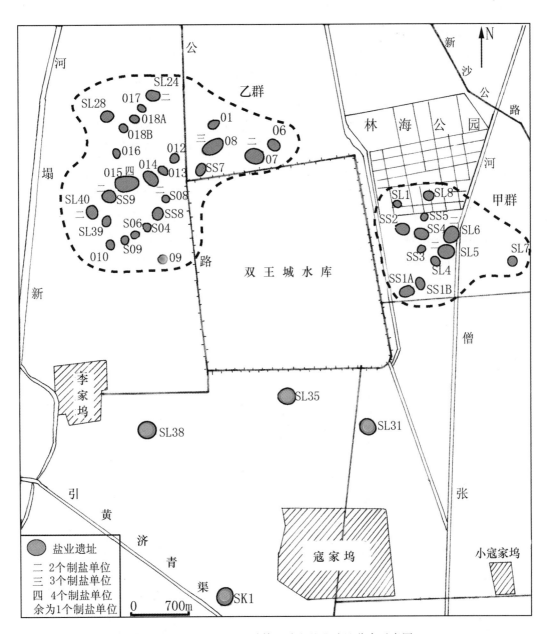

图 5.1－5 寿光双王城第二阶段盐业遗址分布示意图

（甲、乙为制盐作坊小组群）

　　第三阶段盐业遗址共有 27 处，主要位于第二阶段盐业遗址的北部（图 5.1－6）。08 遗址有三个制盐单元，014、SL5、SL6、SL15、SL24 遗址各有两个制盐单元，其余遗址各有一个制盐单元，共 34 处制盐单元（表 5.1－3）。制盐作坊和制盐单元总数较前一阶段减少。这种现象还同样出现在南河崖盐业遗址群上（见下），并且，这个时期双王城制盐单元数量与其后继者大荒北央盐业聚落群的制盐单元数量重合（见下），说明不是因为调查工作不足所致，也并非特殊现象，而是一种普遍情况。第三阶段年代上已进入西周初期，这个时期，商王朝已被周王朝取而代之，国家的政治、经济中心迁移，齐国、纪国等东封至鲁北地区，国家政治与经济格局发生了变革，渤海南岸地区由国家制盐中心变为区域中心，该区生产的盐制品可能不再供应整个王朝使用，流通范围只局限在各封国境内的内陆地区了。这才导致了盐业生产在总体上的衰退。

　　就空间分布而言，东部林海公园南部有 3 个制盐作坊，SS1A、SL5、SL6，共 5 个制盐单元，为 a 组群；西部也仅存 3 个制盐作坊，010、014、016，共 4 个制盐单元，为 b 组群，分布较为松散。其余 21 个制盐作坊、25 个制盐单元为 c 组群，集中分布在长 700、宽 500 米，面积约 0.35 平方公里的范围内（图 5.1－6）。制盐作坊集中化的现象延续了前一阶段。这个时期，三组群的划分，说明当时存在着三个同时共存的生产组织。如是，这阶段双王城还存在着三级生产组织。

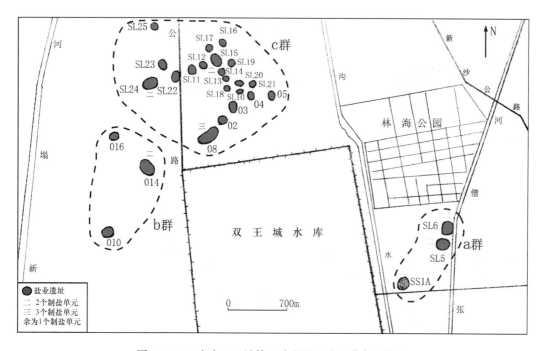

图 5.1－6　寿光双王城第三阶段盐业遗址分布示意图

表 5.1－3　寿光双王城第三阶段制盐单元登记表

遗址编号	面积(m²)	制盐单元数量(个)	备注
SS1A	5500	1	
SL5	11000	2	
SL6	12000	2	
02	6500	1	试掘
03	5000	1	
04	6000	1	
05	6500	1	
08	16000	3	试掘
010	6500	1	
014	11000	2	发掘
016	4000	1	
SL10	5500	1	中心被挖掉
SL11	6500	1	
SL12	4500	1	
SL13	5500	1	
SL14	5000	1	
SL15	10000	2	
SL16	6000	1	
SL17	5500	1	
SL18	4500	1	
SL19	4500	1	
SL20	5500	1	
SL21	6000	1	
SL22	6500	1	被破坏
SL23	6000	1	
SL24	12000	2	
SL25	4000	1	
合计		合计	
27 处		34 个	

2. 寿光市大荒北央盐业遗址群

位于寿光市郭井子村西南部 2.5 公里,新塌河北部、新沙公路西南部。南距双王城遗址群 5 公里(见图 5.1－2)。现代盐田和钻油井破坏了遗址群的西北部。该遗址(群)于 1980 年文物普查时发现,2001 年山东大学东方考古研究中心等单位曾经试掘过[⑤](编号为 SD2 遗址)。我们于 2007 年春、冬两次对大荒北央遗址群进行了系统调查,共发现盐业遗址 33 处(新发现 31 处),其中西周早期 27 处(图 5.1－7),东周时期遗址 10 处[⑥]。集中分布在东西 2100、南北 1400 米,面积约 3 平方公里范围内,非常密集。

SD2 遗址清理面积较少,仅 110 平方米。根据双王城遗址的发掘所获得的认识,发掘区所谓的第二层,灰绿色淤土、黄褐色淤土与草木灰、白色板结面相互叠压的堆积,似乎是坑池内的堆积。而抹有褐色黏土的小坑(编号灰坑)分布密集,尽管发掘面积小,但可以看出排列有序,大体可分呈对称分布的两排,西北部的 H1、H2 为一排,东南部的 H2、H4、H5、D1 为一排,柱洞周围铺垫灰绿色沙土(G1)和黄褐色粉砂土(第 3 层),它们均是灶棚垫土的一部分。这些与双王城发现的同类遗存完全一致。

各遗址出土的盔形器可分为两段,属于盔形器第五期(即西周早期)前段、中段。

就历时性和共时性而言,这 27 处遗址都属于这两段,它们应同时共存过。其中 SD18 遗址有三个制盐单元,SD16、19、29、31、32 遗址各有两个制盐单元,其余 21 个遗址均为一个制盐单元,整个盐业聚落群同时存在 34 个制盐单元(图 5.1－8、表 5.1－4)。

从空间分布上看,似乎 SD23、24、25 为 A 组,SD21、22 为 B 组,SD1、2、8 为 C 组,每组制盐单元数量 2～3 处。其余 19 处遗址、26 个制盐单位为 D 组,集中于中部不足 1 平方公里的范围内,很难再划出更小的组群(见图 5.1－8)。这四组群可以代表 4 个生产组织。大荒北央同双王城一样,也存在着三级盐业生产组织。大荒北央盐场空间分布之密集,延续了双王城三期早段开始出现的"制盐作坊集中化"的现象。

由于大荒北央盐业聚落群包含的同时期制盐单元数量 与双王城盐业聚落群结束时(西周早期前段)相吻合。其开始的年代与双王城制盐作坊群结束的时间又相衔接,南距双王城也仅 5 公里(见图 5.1－2)。因此,可以判断,这两大遗址群是同一批人群在不同阶段制盐活动所遗留。如是,可以把双王城和大荒北央制盐作坊群看作一个前后发展的整体。

表 5.1－4　寿光大荒北央遗址制盐单元数量登记表

遗址编号	面积(m²)	制盐单元数量(个)	备注
SD1	6000	1	
SD2	6500	1	发掘
SD3	1000	1?	被盐田破坏

（续表）

遗址编号	面积（m²）	制盐单元数量（个）	备注
SD7	5500	1	
SD8	5000	1	
SD10	5000	1	
SD11	5000	1	
SD12	5000	1	
SD13	6000	1	
SD14	5500	1	
SD15	6500	1	
SD16	10000	2	
SD17	6500	1	
SD18	16000	3	
SD19	10000	2	
SD20	6500	1	
SD21	4000	1	
SD22	6500	1	
SD23	5500	1	
SD24	6000	1	
SD26	6500	1	
SD28	9500	2	
SD29	5000	1	
SD30	5500	1	
SD31	13000	2	
SD32	9500	2	
SD33	1000	1	被盐田破坏
合计		合计	
27		34	

3. 广饶县东北坞盐业遗址群

位于广饶县东北坞村西部和北部，李仓、牛圈村东部及沙台崖村、华泰电厂南部。从东北坞村西南向东北方向流过的塌河（形成于清代晚期）、穿过遗址群东部，北部的小清河（系上世纪5、60年代修挖成）以及刚修建的华泰电厂水库均破坏过遗址群。该遗址群东北距南河崖遗址群约3公里，东南距同时代的双王城盐业遗址群约7公里（见图5.1—2），西南距同时代的东赵盐业遗址群约12公里。我们曾于2007、2010年进行过两次调

图 5.1—7　寿光大荒北央盐业遗址群分布图

（据 2007Google Earth 太空卫星照片改绘）

查。目前,已在西南—东北近长 4.5 公里,东南—西北宽约 2 公里,面积近 9 平方公里的调查范围内已发现了 35 处盐业遗址。其中,19 处遗址集中分布在东北坞村的西部和西南部[②]（图 5.1—9）。由于调查范围的限制,加之华泰电厂水库、小清河（村民修挖河道时,曾发现盔形器）、老塌河的破坏,东北坞遗址群的规模或许比目前所获数量要多些。

除编号 HT1 面积超过 2 万平方米,编号 GD4、GD9、GD23、GD24 等遗址面积为 1 万平方米左右外,一般在 4000~6000 平方米,这与其他遗址群的情况相同。文化堆积一般厚约在半米,但 GD23、HT1 等遗址较厚,达 1 米以上。从地表和排盐碱水沟断面上看,所见遗物主要是盔形器,其比例大约在 95% 以上,还见少量陶鬲、罐、瓮等,因此,这些遗址应均为盐业遗存。GD6 遗址表土被推走,地面上可观察的遗迹有长方形坑池和两堆盔形器碎片集中地。坑池长约 20、宽 10 米左右,面积超过 200 平方米,内堆满灰土,罕见陶片等遗物。两堆盔形器碎片集中地则位于坑池的东北角和南部。华泰电厂南部发现的两处遗址（HT1、2）东北紧靠一条古贝壳堤,南临华泰电厂大型储水库。HT1 遗址面积超过了 2 万平方米,仅遗物集中区的面积就达 1 万平方米,堆积也厚,超过 1 米。由于遗

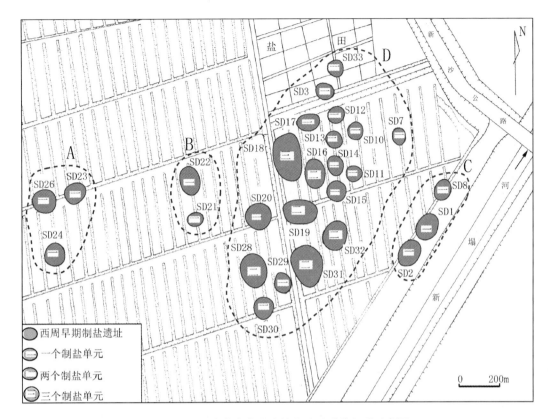

图 5.1-8　寿光大荒北央盐业遗址群分组群示意图

址被现代墓地所占压,被掘出的盔形器残片、烧土块和灰土等遍布地表。

　　就采集的盔形器标本分析,大体可划为四期七段,分别相当于盔形器分期的一期、二期、三期前、后段和四期前段。大约在四期前段,出土遗物减少,盐业作坊开始废弃,制盐作坊群整体迁移。

　　把盔形器分期的结果反映到盐业遗址群上,依照各遗址历时性、共时性,可以发现东北坞盐业聚落群存在着两个稳定的发展阶段:一期至三期前段为第一阶段,三期前段至四期前段为第二阶段。

表 5.1-5　广饶东北坞第一阶段制盐单元数量登记表

遗址编号	面积(m²)	制盐单元数量(个)	备注
HT1	21000	3	被现在墓葬破坏
HT2	4000	1	被水沟破坏
GD4	11000	2	

(续表)

遗址编号	面积(m²)	制盐单元数量(个)	备注
GD9	12000	2	
GD10	5500	1	
GD16	5000	1	被水沟破坏
GD23	11000	2	
GD24	8500	2	
GD26	5500	1	
GD27	5500	1	
GL1	5500	1	
GL2	5500	1	
GL3	8500	2	
GL4	4000	1	
GL5	2500	1	被水沟破坏
Q1	5000	1	被水沟破坏
合计		合计	
16 处		23 个	

第一阶段已发现16处遗址(图5.1－10、表5.1－5),主要分布在整个盐业遗址群西北、西南部,比较疏散。除HT1遗址有三个制盐单元,GL3、GD4、GD9、GD23、GD24遗址各有两个制盐单元外,余只有一个制盐单元。总共有23个制盐单元。从制盐作坊的空间布局上,可分6组群,GD24、GD26、GD27等遗址为A组,有4个生产单元;GD23、D10遗址为B组,有3个生产单元(该组周围调查较粗,可能还有遗址的存在);GD4、GD9、GD16遗址为C组;有5个生产单元;GL1～L5等遗址为D组,共有6个生产单元;HT1、HT2等遗址为E组,有4个生产单元(南部修建的电厂水库,可能破坏过遗址);F组,被电厂水库破坏,仅发现Q1遗址,一个制盐单元。六个组群至少有23个生产单元(制盐单元),平均每组在4～5个制盐单元,这与同阶段的双王城情况相同。这六组群制盐作坊的年代均经历了殷墟一、二、三期前段,它们应同时共存过。

这六组群应代表着六个生产组织单位。若一处制盐作坊代表一级生产组织的话,每组群则代表着高一级的生产组织。如是,东北坞在这个阶段也存在着三级生产组织。

第二阶段,已发现19处盐业遗址(图5.1－10、表5.1－6),集中分布在长1600、宽500米的范围内。除编号GD8、GD13遗址各有两个制盐单位外,其余17处遗址各有一个制盐单位。第二阶段共有21处制盐单位[8],与第一阶段基本持平。在空间分布上,大体可分甲、乙大组,GD1、GD2、GD5、GD6、GD7、GD8遗址为甲组,6处制盐作坊,7个制盐

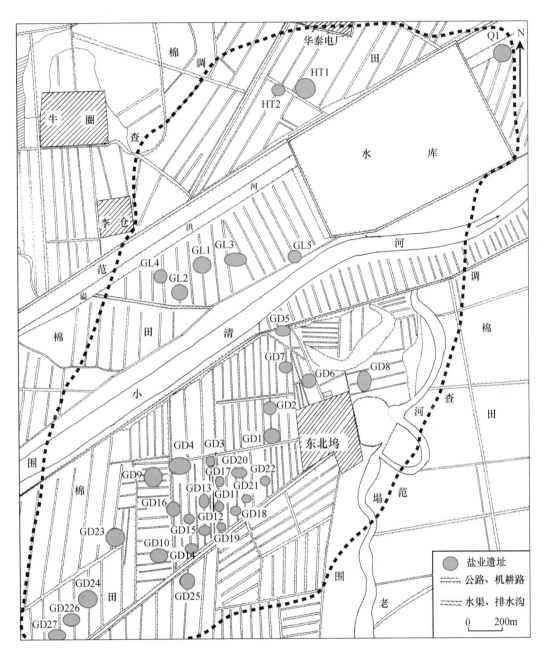

图 5.1－9　广饶东北坞盐业遗址群分布图

（据 2007Google Earth 太空卫星照片改绘）

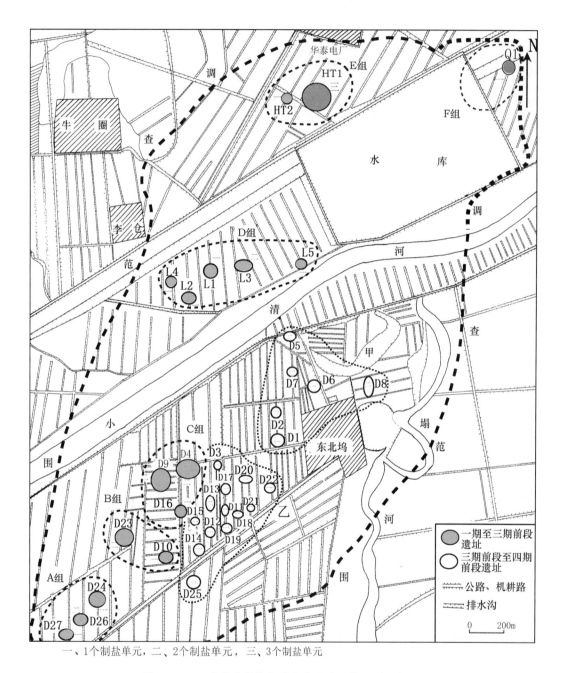

一、1个制盐单元，二、2个制盐单元，三、3个制盐单元

图 5.1-10   广饶东北坞各阶段盐业遗址分组群示意图

（据 2007Google Earth 太空卫星照片改绘）

单元;GD3、GD11、GD12、GD13、GD14、GD15、GD17、GD18、GD19、GD20、GD21、GD22、GD25 遗址为乙组,13 处制盐作坊,14 个制盐单元。这两组群应代表着两个生产组织单位。但每一生产组织单位较第一阶段规模增大,表现的是"集中化"的现象。

根据以上分析,可以看出,第一阶段(第一期至第三期前段)东北坞盐业盐场群可能包含 6 个生产组织单位,每个生产组织单位则有 3～5 处制盐单元。第二阶段(第三期前段至第四期前段),制盐单元数量基本没变,但组群数量减少,仅有两组,每组群包含的制盐作坊和生产单元数量较多,有一种"集中化"的趋势。这种趋势与双王城发展同步,说明这个阶段的盐业生产在社会组织管理上发生了变化。

表 5.1－6　广饶东北坞第二阶段制盐单元数量登记表

遗址编号	面积(m²)	制盐单元数量(个)	备注
GD1	4500	1	被油井破坏
GD2	3000	1	
GD3	1000	1	暴露不多
GD5	3000	1?	被大坝覆盖
GD6	4500	1	上部被推掉
GD7	4000	1	
GD8	11000	2	被淤土覆盖
GD11	3500	1	被覆盖
GD12	5000	1	
GD13	9500	2	
GD14	6500	1	
GD15	4000	1	
GD17	5000	1	
GD18	5500	1	
GD19	4500	1	
GD20	5500	1	
GD21	3500	1	
GD22	4000	1	
GD25	5500	1	
合计		合计	
19 处		21 个	

4. 广饶县南河崖盐业遗址群

南河崖遗址群位于广饶县广北农场南河崖村周围，寿光县东桃园、西桃园村。遗址群以北即为今黄河三角洲，部分遗址被淤土淤沙覆盖。小清河还穿过遗址群南部。村民在南部修挖水塘、盐池和堆筑小清河堤坝时，破坏了部分遗址。南河崖遗址群东距渤海约20公里，西南距东北坞遗址群3公里多，南距大荒北央遗址群仅4.5公里（见图5.1—2)，北距坡家庄盐业遗址群约两公里。

目前，遗址群的北部、西部边界已基本确定，但西南部、东部被盐池、鱼塘及大坝等破坏，边界不清，待进一步勘查。目前，已在东西长2.6、南北宽2公里，面积约5平方公里的范围已发现了61处商周时期遗址，其中，商末周初的遗址有53处，东周时期12处(有4处与早期遗址重合)。商末周初的盐业遗址分布密度非常大，平均每平方公里就有12处，部分遗址相隔仅50米。南河崖是目前发现的分布密度最集中的盐业遗址群(图5.1—11)⑨。

图5.1—11　广饶南河崖盐业遗址群分布示意图

(据2007Google Earth太空卫星照片改绘)

　　编号 GN1 遗址面积最大(地表暴露的陶片范围),达到 2 万平方米,次为 GN17、GN36、GN61 遗址,约 1 万平方米。其余遗址面积在 4000～6000 平方米。遗址延续时间虽然短暂,但堆积普遍厚,许多遗址的中心厚度在 1～2 米左右。GN1、GN5、GN9、GN10、GN11、GN13、GN14、GN17、GN18、GN22、GN24、GN26、GN29、GN30、GGN31、GN35 等遗址中部隆起,四周呈漫坡状,为盔形器和烧土等遗物集中地,当地村民称之为"央子"或"圪垯地"。地表和排水沟的断崖上暴露出的盔形器陶片和烧土块数量非常多,这可能与这个时期的盔形器形态较大、陶胎厚重、质地坚硬有关。

　　GN1、GN11、GN35 等地表和排水沟断崖上暴露出大量红烧土块、灰土及盔形器残片。GN1、GN10、GN11、GN27、GN28、GN29、GN35 出土的盔形器残片,片径都较大。GN17 遗址南部断崖上暴露的坑池长度超过 10 米以上,存深 80 厘米,坑内青灰色淤土、黄色砂土、灰黑色草木灰等堆积层层相间叠压。GN33、GN43 遗址还发现了若干层厚达 5 厘米的盔形器碎片堆积(有意铺垫?)与黄色粉沙土层相间叠压。GN22 遗址中心的盔形器碎片层超过 50 厘米厚。GN17 和 GN31 遗址出露的断面上还发现了厚 20 厘米的灰黑色草木土层,长度超过 10 米。这些堆积和遗迹都应是盐业生产设施或制盐过程留下来的。GN27 遗址上半部被村民挖水塘时推走,残留的遗迹有两坑池和盔形器陶片堆,坑池间有宽沟相通。坑池面积达数百平方米,北部坑池的堆积可分两层,上部为灰黑色草木层,厚达 30 厘米,下为灰绿色淤土淤沙,厚约 20 厘米。坑池底部为加工过的粉砂土,比较坚硬和致密。草木灰层还出土了少量盔形器残片,片径多超过 10 厘米,部分可以拼合。该池可能为蒸发池。

　　2008 年春季,山东大学考古系等单位对南河崖编号 GN1 遗址东半部进行了发掘,清理面积近 1000 平方米。所见制盐遗存有卤水坑井(?)、盐灶、工作间、灶棚、坑池、窖穴等遗存[⑩]。其布局为盐灶、工作间、灶棚位于西北—东南方向的地势较高处,左右两侧为坑池,北部为生产和生活垃圾区,与双王城制盐单元构造完全一致。

　　南河崖遗址群各制盐堆积形态与双王城等一致,面积在 4000～6000 平方米者,只有一个遗物集中地者,表示有一个制盐单元;面积在 1 万平方米者,有两处遗物集中区域,表示有两个同时并存的制盐单元。GN1 遗址面积较大,但延续时间长,根据调查和发掘资料分析,四期前、后段时有一个制盐单元,四期后段至五期中段、五期中、后段各有两个同时共存的制盐单元。

　　南河崖遗址群出土的盔形器可分为两期五段,相当于盔形器分期的四期前、后段和五期前、中、后段。其开始的年代与东北坞结束时相衔接。

　　把盔形器分期的结果反映到盐业遗址群上,依照各制盐作坊的历时性、共时性,可以发现南河崖盐业遗址存在着三个较为稳定的发展阶段:四期前、后段至五期前段为第一个阶段,五期前段至五期中段为第二个阶段,五期中、后段为一个时期为第三个阶段。这三个阶段的制盐作坊分布都比较密集,难以划分更小的组群。制盐作坊"集中化"的现象延续了东北坞第三期前段之后的趋势。

第一阶段,共有 12 个盐业遗址,有 GN1、DN17、GN25、GN26、DN45、GN43、GN34、GN57、GN54、GN49、GN50、GN52 遗址,呈条状分布在西南、东北部(东南部为海)(图5.1－12)。其中,GN17 遗址包含两个制盐单元外,其他均只有一个制盐单元,共有 13 个制盐单元(表5.1－7)。生产单元数量远少于东北坞(后者在四期前段结束时至少有 21 个制盐单元)。这可能与这一阶段的盐业遗存被现代盐场、鱼塘、小清河和芦清沟破坏有关。

表 5.1－7 广饶南河崖第一阶段制盐单元数量登记表

遗址编号	面积(m²)	制盐单元数量(个)	备注
GN1	6000	1	只分布在西南部
GN17	(存)10000	2	西南部被水塘破坏
GN25	6000	1	
GN26	5500	1	
GN34	(存)3000	1	被水塘和取土坑破坏
GN43	(存)2000	1	北半部被水塘破坏
GN45	5000	1	
GN49	5500	1	
GN50	6000	1	
GN52	5000	1	
GN54	6000	1	
GN57	6500	1	
合计		合计	
12		13	

第二阶段,共有 17 处盐业遗址,GN61、GN62、GN41、GN60、GN33、GN24、GN31、GN22、GN23、GN30、GN19、GN59、GN17、GN53、GN10、GN14、GN1 遗址。分布在第一阶段盐业遗址的东南部和整个遗址群的南部,除 GN1、GN17、GN61 遗址各有两个制盐单元外,其余仅有一个制盐单元,计 20 个制盐单元(图5.1－12,表5.1－8),与东北坞最后一个阶段制盐单元数量基本持平。

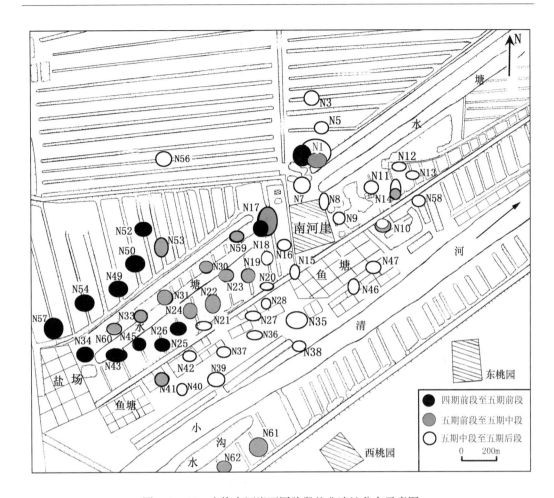

图 5.1—12　广饶南河崖不同阶段盐业遗址分布示意图

表 5.1—8　广饶南河崖群第二阶段制盐单元数量登记表

遗址编号	面积(m²)	制盐单元数量(个)	备注
GN1	21000	2	清理1千平方米
GN10	（存）2000	1	被鱼塘破坏
GN14	6000	1	
GN17	存10000	2	被水塘破坏，清理
GN19	5000	1	
GN22	5500	1	
GN23	6000	1	
GN24	6500	1	
GN30	（存）2000	1	被水塘破坏，清理

（续表）

遗址编号	面积(m²)	制盐单元数量(个)	备注
GN31	(存)3500	1	被水塘破坏,清理
GN33	(存)2000	1	
GN41	6000	1	
GN53	6500	1	
GN59	5500	1	
GN60	5500	1	
GN61	11000	2	
GN62	6000	1	
合计		合计	
17		20	

第三阶段至少有 29 处盐业遗址(小清河水道和大坝、鱼塘、水塘应破坏过,东西桃园村没有详细调查),自西北至东南:GN3、GN5、GN1、GN56、GN7、GN13、DN12、GN11、GN14、GN58、GN8、GN9、GN10、GN16、GN15、GN46、GN47、GN18、GN20、GN27、GN28、GN35、GN38、GN36、GN21、GN37、GN42、GN39、GN40 遗址,主要分布在北部和第一、二阶段盐业遗址的东南部(见图 5.1－12)。除 GN1、GN36 各有两个制盐单元外,余只有一个制盐单元,这个时期至少存在着 31 个制盐单元(表 5.1－9)。

表 5.1－9　广饶南河崖第三阶段制盐单元数量登记表

遗址编号	面积(m²)	制盐单元数量(个)	备注
GN1	21000	2	清理面积 1 千平方米
GN3	1000	1	被淤土覆盖
GN5	1000	1	被淤土覆盖
GN7	4500	1	
GN8	3000	1	被水沟和房屋破坏
GN9	2500	1	被水塘破坏
GN11	6000	1	南部被养鸭场占压
GN10	(存)2000	1	被水塘破坏
GN12	5000	1	
GN13	5000	1	
GN14	6000	1	
GN15	4000(?)	1	被坝堤占压

（续表）

遗址编号	面积（m²）	制盐单元数量（个）	备注
GN16	4000	1	被取土坑破坏
GN18	5000	1	
GN20	3000	1	被水沟破坏
GN21	2000	1	被坝堤占压
GN27	2500	1	上部被推掉，清理
GN28	2000	1	被鱼塘破坏
GN35	9500	2	
GN36	5500	1	
GN37	6000	1	
GN38	4500	1	
GN39	6500	1	
GN40	5000	1	
GN42	3500	1	被鱼塘破坏
GN46	3000	1	被鱼塘破坏
GN47	3500	1	被鱼塘破坏
GN56	3000	1	被淤土覆盖
GN58	2500	1	被鱼塘破坏
合计		合计	
29		31	

从空间分布而言，南河崖制盐作坊"集中化"的现象比较明显，这三个阶段内都分不出更小的组织单位。如果一处制盐单元（多数情况就是一个制盐作坊）代表着一个基本生产组织单位的话，整个南河崖就只存在着两级生产组织。

最后一个阶段，制盐单元数量比前两个阶段多出十多个。制盐单元的增多就意味着年产量的增加。这是不是意味着这个阶段该区域盐业生产又走向繁荣呢？西周早期，国家政治格局发生了深刻变革，商王朝被周王朝取而代之，国家的政治、经济中心由豫北殷墟一带迁往关中地区。齐国等东封至鲁北地区，虽然文献中说"太公至国…通商工之业，便鱼盐之利"（《史记·齐太公世家》），发展盐业生产，毕竟，渤海南岸地区由国家的制盐中心变为区域中心（见下第七章）。换句话说，盐制品不再供应整个王朝使用，可能只流通于周围内陆地区。所以，该地区的西周早期制盐业，在总体上处在衰落阶段（比如黄河三角洲地区就未发现西周早期后段的盐业遗存），而这个时期咸淡水分界线两侧和内陆腹地聚落也骤然减少。因此，这个时期盐业生产不可能再度繁荣。

巧合的是,南部大荒北央制盐作坊群正好消失在五期中段。因此,这个时期南河崖制盐单元的突然增多,应该是大荒北央迁入的结果。

由于南河崖制盐作坊群开始出现的时间为殷墟四期前段,与东北坞结束的年代基本相衔接。因此,两大制盐作坊群应是同一批盐工在不同阶段的制盐活动所遗留的。

如是,可以把东北坞、南河崖和大荒北央制盐作坊群(后者在第三阶段迁入)看作为一个连续发展的整体。

5. 广饶县东赵盐业遗址群

位于广饶县花官乡东部、丁庄镇西南部的东赵、洛程、尚道、南口、北口村一带,小清河、溢洪河以北。20 世纪 80 年代村民修挖鱼塘和水沟就发现了南口、北口遗址,东营市有关部门还公布为县级文物保护单位。遗址内虽出土过一些完整盔形器,但当时并没有注意到它们属于盐业遗址。2008 年的第三次全国文物普查,东营市文物部门在东赵村、尚道又发现了 4 处遗址。这些遗址出土了大量盔形器碎片、生活用陶器、蚌壳、烧土块等。笔者观察了所获标本,发现盔形器内壁多有较硬的白色诟状物,烧土块多为搭设在盐灶网架上的柱状草拌泥块,遂定为盐业遗址。2010 年冬,我们又作了进一步复查,在东赵村 2 号和 3 号遗址北侧的水塘断崖上发现了盐灶和烧土、草木灰等煮盐遗存,还在东赵村和洛程北发现了盐业遗址(图 5.1—13)。

东赵盐业遗址群东及东北距同时期遗址群双王城和东北坞分别为 21、13 公里,东距现代海岸线约 46 公里,是目前所发现的距今海岸线最远的制盐遗址(见图 5.1—1)。

所发现的 8 处盐业遗址分布于东西长 7 公里,南北宽 3.5 公里,近 25 平方公里的范围内(见图 5.1—13)。但这一带,地表被晚期多个时代的淤土淤沙覆盖,土壤内盐碱化程度较弱,村民修挖的排水沟每隔 100 米一条,间距较宽,多数排水沟也不深,盐业遗址难以出露,只有挖掘较深的鱼塘和水沟时才能发现;加之,目前考古调查的范围和密度非常有限,原盐业遗址的数量应远远多于此数。

就采集的盔形器等标本分析,大体可划为三期五段,分别相当于盔形器总分期的一期、二期、三期前段,即相当于双王城、东北坞的第一阶段。

把盔形器分期的结果反映到盐业遗址群上,可以发现东赵所见盐业遗存均属于这个时期。就历时性和共时性而言,这 8 处遗址都属于这一阶段,它们应同时共存过。三期前段,出土遗物减少,说明盐业生产开始停止,制盐作坊群整体迁移。盐业生产在第三期前段发生变化,这与双王城、东北坞情况完全一致。

目前所见 8 处盐业遗址,至少有 12 个制盐单元(表 5.1—10)。就空间分布而言,东赵 1、2、3 号遗址,相隔较近,共 5 个制盐单元,应是单独一组,而其他盐业遗址之间相距较远,根据其他盐业遗址群的分布规律,应各自属于一组群(图 5.1—14)。如此,东赵盐业遗址群可分 A、B、C、D、E、F 六组群,也就是说东赵至少有六个这一层次的生产组织单

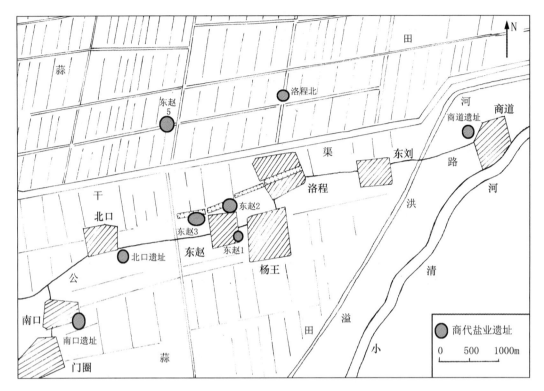

图 5.1—13　广饶东赵已发现的盐业遗址分布示意图

（据 2010Google Earth 太空卫星照片改绘）

位。其中，A 组有 5 个制盐单元，与同时期的双王城、东北坞情况完全一致。换句话说，目前已发现的这六组群，估计制盐单元数量也有 30 个左右。

　　由于田野考古工作的原因，目前，东赵一带还未发现殷墟三、四期的制盐遗存。由于与东赵制盐作坊群对应的咸淡水分界线两侧的盐工定居地和内陆腹地聚落群都有这阶段的遗存，也出土过这时期大量盔形器（见第六章），根据所掌握的盐业遗址群分布规律，其东北部应有殷墟三、四期时期的遗存。

　　需要指出的是，目前仅第一阶段的盐业遗址群分布范围就就达 25 平方公里，如果以后的田野工作更多些，加上第二或第三阶段盐业遗存，其规模应超过寿光双王城规模和制盐单元数量。如是，东赵一带应是渤海南岸地区规模最大的盐业聚落群。这也就不难理解博兴县东南和广饶中南部咸淡水分界线和内陆腹地密集分布着近百处殷墟时期聚落了。

　　东赵东北部 10 余公里即支脉河两岸的王家岗一带曾发现过盔形器[1]，那里应有盐业遗址群。有关文献公布的那件，就其特征而言，属于五期前段，时代上晚于东赵。根据盐业遗址分布规律，这一带制盐作坊或是东赵的延续，它们本身属于前后发展的一个整体。当然，这需要下一步的田野工作。

表 5.1-10　广饶东赵制盐单元数量登记表

遗址编号	面积(m²)	制盐单元数量(个)	备注
东赵 1 号	6000	1	遗址中部被挖掉
东赵 2 号	11000	2	中北部被水塘破坏
东赵 3 号	12000	2	中北部被水塘破坏
东赵 5 号	5500	1	中部被水沟挖掉
洛城北	4000	1	被水沟破坏
北口※	20000?	≥2	中部被水塘挖掉
南口※	20000?	≥2	中部被南北向水沟破坏
尚道＊	数千?	1?	不清
合计		合计	
8 至少		12	

※南口、北口遗址被淤土覆盖,未能详细钻探,周围被村落或养殖场占压,遗址面积来自东营市文物保护资料。估计盐业遗址面积不会如此大。

＊尚道遗址系村民修挖河沟时发现,但目前未找到相应遗址。

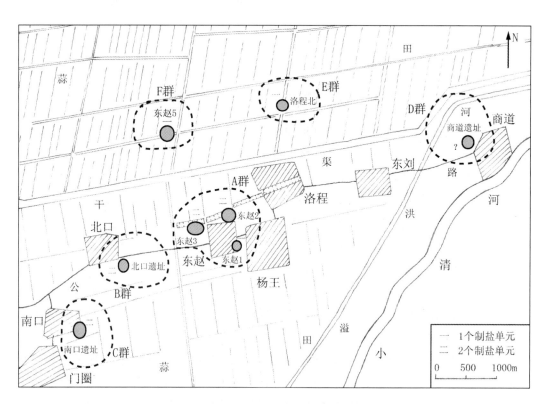

图 5.1-14　广饶东赵盐业遗址分组群示意图

图 5.1—15 广饶坡家庄盐业遗址群分布示意图

(据 2010Google Earth 太空卫星照片改绘)

6. 广饶县坡家庄盐业遗址群

位于广饶县广北农场东北的东马楼村一带,支脉河从遗址群的北部穿过。遗址群以东马楼和坡家庄为中心,北至三柳、西马楼,东至唐头营以西 1.5 公里,南至广北农场一分场一队西南,南北长约 5、东西宽约 3 公里,面积近 15 平方公里(图 5.1—15)。东马楼遗址群南距同时期南河崖遗址群仅 3 公里,东距海岸线不足 20 公里,是目前发现的今海岸线最近的遗址群之一(见图 5.1—1)。

遗址群所在地,海拔较低,在 2～3 米(其他盐业遗址群一般海拔 3～4 米),地势低洼,多个河流从这里入海,地表覆盖着较厚的多层淤土淤沙,遗址埋藏深,出露少,基本无法进行覆盖式系统调查。遗址群系东营市博物馆在第三次全国文物普查时发现,2010 年冬天,我们对个别遗址作了复查。目前已发现盐业遗址 10 处,坡家庄村周边发现 3 处,广北农场一分场一分队周围发现 5 处,三柳、东马楼各 1 处。

所见商周时期遗存比较特殊。一是遗址上多被东周时期和金元明清时期的盐场破坏或覆盖,很难观察到商周时期的盐灶、坑池等遗迹,也无法判断其制盐单元数量;二是盔形器碎片分布的范围较大,一般在1万平方米左右,面积较大者,达4万平方米(如三柳、坡家庄2号遗址);三是所见盔形器遗存较少,主要是口沿和腹部,片径小;四是就其形态特征而言,可分为四期七段,大体相当于盔形器分期的一期前、后段,二期后段,四期后段,五期前、中、后段,延续时间较长,但中间缺乏二期前段、三期前后段及四期后段遗存,把盔形器编年的结果反映到各个盐业遗址上,可以发现这8处遗址都包含了这些期段。这些现象都不见于其他盐业遗址。因此,我们曾怀疑这些遗址的盔形器碎片是东周或金元时期人们从它处运来用如铺垫道路或房屋建筑所用,非商周时期煮盐时所遗留,但是在坡家庄2号遗址一个断面上,发现了一层较厚的商代盔形器碎片堆积,内并无晚期遗存的掺入,这或说明遗址属于商周制盐遗存的可能性比较大。当然,这些问题的最终解决,还需要下一步的田野工作。

就空间分布情况而言,坡家庄2、3号遗址相隔很近,应是一个组群,其他8处,分布比较疏散,应各属于独立的组群,如是,坡家庄可分9组群(图5.1—15),有九个独立的生产组织单元。

7. 寿光市王家庄盐业遗址群

位于寿光市羊口镇王家庄西南500米在棉田内。2009年,寿光市文化局在第三次全国文物普查时发现。2010年秋,北京大学中国考古学研究中心与山东师范大学齐鲁文化研究中心对该地区进行了系统调查,调查范围约10平方公里。遗址群西距同时代大荒北央11公里,北距现海岸线约23公里(见图5.1—1)。

共发现遗址7处,集中分布在南北长800、东西宽700米范围内(图5.1—16)。遗址保存较好。采集的盔形器可分为一期两段,属于五期(西周早期)前段、中段,延续时间较短,与大荒北央同时,是一个独立的制盐作坊群。

把盔形器分期的结果反映到盐业遗址群上,可以发现所见盐业遗址均属于这个时期。就历时性和共时性而言,这8处遗址都属于这一阶段,它们应同时共存过。

编号W10、W11、W23、W24、W25各两个制盐单元,W5、W26各只有一个制盐单元,共12个制盐单元(图5.1—17、表5.1—11)。从空间布局上看,比较集中,不能再划分更小的组群,它们隶属于同一个生产组织单位,也是一级独立的生产组织单位。这与该阶段一个生产组织内制盐单元数量普遍较多的情况是一致的。

王家庄盐业遗址群属于西周早期,时代稍晚。南部咸淡水分界线两侧盐工定居地和内陆腹地聚落都发现了殷墟各阶段遗存,也出土了数量较多商代的盔形器,根据盐业遗址群的分布规律,王家庄可能有对应的,年代较早的盐业遗址群。就位置而言,大体应在营里镇北、杨庄以南一带。此外,根据第五期即西周早期盐业生产规模和制盐单位数量普遍减少的规律,与王家庄有前后发展关系的制盐作坊群的生产单元数量应超过之。当然,这些认识还待下一步的田野考古工作来证实。

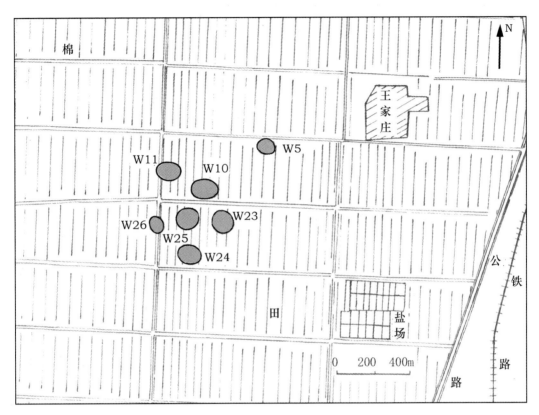

图 5.1—16　寿光王家庄盐业遗址分布示意图

（据 2010Google Earth 太空卫星照片改绘）

表 5.1—11　寿光王家庄制盐单元数量登记表

遗址编号	面积（m²）	制盐单元数量（个）	备注
W15 号	2000	1	被水沟破坏
W10 号	11000	2	
W11 号	10000	2	
W23 号	10000	2	
W24 号	11000	2	
W25 号	9500	2	
W26 号	5000	1	中部被水沟挖掉
合计		合计	
7		12	

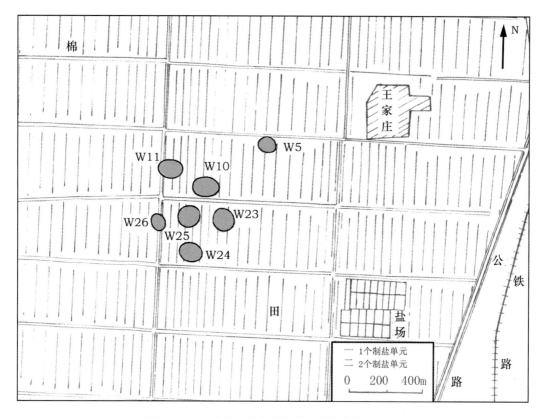

图 5.1—17　寿光王家庄制盐单元数量分布示意图

8. 潍坊市滨海开发区央子遗址群

位于潍坊市滨海开发区央子办事处(原寒亭区央子镇)和昌邑市西北的龙池镇东利渔一带,丹河、白浪河、虞河从南向北穿过遗址群(图 5.1—18)。遗址群北缘距莱州湾约 17 公里,是距今海岸线最近的盐业遗址群之一(见图 5.1—1)。这些盐业遗址群内还见少量龙山时期制盐遗址以及规模巨大东周时期、金元时期盐业遗址群,其所在位置几乎与形成于明清时期的、距海岸线最近的现代村落乡镇重合,说明该地海岸线,四千年来变化不大。现代盐业资源的高度开发以及近年来修建的一些厂房,对遗址群的破坏很大。

上世纪 80 年代文物普查时,以固堤场为中心,东到烽台、西利渔、东利渔,西至韩家庙子,南至河北岭子、崔家央子,北至林家央子、蔡家央子,都发现过盐业遗存。其中,在固堤场、河北岭子、崔家央子、央子井场、西利渔、水利组、镇政府等地还出土过商周时期的煮盐工具盔形器,还伴出少量的绳纹鬲、素面鬲、簋、罐等生活器皿[12]。北京大学中国考古学研究中心、山东师范大学齐鲁文化研究中心与潍坊市文化局等单位于 2007 年春天、2009 年春、2009 年冬对这一带进行了三次系统调查,除发现了商代和西周早期制盐遗存

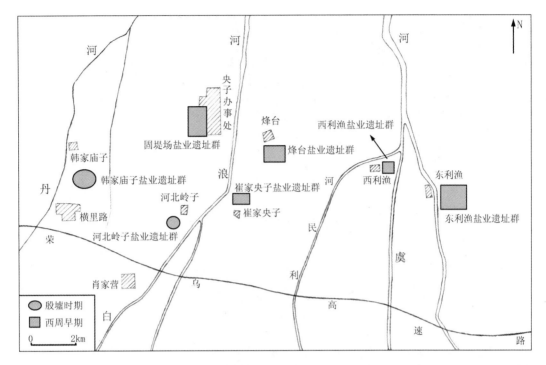

图 5.1—18　潍坊市滨海开发区央子遗址群分布示意图图

（据 2010Google Earth 太空卫星照片改绘）

外，还有上百处东周时期的盐业遗址。

　　央子遗址群规模虽大，但分布在东西横跨 18 公里、南北宽约 5 公里范围内，比较松散。包含了韩家庙子、固堤场、烽台、东利渔、河北岭子、崔家央子以及昌邑市东利渔等 7 处规模较小的盐业遗址群（图 5.1—18）。就空间分布而言，它们各自属于独立的单元。与其他地区的盐业遗址群分布与海岸线垂直分布不同，这些遗址群与胶州湾平行展开。应是与横亘在遗址群南部的大湾口古潟湖（别画湖、朕怀湖）有关⑬。但是就时代而言，西南部韩家庙子和河北岭子都是一、二、三期，东北部而其余为五期中、后段，西南部的盐业遗址早，东北地区晚。分布规律与其他盐业遗址相似。

　　韩家庙子遗址群位于潍坊市滨海开发区央子办事处韩家庙子村南、横里村以北的棉田和现代盐田内。丹水从遗址群西部穿过，新沙路经过其南部。韩家庙子遗址群东南距同时期遗址河北岭子约 4 公里，东北距固堤场遗址群约 5 公里。

　　目前，在韩家庙子周围棉田和现代盐场内调查范围达 8 平方公里，只在村南和东南长 1200、宽 500 米，60 万平方米的范围内发现 4 处盐业遗址（图 5.1—19）。东部的现代盐场可能破坏过盐业遗存。

　　就采集的盔形器标本而言，大体可划为三期五段，分别相当于盔形器总分期的一期、

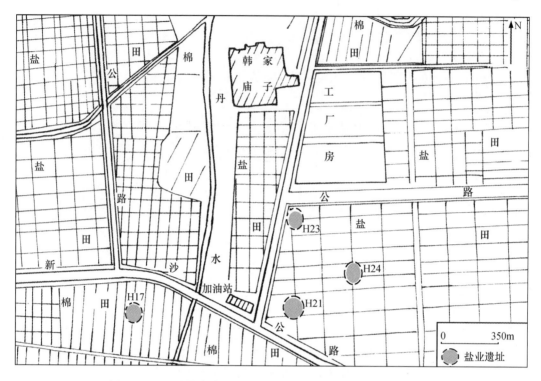

图 5.1—19   潍坊市滨海开发区韩家庙子盐业遗址群分布示意图
(据 2010Google Earth 太空卫星照片改绘)

二期、三期前段,即相当于双王城、东北坞的第一阶段。把盔形器分期的结果反映到盐业遗址群上,就可以发现韩家庙子所见盐业遗址均属于这一时期,说明它们同时共存。三期前段,出土遗物减少,制盐作坊开始整体迁移。盐业生产在三期四段发生变化,与双王城、东北坞、东赵等情况完全一样。

这 4 处盐业遗址,编号 H21、H23、H24 遗址均被破坏,面积不清楚,只有 H17 保存较好,面积在 6000 平方米,有一个制盐单元。这 4 处盐业遗址至少有 4 个制盐单元。从空间布局上看,比较集中,应属于同一组群,是一级独立的生产组织单位。一组群内有 5 个左右的制盐单元,这与同时期其他盐业聚落群的情况完全相同。

固堤场遗址群位于潍坊市滨海区央子办事处、蔡家央子以西、林家央子以南的棉田和现代盐场内,东距白浪河约 800 米处。北距莱州湾仅 15 公里,东距烽台遗址群约 2.8 公里。遗址群北缘有一条东西向的古贝壳堤,西部、南部被工厂和盐田占压,东部也被央子办事处、林家央子、蔡家央子村破坏,只有林家央子南部棉田和现代墓地周围的遗址保存较好。

文物考古工作者在南北长 2、东西宽 1.25 公里,面积 2.5 平方公里范围内进行的系

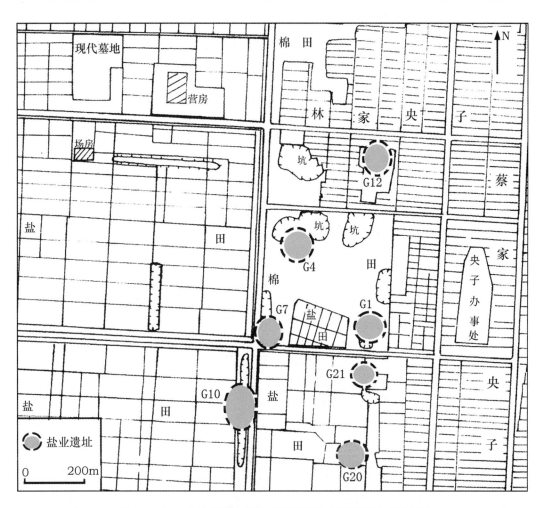

图 5.1—20 潍坊市滨海开发区固堤场盐业遗址群分布示意图

（据 2010Google Earth 太空卫星照片改绘）

统调查,发现西周盐业遗址 7 处,东周 20 处,宋元时期 3 处。7 处西周盐业遗址集中分布在南北长 1200、东西宽 550 米,面积近 70 万平方米的范围内（图 5.1—20）。

多数遗址已被破坏,只有编号 G1 遗址保存较好,遗址中心为盐灶及相关设施,面积约 600 平方米,地表上散布着成堆的盔形器残片、烧土块和文蛤。一座现代坑断壁上暴露出灰坑、坑池及陶片堆积层。坑池出露长度 5 米以上,上部为盔形器碎片和贝壳堆积层,下面是相间（交错）叠压的草木灰、黄色板结层、灰绿色色淤土等堆积层,厚达 0.8 米,这里可能属于沉淀池和蒸发池的交界处堆积。

所出盔形器的年代分为两段,相当于盔形器总分期的五期中、后段。把盔形器分期的结果反映到盐业遗址群上,可以发现固堤场所见盐业遗址均属于这个时期。

　　这7处盐业遗址,编号G10遗址面积1多万平方米,有两个制盐单元,编号G1、G4、G12遗址,面积在4000～6000平方米,各一个制盐单元,其他三处破坏较重,遗物多不存,制盐单元数量不清。但固堤场制盐单元总数量在10个左右应当没问题,与寿光市王家庄相似。从空间布局上看,这些制盐作坊比较集中,应属于同一组群,是一级独立的生产组织单位(见图5.1—20)。

　　烽台遗址群位于潍坊市滨海开发区央子办事处烽台村南部、东南部的棉田内。西距白浪河约1公里,东距西利渔遗址群约2公里。目前,考古调查范围超过5平方公里,只在北部靠烽台村南发现两处盐业遗址,估计大部被现代盐场破坏(图5.1—21)。

　　编号F12、F21遗址已被东周时期盐业遗存破坏,面积和制盐单元数量无法搞清。从地表采集的样本看,年代与固堤场同时。

　　西利渔遗址(群)位于潍坊市滨海开发区央子办事处西利渔村北,北临利民河。目前,只在南半部长1.5、宽0.9公里,面积1.4平方公里的范围进行了调查,仅发现西周早期盐业遗址1处(图5.1—22)。村民说在利民河以北修建盐田时,曾发现过盔形器残片。估计这一带还有这个时期的盐业遗存。

图5.1—21　潍坊市滨海开发区烽台盐业遗址群分布图

(据2010Google Earth太空卫星照片改绘)

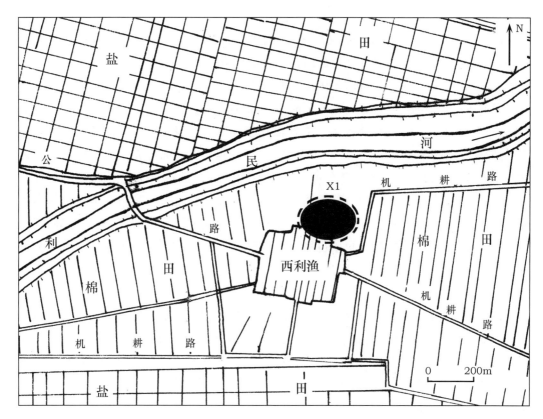

图 5.1—22　潍坊市滨海开发区西利渔盐业遗址位置图

(据 2010Google Earth 太空卫星照片改绘)

　　该遗址已被东周时期的盐业遗存破坏,面积和制盐单元数量无法了解。所见盔形器标本均为五期中、后两段。

　　东利渔遗址群位于昌邑市龙池镇东利渔东南 2 公里,虞河东岸,打靶场北部,遗址群北部被盐田占压。西距西利渔盐业遗址(群)仅 3.5 公里,北距莱州湾 16 公里。是目前所见最东部的一个西周盐业遗址。当地文物部门曾经采集过盔形器碎片。我们在这一带做过两次简单调查,在一大型取土坑四周断崖上发现了西周早期盔形器碎片。2010 年冬,山东省文物考古研究所与昌邑市博物馆在这一带进行系统调查,在 10 平方公里范围内,发现 6 处西周早期盐业遗址。

　　所见盔形器标本为五期中、后段。这 6 处盐业遗址具体材料未公布,共有多少制盐单元还不清楚,根据王家庄和固堤场同时期盐业遗址的情况,估计有 10 个制盐单元左右。这些制盐单元分布比较集中,也应属同一组群,是一级独立的生产组织单位。

　　位于固堤场盐业遗址群以南 3.5 公里的河北岭子村一带,我们曾两次在村南、村西进行过调查,但未能发现遗址。据早年采集的标本看属于一期。看来,该遗址(群)与韩家庙子同时。

位于烽台南部 2.6 公里的崔家央子村一带，考古队曾在村东及东南部作过简单调查，但未发现盐业遗址。早年，文物部门曾在此地征集过多件完整盔形器。就时代而言，属于五期中段。估计该遗址（群）与固堤场大体同时。

目前所反发现的固堤场、烽台、西利渔、东利渔加上崔家央子共 5 处西周早盐业遗址群，分布在东西长 12 多公里范围内。遗址保存较好，调查工作较为详细的固堤场、东利渔，各发现六七处盐业遗址，每处约 10 个制盐单元（典型者还如寿光市王家庄盐业遗址群）。如果其他三处的情况与其相似的话，那么制盐单元总数在 50 处左右。上面已提及过，这一阶段的制盐单元数量在广饶、寿光一带，大大缩减，而黄河三角洲地区已基本不见这个时期的盐业遗址（见下），唯有此地，生产规模不仅未缩小，还有扩大的趋势，而且在内陆地区发现的盐工定居地村落也往东发展到潍河西岸（如昌邑市蔺家庄），其现象比较特殊性。至于出现的原因，值得进一步考虑。

（二）黄河三角洲地区

黄河三角洲属于著名的黄泛区，古遗址多被厚厚的淤土覆盖，虽保存好，但不易被发现。目前，除了杨家等能肯定属于规模较大的遗址群外，其他只是发现了一些遗址点，如东营市刘集、垦利刘庄、沾化西封、利津县洋江、庆云县齐周务、无棣县车镇马颊河、海兴县东部和西南部、黄骅市南排河等。根据盐业遗址成群分布的规律，这些点肯定各隶属于某大型遗址盐业群的一部分（5.1—23）。

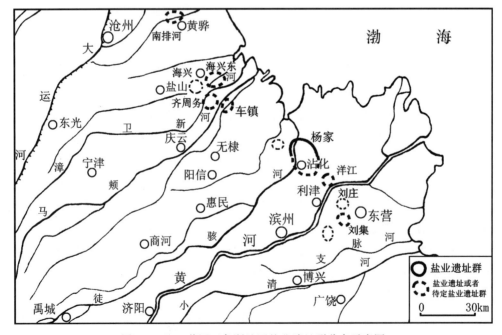

图 5.1—23　黄河三角洲地区盐业遗址群分布示意图

1. 沾化县杨家遗址群

杨家(包含东杨和西杨)位于沾化县城北 8 公里范围。徒骇河穿过遗址群的西部,太平河经过遗址群的东部(图 5.1—24)。遗址群东距现海岸线约 42 公里。该遗址于 1950年发现,1955 年做过试掘(现编号 ZY1 遗址),还发现了东周时期墓葬,出土过青铜矛、剑、贝货等。1956 年被定为省级保护单位。1978 年进行过钻探,划定了保护范围。遗址东西长 650、南北长 240 米,面积 15.6 万平方米[14]。遗址群(北半部)中心高出周围半米以上,当地称之为双山子、单山子、鱼山子等。

2007 年春,北京大学中国考古学研究中心、山东省文物考古研究所与滨州市文物管理处等单位以遗址保护碑(即 ZY1 遗址)为中心向四周做了勘查,调查范围南北长 1700、东西宽 1500 米。仅在保护碑周围 15 万平方米的范围就发现了 10 处商周时期遗址。地表、排水沟、太平河内所见陶片几乎全是盔形器,尽管遗址被淤土覆盖,但有好几处遗址还暴露出遗物集中区。遗物集中区面积在 500~1000 平方米不等。根据在莱州湾沿岸地区的考古认识,这里是制盐作坊内盐灶和盐棚所在地。其中,在 ZY2 遗址发现了草拌泥烧土、烧焦结的盐灶壁(见图 5.1—24)。ZY11 遗址地表上发现有一片面积达 30 平方

图 5.1—24 沾化杨家 ZY2 出土草拌泥烧土及灶壁等

米的白色盐碱地块,经钻探,地表以下 2.5 米未至到底,上部堆积为草木灰,下部为灰绿色淤沙淤泥,推测该地应为与制盐有关的卤水坑井。

原定的遗址群以西南 2 公里,西杨村西 700 米也发现遗址群。据记载,当年修挖徒骇河时发现过陶灶(窑?)和成片的盔形器碎块。在遗址西缘的徒骇河岸边暴露出大批草拌泥烧土块、窑渣,并有南北排列的 6、7 座灶(窑)坑。从平面上看,有圆形或近似椭圆形两种。灶(窑)内壁直接在原生土上挖削而成,直径 2.5 米(?),壁呈青灰色,外呈火红色,有的内壁还抹有草拌泥层。这些似乎就是盐灶,可能属于同一盐灶的不同灶室或不同制盐单位的盐灶。我们在其中的一处遗址(编号 ZX1)周围进行了调查。由于淤土厚达 2 米,ZX1 以东 700 米范围内未能发现遗址。2011 年冬,山东省文物考古研究所等单位在 ZX1、2 遗址周围钻探,已发现 10 余处盐灶(遗址)。

原定的遗址群东南约 1 公里处,经钻探也发现了盐灶(遗址)。

此外,据资料显示,杨村东南和村北 1000 米也发现过遗址,沾化县文物管理所也保存了该遗址出土的盔形器等遗物。由于淤土覆盖,周围还应有相当数量的盐业遗址应埋在下面未被发现。目前所知的杨家遗址群范围南北长 3500、东西宽 2000 米,面积超过 5 平方公里,规模比较大(图 5.1—25)。

杨家遗址群出土陶器除盔形器外,还有极少量生活器皿,有厚方唇商式簋、绳纹小口罐(瓮)等。从历年来采集的盔形器标本看,可分为两期五段,即相当于盔形器总分期的三期后段,四期前、后段,五期前段、中段。其中,五期时期盔形器烧制火候很高,陶胎致密,部分颜色呈绛红,多个遗址还出土了烧熘、变形的盔形器。

把盔形器分期的结果反映到各遗址上,根据各盐场的历时性和共时性,可以看出杨家盐业遗址至少存在着两个较为稳定发展阶段:三期后段至四期前段为第一阶段,四期前段至五期中段为第二阶段(后者是否还可以划分为两个阶段,因在各遗址所获调查资料存在着不平衡,还不能确定)。第一阶段的盐业遗址已发现 10 余处,分布西杨西部(编号 ZX1、2 遗址及周围)、杨家东南及北部(编号 ZD1、ZYB1),分布范围东西长 2500、南北宽 1200 米(该区域未经系统调查)。根据其他盐业遗址群分布特点,该区域还应有更多盐业遗址的存在。从空间分布上看,这些制盐作坊较为分散,至少有三组,即西杨西、杨家东南、杨家北(见图 5.1—25)。其中,西扬西一带至少有十几个制盐单元。

第二阶段的盐业遗址已发现 10 处,位于第一阶段盐场的北部 1600 米,分布在面积 15 万平方米范围内,比较密集,制盐作坊在分布空间上也可能存在"集中化"的现象(见图 5.1—25)。这 10 处盐业包含大约 15 处制盐单元。

从目前的发现来看,南部盐业遗址早,北部晚。制盐作坊群也存在由南向北逐渐迁移的过程(北部、东北为海)。

目前,杨家遗址群还未见一、二、三期前段的资料。但是南部 10 多公里的陈家、郑

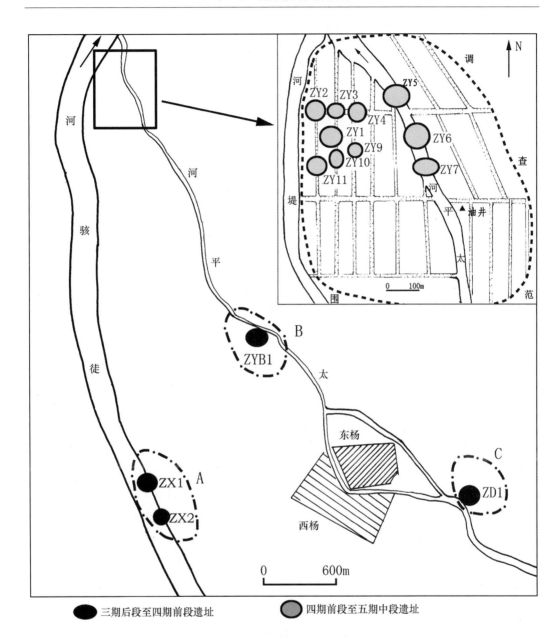

图 5.1—25　沾化杨家遗址群北部各时期制盐作坊分布示意图

（A、B、C 三期后段至四期前段盐业作坊群分组）

家、明集、小赵家以及西部咸淡水分界线两侧的兰家、李屋等盐工定居遗址,都出土了一至五期的盔形器。说明杨家遗址群一带应该有这个时期的制盐作坊。杨家遗址群以南 4 公里的东杜、刘彦虎一带出土盔形器的遗址[15]。在东杜残存的盐灶,直径约 2 米,残深 1 米左右,有十几个盔形器立在红烧土上,盔形器内壁都有白色垢状物[16]。如果时代稍早的话,这些遗址应是杨家制盐作坊群的南半部分。如果上述看法不谬,杨家盐业遗址群范围南北长约 8,东西至少 3 公里,面积在 24 平方公里以上(图 5.1—26),与寿光双王城、广饶东赵盐业遗址群规模相当。这与阳信、惠民东部、滨城、沾化南部存在着数量较多的盐工定居地聚落和内陆腹地规模较大的聚落群是相符的(见下章)。因此,从目前所掌握的资料看,杨家遗址群与莱州湾沿海地区商周盐业遗址群的情况一样,规模大,时代也相同。

2. 沾化西封遗址(群)

位于沾化冯家镇西封村西北,东南距杨家盐业遗址群约 15 公里,北距今海岸线约 28 公里。从采集的盔形器标本分析,年代为三、四期至五期前段。根据盐业聚落群的分布特点,该地区应有规模较大的、延续时间较长的盐业聚落群。

3. 利津县洋江遗址(群)

位于利津县西北 22 公里盐窝镇小赵与洋江村之间,西距南望参遗址 12 公里,东距现在海岸约 30 公里(见图 5.1—23)。系上世纪 90 年代修建水库时发现。出土陶片主要为盔形器,属于盐业遗址。从采集的盔形器标本看,年代为四期至五期早期前段,延续时间不太长。另外,还见东周时期的红陶厚胎瓮、罐等。根据盐业遗址分布特点,考虑到在洋江以西还发现了若干处殷墟时期至西周早期盐工居住点,该地周围也应存在着规模较大的、延续时间较长的盐业聚落群。

4. 东营市刘集盐业遗址(群)

东营市刘集遗址位于东营市区以西 12 公里,比较靠近古海岸线(见图 5.1—23)。村民打井在地表淤土 4 米以下发现了该遗址。东营市博物馆曾进行了小规模试掘,因为水位太高,无法清理至底。在文化堆积层内发现了大量盔形器碎片。刘集遗址出土盔形器碎片中不仅有数量较多的口沿、腹部,而且,器底的数量也很多,棱角分明(图 5.1—27),延续时间也较短暂,说明刘集还属于煮盐遗存,周围也应有盐业生产遗址群。

从盔形器口沿、底部和绳纹特征来看,时代属于四期前、后段至西周早期前段。在刘集西南部十几公里的博兴县东北部发现了多处盐工定居地遗址(如曹家),遗址内出土了殷墟各时期和西周早期的盔形器和生活器皿。根据盐业遗址成群分布的特点,刘集一带或者西部应当存在规模较大的、殷墟时期至西周早期的盐场遗址群。

5. 垦利刘庄盐业遗址(群)

刘庄盐业遗址位于垦利县西南 20 公里,南距东营刘集盐业遗址约 10 公里,比较靠近古海岸线。遗址被地表淤土淤沙覆盖,系村民修挖水库发现。从采集的盔形器标本来看,时代属于四期前、后段至西周早期前段。与南部的刘集遗址同时。根据盐业遗址成群分布的特点,刘庄周围应有规模较大的、殷墟时期至西周早期的盐场遗址群。

6. 庆云县齐周务与无棣县车镇遗址(群)

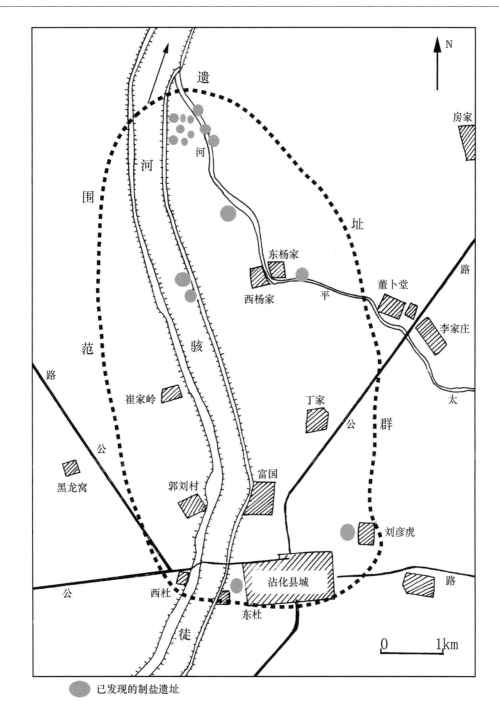

图 5.1－26　沾化杨家盐业群分布范围示意图

（据 1971 年版 5 万分之一地图改绘）

图 5.1—27　东营刘集遗址出土的盔形器底

齐周务位于庆云东北部崔口镇西齐周务村北,与河北海兴县仅隔一条漳卫新河。1973 年齐周务村修通往漳卫新河的水沟发现,出土遗物有盔形器、绳纹小口瓮、麋鹿角。资料现藏在庆云县文化馆。所收集的 6 件完整盔形器,时代分属三期前段、四期前、后段及五期早段。

北京大学中国考古学研究中心与山东省文物考古研究所于 2008 年冬在该周围进行过调查。出土这批遗物的地方现为房屋建筑、水塘、洼地,未能见到相应的堆积。以遗址为中心,向东调查了 1000 米,向西北向调查了 700 米,由于地表被厚厚的淤土覆盖,没有发现同时期盐业遗址(群)。因此,也不排除齐周务遗址属于盐工居住地的可能。如是,考虑到西部庆云和乐陵县存在着殷墟时期和西周早期聚落群,说明其东部的无棣县、海兴县南部应有对应的盐业遗址群。

无棣县车镇马颊河出土的盔形器大体相当于五期中段。年代上与目前庆云齐周务相连接,空间上也很近,二者应是有关联的盐业遗址群(见图 5.1—23)。

7. 海兴县盐业遗址群

海兴县濒临渤海湾。据县志等相关资料记载,在漳卫新河、大尤村、沃土村、县城西南、小山周围等都曾发现过商周时期的遗物,有些似属于盐业遗址(群)。沿小山周围有近 10 平方公里内,海拔较高,土地肥沃,又有淡水资源,海潮也无法侵袭到该地,相对而言还比较适合人们居住生存[17]。最近,不仅发现了商周时期的煮盐工具盔形器,据介绍,在 23 平方公里范围内都有盐业遗址。

考虑到西北部孟村和沧县还存在着殷墟时期的聚落群。因此,海兴以及黄骅南排河一带应该有多处规模较大的、不同时期盐业聚落群的存在。期待着下一步的田野考古工作。

二　盐业生产组织的讨论

通过以上对盐业聚落群结构剖析,可以看出,目前,已经发现的、从殷墟一期延续至西周早期的盐业聚落群有十多处,如莱州湾沿岸地区的东赵—王家岗(?)、坡家庄、双王城—大荒北央、东北坞—南河崖、杨庄(?)—王家庄、央子,黄河三角洲的杨家、西封、刘集、刘庄、洋江、齐周务—车镇(?)、南排河、海兴东南等,每处盐业聚落群的规模在上百平方公里、数十平方公里至数平方公里不等。每处盐业聚落群内,同时共存着20~40处制盐作坊,30~50处制盐单元(即生产单位)。盔形器分期表明,早期阶段(殷墟一期至四期早段)每处制盐作坊的年代延续了两、三个期段,约上百年左右;晚期阶段(殷墟四期至西周早期)的制盐作坊则只延续了某期或某期某段,时间则较短,仅几十年。盐业聚落群一般由早到晚从内陆向海岸一带逐渐移动。从共时性、历时性上分析,各盐业聚落群存在着五个较为稳定的发展阶段:一期至三期前段为第一阶段,三期前段至四期前段为第二阶段,四期前段至五期前段为第三阶段,五期前段至五期中段为第四阶段,五期中段至五期后段为第五阶段。第一阶段,每处盐业聚落群下可划分若干制盐作坊小组群,双王城能划分10个组群,东北坞已发现6个组群,东赵也至少有6个组群,每小组群大约有4~5处制盐单元,似乎存在着某种定制。而从第二阶段开始,盐业聚落群下划分小组群的数量明显减少,一般为2~3个,每组群所包含的制盐单元数量却增多,一般10~20处,有的甚至达30处之多。如果说每个生产单元或制盐作坊属于盐业生产的一级社会组织单位的话,那么,包括若干处生产单元或制盐作坊的小组群应代表着较高一级的生产组织单位,而整个盐业聚落群(制盐作坊群)又代表着更高一级的生产组织。如是,每处制盐作坊群则至少包含了三级生产组织单元。第二阶段之后,制盐作坊在分布空间上出现了"集中化"的现象,可能便于管理。这说明这个时期的盐业生产管理组织上较前一阶段发生了些变化。

就盐业遗址(制盐作坊)和制盐单元总体数量和规模变化而言,还可分三大时期:即殷墟时期(第一与第二阶段)、商末周初(第三与第四阶段)和西周早期晚段(第五阶段)。制盐规模随时代发展依次递减。黄河三角洲甚至不见西周早期晚段的制盐作坊。以莱州湾南岸地区为例可以看出制盐规模的这种变化趋势,据初步统计,在殷墟时期的制盐作坊(盐业遗址)数量在100处以上,制盐单元数量在140处以上,商末周初的制盐作坊在60处左右、制盐单元80处左右,而西周早期晚段,制盐作坊减至50处上下,制盐单元

60 处上下。考古资料完备、时空关系清晰的广饶县东北坞、南河崖、寿光双王城、大荒北央盐业遗址群,所见殷墟时期制盐作坊有 61 处、制盐单元 80 处,商末周初制盐作坊 44 处、制盐单元 54 处,西周早期晚段制盐作坊减为 29 处、制盐单元为 31 处,制盐规模下降趋势非常明显。第三阶段,莱州湾南岸地区还出现了多个盐业聚落群合并、整合的现象。这些现象的出现可能与当时的政治格局发生了变化有关。

殷墟时期,双王城就有同时共存制盐单元约 50 处,东北坞也有 20 多处。经初步计算,每处制盐单元一次举火就能获盐上千斤,仅双王城每年就要达四五万斤,整个渤海南岸地区,存在着不下十余处大规模的、同时的盐业遗址群,年产量应几十万斤左右,数量也是相当惊人的。如果每一生产单元有盐工 10 人,仅双王城就有盐工四五百人,而整个渤海南岸地区,直接参与盐业生产的人数应在数千人以上。他们又是如何组织起来的呢?

调查和发掘表明,每处盐业遗址就是一个制盐作坊。每处制盐作坊内只有一个生产单元(即制盐单元)是当时的常例,一处制盐单元应当就是当时最基本的盐业生产组织单位。第四章已经谈及一个最基本的生产单元所需盐工数量在 10 人左右。这与盐工定居地内(如阳信李屋,见第六章)一个社群单元的劳力人数相当。盐业生产不仅要掌握一定的技术,需要一定的经验积累,一个制盐单元内部还需要分工好、协调好,因此,每个盐业生产单元内可能由经验丰富的、技术熟练的盐工具体负责。那些制盐作坊面积大者,则包含着 2 至 4 个同时共存的生产单元,有盐工人数 20 至 40 名,同一个作坊内的制盐单元之间关系可能较周围生产单元密切些,他们可能是生活同一村落内某社区组织的劳力(如阳信李屋北区聚落,见第六章)。其内生产协作和生产、生活物资的调配,应由一名地位较高的人负责,就像李屋内那位原始瓷器和玉钺等贵重物品的拥有者。

如果说每处制盐单元或制盐作坊属于盐业生产的一级社会组织单位的话,那么有若干处制盐作坊组成的小组群则代表着较高一级的生产组织单位,即盐业生产的二级社会组织。第一阶段,盐业聚落群内划分的组群数量较多,每小组群的规模较小,大约有 4~5 处制盐单元,盐工人数在四五十名,这与盐工定居地一个聚落内劳力总人数相当,其内盐业生产和相关物资的调配应有村落级内的首领负责。而从第二阶段开始,每处盐业聚落群下划分小组群的数量明显减少,一般为 2~5 个,每组群所包含的制盐单元数量却增多,有的甚至 10 至 30 处之多,盐工人数在二、三百人。这种"集中化"的现象,显然是为了便于管理。这说明这个时期的盐业生产组织管理方面较前一阶段发生了变化。数百名盐工内,应当有专职人员负责盐业生产、操作相关物资的流动以及配发生活和生产物资。这么多的盐工数量,与盐工定居地的对应是若干处聚落内的劳力。需要指出的是,第三阶段之后,有些盐业聚落群内已没有了这级生产组织。

整个盐业聚落群(即制盐作坊群)又代表着更高一级的生产组织。目前所确定的东赵—王家岗(?)、坡家庄、双王城—大荒北央、东北坞—南河崖、杨庄(?)—王家庄、央子、杨家、西封、(?)—刘集、刘庄、洋江、齐周务—车镇(?)等这十几处盐业聚落大群,年代基本同时,从殷墟一期延续至西周早期,又分布在不同区域,还各有与内陆地区相互对应或联系的两类聚落群(见下章),说明它们应代表这不同的生产组织单位。因此,渤海南岸地区同时期存在着至少十几个规模较大的、独立的、互不隶属的盐业生产组织。每个盐业聚落群包含了数十处制盐作坊和生产单元,4、5 百名左右的盐工。如此规模规模的盐工人数,显然是来自咸淡水交界线两侧某区域聚落群内的劳力。盐业生产的宏观控制、数十万斤盐制品外运与集中,大量生产和生活物资运入及分配,这级组织应当由像居住在咸淡水分界线两侧的滨城兰家、广饶花官、寿光古城等各高等级贵族专职负责、管理和操作(见第六章)。

就聚落和墓地的规模,墓葬形制、出土青铜礼器以及徽识符号等诸方面考虑,渤海南岸地区还存在着凌驾于咸淡水分界线内负责各区域盐工定居点的高等级聚落和内陆腹地各小区域中心聚落之上的若干处更高层次的聚落,如莱州南岸地区中部的苏埠屯,黄河三角洲地区中部的大郭以及博兴一带的贤(嫌)城等。如是,就各盐业聚落群及与之对应的咸淡水分界线两侧盐工定居地的空间分布,以及制盐工具盔形器的形态差异而言,东北坞—南河崖、双王城—大荒北央、杨家(?)—王家庄、央子制盐作坊群的盐业生产以及生产、生活物资的调配,食盐向商都安阳与王畿地区的运输,应由内陆腹地商王朝的封国苏埠屯的"亚醜"族氏负责和控制,东赵—王家岗、坡家庄、刘集、刘庄等制盐作坊群则由博兴的"薄姑"国直接负责,杨家、西封、洋江等地的盐业受制于位于惠民大郭的"戎"国或族氏,而齐周务—车镇、海兴、黄骅一带的盐业聚落群可能是由位于沧州、孟村一带的某古国或高等级聚落控制和管理(见第六、七章)。而西周早期,渤海南岸地区的盐业生产,则由周王朝东封的齐国、纪国等直接控制。

注释:

① 徐明广《引黄济青工程沿线浅层第四系沉积相和沉积环境》,《海洋地质与第四纪地质》1988 年第 8 卷第 2 期,第 113~121 页。

② 江美华《莱州湾南岸全新世古气候与古湖泊研究》,北京大学环境学院 2004 年硕士研究生学位论文,第 60 页;郭永盛《历史上山东湖泊的变迁》,《海洋湖沼通报》1990 年第 3 期,第 15~22 页。

③ 燕生东《山东寿光双王城西周早期盐业遗址群的发现与意义》,北京大学震旦古代文明研究中心编《古代文明研究通讯》总第 24 期,2005 年,第 30~38 页。

④ 考古学上划分的每一期段一般在数十年之久。某制盐作坊群的某个生产单元在某段迁入了另一个地方,我们所观察到的考古遗物有可能是同一期别的东西,这"两个生产单元"是同时共存的,也就是说,在时间段上的某些"重合"可能并不意味着同时,这是考古学的局限。因此,本文划分的各阶段内,年代上都有前后部分"重合"者。

⑤ 山东大学东方考古研究中心、寿光市博物馆《山东寿光市大荒北央西周遗址的发掘》,《考古》2005 年第 12

期,第 41～47 页。

⑥　燕生东、兰玉富《2007 年鲁北沿海地区先秦盐业考古工作的主要收获》,北京大学震旦古代文明研究中心编
　　《古代文明研究通讯》总第 36 期,2008 年,第 43～56 页。

⑦　燕生东、兰玉富《2007 年鲁北沿海地区先秦盐业考古工作的主要收获》,北京大学震旦古代文明研究中心编
　　《古代文明研究通讯》总第 36 期,2008 年,第 43～56 页;鲁北沿海先秦盐业考古课题组《鲁北沿海先秦盐业
　　遗址 2007 年调查简报》,《文物》2012 年第 7 期,第 4～15 页。

⑧　该阶段的遗址上面覆盖着魏晋时期和金元时期的遗址(城址),盐业遗存要么被破坏,要么被覆盖,不太容易
　　把握各遗址的面积和生产单元,相关数字可能不太准确;鲁北沿海先秦盐业考古课题组《鲁北沿海先秦盐业
　　遗址 2007 年调查简报》,《文物》2012 年第 7 期,第 4～15 页。

⑨　李水城、燕生东《山东广饶南河崖发现大规模盐业遗址群》,《中国文物报》2008 年 4 月 23 日第二版。

⑩　见王青等《山东东营南河崖西周煮盐遗址考古获得重要发现》,《中国文物报》2008 年 7 月 11 日第二版。

⑪　王思礼《惠民专区几处古代文化遗址》,《文物》1960 年第 3 期,第 91～92 页;曹元启《试论西周至战国时代的
　　盔形器》,《北方文物》1996 年第 3 期,第 22～26 页。

⑫　曹元启《试论西周至战国时代的盔形器》,《北方文物》1996 年第 3 期,第 22～26 页;参见潍县文化馆编《潍县
　　文物志》,内部刊,1985 年,第 16～20 页。

⑬　徐明广《引黄济青工程沿线浅层第四系沉积相和沉积环境》,《海洋地质与第四纪地质》1988 年第 8 卷第 2
　　期,第 113～121 页;郭永盛《历史上山东湖泊的变迁》,《海洋湖沼通报》1990 年第 3 期,第 15～22 页。湖呈
　　北西向分布,西起丰台岭(韩家庙子以西 5 公里)、东至博乐埠,南到大湾口,北到蔡家央子,长约 30、宽约 20
　　公里。

⑭　山东省利津县文物管理所《山东四处东周陶窑遗址的调查》,《考古学集刊》第 11 集,中国大百科全书出版
　　社,1997 年,第 292～297 页;常叙政主编《滨州地区文物志》,山东友谊书社(济南),1991 年,第 13 页;山东省
　　级重点文物保护单位——沾化杨家古窑群(内部资料,藏于山东省文物考古研究所)。

⑮　李水城、兰玉富等《鲁北—胶东盐业考古调查记》,《华夏考古》2009 年 1 期,第 11～25 页。该文公布了这两
　　个遗址出土的部分盔形器。但笔者 2007 年考察时,沾化县文物管理所负责人说,这些盔形器多出自杨家,
　　因为工作人员的变动,有些盔形器的出土地点可能搞混了。故暂存疑。

⑯　王青、朱继平《山东北部商周时期海盐生产的几个问题》,《文物》2006 年第 4 期,第 84～89 页。

⑰　海兴县地方志编纂委员会编《海兴县志》,方志出版社,2002 年,第 671、672 页。

第六章 盐业聚落群与内地聚落间的关系

　　滨海产盐之地,地势低洼,淡水和食物匮乏,夏季雨水集中,易发生洪涝灾害,冬季寒冷多风,非常不适合盐工及家属人员长期定居生活。考古发掘资料表明,制盐场所内未见有供盐工居住生活的固定房屋等建筑设施,只有建在灶棚内的临时住所,这样的居住条件显然无法抵御盛夏风雨和冬季寒潮。当时盐业生产是有规律的、固定性的、季节性的,时间主要集中在在春季至夏初。那么,盛夏、秋冬季,盐工们居住在何处? 又是如何生活的? 这是必须要考虑的。

　　由于产盐之地,树木不能生长,土壤含盐量高,无法用来烧造煮盐所需数量较多的盔形器和生活用陶,那里也无石料来源。盐业生产所需生产工具和物资如木材、陶器、石器等生产物资要依赖内陆输入。一个灶棚仅立柱就需要直径达 40 多厘米的木材 30 多根(还不包括梁架、檩条等),像双王城盐业聚落群同时期制盐单元近 50 处(见第五章),说明仅双王城就至少需要足够粗的木头 1500 多根。可见,仅木材一项的需求量是相当惊人的。双王城 014 遗址卤水坑井底部内填塞的木桩,经鉴定为生长在内陆山地或山前平原上的麻栎。盐业遗址内还出土过少量收割柴薪的石镰、蚌镰及修理工具用的砺石。这些需求量较大的生产物资必须从内地运入。

　　滨海平原上土地严重盐渍化,不适于农作物生长。数量庞大的盐工及家属人员所需用的粮食应从内陆腹地的农耕区输入。不唯如此,盐工的肉食也要从内地运入。制盐作坊内出土的动物遗骸表明,盐工的肉食构成主要是家养的猪、狗、牛、羊和野生鹿类,并有极少量生活在潮间带或浅海泥沙的蛤、蚶、螺类以及淡水域的蚌、螺等;就保存的骨骼部位看,哺乳动物以四肢骨和下颌骨为主,其他部位骨骼少见,尤其是相应的关节部位如短骨和脊椎肋骨发现极少,说明这些动物盐工食用的肉类应是从内陆和定居地屠宰后运来的成品肉。

　　一个个规模巨大的制盐作坊群的盐业生产不仅需要有人和组织部门来协调好、管理好,每年,产盐之地要从内陆地区输入的数量可观的粮食、木材和制盐工具,而且还需把每年数十万斤的盐制品向内地区运出、集中,最终运往内陆地区消费,甚至要长途外运至中原地区,可见,物流运输任务也是很重的。

　　因此,滨海平原上的大规模盐业生产和相关的物流运输工作不仅要立足于内陆腹地社会经济文化的发展,更需要某些社会组织来统一协调、管理、分配和操作。否则,大规模化的盐业生产无法顺利进行下去。

而探讨这些问题,必须从滨海平原盐业聚落群与内陆各聚落群的时空关系和隶属关系、聚落形态功能与等级区划所反映的经济形态、社会分工和社会等级等诸问题入手。

位于盐产地带以南、以西 5 公里至 30 公里之间,大体在咸淡水分界线(即全新世海侵所到达范围)两侧海拔 10 米以下的河积、海积平原上,即渤海南岸地区第二分布带上的聚落遗址群,其规模较、堆积形态、出土遗物以及延续年代都与盐业遗址和内陆地区聚落既有相同的一面,又有不同的一面,聚落形态性质比较特殊。目前,已发现这类聚落 50 处以上。而位于第三分布带的聚落群,即咸淡水分界线以南、以西的内陆腹地上的聚落群,也与之对应或者相关联。这两分布带的聚落群与盐业聚落群的兴衰步调一完全致,应该存在着特殊的关系。这两大分布带上的聚落遗址群就是本章讨论的重点。

下面先讨论咸淡水分界线两侧即第二分布带的聚落群,再分析内陆腹地即第三分布带的聚落群。

一　咸淡水分界线两侧的聚落群

目前在沾化南部,滨城和阳信东部地区,博兴东部和广饶中北部,寿光中北部,寒亭和昌邑中北部等发现了聚落遗址群。其中,位于黄河三角洲地区的阳信县李屋遗址曾进行过规模较大的发掘,可作为本节讨论的重点。

(一)莱州湾南岸地带

就空间分布和盐业遗址群对应关系而言,莱州湾沿岸地带咸淡水分界线两侧的聚落群大体可分为博兴东部和广饶中北部、寿光中北部,寒亭和昌邑中北部等区。

1. 博兴东部、广饶中北部等地区

该地区的遗址虽多被淤土覆盖,但水利部门修挖小清河溢洪河及预备河、挖土烧砖等时发现了一批遗址,如广饶西杜疃、东杜疃、大桓台、草桥、榆林、大尧、西尧、东关、东王、北贾、北岭、东水磨,博兴北营、梨园等 10 多处[①](图 6.1-1),密集分布在博兴东部、广饶西北部小清河两岸一带。每处遗址暴露面积在 1 万平方米左右,个别遗址面积数万甚至十几万平方米(可能是不同时代遗存分布范围累加的结果)。大桓台,已公布及东营市博物馆馆藏的盔形器包含了殷墟时期、西周早期各个阶段[②]。西杜疃遗址早年被遭破坏,历年来,广饶县博物馆曾收集一批殷墟时期的陶制生活器皿和制盐工具盔形器完整器和碎片,盔形器所占比重较高,达 50% 以上。我们现场调查,还发现了较多的西周早期盔形器。说明这大桓台和西杜疃两个遗址延续时间比较长,年代从殷墟时期延续至西周早期。这些遗址出土的盔形器(包括碎片)内壁没有白色垢状物、底部也未见二次使用的痕

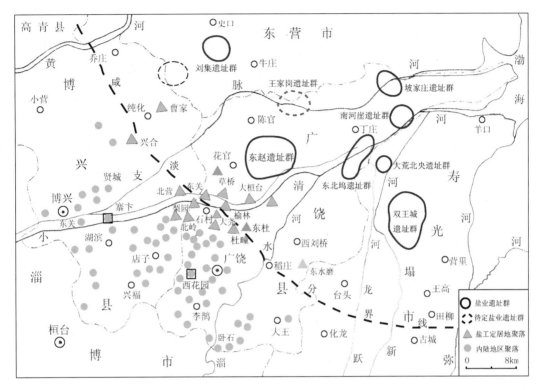

图 6.1－1　广饶、博兴等地区各类聚落(群)分布示意图

图 6.1－2　莱州湾南岸咸淡水分界线两侧遗址出土的变形盔形器

1.广饶西杜疃,2.广饶草桥,3.广饶东柳(关?),4.寿光丰城高家

迹(比如粘有草拌泥红烧土),此外,遗址内还多见因烧制温度过高导致盔形器变形的现象(图 6.1－2),说明这里有专门烧制盔形器的陶窑。这些显示,该区的聚落不是制盐遗存。

就空间分布及出土盔形器种类、形态特征来看,目前在小清河两侧发现的这类聚落

应与东赵—王家岗盐业聚落群相对应聚落（图
6.1－1）。需要注意的是，在博兴和广饶小清
河两岸发现的这批聚落位于东北坞—南河崖
盐业遗址群的西南部，位置稍偏，可能没有直
接关系，而其南部因工作较少，只在偏南部发
现了一处遗址（东水磨），与之对应的聚落群还
待进一步的田野工作。

　　据传在花官一带③（有关文献说出自广饶
南口遗址）。曾出土过属于殷墟二期晚段或三
期早段的铜爵（图6.1－3）。说明这一带也有
在规模和等级上较高的中心聚落。

　　2. 寿光、昌邑中北部、寒亭中北部等聚
落群

　　双王城—大荒北央、王家庄盐业遗址群以
南、咸淡水分界线两侧，尽管考古工作较少，但
已发现了南台头、高家、崔家、南袁、孙家岭、薛

图6.1－3　广饶花官一带出土的青铜爵

家、刘家桥、后疃、王庄、丰城高家、埠子顶等二十多处④（图6.1－4）。在空间分布上看，
崔家、高家、南袁等对应的是王家庄以及与之有关的早期盐业聚落群，余应与双王城—大
荒北央盐业聚落群有关。央子盐业聚落群以南目前只发现了报庄子、前岭子、蔺家庄3
处聚落遗址⑤，数量明显太少。

　　这些聚落面积不大，在数千平方米至五六万平方米不等，均出土数量较多的完整盔
形器。所见盔形器的种类、形态与制盐场所出土基本一致。时代以殷墟三、四期和西周
早期为多。这可能是该阶段盔形器胎厚、烧制坚硬，保存较好有关。笔者曾调查了刘家
桥、南台头、薛家等几个遗址，并翻看历年来出土的陶器（片）标本，发现殷墟一、二期的盔
形器碎片也较多。说明该地的遗址与其他地区的同类聚落相同，都延续了较长时间。

　　寿光古城墓地也位于该区域内。1983年村民在益都侯城故城中部偏西处打井，在地
下3.5米下一个长方形竖坑内，发现了一批铜器、陶器、玉器等，应为一座规格较大的墓
葬内随葬品。共出铜器有鼎5、（大型圆腹鼎1、中型圆腹鼎2，分裆鼎2件）、甗1、簋1、爵
5、觚3、提梁卣2、尊2、罍1、斝1、刀3、锛2、镞15、戈10、矛4、凿1、铃6件（图6.1－5），共
72件，其中兵器的比重较大，占30%左右；陶器有鼎1、甗1、盆1、中型双耳罐（罍）1、爵1、
尊2、器盖2件（图6.1－6）；玉器有戈1、柄形器3件，还有卜骨2件，蚌饰12件⑥。铜鼎、
爵、觚、尊、罍、卣、刀等有"己并"徽识。整理者认为其时代为商代晚期，有学者定为殷墟
三期晚段⑦，或殷墟四期⑧。观圆腹大鼎、分裆鼎、甗等器物已具有西周早期特点，尤其是

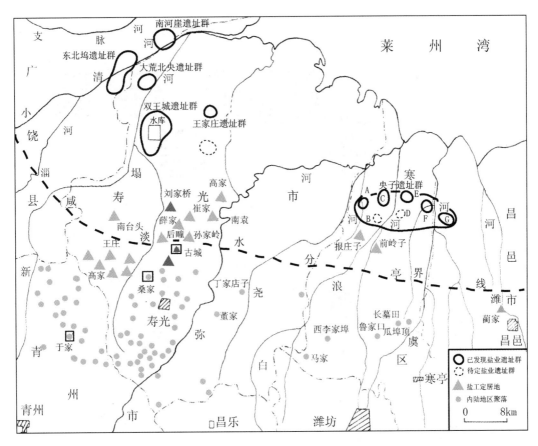

图 6.1-4　寿光、寒亭及青州北部各类聚落分布示意图

A 韩家庙子遗址群,B 河北岭子遗址群,C 固堤场遗址群,D 崔家央子遗址群,E 烽台遗址群,F 西利渔遗址群,G 东利渔遗址群

那件陶鬲,圆唇敞口、斜弧腹、袋足、瘪裆(见图 6.1-6:7),与该地区殷墟三、四期鬲相差较大。因而把该墓的年代定为西周初期更合适。

因此,尽管该墓的时代为西周初期,但不否认死者生活在商代末年。铜器的徽识、日名及墓葬随葬品组合、特征均属于商文化系列,说明该墓主人应属于殷遗民性质。

目前,墓主人的住地尚未发现(应当在周围),但其所代表的聚落等级、规格应是在本区域比较高的。

（二）黄河三角洲地区。

由于淤土覆盖和考古工作的原因,目前所发现的咸淡水分界线之间的聚落主要集中发现于杨家和洋江盐业遗址群的西南部、西部,今沾化西南、利津西部、滨城、阳信东部一带及刘集、刘庄盐业遗址(群)的西南部即今博兴东北部。前者已确定属于这一性质的聚落有沾化杨家、明家、郑家、西范,利津南望参,滨城兰家、小赵家、秦台、卧佛台、高家、后

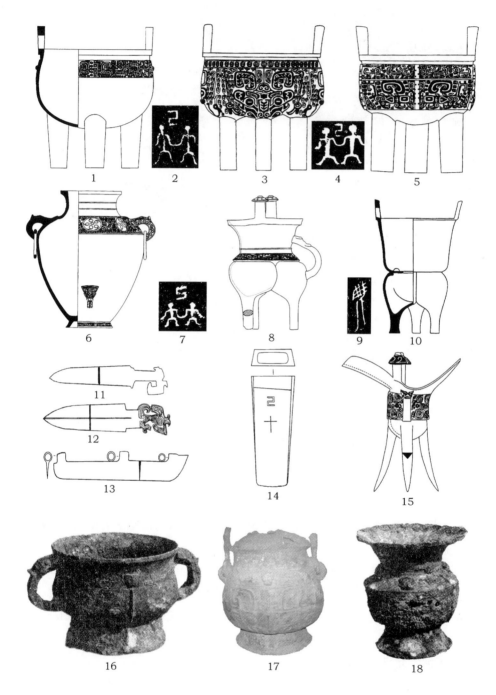

图 6.1—5　寿光古城墓葬出土的青铜器

1、3、5. 鼎；2、4、7. 鼎腹内徽识；6. 罍；8. 斝；9、10. 甗腹内徽识、甗；11、12. 戈；13. 三孔刀；
14. 锛；15. 爵；16. 簋；17. 卣；18. 尊

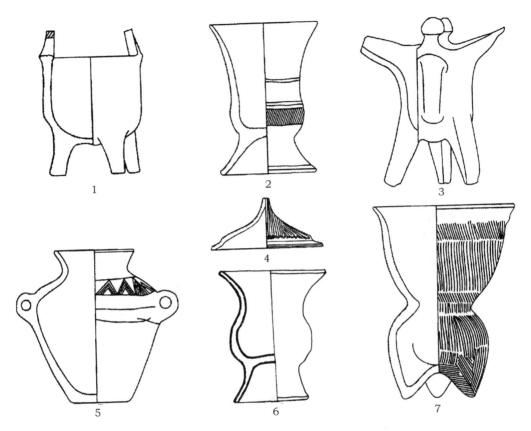

图 6.1－6　寿光古城墓葬出土的陶器

1. 鼎，2. 尊，3. 爵，4. 器盖，5. 罍，6. 尊形器，7. 甗

尹、阳信李屋、棒槌刘、三崔、东魏、雾宿洼、台子杨等 17 处遗址[⑨]（图 6.1－7）。后者目前只发现两处，博兴曹家、兴合遗址[⑩]（见图 6.1－1），数量明显较少。

该区域目前仅发现大汶口文化 1 处，龙山文化聚落 2 处，岳石文化 3 处，殷墟时期聚落数量与其相比增加了若干倍，这些聚落的突然兴起，应当与东部盐业聚落群的出现有关。

下面重点介绍下陈家、南望参、李屋和兰家等遗址发现的遗物、遗迹及堆积、聚落布局特点，并探讨其聚落性质与功能。

1. 沾化陈家等遗址

在杨家盐业遗址群西南和洋江盐业遗址（群）西部 5～15 公里范围内，目前就发现了沾化明家、陈家、郑家、利津南望参和滨城小赵家等遗址（图 6.1－8）。

陈家遗址位于沾化杨家遗址群西南 13 公里。1965 年修挖潮河时发现。遗址南北长 200，东西不足 100 米，面积约 1.4 万平方米，文化堆积较厚，达 1.5 米以上。最近，有学者把陈家看做制盐遗存。2007 年春天，文物部门在遗址以东、以南 1000 米范围及潮河两岸

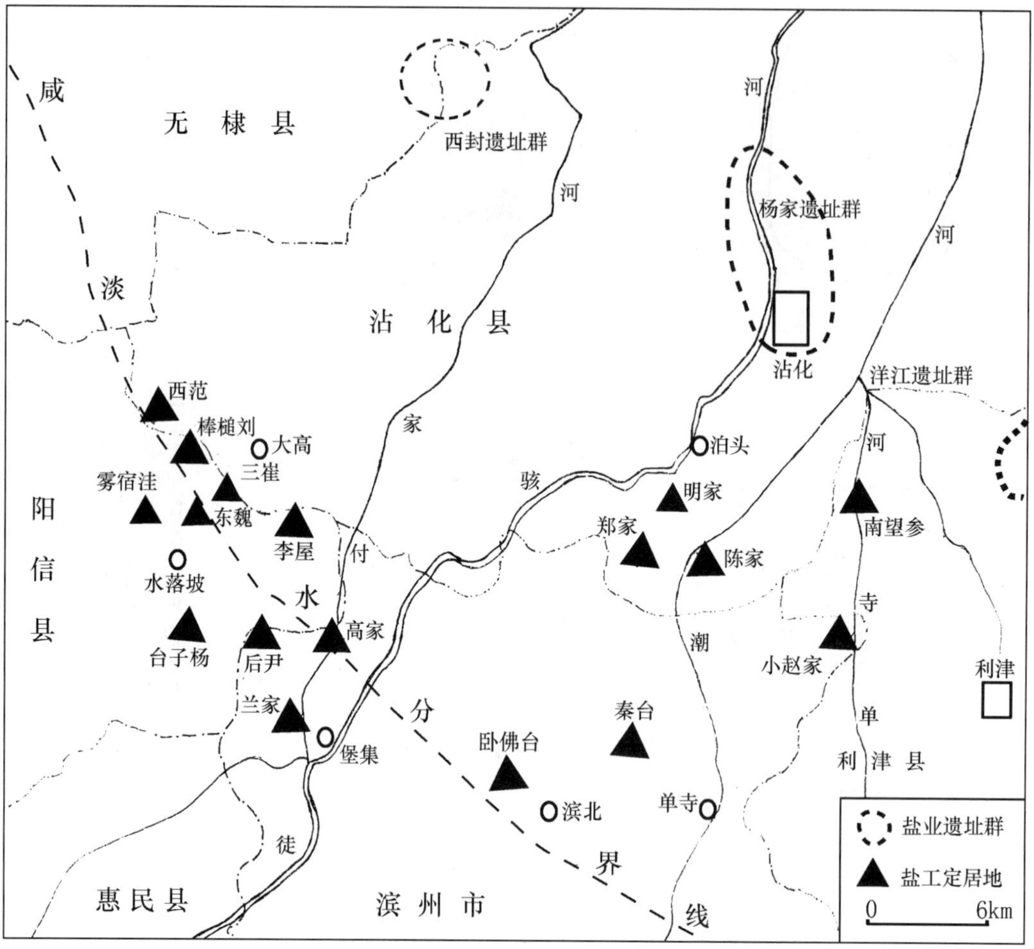

图 6.1—7 沾化杨家、西封，利津洋江盐业遗址群以西的盐工定居地分布示意图

进行了考古调查，也未发现其他遗址，说明这里不存在像盐业聚落那样存在成群分布的可能。历年采集的陶片以盔形器为大宗，鬲、甗、甑、瓮（图 6.1—9：1、2）、罐、盆等生活器皿数量也较多。还发现了相当数量因烧制温度过高导致的变形盔形器（图 6.1—9：3、4），说明这里曾烧制过盔形器，应有窑场存在。另外，所见完整盔形器均未见二次使用过的痕迹，如内壁无白色垢状物，器底也未粘有草拌泥烧土等。就目前所调查的盔形器看，大约从殷墟一期后段至四期早段，延续时间较长。而不像制盐遗址内单个遗址只延续一、两个期段。因此，有些学者把陈家看作为制盐遗存是不对的。陈家以西约 2 公里的郑家遗址（面积 9000 平方米，文化层厚 1.5 米以上）和以北约 3 公里的明家遗址，其聚落规模、堆积形态、延续的时代及性质与之完全相同。

2. 利津南望参等遗址

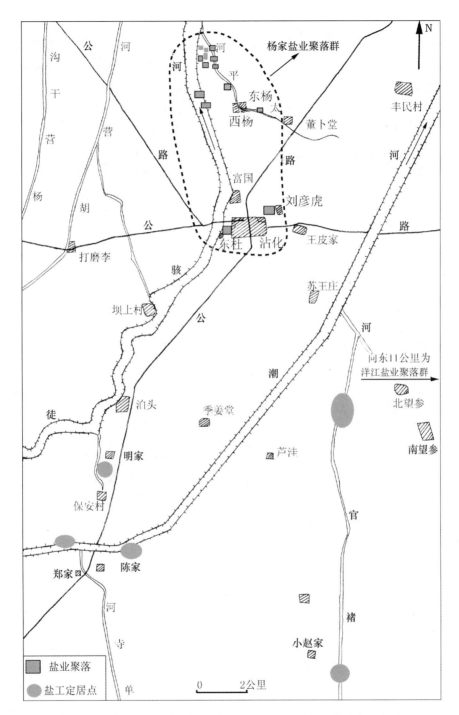

图 6.1-8　沾化杨家西南部、利津洋江盐场群西部聚落分布示意图

(据 1971 年版 5 万分之一地图改绘)

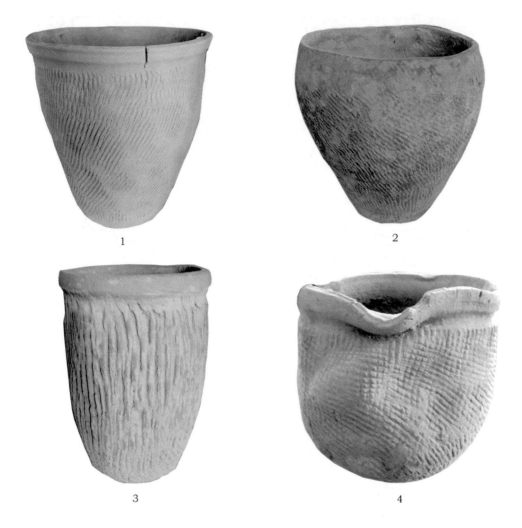

图 6.1－9　沾化陈家部分生活用具及烧造变形盔形器
1. 甑,2. 罐,3、4. 盔形器

南望参遗址位于利津县明集乡南望参村西北 3 公里(见图 6.1 — 8)。东距洋江盐业遗址(群)11 公里,北距杨家盐业遗址群 9 公里。1975 年开挖褚官河时发现。据介绍,遗址南北长 1500、东西宽 1000 米,面积达 150 万平方米,文化层和遗物埋在淤土层下 4 米。在河断崖上南北分布着 5 座窑炉(?),周围有红烧土土块、窑渣和大量的陶器残片堆积。其中 2 座窑炉能辨认出形状。一座窑圆形直筒,深约 3 米,直径约 2.5 米。炉箅塌陷,底部有 30 厘米厚的泥灰,窑炉内壁有涂抹的草泥痕迹,呈红色。另座窑炉形状相似,顶部已挖去二分之一,室内存有未烧熟的毛坯,一触即碎,但未保留下完整器物①。遗址还出土了东周时期的小口瓮、大口罐和汉代的小口壶等。但利津县文物管理所藏有该遗址出土的五期中段盔形器及商代绳纹小口瓮(罐)口沿,简报还发表过一件商代鬲。说明南望参有殷墟时期至西周早期的遗存。2007 年春,笔者在褚官河西侧调查时也发现了大量东周时期陶器,但并未见商代和西周时期遗物,在东南 1 平方公里范围(排水沟两侧)内也未发现同时期遗址。证明这里也不存在像盐业聚落那样成群分布的可能。简报作者把该遗址定为为东周窑场,后有学者看作制盐遗址。从发现残窑看,直径 2.5 米,深 3 米,不应是商代、西周早期的盐灶,倒像是烧造东周大型制盐工具的陶窑(东周时期制盐工具器形较大,像瓮类,高 1 米左右,腹径 0.7～0.8 米),当然,也不排除是烧造盔形器和生活器皿的可能。此外,南望参以东 11 公里(东部临海)的洋江盐业遗址出土了四期至五期早段的盔形器,而南望参发现了比其还晚的盔形器,若是制盐遗存,也不符合靠海越近时代越晚的分布规律。因此,南望参应同陈家性质一样,不是盐业遗址。

南望参以南约 10 公里的小赵家遗址,情况也相似。村民开挖褚官河时,曾发现过东周时期瓮棺墓以及大量盔形器碎片。调查、钻探表明,文化堆积均埋在淤土淤沙层 4 米下。简报作者把其时代定为东周时期。最近,笔者翻检了所采集的遗物,发现有殷墟各期段的陶鬲、甗、小罐、盆、瓮、盔形器口部和腹部碎片。该遗址性质与南望参相同。

3. 阳信李屋遗址

位于阳信县水落坡乡李屋村东南 1 公里,东距现海岸 40 余公里,东北距沾化杨家盐业遗址群 26 公里。遗址所在地海拔仅 8 米。遗址表面被黄河、徒骇河泛滥带来的淤泥淤沙所覆盖。通过钻探和发掘表明,遗址中部有两片缓坡台地,二者相距 35 米左右。北台地面积较大,长 65、宽 50 多米,面积约为 3 千 5 百平方米(图 6.1-10)。村民曾在其上建有土坯房。台地顶面高出四周平地近 1 米。南台地面积近 2 千平方米,其顶部土层被村民推掉,高度与周围已基本一致。台地上淤土厚约 0.20 米。台地上文化堆积厚为 1～4 米,包含了商代堆积和东周、汉代、宋元时期墓葬遗存。北台地的商代堆积较厚,平均在 2 米以上,最厚处超过 4 米,考虑到台地山上的汉代墓葬多残存墓室底部,原台地上的文化堆积还要厚。南台地较薄,文化堆积厚在 1～2 米。而台地以外,淤土厚达 1.5 米以上,文化堆积厚仅 0.5 米,只见汉代墓葬和金元时期文化堆积。

北台地商代文化堆积较厚的范围位于遗址中心部位,面积约 1500 平方米。发掘区就位于中心区域,清理面积为 400 平方米(见图 6.1-10)。因地下水位较高,清理到水位线或商代房址、室外垫土就停下来了[⑫]。

(1)聚落结构及反映的社会组织

清理的遗迹单位有墓葬、灰坑、窖穴以及与房址有关的柱洞、室内和室外(院落)垫土、烧灶等,此外,钻探还发现了这个时期的窑址。因发掘面积不大,加上商代堆积多被晚期墓葬破坏,尽管未能清理出完整的房基以及相关的院落,但在发掘区内还是能分出三片由房屋、院落及从属的墓葬、窖穴、取土坑与生产、生活垃圾倾倒区等聚落单元组成

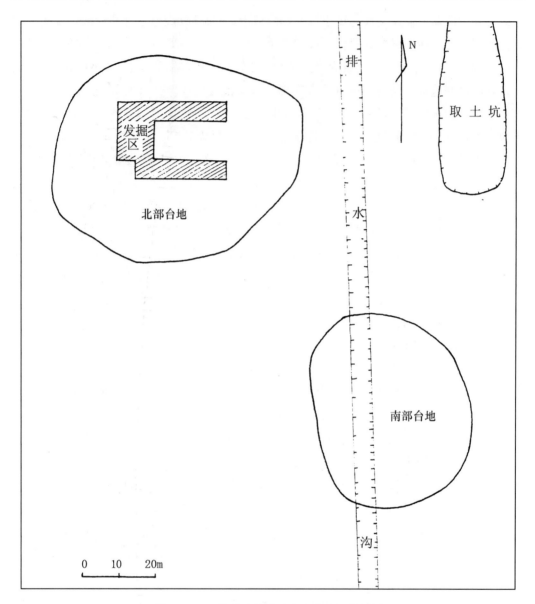

图 6.1—10　阳信李屋遗址台地及发掘位置图

的区域(图 6.1—11)。就层位关系和出土陶器分期,每片区都经历了殷墟一期至四期,说明它们同时共存。

　　A 片区,位于发掘区的西部即 T1405、T1406、T1407、T1505、T1506 内。仅房屋和院落垫土区范围达 150 平方米以上。最上层垫土内还保存 6 个柱洞坑,其中,西部 3 个明显成一排,东北部两个,西南部一个。由于晚期墓葬的破坏,还无法看出柱洞排列的墙体走向和结构。垫土堆积为层层铺垫的黄土层,有些部位经过了夯打,层与层之间为灰土活

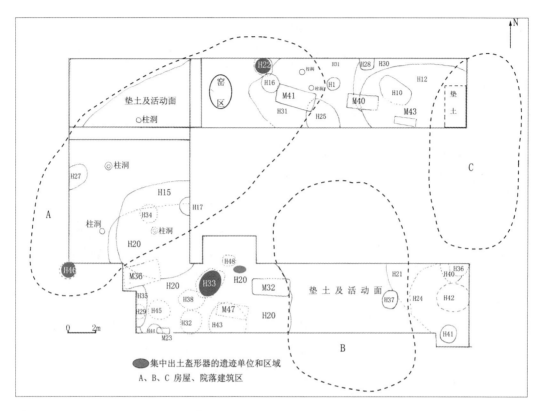

图 6.1-11　阳信李屋遗址北台地发掘区主要遗迹分布示意图

动面,比较坚硬,土层内比较纯净,基本不含陶片等遗物。垫土层一般厚 0.2～0.3 米,灰土活动硬面厚 2～5 厘米。垫土层由东向西倾斜。从晚期墓葬和灰坑暴露的断面看,交错迭压的垫土和灰土活动面厚达 2 米左右。不同层面上还发现柱洞(坑)、烧土面、灶和窖穴。土层内及活动面上少见陶片等遗物。说明是该区经长时期的反复平整、铺垫而形成的,表现的是稳定的、延续了较长时间的建筑区。这些迹象表明这些堆积应为房屋和院落建筑的地面和垫土。房屋和院落建筑区一侧还发现了圆形窖穴,如西南部的 H46、南部的 H32、H34、H45 等。H32、H34、H45、H46 等原位于早期房屋和院落建筑区边缘,后被晚期的垫土覆盖,或被不断挖坑取土和倾倒垃圾时所破坏。这窖穴坑口呈圆形,直壁或外斜壁,周壁和底部经过加工,比较规整、平滑、坚硬,个别如 H46 填土为房屋或院落垫土,底部还放置着至少 9 件可拼对为完整的盔形器和 2 件瓮(大罐)(该坑上部被东周墓葬破坏)(图 6.1-12、14)。建筑区南部为取土坑和垃圾区倾倒区,已清理 H15、H17、H20、H48、H33、H43、H35 等十多个,这些坑口部、壁、底部多不规整,坑内填满生活、生产垃圾,多为松软的烧灰,包含大量陶片和动物骨骼。H20 东部地面上还摆放着 8 件因火候过高而变形或残损的盔形器(图 6.1-13),经拼对,H20 各层堆积内共出土十余件完

图 6.1—12　阳信李屋 H46 底部置放的部分陶器(西→东)

整的盔形器(6.1—15),H33 坑内堆满破碎的盔形器,基本可以拼合、复原,共 8 件(图 6.1—16)。H15、H20 规模较大。H20 分布在 4 个探方内,长径约 15 米,短径超过了 10 米,最深处达 1.5 米,大体可分为若干层次。在这些取土坑和垃圾区范围内还发现 4 座墓葬,M23、M32、M36、M47。其中,M23 为儿童墓。从层位关系和出土器物上看,M23、M32 最晚,次为 M36,最早的为迭压在 H20 以下的 M47。此外,在 A 片建筑的北部T1307 还钻探出陶窑,叠压在某期房屋垫土之下(为房屋扩建时所覆盖),窑底直径在 2 米左右,深约 1.2 米。

　　B 片区位于 T1004、T1104、T1204 等探方内,经钻探,这类遗迹延伸到发掘区以北部和以南地区。清理面积 50 平方米。发掘区内仅见垫土和灰土活动面。垫土和活动面厚达 1.8 米。该片东部边缘已发现窖穴两座 H37、H41,坑口呈圆形,直壁、周壁和底部经过加工,非常规整、坚硬,深均在 1 米以上。建筑区东部为取土坑和垃圾倾倒区,已清理的

图 6.1－13　阳信李屋遗址 H20 摆放的盔形器(南→北)

有 H21、H24、H36、H40、H42。坑内堆满生产和生活垃圾。其中 H24,规模大,也比深。在这些取土坑内的垃圾堆积里还发现了被扰乱的人骨和完整陶器,说明该范围内也应有墓葬存在。

　　C 片区暴露较少,在东北部 T1404 探方内汉代墓葬周壁断面、底部暴露出房屋室内垫土、柱洞(坑)、灶和红烧面。经钻探,该片建筑区大部分延伸到发掘区以南、以东地区。暴露的垫土厚度超过 1 米。隶属于该片区的窖穴有 H1、H16 和 H22,H22 内放有 12 件盔形器(图 6.1－17)和 1 件陶钵(铺垫房屋垫土时,压碎了陶器,完整者系拼对而成)。H16 还有上下的台阶。取土坑和垃圾区位于西北部,已清理了 H10、H12、H25、H28、H30、H31 等。H12、H31 为横跨两三个探方的大型取土坑,坑内堆满生产和生活垃圾,可分出若干层,出土了大量生活用陶器、盔形器碎片、兽骨和鱼骨。取土坑和垃圾区范围内还发现了墓葬三座,M40、M41、M43,其中,M43 为儿童墓。从层位关系和出土遗物上看,它们同属一个期段。

　　所发现的墓葬均位于建筑区一侧。保存较好者可以看出,墓葬规模小,无葬具,人骨头向东,仰身直肢,尸骨下有腰坑,坑内殉狗。M47、M40 均为二次葬,墓主可能在外地死亡后,被迁移而来。随葬品主要鬲、簋、盆、豆。这些在商文化分布区内比较常见。值得注意的是,由于没有专门的墓地,墓葬埋在房屋和院落一侧的取土坑和垃圾倾倒区内,所

图 6.1—14　阳信李屋 H46 出土盔形器及陶瓮

1~11. H46：6、7、8、1、4、9、10、5、11、2、3

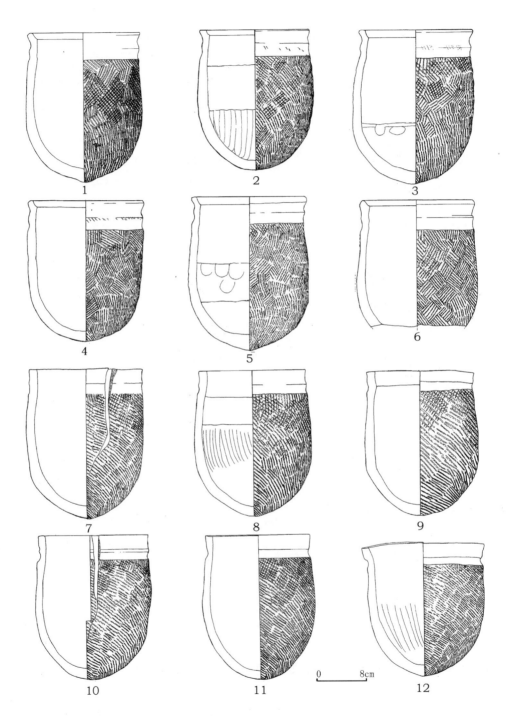

图 6.1—15　阳信李屋 H20 出土盔形器

1～12. H20③：3、6、4、19、7、20、1、5、2、8、7、18

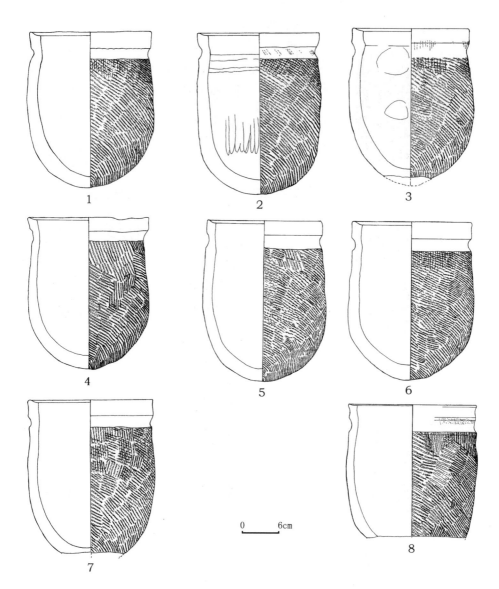

图 6.1—16　阳信李屋 H33 出土盔形器
1～7. H33∶3、4、5、1、6、7、8、2

以很容易被同时代或稍晚的取土坑破坏。如此看来,聚落内部虽经规划,但对墓地的安排似乎并不太重视。

　　上述三个片区各有自己的房屋、院落、窖藏、墓葬、生产与生活垃圾倾倒区,也不排除还各有自己的制陶作坊区,年代上又同时共存,每片区应代表着当时最小的社群单位。A、C 片区儿童墓的发现说明聚落内还居住着孩子,人骨鉴定的结果有成年男性和成年女

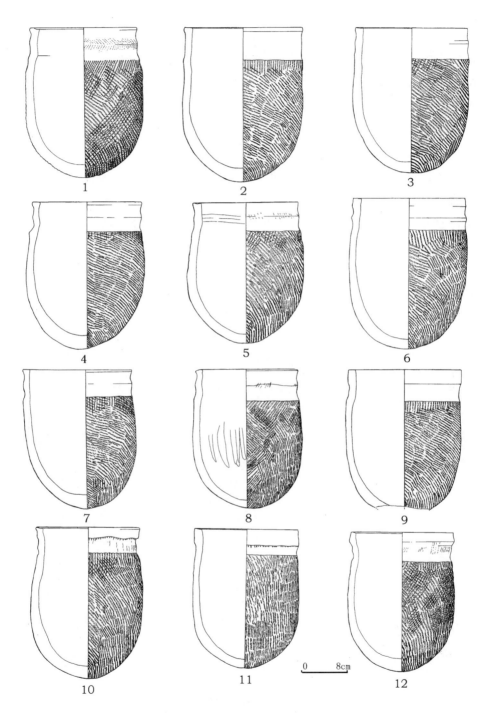

图 6.1-17 阳信李屋 H22 出土盔形器

1～12. H22：2、3、4、5、6、7、8、9、10、1、11、12

性,这样的社群更像是家庭或小家族。

　　台地上的三个社群单位组成了一个较为独立的生产、生活社区组织单位。李屋遗址共有两个同时共存的台地,说明当时该聚落由两个社区组织单元组成。如是,李屋聚落则存在着三个层次的社会组织,社群、社区、聚落。每个社区单元下分若干个独立的生产和生活社群单元(大家庭或家族),各拥有自己的房屋、院落建筑、窖藏、墓地以及拥有各自的生产、生活垃圾倾倒区。这样的社区单元内,人口不会太多,约数十人,其中,劳力在10人左右。

　　(2)出土遗物所反映的居民生业活动

　　A. 盔形器与制陶

　　取土坑内生产和生活垃圾堆积出土的盔形器数量占整个陶器群的50%上下。其中,H46、H33、H22坑内堆积物主要是盔形器碎片,基本可拼对为完整器物,可能为储放盔形器的窖藏(见图6.1—14、16、17)。所见盔形器基本上为泥质,不见夹砂陶,烧制火候高,质地坚硬。器表多不经修整,内、外壁面保留垫窝和拍印痕,稍显粗糙。这里的盔形器底

图6.1—18　阳信李屋遗址灰坑出土烧结的窑壁及窑汗

部未见烟炱灰,也未粘有草拌泥烧土,盔形器内壁均未见白色垢状物(而生活器皿如鬲、甗内壁都有黄白色垢状物,裆部有灰炱),说明这些盔形器均未经二次使用。换句话说,这些盔形器未用过煮盐。加之该聚落延续时间长,不似沿海平原上每个制盐作坊只延续一、两个期段。因此,李屋遗址与陈家等聚落一样,都不是制盐遗址。

但李屋出土的完整盔形器和碎片,数量都很多,也不像是内陆地区的农耕聚落。H20东部的底面并排倒扣着8件盔形器(见图6.1—13),3件陶器上因火候过高形成的很宽的裂隙,口沿部分也严重变形(见图6.1—15;7、10、11),1件还被烧扁(见图6.1—15;12)。其他4件或者腹部有损伤,或者口沿部有缺口,均非完整品。因此,这8件陶器是作为废品倾倒的垃圾(H20出土的其他4个完整盔形器系从不同层位的陶片拼对出来的)。在各个时期的灰坑内都出土了成堆的窑壁碎块,一面较为平滑,比较坚硬,呈灰绿色,厚达5~10厘米。有些温度过高,形成了窑汗(图6.1—18)。灰坑内还有许多因为过烧而膨胀的盔形器口沿、腹部及底部(图6.1—19),以及一些烧制变形的盔形器(图6.1—20)。此外,还发现了陶垫(图6.1—21;1)。

因此,窖穴内出土如此多的、未使用过的盔形器,垃圾内出土的相当数量的窑壁、窑

图6.1—19 阳信李屋遗址灰坑内出土变形盔形器(过烧后膨胀)

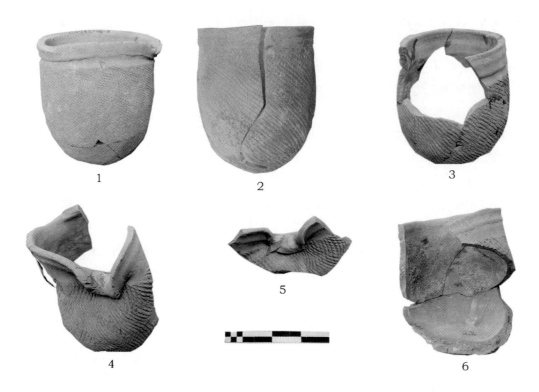

图 6.1-20　阳信李屋遗址灰坑出土的过烧变形盔形器

1、2. H20③：1、18；3~6. H15③：02、03、01、04

汗以及各种变形的盔形器表明,李屋聚落应有专门烧造盔形器的窑场。而在 A 片建筑区北部发现的窑址,很有可能就是烧造盔形器等陶器的陶窑。

B. 各类工具

李屋遗址出土了相当数量的石器、骨角蚌器。石制工具中,砍伐类斧钺 1 件,武器或礼器玉石钺 2 件(图 6.1-21:4、5、6),研磨器(打磨器)4 件(图 6.1-22:3),掘土工具舌状石铲 1 件(图 6.1-21:2),收割工具石刀、石镰却达 6 件(图 6.1-22),掘土工具与收割工具之比为 1:6。打磨和修理石器、骨角器的砂岩质砾石(磨石)数量较多,有 7 件(图 6.1-23)。这一带没有石料来源(无棣大山和海兴小山为呈颗粒和卵状的火山岩),石器在本地而言还是比较稀少和珍贵的。距遗址最近的是南部泰沂山地,直线距离达 90 公里,石料可能来自那里。出土蚌器比较多,但保存较差,多一触即酥。保存较好者,其中有带齿蚌镰和弧刃蚌刀收割工具 7 件(图 6.1-24:1-7),挖土工具 2 件(图 6.1-24:8、9),收割工具与挖土工具之比为 7:2。此外,还有一定数量的渔猎工具陶制网坠(图 6.1-25)、骨镞、蚌镞等。

总之,李屋出土的石器和蚌器中,有两个明显特点,一是收割工具如石、蚌镰、刀的数

图 6.1－21　阳信李屋遗址出土的玉石器等工具

1. 陶垫(H12⑧∶01)；2. 石铲(M36∶01)；3. 研磨器(?)；4. 石钺刃部(H24②∶01)；
5. 玉钺顶部(H20∶02)；6. 玉钺刃部(H35∶1)

量多，与掘挖土工具相比，比例明显偏高；二是磨制、再加工石、骨、角器的砾石比较多。

李屋遗址周围的土壤属盐碱地(土壤含盐碱量略低于制盐场所内的土壤)，不适合农作物种植，现在的土地经过系统排水、淡水压碱才能耕种，农作物品种经基因改良后才能生长。聚落面积也小，仅六七千平方米，远低于内陆腹地 3～6 万平方米的农耕聚落。出土工具中，掘土工具比例太少，收割工具偏多，这些应不是农耕工具。因此，这些石、蚌刀、镰工具应不是收割农作物的，而是收割柴薪的。收割柴薪不仅仅是为生活和烧造陶器备用燃料。由于在滨海制盐场所内发现的收割柴薪工具较少，而在定居地发现的数量较多的镰刀类，说明收割柴薪也是为煮盐做准备的。而硬度不高的砂岩质砾石主要是用来再加工、打磨石、蚌刀镰以及骨针、镞、锥及骨簪等工具。

出土遗物还有一定数量的铜镞、骨角镞和陶网坠等渔猎工具，说明当时经济活动中，渔猎成分也占一定比例。这些工具在制盐作坊内是很少发现的。

C. 出土动物遗骸反映的渔猎活动及居民肉食来源

李屋遗址大型取土坑内生活和生产垃圾堆积层内出土了大量动物遗骸，其中出土动

图 6.1－22　阳信李屋遗址出土的石镰、石刀
1. H21③：3；2. H31③：03；3. H26：01；4. H14：1；5. H15：2；6. C9：1

物遗存共 5452 件（数量众多的鱼骨未统计入内），包括骨器 75 件、蚌器 17 件，角器 13 件，卜骨 22 块、卜甲 5 块，其中可鉴定标本 5225 件，至少代表了 211 个个体。已鉴定的动物种属包括有猪、牛、狗、麋鹿、斑鹿、獐、貉、猫、仓鼠、兔子、竹鼠（图 6.1－26）、其他啮齿类、雉科、鸟、龟、鳖、草鱼、鲤鱼、青鱼、螃蟹、文蛤、青蛤、毛蚶、螺、宝贝、细纹丽蚌等[13]。动物种类非常丰富，至少有 26 属种（这还不包括相当部分尚未鉴定的鱼类），生活在陆地、天空、地中、淡水、海水和咸淡水之间的动物都有一定数量存在，说明李屋居民的肉食来源非常庞杂。尤其是野生动物资源占了很重要的地位（图 6.1－27），哺乳类动物中野生的比例达 47%，明显偏高。说明渔猎活动在当时人们生计中占有重要地位。

　　从哺乳动物提供的肉食量分布情况来看（图 6.1－27），居民的肉食来源主要是牛、猪和野生的鹿类（麋鹿、斑鹿、獐等）。虽然居民所消费肉食主要来自饲养，但野生动物肉量（不含鱼类）也占了总量的 36%。如果把李屋某些大型灰坑（因其形成时间较短）垃圾里出土的动物遗骸骼折合成出肉量的话，李屋居民在单位时间内所消耗的肉量还能超过内陆地区具有高等级聚落性质唐山聚落的 15 倍[14]。由于这里不适合农业种植，居民的生活来源除了从内陆腹地进口粮食外，家畜养殖和狩猎采集等经济活动在生计中也占有很大比重。这应是李屋聚落出土动物属种多，野生动物比重大、居民消费肉量高的主要原因。牛肉消费的比例高于猪，若在内陆农耕聚落内，居民消费肉食结构中，牛肉的消费比例高于猪和其他动物的现象出现在商周时期高等级聚落内。环境考古研究表明，距今 3000 年前后，该地带属于阔叶林为主的森林草原景观，湖沼发育。该地在商代以前，这里人口

图 6.1－23　阳信李屋遗址出土的砾石

1. H12⑤：01，2. M23 填土，3. H17⑦：01，4. H14：01，5. H12①，6. H12⑨，7. H24②，8，9. C13：01

少，自然资源基本未受到破坏。因而，该地野生动物资源比较丰富，适宜渔猎活动。这里草类资源丰富，适宜饲养牛。猪虽可以食草，但其饲养必须补充一定淀粉类果实或块茎才能上膘，生长得快。李屋发现猪数量较多，不排除部分来自内陆相邻聚落内的可能。

　　李屋遗址中发现的 4 座大型灰坑，编号 H24、H20、H31、H12，年代上 H31 属殷墟二期，H20、H24、H12 均属于殷墟三期，年代基本同时，这三个灰坑还分属于 A、B、C 三个社群。这些灰坑呈不规则形或椭圆形，H20、H31 等是横跨几个探方的大坑，面积较大。这四个灰坑最初为取土坑，后被填充生活垃圾和生产垃圾。坑内出土动物遗存比较丰富，其中 H20、H31、H12 出土的动物遗骸标本均超过千件。四个灰坑之和占所获总数的70％。所出土动物遗骸应是各社群在不长时间所食用肉食后倾倒的生活垃圾。因此，可

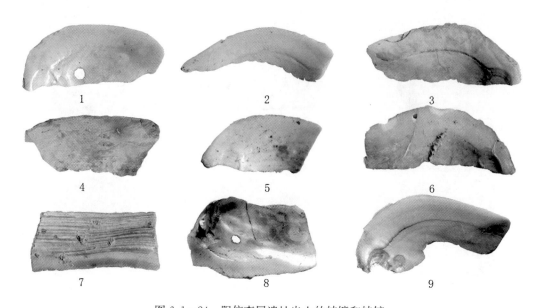

图 6.1-24　阳信李屋遗址出土的蚌镰和蚌铲

1. H42：3；2. H31①：1；3. C17：1；4. H33：2；5. H24③：4；6. H20③：20；7. H20①：01(以上为蚌镰)；
8、9. 蚌铲(H31②：01,02)

将这四个灰坑的动物遗骸分别进行了统计、分析,来看看不同时期和同一时期社群的食肉情况。

H31,保存较好,仅少部分被晚期堆积打破。存长约 6 米、宽 5 米,深 70 厘米,清理面积约 30 平方米。坑内填充物可分 6 层。获动物骨骼 1041 件,包括 19 件骨角蚌制品,至少代表了 49 个个体(不包括未鉴定出种属的鱼类等)。有猪、牛、狗、麋鹿、斑鹿、獐、兔子、竹鼠、啮齿类、鸟、螺、文蛤、青蛤、鲤鱼、青鱼等。按最小个体数统计,主要的哺乳动物有猪 10 头,牛 2 头,狗 3 只,麋鹿 6 头,斑鹿 5 头,獐 5 只,貉 3 只,竹鼠 1 只(图 6.1-28)等。按出肉量来说,猪最多,次为鹿类和牛。野生动物占了总肉量的 53%(图 6.1-29)。

H20,坑内堆积可分四大层,尽管有多座晚期墓葬和灰坑打破,但整体部分保存好。长 13、宽 11 米,面积超过 140 平方米。存深约 1 米,坑内填充物可分 4 大层。清理面积达 100 平方米,获动物标本 1071 件,包括 20 件骨角蚌制品,至少代表了 52 个个体。种类包括有猪、牛、狗、麋鹿、斑鹿、獐、貉、兔子、鸟、螺、贝、毛蚶、文蛤、青蛤、蚌、草鱼、鲤鱼等。按最小个体数统计,主要的哺乳动物有猪 10 头,牛 4 头,狗 4 只,麋鹿 7 头,獐 6 只,斑鹿 1、貉、兔子各 1 只(图 6.1-30)等。按出肉量来说,牛、猪和鹿类比例相当,野生动物占总肉量的 38%多(图 6.1-31)。

H24,暴露长 6 米,宽 4.5 米,深近 1 米,坑内堆积可分四层。清理面积 27 平方米,占总面积的五分之二。获动物标本 355 件,包括了 14 件骨蚌制品,至少代表了 23 个个体。

图 6.1—25　阳信李屋遗址出土的陶制网坠

种类包括有猪、牛、狗、麋鹿、獐、啮齿类、鸟、毛蚶、文蛤、蚌、鱼等。按照最小个体数统计，主要的哺乳类动物有猪 5 头、牛 3 头、狗 4 只、麋鹿 4 头、獐 2 只(图 6.1—32)等。就出肉量来说，牛最多，次为猪和鹿类，野生动物占 32％(图 6.1—33)。

H12，除东部、南部小部分被晚期墓葬打破外，其余部分保存较好，存长度约 7 米、宽 5 米，存深 80 厘米，清理面积 35 平方米。填土堆积可分 9 层，各层均出土数量较多的动物遗骸。共获动物遗存标本 1350 件，包括 22 件骨角制品。其中可鉴定标本 1328 件，代表了至少 51 个个体(不含多数尚未鉴定的鱼类)，种类有猪、牛、狗、麋鹿、斑鹿、獐、貉、兔子、猫、仓鼠、啮齿类、鸟、龟、螺、文蛤、毛蚶、草鱼、鲤鱼等。按最小个体数统计，主要的哺乳类动物包括猪 11 头、牛 3 头、狗 2 只、麋鹿 6 头、獐 4 只、斑鹿 3 头、兔子 2 只、貉 1 只(图 6.1—34)等。按出肉量来说，猪最多，次为牛和鹿类，野生动物已占了 42％(图 6.1—35)。

以上统计说明，动物种类构成等数据与整个遗址的统计所得并无矛盾之处，这进一

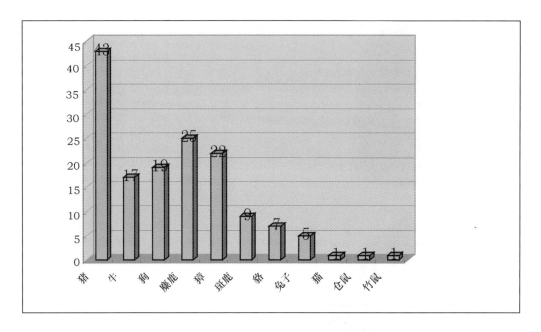

图 6.1－26　阳信李屋遗址出土哺乳动物最小个体数分布示意图

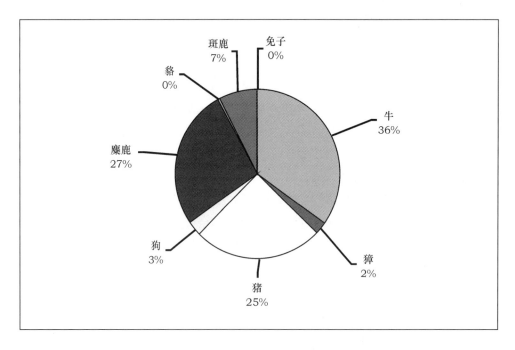

图 6.1－27　阳信李屋遗址主要哺乳动物提供肉量分布示意图

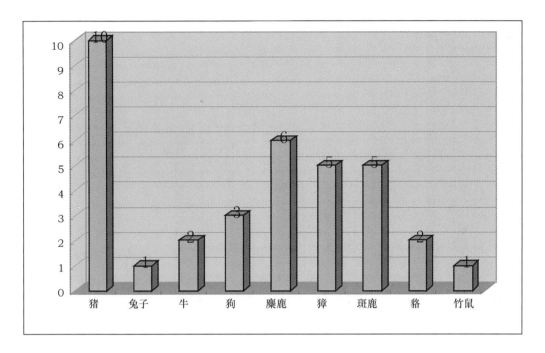

图 6.1－28　阳信李屋 H31 出土主要哺乳动物最小个体数分布图

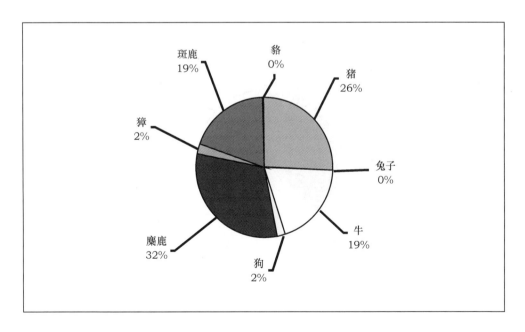

图 6.1－29　阳信李屋 H31 主要哺乳动物提供肉量分布示意图

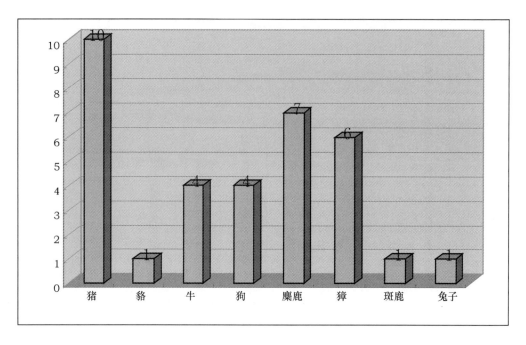

图 6.1－30　阳信李屋 H20 出土主要哺乳动物最小个体数示意图

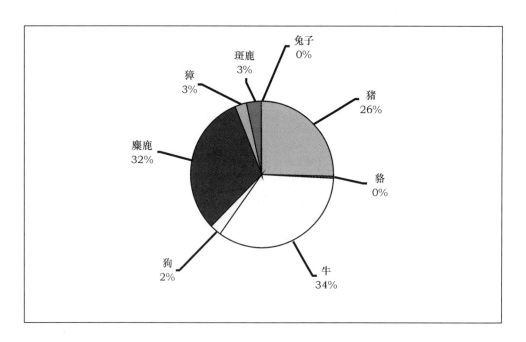

图 6.1－31　阳信李屋 H20 主要哺乳动物提供肉量分布示意图

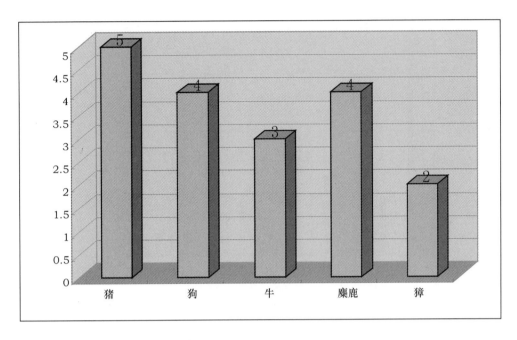

图 6.1－32　阳信李屋 H24 出土主要哺乳动物最小个体数示意图

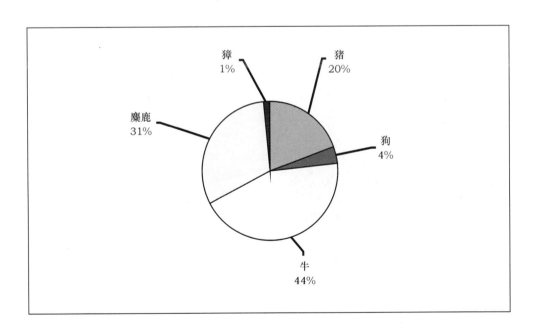

图 6.1－33　阳信李屋 H24 主要哺乳动物提供肉量分布示意图

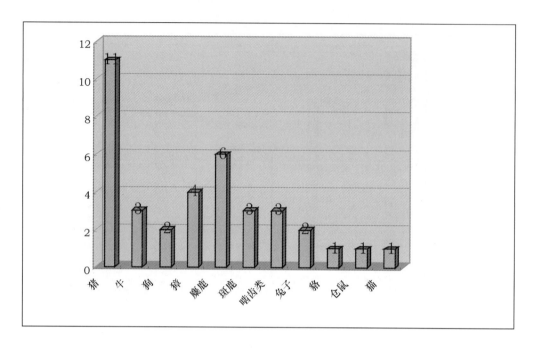

图 6.1－34　阳信李屋 H12 出土主要哺乳动物最小个体数示意图

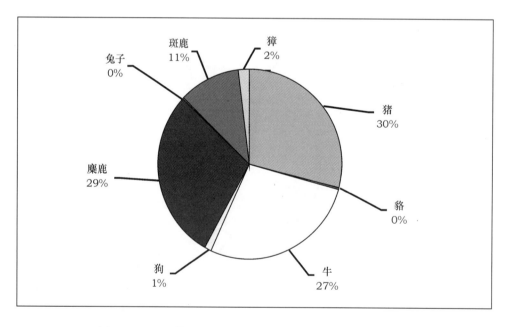

图 6.1－35　阳信李屋 H12 主要哺乳动物提供肉量分布示意图

步说明以大型垃圾灰坑出土的动物骨骼为单位进行统计,其结果应是可信的,相关的分析也是有价值的。M31 出土的动物遗骸,哺乳类动物提供的肉类数量统计表明,殷墟二期阶段,野生动物种类提供的肉量占 53%(不含鱼、蚌类,下同),到殷墟三期下降到37%,说明人们的食肉量中,家养的比重在逐渐上升。隶属于三个社群的三个生活垃圾出土动物遗骸统计表明(H24,清理面积小,出土动物骨骼少,影响了统计结果),各社群食用肉量都偏高。H12 代表的丙区社群食用的哺乳类野生动物比例达 42%(出土的各种鱼类也多未统计在内),高于其他两个社群,而消耗牛肉的比例低于甲、乙社群。三个社群间在食用动物方面的差异,反映的是分工不同还是社会等级差异,还待进一步验证。

此外,李屋遗址虽然发现了较多的牛、猪、狗、鹿类,但这些动物的下颌骨、四肢骨数量少,与其他部位的骨骼相比,明显不成比例,尤其是牛角和长骨却很少,且卜骨中也少见牛肩胛骨。而在距李屋南部近 10 公里处的兰家遗址(见下),发现了骨角器作坊区,骨剩料中有大量牛的下颌骨、掌骨、跖骨、跟骨、桡骨、胫骨。这或可说明李屋聚落内部分牛长骨的流向。制盐遗址比如双王城内出土的动物骨骼内主要是这些动物的四肢骨和下颌骨,研究者认为那里的动物是由内陆带去的成品肉。李屋动物骨骼数据显示,制盐场所内盐工消费的肉类主要是由这一类聚落运入的。

此外,李屋遗址的 A 片区内还出土了两件玉钺残件(见图 6.1-14:5、6)和殷墟一期的原始瓷片。这些贵重物品显然来自外地,并被地位较高的人所拥有。说明生活在李屋聚落内也存在着等级划分。

4. 李屋周围地区的其他遗址

与李屋遗址规模、堆积性质、出土遗物相似的还有沾化西范、阳信棒槌刘、三崔、东魏、雾宿洼、台子杨、滨州秦台、卧佛台、高家、后尹等,这些聚落,分布比较密集,间距多在2～3 公里(见图 6.1-7)。

后尹遗址位于滨城堡集镇后尹村北,北距付家河 2.5 公里,1991 年村民修挖丰收渠时发现。据调查,商周时期文化层堆积较厚,达 1 米以上,出土了鹿角、石镞、蚌镰以及陶鬲、甗、盆形器、罐残片,还见完整陶簋 3 件、罐 1 件及人骨。完整陶器应是墓葬的随葬品。这说明后尹同李屋一样,都存有墓地。出土的陶器表明该遗址的时代为殷墟一至四期、西周早期。

卧佛台又称茅焦台遗址,位于滨城镇西北部。该遗址文化堆积最厚处达 1.5 米以上。所见遗存除了大汶口文化早期和龙山文化外,主要是商周遗物,有折沿、盘口、沿面有凹槽的陶鬲口沿、高实足鬲足、甗足、盆形器等碎片,时代多属于殷墟一至四期。还发现了牛、鹿的臼齿。

高家遗址位于堡集镇高北营村西北 1000 米,文化堆积厚达 1 米以上。发现的商周时期遗物主要是陶鬲口沿、足、甗裆、小口瓮、腹部刻划三角纹的小罐、盆形器口沿、腹部等,时代为殷商时期和西周早期。还见斑鹿和麋鹿角等动物遗骸。

大体看来,这些聚落遗址的商周时期堆积较厚,延续时间较长,一般为整个殷墟时期至西周早期。说明其聚落结构也是比较稳定的。

5. 滨城兰家遗址

位于李屋遗址以南不足 10 公里的兰家遗址[⑮],其聚落规模、内部功能区划分以及出土遗物上均区别于上述李屋、陈家、后尹、卧佛台、高家等遗址。

兰家位于滨州市滨城区堡集镇兰家村东部,东距徒骇河约 1 公里,南临利(津)禹(城)公路,付家河从遗址东部自南向北穿过。遗址最高处海拔 7.1 米,地表上覆盖着 1米厚的淤土。遗址中部高,四周低。经多次调查、钻探和试掘,遗址东西长 500、南北宽250 米,面积约 13 万平方米(图 6.1－36),文化堆积最厚处达 3 米。

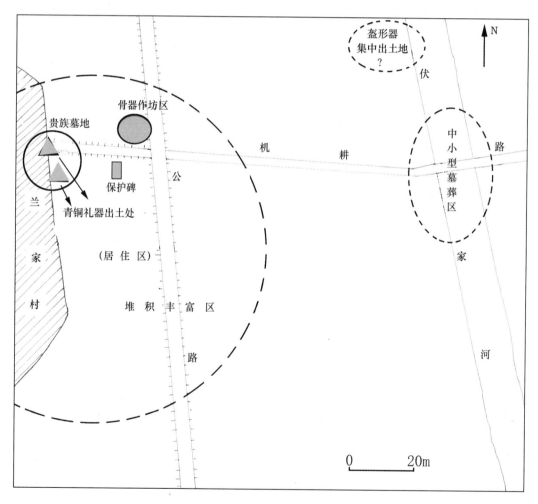

图 6.1－36　滨城兰家聚落布局示意图

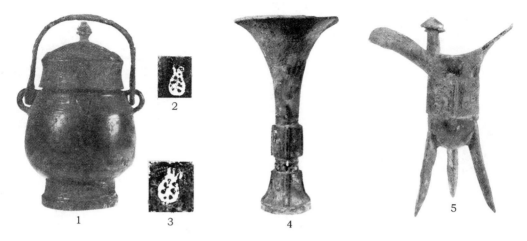

图 6.1－37　滨城兰家遗址出土的部分青铜礼器

1. 卣，2、3. 卣盖、腹内壁铭文符号，4. 觚，5. 爵

　　历年来钻探和试掘表明，遗址中心南部，堆积厚，遗迹丰富，还发现了烧土和生活垃圾堆积，那里应是居住区（见图 6.1－36）。其西北部即保护碑西侧，从上世纪 40 年代以来就陆续出土过完整青铜器、陶器及扰乱的人骨。仅有关刊物和书籍收录的铜器就有卣 1（卣腹、盖上还有铭文）、觚 2、爵 2（图 6.1－37）、带銎戈 2 件、剑（?）1 把，完整陶器有鬲、簋、罐、豆、圈足尊等，时代大体相当于殷墟二、三、四期至西周早期。该区应是贵族墓地（图 6.1－36）。居住区以东 100 米的付家河两岸，村民在上世纪六七十年代修挖河流时，曾经在这一带发现了成片的墓葬，出土了大量完整陶器，有鬲、簋、豆、小罐、中型罐、瓮，还见象牙梳、骨簪等。文物部门在该地清理过一具完整的马骨架（牛?），头向北，系杀死后埋葬，应是殉马（牛）坑或祭祀坑。出土的陶器显示，其年代属于殷墟一至四期，西周早期，延续时间较长，与贵族墓地基本同时。该区应属于平民墓地（见图 6.1－36）。在遗址北部，还集中出土过成堆的骨料、角料、坯料和半成品，有牛、马（?）、鹿、猪肢骨及牛角、鹿角等。滨城文管所收集的标本以截锯牛肢骨节和鹿角废料最多（图 6.1－38）。周围应有骨器作坊区。遗址东北部、兰家村东北部（?）还采集到完整的盔形器，属于三、四期至第五期早中段，但出土的盔形器碎片还有一、二期的。所见盔形器内壁未有白色垢状物，底部也未粘有烧土，与李屋等遗址出土的盔形器一样。说明这一带应为烧造盔形器的制陶区（见图 6.1－36）。目前看来，兰家聚落内部可分若干区，有居住区、骨器作坊区、烧造盔形器的制陶区以及贵族墓地和平民墓地。

　　关于兰家出土铜卣上的铭文或徽识，有学者隶定为"卤"字，即可能与甲骨文中提及的、管理盐业生产的"小臣卤"有关[16]；有学者认定为"甾"字，甾国是商王朝征伐对象，后为商所灭；"甾"本甾缶之象形字，甾氏以制造盛盐之容器为职[17]。但也有学者隶为"叀"，与

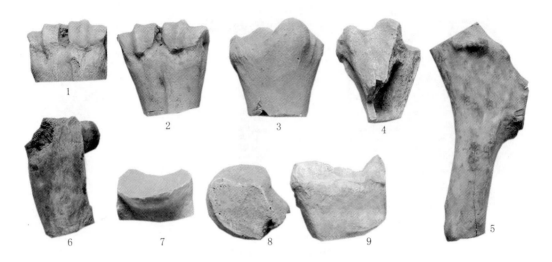

图 6.1-38　滨城兰家遗址出土的部分骨角料

1. 牛距骨远程,2. 牛距骨远程,3. 牛胫骨远程,4. 牛桡骨近端,5. 麋鹿角残块,6. 麋鹿角环部分,7. 牛跗骨,
8. 牛肱骨远程残块或距骨前端残块,9. 牛桡骨远程

制盐无关⑱。

　　总之,兰家与以李屋、陈家等为代表的聚落,分布在同一区域,出土盔形器的数量也较多,聚落性质有些相似。但是,兰家聚落规模大,聚落布局有明显规划,比如有专门的居住区、贵族墓地、平民墓葬区、骨器作坊区和生产盔形器的制陶区。贵族墓葬内还出土了青铜容礼器和兵器,礼器上有族徽符号。以上说明,兰家聚落在等级上要明显高于李屋、陈家等聚落。

　　(三)聚落特点与功能

　　分布在咸淡水分界线两侧即第二分布带的聚落有以下特点。

　　聚落规模不大,一般在1万平方米左右,李屋遗址的发掘表明这类聚落均包含有房屋、院落、窖穴、取土坑、墓葬以及生产、生活垃圾,时间从殷墟一期延续四期,部分聚落还到西周早期。表现的是一个稳定的、长期的生产和生活消费单位。

　　这些遗址内出土遗物比较特殊,比如陶器,不仅有数量较多的生活器皿,而且还有相对多的煮盐工具——盔形器,盔形器所占比重一般在50%左右,个别遗址内比重还要高。盔形器中完整者比较多,但完整者和破碎的器物内壁均无白色垢状物,底部也不见粘贴的草拌泥烧土,也就是说没有二次使用过(即煮盐)。同时,遗址内还多见窑壁、窑汗以及因烧制温度过高导致烧坏、烧溜被、烧变形的盔形器,有些遗址内还发现了陶窑,说明这些聚落为制盐场所专门烧制盔形器。由于滨海制盐场所一带,黏土资源不易获得,加之土壤和地下水含盐量高,不能烧制陶器,所需数量较多的煮盐工具盔形器应来自该地区聚落内。遗址内出土的收割工具如石制、蚌制刀、镰以及加工修理刀镰的工具较多,而掘土工具较少,说明居民收割燃薪活动在日常工作占重要地位,柴薪不仅为了烧制陶器,也是为了煮盐需要。盐工们在秋冬季节要从住地带着工具到草场收割草料,积薪为来年煮盐做准备。

出土动物遗存表明当时居民的肉食来源比较庞杂,除家养的牛、羊、猪、狗外,野生动物占的比例较高,大约在40%~50%左右。动物的种类组成多样,生活在陆地、天空、地中、淡水、海水和咸淡水之间的动物都有一定数量存在。居民的食肉量也偏高。这些显示动物饲养和渔猎活动在生计活动比重较高。值得注意的是牛、猪、鹿类动物骨骼如头骨、肢骨和头骨部分缺少,部分可能运至专门的骨器作坊加工骨器,部分因把屠宰好的肉带到制盐场所消费有关。

李屋聚落的考古工作表明,规模稍大的聚落内存在着几个较为独立的生产和生活社区单位,每个社区单元还可划分出更小的社群单元,每个社群单元各有自己的房屋、院落、窖藏、墓地、生产和生活垃圾倾倒区,也不排除还有各自的制陶作坊区。每个社区的人口包含了成年男女和儿童,人口约数十人,劳力10人左右,这与滨海平原上的一个制盐单元所需劳力相符。如是,包含多个制盐单元的制盐作坊似乎为该区包含多个社区单元的较大规模聚落所拥有。每个社群之间关系是平等的,但社群内有地位较高的人(即拥有高档产品的玉钺和原始瓷器者)可能管理和组织着社群的生产和生活。

几乎每处聚落群内都有一个特殊聚落存在,如滨城、沾化和阳信东部区域的兰家、广饶中部聚落群中的花官,寿光中部聚落群的古城。这些遗址规模大,如兰家遗址面积达16万平方米。不仅也有烧制盔形器等陶器的作坊,还发现随葬青铜礼器、兵器的贵族墓地。出土铜器上的徽识表明,他们分属于不同族群。兰家遗址的资料表明,这类聚落内部结构布局与一般聚落如李屋差异很大,功能区有明显规划,有专门的居住区、贵族墓地、平民墓葬区、骨器作坊区和制陶区。贵族墓葬内还出土了青铜容礼器和兵器,礼器上有族徽符号。这类聚落等级上要明显高于周围一般村落。

以上说明,咸淡水分界线两侧的聚落应主要是盐工夏、秋冬季节及亲属人员生活的居住地,居民专门为滨海盐场所烧制煮盐工具盔形器。秋末冬初,盐工们还自备收割工具从住地出发到盐场周围的草场上刈草积薪。平时饲养家畜、渔猎动物为春季制盐筹备肉食。而像兰家、古城和花官这种等级较高的聚落可能管理和控制着盐业生产,并支配着相关生产与生活的物资分配和流动等。

二　内陆腹地聚落群

与咸淡水分界线同时期的内陆腹地聚落群,分布比较广泛,本章只谈与盐工定居地和盐业生产有直接联系的聚落群。通过正式考古发掘的青州苏埠屯墓地与田野考古工作较多的桓台西部聚落群,将是本节讨论的重点。

(一)莱州湾南岸内陆腹地

大体可分博兴、广饶中南部、临淄北部,寿光、寒亭南部,青州北部等若干聚落群。青州市以苏埠屯为中心的东北部及桓台西部聚落群,虽然距产盐之地和盐工居住聚落群稍远些,但这里考古工作开展较多,因而可以此为典型,详细剖析一下内陆腹地殷墟至西周早期的聚落分布、规模、内部结构与聚落功能、等级划分等诸问题,故予以单独介绍。

1. 博兴、广饶中南部及临淄北部的聚落群

博兴南部地跨小清河两侧,属于山前平原与黄泛冲积平原的交接处,多数遗址未被淤土覆盖。目前,在 400 平方公里区域内已发现了寨卞、贤城、东关、顾家、柳舒、村高、鲁刘、西辛安、东河、马兴、西郑、新贾、董官、店子、张王、柳童、利代、利城、大肖、辛耿、东鲁、辛张、椒园、院庄北、北营、兴和、兴益等[19]30 多处殷墟至西周早期聚落遗址(图 6.1-1),个别遗址还能早到中商时期。其中,博兴境内小清河北部因被淤土覆盖,仅发现 7 处,在空间上与黄河三角洲地区刘庄、刘集盐业聚落群以及曹家、兴合聚落相对应。笔者曾翻检了博兴利城、鲁刘、大肖、东鲁、辛耿、辛张、院庄、北营等遗址的调查资料,这些遗址出土的标本有殷墟各时期的陶盔形器、鬲、甗、足、簋、豆等。

广饶中南部(主要是西南部)已发现了五村、傅家、荣庄、西卧石、东卧石、西殷古城、营子、牛家、钟家、前安德、西杨庙、西辛张、北卧石、韩琚、晋王、赵寺、西华村、小张、东辛张、大张、东水等 40 多处殷墟时期至西周早期聚落遗址(图 6.1-1)[20]。它们与博兴西北部小清河两侧的盐工定居地连成一片,组成了庞大的聚落群。笔者曾观看了广饶营子、北卧石、西殷古城等遗址历年来出土的标本,发现这些遗址出土殷墟一、二期的盔形器和生活器皿多些,其他时期少些,这可能与调查者采集的样本有关。西华村还出土一件商代青铜戈,有阑、直内式,三角援较宽、细长,刃部使用痕迹明显。戈通长 21.6 厘米[21]。该铜器可能出自贵族墓地内,如是,该地属高等级的聚落。

从空间位置看,广饶西南部、博兴东南部的聚落与广饶中北部和博兴东北部咸淡水两侧盐工定居地聚落群相连接,其间很难划出明显的界线,它们应与东赵—王家岗、坡家庄等盐业聚落群的关系比较密切。

此外,与广饶南部、博兴东南部接壤的临淄北部地区,也发现了一批商代(也出土盔形器)聚落遗址,如杜家、槐行西北、田旺西路北、西路西北、南罗村、义和村、卢(芦)家营、东古村、曹村、阚家、后李、褚家、王庄、大蓬科、双庙、尧王庄、桐林等 20 多处[22]。这些遗址与广饶南部和博兴东南部的聚落连成一体。其中,桐林等遗址还包含了早中商时期遗存。在田旺西路西北遗址中部,曾发现一座陶窑,平面呈椭圆形,直径 1.50 米,内堆满草木灰、烧土,还有烧好的陶鬲(该遗址面积仅 2000 平方米,可能是制陶作坊区)。

从空间分布看,多数聚落遗址间的距离仅 2 公里,非常密集。由于考古工作较少的原因,目前,根据其空间布局还无法分出规模较小的组群。

位于小清河北岸的博兴寨卜和东关聚落遗址还进行过田野钻探和发掘工作,可以了解这类聚落的堆积内容等情况,下面予以单独介绍。

寨卜遗址位于博兴县寨郝镇寨卜村北小清河北岸,溢洪河从遗址中部穿过。文物部门多次进行过调查和钻探,2002、2004 年、2008 年,山东省文物考古研究所等单位对该遗址进行了调查、钻探和发掘工作。系统调查和钻探范围超过 1.5 平方公里,清理面积达上千平方米(图 6.2—1)。

该遗址包含了龙山、岳石、商周、金元时期的遗存。殷墟时期至西周早期遗存的分布范围较大,面积达 45 万平方米。殷墟一、二期阶段遗存分布东部,面积在 14 万平方米,三、四期阶段遗存西北部,面积约 12 万平方米,商末周初遗存位于西南部,面积约 15 万

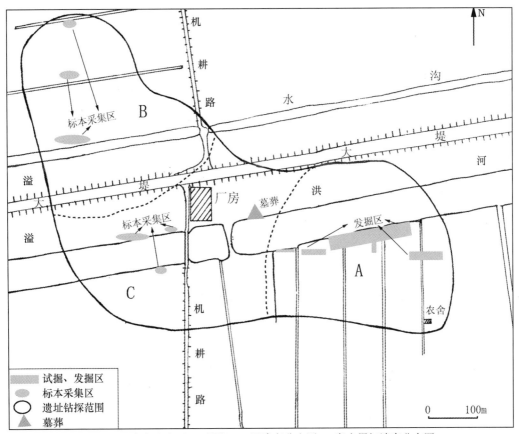

A.殷墟一、二期遗存分布区 B.殷墟三、四遗存分布区 C.商末周初遗存分布区

图 6.2—1 博兴寨卜商代至西周时期不同阶段遗存分布示意图

图 6.2－2　博兴寨卜遗址出土的青铜器

1. 鼎,2. 鼎腹上兽面纹,3. 爵

平方米。这说明,聚落在不同时代的位置是不一样的,聚落曾有过几次迁移(见图 6.2－1)。文化堆积厚约 1 米,出土陶器以生活器皿鬲、甗、盆、罐、瓮为主,还见少量的盔形器碎片。1970 年邹平村民修挖溢洪河时,曾发现过墓葬,出土了殷墟三期的青铜鼎、爵(图6.2－2)和一批青铜镞类。这些显示出该聚落等级较高,应是该区域的中心聚落之一㉓。

东关遗址位于山东省博兴县博城镇东关村南,寨卜遗址以西 3 公里处,南临小清河,小清河分洪道溢洪河从遗址南邻穿过。经过考古多次调查和勘探,证实遗址东西 200米,南北 180 米,面积近 4 万平方米(图 6.2－3)。遗址中部高、四周低,由中心向四周呈缓坡下降。

遗址西南部水塘两侧,曾发现过成堆的商代鬲口沿、鬲足、豆、罐、簋、盔形器残片。我们于 2004 年秋天在遗址南部作过试掘。2008 年,山东省文物考古研究所等单位为配合南水北调东线工程在遗址东北部进行了发掘,清理面积 2500 平方米㉔。

商代遗迹有灰坑、房址、灶坑、灰沟、大型堆筑(建筑)工事等。灰坑多见圆形和椭圆形,直壁、平底,多为废弃的窖穴。房址平面形状呈方形。墙体有两种建筑形式,挖基槽、内立木柱和版筑墙体。室内地面平整坚实。灶坑为近圆形,位于房址东墙一侧。遗址边缘发现了大型堆筑工事,由内侧到外侧逐次逐层堆筑,土层采自遗址上的文化层和遗址下的生土层,逐层交互迭压,层层夯打加工形成,可能是当时为维护聚落所做的建筑遗迹,也可能为具有防御功能的设施。

出土遗物包括陶石骨角器,陶器有鼎、鬲、盆、罐、豆、壶、簋、盔形器等器形,以鬲、盆、罐、豆 为主;石器主要是刀、镰、戈等。由出土陶器来看,多数属于殷墟一、二期。在遗址西南部水塘两侧还见殷墟三、四期的遗物,说明该遗址延续了整个殷墟时期。

据记载,晚商时期,博兴一带逢伯陵和薄姑国。薄姑还成为不服周人统治反叛的东

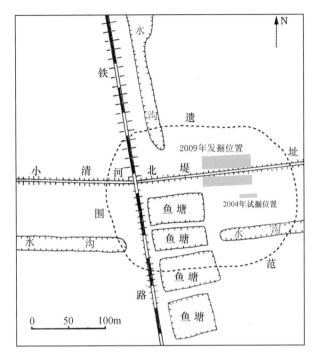

图 6.2－3　博兴东关遗址范围及发掘位置示意图

方大国象征之一,先秦和两汉人有关文献里记录表明,周初,薄姑曾参与管叔、蔡叔、武庚、商奄发动的叛乱,因而被灭⑤。薄姑灭亡后,齐胡公还迁都至薄姑⑥。陕西宝鸡戴家湾出土的一件方鼎上有"隹(唯)周公于征伐东尸(夷),丰白(伯)、尃古咸哉"铭文,宝鸡周公庙出土甲骨文中也有征博古的记录⑦,学者多认为博古就是文献中的薄姑⑧。

关于薄姑的地望,《史记正义》引《括地志》"薄姑城在青州博昌县东北六十里",《水经注·济水注》:"济水又径薄姑城北",《后汉书·郡国志》"博昌县有薄姑城",引(陆澄)"《地理书》曰:'薄姑故城在临淄县西北五十里,近济水'"。杜预在《左传·昭公九年集解》云:"乐安博昌县北有薄姑城",(清)顾祖禹《方舆纪要》也说,薄姑城在博兴县东北十五里。因此,学界多认为博兴寨卜或以北5公里的贤城(媊),就是薄姑和逄伯陵都城所在。寨卜遗址多次考古发掘表明,该遗址内所见古城属于战国时期,未见西周中晚期堆积,显然与文献所说薄姑曾为西周中期的都城不符;殷墟时期聚落规模较大,还出土过青铜礼器和兵器,虽是该地区的重要聚落,但若认定为薄姑城的可能性也不大。从位置上看,该遗址位于现小清河(有学者认为小清河即古济水河道)北岸。综合各方面来看,古济水下游与现代小清河走向基本一致,但位置应在其以北的支脉河两侧。据调查,位于寨卜遗址以北5公里、支脉河以南的贤(媊)城遗址,面积在上百万平方米,还钻探出夯土城墙,遗址内堆积主要属于晚商、西周和战国时期⑳,位置也在古济水北。看来,贤(媊)城

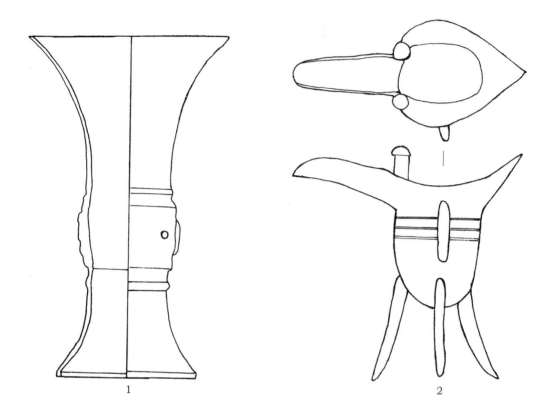

图 6.2－4　寿光桑家庄出土青铜觚和爵

属于薄姑城的可能性比较大。如是,该地区应有更高等级的聚落——薄姑国都。

2. 寿光、寒亭南部、青州北部等聚落群

与寿光中部咸淡水分界线聚落群相连接的寿光南部和青州北部地区,这里大约聚集了 60 余处殷墟时期至西周早期的聚落(图 6.2－4),尤其是寿光西南、青州东北地区最为集中。寿光桑家庄出土了青铜觚、爵(见图 6.2－4)、戈等③,似是墓葬随葬品,时代在殷墟二期晚段;青州于家出土 1 件青铜爵,鋬内有"父己"铭文④,年代为殷墟三期,这两个聚落拟是该区域的中心之一。该区聚落群在空间分布上与寿光北部双王城－大荒北央、广饶东北地区的东北坞－南河崖等盐业聚落群相对应(见图 6.2－4)。这些聚落分布非常密集,因考古工作的限制,目前还无法分出更小些的组群。由于工作较少的原因,目前,在寒亭南部地区仅发现了 5 处聚落,这些遗址在空间上大约与央子盐业作坊群和报庄子、前岭子聚落(群)相对应(见图 6.2－4)。

3. 青州东北部的聚落群及苏埠屯墓地

青州东北部与寿光接壤区,在弥河两岸 120 平方公里内,以苏埠屯墓地为中心,周围集聚了马宋、郝家庄、韩家、北霍岭、房家、肖家、李家、张家河圈、老刘、董家、张晁、大赵务、大兴刘、董家等20余处殷墟时期至西周早期聚落(图6.2-5),平均不足6平方公里就有一处[32]。笔者在郝家庄发掘期间,曾对郝家庄、韩家、肖家等遗址进行了调查,所见遗存年代从殷墟一期延续至西周早期。其中,在肖家和郝家庄遗址还见商代较早时期的遗存,肖家曾出土过代表军事权力的铜钺,可能是那个时代的中心聚落。

　　苏埠屯墓地位于青州东夏镇苏埠屯村东的土岭上,20世纪30年代,墓地南北约300、东西约200米,面积6万平方米;但由于多年的破坏,到70年代只存南北200、东西100米,面积2万平方米。历年出土了大量青铜器。经过多次调查、发掘,目前,已经发现了至少15座墓葬,两座车马坑[33](图6.2-6)。但多数墓葬早年被盗,有些墓系村民掘出,故相关资料不太完整。其中,带四条墓道的大墓1座(M1),两条墓道的"中"字形大墓1座(M2),一条墓道的"甲"字形大墓5座(?)。其布局以位于土岭中心最高点最大墓葬

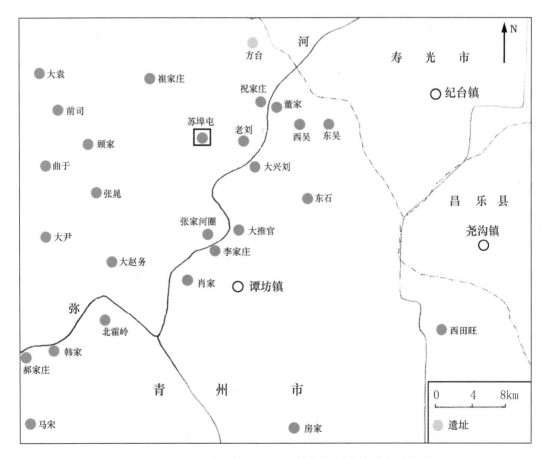

图6.2-5　青州东北部商代遗址群(苏埠屯周围)分布示意图

(据《中国文物地图集—山东分册》(上)第215页改绘)

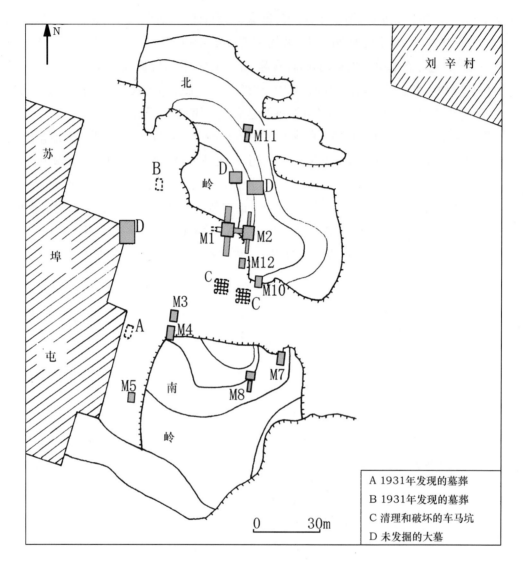

图 6.2－6　青州苏埠屯墓葬分布示意图

（据历年来公布的资料绘制）

M1、M2、车马坑及村东水塔下还有一座大型墓为中心（中轴线），其他各等级的墓葬则位于其南北两侧（见图 6.2－6）。根据墓葬出土的徽识符号，苏埠屯墓地至少存在着三个族氏集团。

一是"亚醜"族氏，已确定三座墓，即 1931 年在村东北发现那座墓、1965、1966 年发掘的 M1 和 1986 年清理的 M7。从空间分布上看，M2 及 M1、M2 南部的两座车马坑可能属于这一族氏。

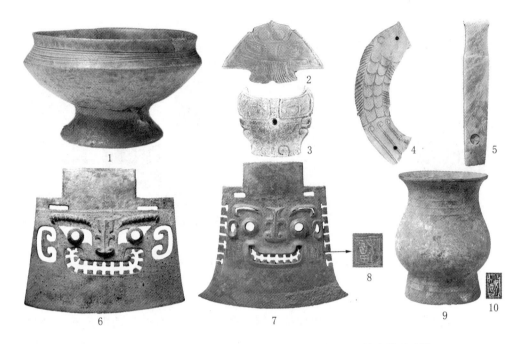

图 6.2—7　青州苏埠屯墓葬出土的铜钺、觯及徽识、原始瓷器及玉器

1～4. 原始瓷盂、玉鸟、兽面饰、玉鱼(M2?);5. 玉柄形饰(M1:35);6、7、8. 钺及徽识(M1:1、2);

9、10. 觯及徽识(1931 年墓)

　　1931 年春,在村东北发现一座墓,出土一组铜器,计鼎、爵、觯、瓿、戈、斗各 1 件,镞 2 件,觯圈足上有"亚醜"徽识(图 6.2—7;9、10),爵鋬内还有"天(?)"徽识。

　　M7,为竖穴土坑墓,长 3.65、宽 2.6、深 2.9 米,有棺椁葬具,生土二层台上殉 3 人。随葬品有铜器、陶器、石器和贝壳,计 35 件。其中铜器 16 件,酒食器 8 件,计鼎 1、簋 1、瓿 3、爵 3 件,其中 1 件瓿和爵上有亚醜徽识(图 6.2—8),兵器戈 7 件(图 6.2—13:2、3、4)。陶器共 12 件,计瓿 1、爵 1、圈足盘 1、豆 1、簋 1、中罐 2、小罐 5 件等(图 6.2—9:1～6、8、9、12)。

　　M1,墓室长 15、宽 10.7 米,底部长 9.45、宽 5.9 米,深 8.25 米。有四条墓道,保存较好的墓道存长 26.1 米,宽 2.7～3.2 米(图 6.2—10)。墓室中部有"亚"字形椁室,长 4.55、存高 3 米。椁室下有两个埋人和狗的腰坑和奠基坑,后者规模较大,长 1.9、宽 1.8、深 3 米,坑内中部跪立 1 人,面向北。墓内腰坑、奠基坑、二层台上、门道内殉人 48 位,狗 6 只(图 6.2—11)。门道内殉人和殉狗比较集中,上下叠亚三层,上层人骨架和头骨各一具,狗 1 只,中层人头骨 24 个,放置比较杂乱,有的头骨还连带着几节脊椎骨,应为杀祭人牲。下层殉人 13 位,西半部排列整齐,东半部比较紊乱。墓葬内早年多次被盗,仅存铜器鼎、方鼎、方罍、爵(以上均残)、戈、矛、镞、巨型铜钺等(图 6.2—7:6、7)。锛、戈、爵及

图 6.2－8　青州苏埠屯 M7 出土的部分青铜器
1～6. 鼎、簋、瓿、"亚醜"徽识、爵（M7：2、1、4、6、7）

钺上均有"亚醜"徽识。象征军权和身份的钺 2 件，器体硕大，钺身透雕人面纹，眼珠外凸，牙齿显露，面部狰狞。M1：1，刃宽 35.8、肩宽 30.7、高 31.8 厘米；M1：2，刃宽 34.5 厘米，高 32.7 厘米，一侧有"亚醜"徽识。随葬陶器有瓿、圈足盘、罐、盉、圈足缶等（图 6.2－9：7、10、13），玉器有钺、戈、鱼、琮、柄形饰（图 6.2－7：5）等。二层台上的殉人墓内还出土镶嵌绿松石和金箔的物件。

M2 紧靠 M1 东侧，为两条墓道带"中"形大墓道，规模小于后者。早年被盗。发现殉葬 13 个头骨，在墓室四角各有 1 盾、1 戈，其中，最大的那件戈，长 41 厘米，镂孔曲内，非常精美，出土印纹硬陶缶、原始瓷器盉、玉玉鸟、兽面饰、玉鱼等（图 6.2－7：1～4）。

1965、1966 年在 M1 南部清理车马坑一座，1973～1978 年在 M1、M2 之南采集一批车马器，计铜车饰 4、车軎 7、车辖 7、车軏 8、马面饰 8、马镳 16 件，整理者根据其组合，估计车马坑内不少于 4 车 8 马。

M1 是目前所发现的安阳殷墟以外的唯一——座带四条墓道的墓葬，也是规模最大、规格最高、殉人及杀祭人牲最多的大墓。

李海荣先生在有关文章中收录了带有"亚醜"青铜器 103 件，其中，鼎 23、簋 9、甗 2、瓿 6、爵 10、斝 1、尊 13、卣 7、觯 3、觥 3、方彝 4、壶 1、罍 5、盉 1、铙 2、钺 1、矛 9、锛 1 件等，时代集中于殷墟三期至西周早期[34]。估计多数铜器就出土于苏埠屯墓地。而成组的方形铜容器如方鼎、方爵、方尊、方罍、方彝、方瓿、方觥、方簋、方盉，多被看为贵重礼器，代表着拥有者的较高身份等级，这些方形礼器可能就出土 M1 内。

二是"作册融"族氏。

目前仅发现一座墓，M8。墓室长 7.5、宽 6.5、深 4.46 米，带有斜坡墓道，墓道长

图 6.2—9 青州苏埠屯墓葬出土的陶器

1～6、8、9、12. 豆、觚、小罐、爵、小罐、小罐、簋、圈足盘、大罐(瓮)(M7：22、21、28、20、26、23、25、30、19)；7、10、13. 觚、罐、盆(M1：68、67、65)

9.7、口宽 2.1～2.4 米，葬具为两椁一棺。随葬品非常丰富，共有 312 件，有铜、陶、玉、石、骨、蚌器等。铜器的数量和种类最多，分为酒食器、乐器、兵器和工具杂器。其中，酒食器有鼎 5(方鼎 3、圆鼎 2)、簋 1、斝 1、觚 2、爵 4、尊 1、觯 1、罍 1、卣 1、斗 1 件。铜容礼器上均有“融”或“作册融”徽识(图 6.2—12)。乐器有大小依次递减的铙 3 件(图 6.2—12：12～14)，铃 8 件。兵器 235 件，有钺 2、矛 10、戈 16、卷首刀 2(图 6.2—13：1、5、6、8)、弓柲 1 件，其余均为镞。工具杂器 28 件，有凿、锛、斧、刀、削等。陶器仅修复 3 件，簋、大罐、小罐各 1 件。玉石器有玉柄形饰、兽饰、石磬等。

该墓随葬品中，兵器数量最多，占整个随葬品的 70％以上，占铜器的 90％以上，说明该墓主人生前对兵器的重视。墓主人为“作册融”，“作册”在商周时期表示一种官职名称，能参与各种重要政治活动，地位稍高。

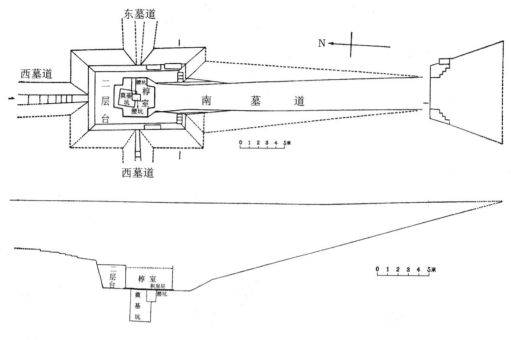

图 6.2—10　青州苏埠屯 M1 墓葬平面图

三是"藝"族氏。

仅见于 1931 年村东部发现的一座墓,出土的一组铜器,有方鼎 1、盉 1、角 2、觚 2、觯 1、盘 1、卣 1 件,还有兵器等,容礼器上均有"乍藝从彝"(图 6.2—14)。"藝"作为族徽铭识出现在殷墟三四期至西周早期,殷墟也有出土[35],藝从应属于"藝"族氏。

这三个族群中以亚醜族氏等级最高,次为作册融和"藝"族氏。

关于苏埠屯墓地的时代,发掘者和研究者一般看作商代晚期,有学者认为墓葬主体属于西周初期到西周中期[36],有学者定为殷墟三期至殷墟四期早段[37]。但是,M1、M7 等墓都出土了陶爵、觚、圈足盘等殷墟商文化标志性器物,时代应为殷墟三期晚段至四期。M2 及北部残墓出土了西周早期的原始瓷和印纹硬陶器,附属 M2 的车马坑还出土了典型周式车马器銮,有些害、辖饰也具有西周早期的特点,这些墓和车马坑的时代应为西周早期。M8 出土了的雷纹地乳丁纹簋,这种周式铜器,流行于先周和西周早期,因而其时代可定为西周早期。M11 和"藝从"墓的年代也在殷墟四期至西周初期之间。总之,目前所见苏埠屯墓地资料的年代应在殷墟三、四期至西周早期。

关于苏埠屯墓地主要是 M1 墓主人的身份,发掘者认为商王朝诸侯方伯之类的人物[38]。而有些学者定为东夷薄姑国的首领[39],或者为西周早期的齐侯及贵族[40]。

甲骨文中有关于"亚醜"族氏东封建国的记录,苏埠屯 M1 是除了安阳殷墟以外的唯

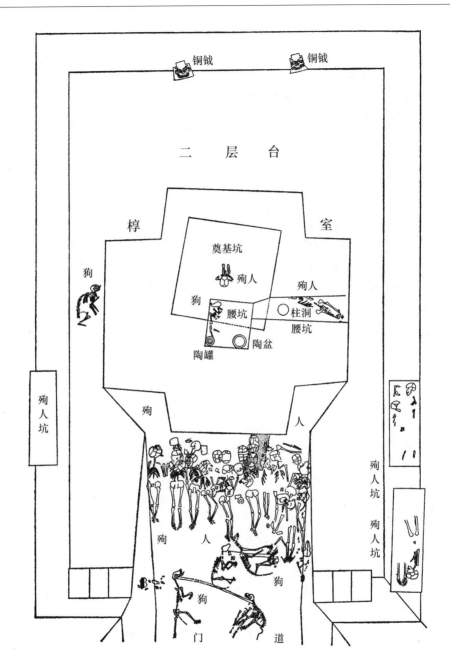

图 6.2—11 青州苏埠屯 M1 墓室平面图

——座带四条墓道、"亞"字形椁、殉人(含杀祭人牲)最多、埋葬规格最高的墓葬。苏埠屯应是来自商王朝并受王朝控制下的诸侯国(封国)墓地,有规格很高的亚醜侯伯和亲属的墓葬,有从属官员作册"融"族氏的墓葬,还有其他贵族如"藝从"族氏贵族墓葬。

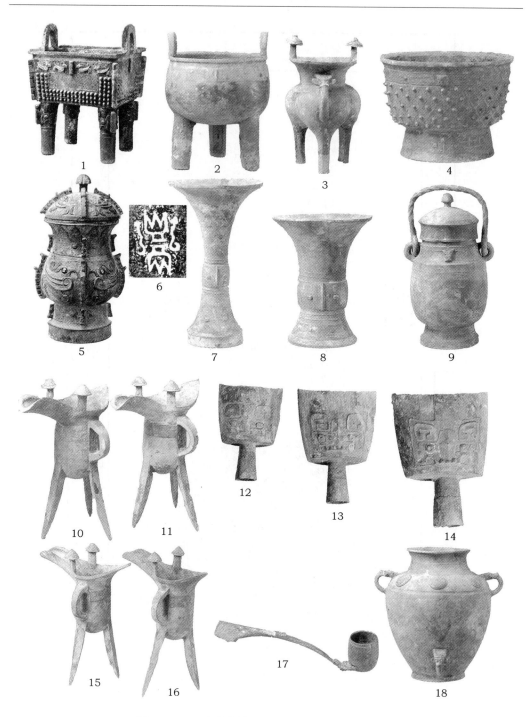

图 6.2—12　青州苏埠屯 M8 出土的部分青铜器①

1～18. 方鼎、圆鼎、斝、簋、觯、"融"徽识、瓿、提梁卣、爵（2）、铙（3）、爵（2）、勺、罍

（M8：13、16、1、12、9、17、8、11、6、4、28、27、26、5、7、33、10）

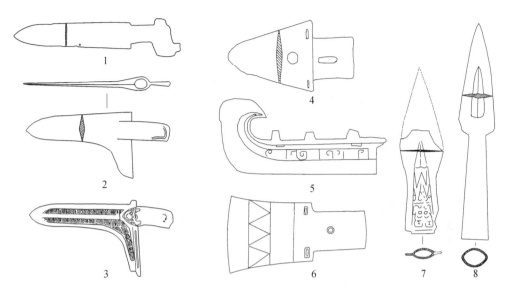

图 6.2—13 青州苏埠屯墓葬出土青铜兵器

1、5、6、8. 戈、卷首刀、钺、矛(M8：42、53、30、64)；2、3、4. 戈(M7：15、10、16)，7. 矛(M1：29)

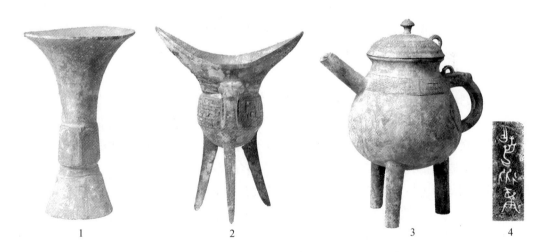

图 6.2—14 青州 1931 年苏埠屯村东北墓出土的部分青铜器

1. 觚，2. 角，3、4. 盉及铭文

苏埠屯地理位置非常重要，以东 60 公里即为潍河东部胶莱平原和胶东半岛，那里是当地文化会泉庄和芝水二期遗存的分布区，以北的沿海平原上有多处规模巨大的盐业聚落群(如双王城、东北坞、央子和杨家庄等)。苏埠屯一带无疑是殷墟时期整个莱州湾南岸中东部地区的政治、军事、文化、管理中心。

4. 桓台县西部聚落群

桓台县紧靠博兴西南部,虽然距盐业聚落群、咸淡水分界线两侧的聚落群稍远些,但这里考古工作开展较多,因而可以此为典型,予以详细讨论[42]。

(1)地理位置与工作概况

桓台县位于泰沂山地以北,小清河以南,地处山前洪冲积与黄泛冲积平原的交接处。地势南高北低,由西南向东北倾斜,略呈微波状,海拔 29.5 至 5.7 米不等。南半部分布着缓岗和微斜平地(平原),北部为湖洼地。适宜种植五谷的褐土(俗称立黄土)、潮褐土、潮土(俗称两合土)、砂礓黑土广泛分布在缓岗和平原地带,湿潮土和盐化湖土则集中在湖洼地带。小清河自西向北穿过其北境;发源于南部山区的乌河、东猪龙河、西猪龙河、孝妇河自东至西穿过境内腹地注入马踏湖、小清河。境内地下水蓄量大,埋藏浅。总之,桓台县境内地势平坦,气候适宜,水资源丰富,土地肥沃,土地利用率、垦殖数较高,农业发达,素有"鲁中粮仓"之称,是北方地区的著名吨粮县(亩产超 1000 公斤)。位于山前平原的桓台南部地区还是古代东西交通要道。考古勘察和发掘表明,目前所发现的商周时期遗址主要集中于桓台西南部缓岗(高埠)和平原地带。

桓台西部作为一个区域进行重点考察的原因,一是地势稍高,海拔 10～30 米,地表未被淤土覆盖,遗址得到了充分暴露;二是通过几十年来的考古田野工作,遗址的数量、规模、分布情况已基本搞清,在田庄、唐山、果里乡镇 150 平方公里范围内发现殷商时期遗址 9 处,平均每 16 平方公里就有一处,形成一个密集的聚落群;三是多数遗址虽受到较大破坏,造成了不可挽回的损失,但从另一个角度而言,遗迹、遗物得到充分暴露和出土的丰富遗物,有利于加深对聚落诸层面的了解;四是各级文物考古部门做了大量田野工作,在史家、唐山、李寨、新城等商周遗址进行较大规模抢救发掘,清理面积近万平方米,获取了大批考古材料,对商周时期聚落的年代、文化面貌、堆积性质、聚落布局等有了大致了解;五是在田野考古工作中,文物工作者自始至终紧紧围绕聚落形态研究这个课题,并运用聚落考古的理念来指导田野调查、钻探、发掘和整理工作,不仅在桓台南部唐山、果里、侯庄乡镇一带 100 公里范围内进行了系统考古调查和钻探,还有选择地对前埠、唐山、李寨等遗址作了发掘。

(2)各时期聚落情况

通过多次考古工作,已对桓台西部各时期的聚落情况有了大致了解。目前最早的遗存为大汶口文化中、晚期,共有李寨和前埠遗址两处。龙山时期,聚落和文化突然繁荣起来,已发现聚落 11 处。文化堆积厚,遗迹丰富,聚落结构相对稳定。

至少在 6 遗址内发现了岳石文化晚期遗存。这个时期聚落数量虽多,但堆积薄,遗迹少,出土物也不太丰富。史家遗址清理了 1 口木构架水井,非常有特色,也较特殊。木构架呈"井"形,用长条形木材交叉迭架而成,整个井保存有 29 层,深 3.7 米。井内出土

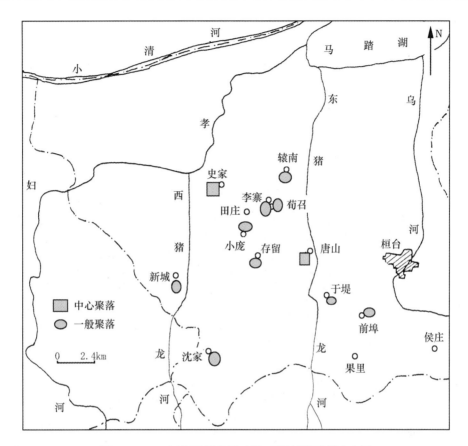

图 6.2—15 桓台西部殷墟时期、西周早期聚落分布图

(据《东方考古》第二集 170 页改绘)

完整陶罐、壶上百件余件及刻有 5 字(符号)的卜骨 1 件。

目前,在该地区没有发现早中商时期的聚落,但在殷墟时期,桓台西部是另一个发展高峰时期,已发现遗址 11 处(与龙山文化持平)(图 6.2—15)。这个时期聚落稳定,文化堆积厚、遗迹、遗物丰富,时代从殷墟一期延续至四期。

西周时期,聚落比较复杂。大体而言,殷墟时期多数聚落延续到西周初期。但是西周中期以后聚落数锐减。

(3)唐山遗址

位于唐山镇唐山村西部的高岗上,东南距于堤遗址仅 2.5 公里,西距存留遗址 3 公里;西北至李寨、小庞遗址 3.5 公里。遗址中心位于高岗的最高处,海拔 19～23.4 米,高出周围 4 米以上。遗址北半部被砖厂取土破坏。自 80 年代后,文物部门对遗址曾作过多次调查、钻探和发掘工作。桓台县文物部门在遗址中、西部揭露面积达数千平方米。2001 年春季,山东省文物考古研究所在遗址西部清理面积 200 平方米。在北部断崖上,

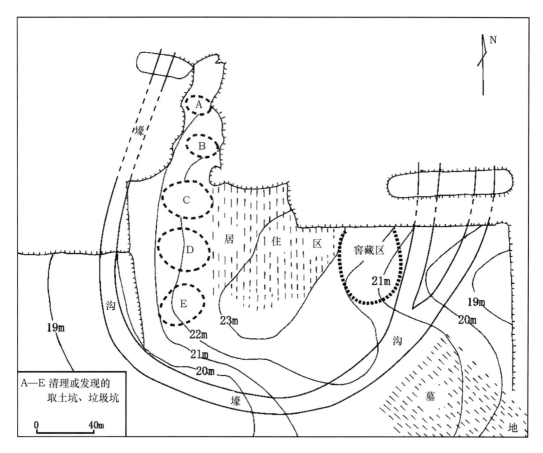

图 6.2－16　桓台唐山商周时期聚落布局示意图

(据《东方考古》第二集 187 页改绘)

铲刮长度累计超过 150 米。

壕沟大体位于海拔 20 米以上的范围内,现存南半部。壕沟平面大体呈椭圆形,保存长度 550 米。南北存长 240 米,复原长度在 340 米左右,东西长 220 米,壕沟以内残存面积近 3 万平方米,估计原聚落面积 6 万平方米左右(图 6.2－16)。在西南部、东部解剖的探沟表明,西南部有不同时期壕沟 7 条,编号 G101～7,其中 G101 条为西周早期,东部有壕沟 6 条,编号 HG1～6。系不断疏浚和拓宽由内向外清淤、扩修而成。TG101 处,保存较好的 G102,宽 8.3 米,深 1.8 米,G105、107 最深近 4 米。壕沟底部近平,内、外坡壁陡直,个别地方近似垂直。TG1 处(图 6.2－17),保存较好的 HG1 最宽,达 14 米,其他复原宽度在 8 米上下,HG1、2、4、6 最深约 5 米。HG1 外坡壁斜直,HG1、2、3 内壁稍缓,而HG4、5、6 内坡壁陡直。在下挖疏浚、向外拓宽过程时,往往在前一个沟的内壁坡堆放黄色沙土,经过加工使之坚硬,有的经过层层夯打,如 HG2 的壁坡,形成新沟的内壁。由于

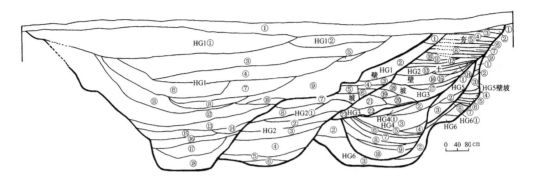

图 6.2—17 桓台唐山遗址商代壕沟(TG1)剖面示意图

(采自《东方考古》第二集 188 页)

①表土 HG1:①黑色黏淤土 ②硬质灰土 ③松软灰土 ④灰白淤土 ⑤硬质灰土 ⑥黄黑五花淤土 ⑦灰白淤土 ⑧黄褐色淤土 ⑨硬质灰土 ⑩灰黄褐色淤土 ⑪黄土 ⑫硬质灰黑土 ⑬黑灰土 ⑭黄黄土 ⑮黄褐色土 ⑯黑褐色土 ⑰黄色粉砂土 ⑱浅黄色粉砂土 HG1 壁坡:①黄褐色粉砂土 ②灰褐色土 ③~⑧黄土(以软硬程度划分) HG2:①黄黑土 ②黑褐色土 ③黄色粉砂土 ④灰黄色土 ⑤黄黑色土 ⑥黄色粉砂土 HG2 壁坡:①~⑰黄褐色夯土 HG2⑱、⑲、⑳、㉑、㉒、㉓黄土 HG4:①黄色粉砂土 ②灰黄五花土 ③~⑩黄色粉砂土 HG5:1①灰黑土 ②黄褐色粉砂土 ③黄色粉砂土 HG5 壁坡:①~③黄土 ④~⑥黄灰土 ⑦~⑧灰褐色土(以软硬程度划分) HG6:①黄黑土 ②黄色粉砂土 ③黄褐色粉砂土

遗址位于高岗地的中心,中部高,四周低,聚落内的自然和文化堆积很容易流入壕沟内,因而沟内填(淤)土由内向外倾斜,内侧厚,外侧薄。填土上部多为灰土和灰白色淤土、淤沙,下部多黄色或黄褐色粉沙土,质地纯净,包含物较少。

此外,西周初期的壕沟在南部是紧靠商代壕沟向南扩修,而在东部是在商代壕沟以东 25 米处新挖而成。

从历年来调查、钻探、发掘的材料分析,商代壕沟以内的布局大体比较清楚。中部文化堆积最厚,一般在 2 米左右,发现成层的烧土堆积、夯土、水井、方形窖穴等遗迹,说明这里是居住区。东部堆积薄,但发现较多的圆形、椭圆形灰坑和窖穴,这里应是储藏区。居住区西部的灰坑、灰沟大且深。在遗址西部清理的 H122,钻探长近 20 米,宽 15 米左右,深度在 3 米以上,面积超过 300 平方米,出土的陶器时代为殷墟文化一期。桓台县博物馆在西北部清理的两个大灰坑,平面呈不规则形,长度超过 20 米,宽度约 8 米,底部凹凸不平,底部周缘因取土还形成一些圆形、椭圆形小坑。填土堆积、出土物种类与 H122 近似,但时代为殷商三、四期。在西南部调查时也发现了这种类型的灰坑、灰沟,时代为殷商二期。说明聚落西部为建筑取土区以及生活、生产垃圾倾倒区。在壕沟外东南部发现完整的青铜爵、陶簋以及人骨,桓台县博物馆还清理了 2 座残墓,说明该地域应为墓葬区(见图 6.2—16)。

唐山遗址出土了大量商代陶器(片),有鬲、甗、甑、假腹豆、浅盘豆、盘、圜底罐、盔形器、罐、瓮、簋、盆等。H122 出土石器 20 余件,均为成品,有斧、舌形铲、刀、镰、镞、石球等,其中石镞的数量最多。骨器铲、镞数量多,也有特色。

H122,清理长度为 10 米、宽度在 5 米以上,深 3.5 米,清理面积超过 50 平方米。坑内填土堆积有 6 大层,出土了丰富的动物遗骸和陶制品,为典型的生活垃圾堆积。该坑填充物可能是聚落全体居民在较短的时间内倾倒的生活和生产垃圾。发现的动物遗存共 651 件,包括骨器 13 件、角器 4 件,卜骨 20 件、卜甲 7 件。均出自于灰坑的前五层。可鉴定标本数 606 件,代表了至少 76 个个体。动物种类包括黄牛、猪、狗、羊、麋鹿、斑鹿、龟、文蛤、青蛤、杜氏珠蚌、薄壳丽蚌、剑状矛蚌、细纹丽蚌、细瘤丽蚌、鱼形楔蚌等[③](图6.2-18)。

黄牛,在各层内均有发现,其中 3、4 层数量最多。发现的材料包括有保存比较完整的角,上下颌骨和牙齿,四肢骨等。共 91 件,代表了至少 12 个个体。难以判定大型食草动物种属的肢骨、脊椎骨和肋骨碎片多数可能为黄牛骨骸。

猪,材料包括有残破的头骨,上下颌骨和牙齿,四肢骨等,共 178 件,代表了至少 38个个体。其中,2 岁以上有 20 头,1 岁半至 2 岁 7 头,1 岁至 1 岁半 3 头,六个月至 1 岁有3 头,不足六个月者 5 头。

狗,保存有比较完整的头骨、上颌骨、下颌骨、牙齿和四肢骨等。计 42 件,代表了至少 9 个个体。

羊,仅见肢骨 2 件,代表了 1 个个体。

野生类如麋鹿,仅见少量残破的角和四肢骨等 11 件,代表了至少 2 个个体;斑鹿,发现的材料包括有少量残破的角和四肢骨等。共 11 件,代表了至少 1 个个体。仅见于第3、4 层。

淡水蚌类较多,共 38 件,包括杜氏珠蚌、薄壳丽蚌、剑状矛蚌、细纹丽蚌、细瘤丽蚌、鱼形楔蚌等,另外还有部分蚌壳破碎比较严重,无法判断种属。

可以看出,哺乳动物种类构成相对比较简单,家养动物占了绝对重要的地位(95%),野生动物的比例很少,只有少量的麋鹿和斑鹿。而家养动物中以猪和牛数量最多,分别占了 60% 和 19%(图6.2-19),远远高于咸淡水分界线两侧的盐工定居地聚落。

从哺乳动物提供的肉食量分布情况来看(见图6.2-19),居民的肉食来源主要是牛、猪和野生的鹿类。可以看出,唐山居民肉食来源主要是猪和牛,而野生动物的比例很低,仅占 3% 左右。

(4)史家遗址

位于田庄镇史家村西南的一个高埠上。遗址以东 2～4 公里内有辕南、李寨和小庞遗址。三次考古发掘工作,累计清理面积近 1400 平方米。壕沟平面形状呈椭圆形。西南部保存长度 60 余米,西北长约 160 米,西部壕沟复原长 220 米,南壕沟长约 200 米,推

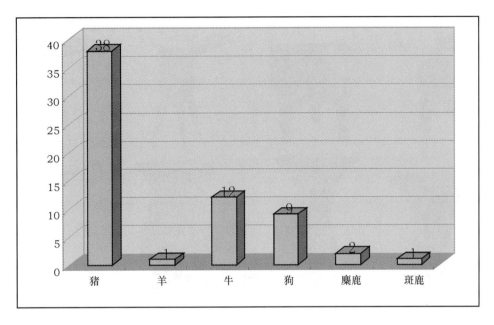

图 6.2－18　桓台唐山遗址 H122 出土哺乳类动物构成分布示意图

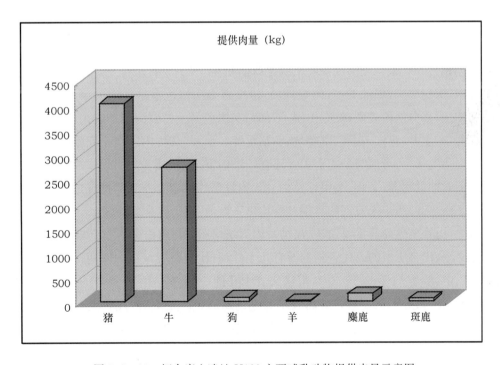

图 6.2－19　桓台唐山遗址 H122 主要哺乳动物提供肉量示意图

图 6.2－20　桓台史家遗址出土的部分青铜器
1. 父辛爵；2. 举禹(?)父戊鼎；3. ?（鋬内符号不识）爵；4. 祖戊爵；5. 父癸觚；
6、7. 觚及圈足内壁上铭文；8. 父辛鱼觯；9. 觚

测总长度超过 800 米。壕沟围护起来的聚落面积在 4～5 万平方米。壕沟上部存宽约 8、底宽 4 米，深约 3 米，底部平整，沟壁倾斜，沿壁有多次修挖痕迹。沟内填土上部为浅灰褐色粉沙土，部分地段较硬，似夯土层，下部为灰黑色淤土。壕沟围护起来的区域内发现了商代房基、水井、窖穴、灰坑、乱葬坑、葬猪坑等。水井、灰坑内还出土完整圜底罐、盔形器等。埋猪坑 4 个，可能与祭祀有关。还在一坑内发现被肢解的人骨架。遗迹内出土了大量殷商时期的陶器、卜骨、卜甲以及牛、猪、狗骨骼等。壕沟外北部发现过商代墓地，曾清理过几座墓葬，历年来发现的青铜礼器均出于该地，这里应是墓葬区。

　　总之，史家所见商代重要遗迹、遗物及内部结构布局与唐山聚落完全相同。

　　据介绍，出自史家的商代青铜容器有几十件，时代从殷墟一期到四期均有发现，种类有鼎、觚、爵、觯等[44]（图 6.2－20），带铭文者十几件，有父癸、祖戊、父辛、父戊等，族徽有举、命(?)、箕、鱼等[45]，其中一件殷墟较早时期的觚圈足内壁上有"戍宁无寿作祖戊彝"长铭（见图 6.2－20：6、7）。有学者认为，戍为商王朝的军事类职官称号，戍宁为镇守东方地区的官员[46]。

　　（5）前埠遗址
　　位于前埠村东部海拔 22～23 米高岗上。遗址东南部被工厂破坏。村民整地时曾移

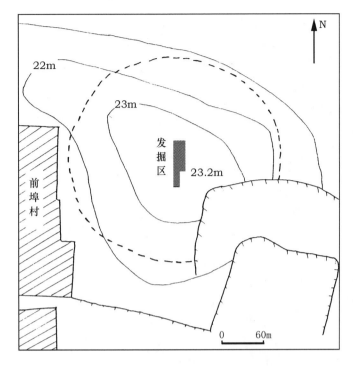

图 6.2—21　桓台前埠遗址及发掘区

走过遗址中部的文化堆积,北部地表可见其堆积和遗物。就钻探和地表采集标本分析,商代遗址面积 6 万平方米(实际可能还小些)。发掘区位于遗址中心,揭露面积 300 平方米(图 6.2—21)。

在 180 平方米范围内发现商代窖穴、灰坑 31 个。分布集中、密集,打破关系复杂,在T7185、7186、7187 探方内竟有 22 个。说明发掘区域内为储藏区。窖穴、灰坑平面呈圆形和椭圆形,剖面形状有袋状、筒状两种,周壁规整、底部平滑、坚硬,经过特意加工,H122 底部还铺有草席和木板。大者直径 2~4 米,一般 1~2 米之间。窖穴废弃后填满生产、生活垃圾,出土大量陶器(片)、石片和动物遗骸等。H132 内中部还埋藏一个完整人骨架以及零散的肢骨、脊椎骨、肋骨等。从出土的陶器(片)分析,窖穴、灰坑的时代经历了殷商一期至四期、西周早期。

H129 是位于发掘区西部,清理长度 20 米,宽度 6 米,中间深达 3 米,一般深 2 米,锅状底,底部凹凸不平,有些部位还有一些圆形、椭圆形小坑。东部填土堆积剖面形状近似垂直,堆积由东及西倾斜,并逐渐变薄。中部堆积大体共分 9 层,主要为灰土和灰黑土,羼杂大量草木灰。中间第 4 层为淤土淤沙层,说明坑内还积过水。灰坑内出土大量陶片(器)。陶器的形态无明显变化,灰坑堆积应是在短期内形成的。此坑系不断取土形成,后变为生活、生产垃圾倾倒场所。

图 6.2－22   桓台前埠遗址出土的废石料等

　　J1 位于发掘区南部,平面呈长方形,长 1.75、宽 1 米,深 6.40 米,壁上有 8 对脚窝。水井内使用堆积较薄,也未见淘井现象,底部只发现 1 件汲水工具——盔形器,水井填土内出土陶器(片)年代为殷商第一期。考虑到该区域为窖藏区、取土区和垃圾倾倒场所,因而水井的使用年代较短。

　　生活、生产垃圾堆积中还出土了一些石制品以及与石器制作有关的工具等。石制品有原料、废料、脚料等上百件(图 6.2－22),成品有刀、斧、镞等。与制作石器有关的工具有石球(锤)、条状石锤、磨盘、研磨器、砺石、砧等(图 6.2－23)。石球(锤)上有使用时的崩硝;研磨器一面有倾斜磨面;石砧质料为坚硬的花岗岩,形体硕大,较为光滑的一面还保留琢击痕。石制品质料有砂岩、石灰岩、花岗岩和石英岩等。时代包含了殷商各阶段。

图 6.2—23 桓台前埠遗址出土的石器加工工具

1. 石球(H129：10)；2. 石球(J1：14)；3. 石球(J1：15)；4. 石球(H192：1)；5. 石锤(残)(H129：11)；
6. 研磨器(H112：7)；7. 研磨器(H129④：01)；8. 磨盘(H127：1)；9. 条状研磨器(H129：01)；
10～12. 砺石(H129：03～05)；13. 石砧(H129：02)

这些显示前埠遗址应有相应的石器制作场。前埠遗址附近无石料来源,距南部最近山地也有 15 公里之远,石料应来源于南部山区。

灰坑和窖穴充填物出土动物遗存共 641 件[47],包括骨器 20 件、角器 4 件、蚌器 11 件、卜骨 6 件、卜甲 8 件。可鉴定标本数为 611 件,代表了至少 55 个个体。种类包括猪、牛、羊、狗、麋鹿、斑鹿、獐、兔子、鸟、龟、文蛤、蚬、多瘤丽蚌、剑状矛蚌、丽蚌、细纹丽蚌等(图 6.2—24)。

前埠遗址的动物种类构成与唐山基本相同,只是多了獐、兔子、鸟而已。从整个哺乳动物个体数的比例来看,以家养动物为主的,占了总数的 81%,比唐山稍低些。在家养动物中,又是以猪的数量最多,占了 59%,比例与唐山相同。

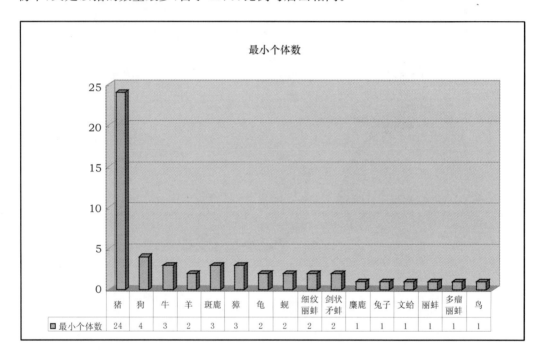

图 6.2—24　桓台前埠遗址出土动物种类构成分布示意图

从各类动物提供的肉量来看,前埠居民食用猪肉量远远超过牛、居民所消费猪肉是牛肉的三倍多,占了绝对重要的地位(图 6.2—25)。与唐山聚落有异。野生动物斑鹿、麋鹿和獐之和所占比例接近 10%,高于唐山,但远低于李屋聚落。

H129 是一座大型灰坑,面积在 300 平方米以上,清理面积近 120 平方米。坑内填土堆积大体共分 9 层,主要为灰土、灰黑土和淤土,羼杂大量草木灰。出土了大量动物遗存和陶片等,时代属于殷墟二期晚段。从出土遗存情况来看,该坑填充物应该是聚落全体居民在较短的时间内倾倒的生活和生产垃圾。

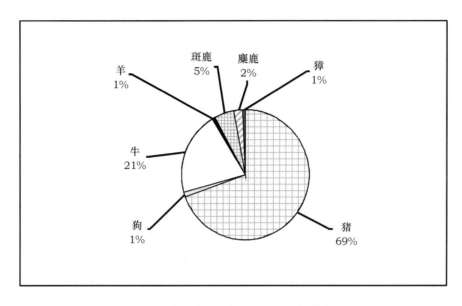

图 6.2－25　桓台前埠遗址主要哺乳动物提供肉量示意图

　　H129 发现的动物遗存共 281 件,占整个遗址发掘总量的 43.84%。主要的动物种属有猪、牛、羊、狗、麋鹿、斑鹿、獐、剑状矛蚌等。至少代表了 26 个个体(图 6.2－26)。牛,包括有残破的角,上下颌骨和牙齿,四肢骨等,共 20 件,代表了 2 个个体。猪,包括有残破的头骨,上下颌骨,脊椎骨和牙齿,四肢骨等,共 82 件,代表了 15 个个体。狗,包括有头骨,下颌骨和牙齿,脊椎骨等,共 10 件,代表了 2 个个体。羊,发现上颌骨、下颌骨和肢骨各 1 件,代表了 1 个个体。麋鹿,只发现了 1 件残破的角,没有其他骨骼发现,可不计入最小个体数和肉量的统计。斑鹿,包括有残破的角,下颌骨,四肢骨等,共 17 件,代表了 2 个个体。獐,包括有下颌骨,四肢骨等,共 8 件,代表了 2 个个体。淡水蚌类 10 片,大多比较残破,其中 1 片可以判定为剑状矛蚌。部分肢骨片、脊椎残块、肋骨等不能判断其种属,只简单分为大、中、小型哺乳动物。

　　就哺乳动物个体数的比例来看,以家养动物为主的,占了 84%。而在家养动物中,又是以猪的数量最多。从哺乳动物所能提供的肉食量来看,也是以家养动物为主,占了 94%;居民食用猪肉量占了绝对重要的地位(图 6.2－27),是牛肉的 4 倍多,是牛、斑鹿、獐、羊、狗之和的近三倍。

　　唐山与前埠相隔约 4 公里左右,时代相同,聚落面积差不多,居住的人口数量也应相仿,但二者出土的动物骨骼却有差异⑱。如唐山遗址出土动物骨骼形态较硕大,前埠比较碎小;前埠遗迹清理面积和垃圾体积超过唐山 H122,但唐山所获动物遗存数量多于前埠;H129 清理的面积和容积多于唐山 H122,但出土动物还不及唐山 H122 的一半。从

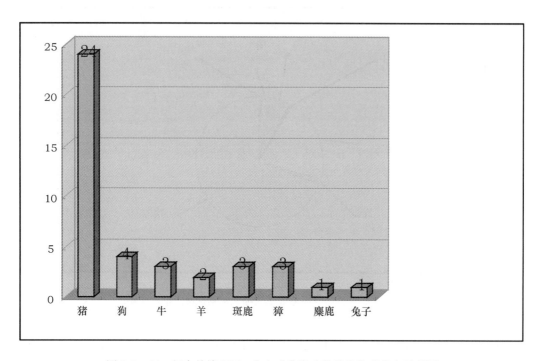

图 6.2－26　桓台前埠 H129 出土哺乳类动物种类构成分布示意图

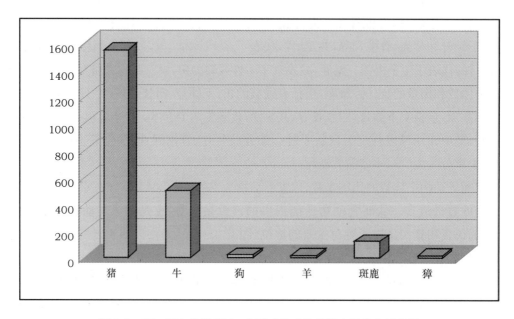

图 6.2－27　桓台前埠 H129 主要哺乳动物提供肉量分布示意图

动物提供肉量最多的哺乳动物最小个体数牛、猪、羊、麋鹿、斑鹿、狗、獐的总数来看,唐山H122有63头(只),多于前埠的40头(只),远超过H129的24头(只)。就牛、猪发现的最少个体数而言,唐山也远多于前埠,牛,唐山12头,前埠才3头;猪,唐山38头,前埠24头。牛、猪不仅为人们提供了肉量,而且也是各类祭祀活动的牺牲。从哺乳类动物提供的肉量分析,前埠所有遗迹出土的仅是唐山的51％,若唐山H122与前埠H129相比,大体在相同时间内,唐山居民消费的肉量是前埠居民的3倍。可见唐山聚落居民在单位时间内消费肉食量(或者机会)远高(多)于前埠。两个聚落居民的肉食结构,唐山主要是猪和牛,二者占了96％,野生动物的比例很低,占4％左右。而前埠居民食用猪肉量远远超过牛,居民所消费猪肉是牛肉的三倍多,猪肉占了绝对重要的地位,野生动物斑鹿、麋鹿和獐之和,所占比例接近8％,也高于唐山。肉类能给人们提供了人体必需的动物蛋白质、脂肪和矿物质(包括盐类),当农业发展到一定阶段,在人们食物来源以谷薯类为主的社会,等级较高的居民会有更多的食肉机会和享用更多的肉量。就这个角度而言,唐山聚落等级高于前埠[49]。

(6)其他遗址

李寨遗址位于田庄镇李寨村西南海拔14.8米的高岗上,距小庞、辕南遗址只有1.5公里,西北距史家遗址约3公里。遗址东西、南北长约为190米,面积近4万平方米。已发现了长方形房基、窖穴、灰坑和陶窑。清理的一座陶窑保存较好,为竖穴式,内出土的陶鬲足、口沿为殷墟二期。发现的3座商代窖穴,均为圆形,袋状,平底,周壁、底部经加工,平整光滑,比较坚硬。商代遗迹内出土了殷商一至四期的陶鬲、甗、甑、簋、豆、盆、圜底罐、盉形器等。

于堤遗址位于唐山镇于堤村西海拔21米的缓坡岗地上。西北距唐山遗址、东距前埠遗址均2.5公里。经调查和钻探,东西长200、南北宽150米(不含墓地范围),面积3万平方米。文化层堆积厚0.4～2米。遗址中心有一砖厂,取土后形成洼地,四周陶片遍地,有鬲、甗、盆、罐、簋、豆等器形。窑厂东部断面上暴露一坑(半地穴式房址?),长4.5米,深为0.2～0.5米,壁面抹泥,个别地方经过烧烤,出土陶豆、鬲以及蚌、螺壳等。在遗址西部钻探,多处发现墓葬填土堆积,还探出人骨和板灰,说明该处为墓地。

旬召遗址位于田庄镇荀召村东的隆起高地,海拔16.9米,高于周围地表3～5米。西距李寨遗址仅四五百米。1987年清理一座墓葬,墓内随葬青铜觯、爵、鼎等。铜觯瘦长腹,高圈足,具有西周早期的特征。圈足上"叔龟"徽识还见于唐山商代遗址,说明二者关系密切,或可能唐山聚落在西周早期某个阶段迁移至此。

小庞遗址位于田庄镇小庞村北100米。遗址中心海拔17米,高于周围2米。遗址东部被砖厂取土破坏。保护范围面积为2.4万平方米。文化堆积中心厚、四周薄,一般厚0.5～2米,个别达4米。文化堆积主要属于殷墟时期。

存留遗址位于新城镇存留村南20米的台地上，海拔17米。面积3万平方米，文化堆积厚0.5～1.5米。商代陶器有鬲口沿和足部，曾采集到1件完整陶簋，可能出自墓葬。

新城戏马台遗址位于新城镇南部古县衙建筑上，高出周围5米。现保存面积为1.2万平方米。西部断面上的文化层厚度达6～7米，商代堆积厚度约3米，有灰坑、房址、生活垃圾等遗迹。采集到陶器标本有鬲口沿、鬲足、甑箅、瓮、盆、豆口沿等，还有拍印云雷纹的陶盆（罐）腹部。桓台博物馆在遗址南部试掘，还发现了卜骨、卜甲等遗物。

（二）黄河三角洲地区

目前能确定有阳信中西部与惠民东部、乐陵与庆云西部（图6.2－28）、沧县、孟村一带及博兴东北部（后者位于黄河三角洲与莱州湾交接区，前面已涉及）等四大群。该地区地表多被晚期淤沙淤土覆盖，目前所发现的聚落址数量只是原有的很少一部分。

1. 阳信、惠民聚落群

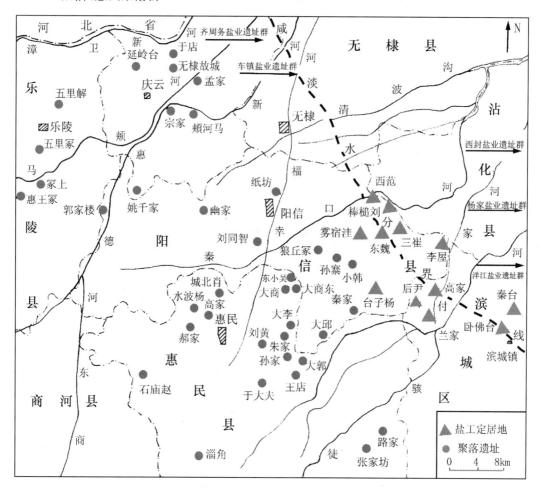

图6.2－28　黄河三角洲地区各类聚落群分布示意图

该区聚落群与东部滨州、沾化、利津淡水分界线两侧的聚落群相连接,东部边缘与后者交错分布,很难划出具体的分界线。目前已发现了阳信纸坊、幽家、刘同智、狼丘冢、孙寨、小韩、秦家、大邱,惠民东小吴、大商、小商、大李、朱家、刘黄、大郭、麻店、王店、于大夫、路家、张家坊、石庙赵、郝家、水波杨、高家、城北肖等 25 处聚落⑩(见图 6.2-28)。部分区域分布密集,聚落间距仅 2~3 公里。而该地区发现的大汶口文化遗址仅 1 处、龙山文化也只有 3 处。殷商时期聚落数量比龙山时期高出 8 倍多。

遗址暴露面积多在 1~6 万平方米(个别仅有数千平方米者可能与暴露较少有关),部分遗址在十几万甚至数十万平方米,不排除是不同时期聚落累加而成。阳信县调查资料表明,各遗址的时代主要是殷墟时期,部分延续到西周早期。笔者在惠民县博物馆翻检了历年来的调查资料,并到刘黄、大郭、大商遗址现场进行了野外调查,发现这些遗址出土陶片(器),生活器皿占绝大多数,盔形器的比例较小,遗址时代从殷墟一延续至四期,部分还能晚到西周早期,显示出聚落的稳定性。该区域这个时期聚落突然增多及经济、文化的繁荣,显然与东部滨海平原盐业资源的开发有关。

大郭遗址(墓地)位于惠民县麻店乡大郭村南,东距兰家遗址仅 20 公里。遗址南北长约 120、东西宽约 100 米,面积 1.2 万平方米(指暴露部分,该墓地未经详细钻探),遗址东部现存高台面积近 7000 平方米,最高处 4 米,断面上有成片的夯土,似乎是墓葬填土。1973 年,在高台西部曾发现一座墓葬。据介绍,墓室南北长 12、东西宽 6 米,有二层台,台上殉葬 6 人。墓东、西、北侧均有一耳室(墓道?),各殉葬一人一狗。墓室四周曾有大量马骨出土,因被破坏,殉马的数量不清楚⑪。墓葬早年被盗,残存铜鼎 1、方彝 1、觚 1、爵 2、铙 1、戈 3、矛 4、刀 1、镞 3 等和玉钺 1、环 1 等(图 6.2-29)。就残存铜礼器的组合和特点而言,该墓年代为殷墟三期前后⑫。

铜铙内壁、方彝盖、腹内壁、铜戈上均有"戎"徽识符号(见图 6.2-29:8、10、11),铜爵鋬下已锈坏,徽识不清。

大郭墓葬规模大,至少有三条墓道(?),墓室面积宏大,殉人数量较多(至少 9 人),随葬青铜礼器、兵器和玉器等,据资料来看,随葬青铜方彝和乐器铙,在殷墟属于中高等级的墓葬,其主人为中高级贵族。目前看来,该墓是山东地区目前所发现的规格最大的商代墓葬之一,仅次于青州苏埠屯一、二号大墓,与八号墓相当或稍高(见上)。大郭商代墓葬的等级明显也比兰家规格高。因此,大郭墓地及相应的聚落,应是该地区的中心聚落,也可能是黄河三角洲地区的中心聚落。

此外,最近,大郭墓地周围还发现了殷墟一、二期的陶鬲、盔形器等碎片以及灰土堆积,这说明大郭还是一个聚落址。

2. 乐陵、庆云一带的遗址群

遗址群内最东部遗址距齐周务和车镇盐业遗址约 23 公里。该地虽被淤土淤沙覆

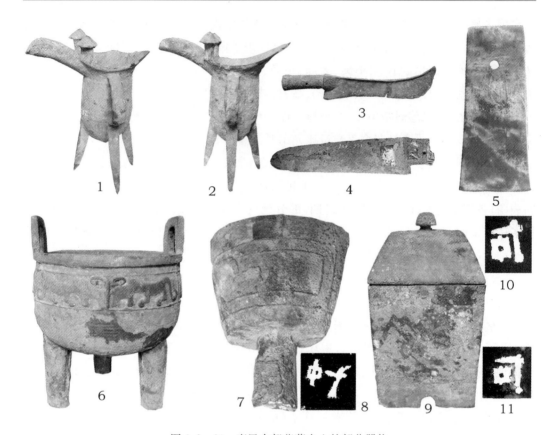

图 6.2－29 惠民大郭墓葬出土的部分器物

1、2. 铜爵,3. 有鋬铜刀,4. 铜戈,5. 玉钺,6. 铜鼎,7. 铜铙,8. 铙内壁上铭文符号,

9. 方铜彝,10、11. 彝盖及底上铭文符号

盖,考古工作也少,但目前已发现庆云于店,无棣故城、延陵台、姚千家、孟家、宗家、颍河马,乐陵五里解、五里冢、冢上、惠王冢,阳信郭家楼等 12 处殷墟时期至西周初期遗址(见图 6.2－28)。该地区龙山文化遗址有 5 处,岳石文化 2 处,商代聚落与之相比,数量也是成倍增长。这些遗址除乐陵县部分为"堌堆"遗址,其他遗址均为挖河沟发现,估计还有相当多的遗址没有被发现。孟家、宗家、颍河马三个遗址是在修挖德惠河、马颍河时发现,它们之间相距仅 2.5～3 公里,看来,分布还是非常密集的。从历年来采集的遗物如鬲、甗口沿、足部等器物看,时代殷墟一期至西周初期[53]。聚落遗址面积在数万平方米,堆积厚,延续时间长,说明聚落结构稳定。该聚落群的出现应与东北部的齐周务和车镇一带的盐业生产有关。

3. 河北沧县、孟村一带的遗址群

目前已发现沧县倪杨屯、杜林、许庄子、陈圩、南皮古皮城,孟村高窑庄[54]、王庄子,泊

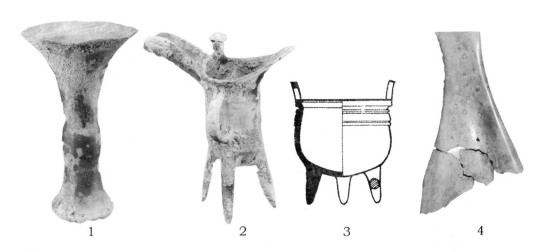

图 6.2—30　沧县倪杨屯遗址出土的部分器物
1. 铜觚，2. 铜爵，3. 铜鼎，4. 卜骨（倪杨屯 X：15、16、14、13）

头南三里、羊庄、王奉一⑤等十余处遗址。高窑庄遗址东距海兴盐业遗址群 25 公里，东西长 150 米，文化堆积厚达 3 米，面积在数万平方米左右，出土完整陶鬲 2 件、豆 2 件以及鬲、甗口沿、足部，罐、豆、簋及盔形器口沿及底部一宗，还有石斧、石锤、蚌镰、卜骨、骨料等。时代主要是殷墟一至四期。倪杨屯遗址，在长达 400 米取土沟断崖上暴露了文化堆积，厚达 2 米左右，发现了陶器及人骨，灰坑和烧土等遗存。出土陶器有鬲、甗、甑、假腹豆、粗柄豆、双耳壶、罐、瓮、盆、钵、网坠等，还见卜骨（图 6.2—30：4）。出土的青铜鼎、觚、爵应为墓葬随葬品（图 6.2—30），时代为殷墟一期，是渤海南岸地区发现的较早的一组青铜器。倪杨屯的时代大约从中商时期延续至及殷墟各阶段。该遗址规模较大，又出土青铜容礼器，应是本区的中心聚落。

该区发现的遗址，除陈圩有龙山文化晚期遗存外，其他均为单纯的商代遗存。该地商文化的突然出现与繁荣，显然与东部海兴和黄骅地区的制盐业兴起有关。

（三）聚落特点与功能

目前，在盐产地和盐工生活居住地以西、以南的内陆腹地即河冲积平原、山前洪冲积及黄泛冲积平原上已发现了若干处聚落群，如沧县、孟村、庆云、乐陵、阳信、惠民、博兴中南部、广饶南部、寿光南部、青州北部，寒亭中南部等。在空间分布上，这些聚落群向海一侧与盐工生活区聚落连成一片，很难划分出具体界线，向内陆的一侧还与相关聚落群连为一体。在时代上也是与盐业聚落群和盐工定居地同时共存的，各个聚落群还对应着相关的盐工居住地和制盐作坊群。

这些聚落遗址出土陶器中，盔形器的比重在 5％上下。完整者多出土于水井内，盔形器应作为汲水工具使用。出土的动物遗骸表明，家养动物的比例占到 90％左右。各聚落内均出土了一定数量的铲、镰、刀类农耕用具,表现出稳定的农耕聚落特征。济南市大辛庄商代遗址出土植物遗骸鉴定结果显示,当时种植的农作物有粟、黍、稻、小麦、大豆和大麻,其中,粟和黍是当时人们食用的主要粮食[36]。高青县小清河北侧的陈庄西周时期(主要是西周早期)遗址出土的植物遗存表明,该地属典型的旱作农业,以种植粟类为主,兼种极少量的黍子、小麦、大豆和水稻[37]。估计渤海南岸内陆腹地商代聚落也主要种植着这些农作物。该地区生产的粮食应是盐工及亲属人员生活的主要来源。

这些聚落分布非常密集,往往在上百平方公里范围内就集聚着 30 余处,每个聚落群中有一个或多个出土青铜容礼器和兵器(贵族墓葬内随葬品)的聚落,如沧县的倪杨屯,阳信、惠民区的大郭,博兴中南部的寨下,广饶中南部的西华村,桓台西部的唐山、史家,寿光中部的桑家庄,青州北部的于家,青州东北部的苏埠屯等等,它们应该属于等级较高的聚落。其中,苏埠屯和大郭墓地所代表的聚落,等级更高些。各高等级聚落出土青铜器上还有不同的徽识符号,说明各个聚落群隶属于不同族群。

考古工作较多的桓台西部聚落群,可以让我们了解到内陆腹地聚落分布特点、内部结构、功能和等级划分等情况。

聚落间距一般 2~3 公里,比较有规律,显示出聚落分布上有一定的规划。聚落的规模都不大,面积(不含墓地)在 3~6 万平方米间,每个聚落都包含房子、水井、灰坑、窖穴、墓地和生产、生活垃圾堆积,个别聚落有壕沟、陶窑及石器制作场。聚落内布局也有明显的规划,一般分为居住区、窖藏区、取土区、垃圾倾倒区以及可能还有专门的制陶、制石作坊区,墓地则位于居住区一侧,如史家在壕沟外北部、唐山在壕沟外东南部、于堤在居住区西部。经过详细考古工作的遗址,年代都包含了殷商文化一至四期和西周初期,特殊功能和较高等级的聚落也未发生过更替,说明当时的聚落是稳定的,其所代表的社会组织建构也是稳定的。

就规模大小而言,这些商代聚落间多看不出差异,区分不出等级层次来。但就发现的遗迹、遗物而言,有很大的不同。史家、唐山聚落有壕沟围护,壕沟的修挖以及经常化的疏浚、拓宽工作非本村落的居民所能承担,应动用了周围村落的劳力。唐山、史家还发现随葬青铜礼器的墓葬,青铜礼器上多有铭文和族徽符号。唐山、史家出土卜骨、卜甲的数量也多于其他聚落,生活垃圾中发现动物遗骸数量也多,种类以牛、猪、狗、龟甲为主。这些不见于或不同于前埠、李寨、小庞、于堤等聚落。唐山、史家聚落的居民生活在有壕沟环绕的村落内,享用着王朝或邦国赏赐的青铜礼器,拥有着更多的占卜、祭祀行为(特权),使用着来自其他村落生产的陶器、石器等,消费了比一般村落更多肉食和牺牲(如牛、猪),其身份明显高于周围小庞、李寨、存留、前埠、于堤等村落的居民。唐山、史家聚落直线距离才 7 公里,在政治、经济、文化、祭祀特权等级上完全相同,年代上又同时,看来,一个像史家、唐山区域中心所统辖的范围并不大,可能只有几十平方公里内的数个村落。由于文化甚至居民都是外来的,防御性设施如壕沟的存在,说明其军事殖民色彩比较浓厚。

唐山、史家较高层次聚落具有更多的政治、文化、宗教祭祀等功能,低层次的聚落如前埠、李寨还专门制作石器、烧制陶器等,说明聚落间在产业形态上也存在着差异。

三 讨 论

咸淡水分界线两侧呈条带状环绕在制盐场所的聚落,是盐工及亲属人员盛夏、秋冬季节的居住地。夏初,盐工从制盐场所返回此地定居;秋末冬初,盐工们自备收割工具从住地出发到制盐作坊周围的草场上刈草积薪;平时还烧造煮盐工具盔形器,饲养家畜,渔猎动物为春季制盐筹备肉食。

盐工定居的聚落时间从殷墟一期延续四期,部分遗址还晚到西周早期。一个聚落由三级组织构成,最小一级为社群单位,为独立的生活和生产单元,规模较小,每个社群的人口包含了成年男女和儿童。多个社群单位组成一个社区单元,人口约数十人,劳力10人左右,这正好与滨海平原上的一个制盐单元所需劳力相符。一两个社区单元形成一个聚落。换言之,每个聚落可能承担着制盐作坊群内包含多个制盐单元的盐业生产。每个社群在生产和生活中基本上是独立的、平等的,但在聚落中,还有地位较高的人(像李屋拥有高档产品玉钺和原始瓷器者),可能管理和组织社区的生产和生活,分发相关物资,并负责着具体的盐业生产。

在几十平方公里或上百平方公范围内,十多个甚至几十个盐工定居村落组成一个聚落群,每处聚落群内都有一个特殊聚落遗址存在,如滨城、沾化和阳信东部区域的兰家、广饶西北部的花官、寿光中北部的古城等。这些聚落规模较大,有明显的功能区规划,有专门的居住区、贵族墓地、平民墓葬区、生产各类工具的作坊区,也有专门烧造盔形器的制陶区。看来,聚落内生活着贵族和拥有专业技术才能的居民(专门生产各类工具)。贵族拥有的青铜礼器上还有不同徽识,说明他们分属于不同族群。

从空间关系和出土盔形器特征来看,阳信东部、滨城、沾化西南部的聚落群与为杨家、西封和洋江盐业聚落群相对应,博兴东北部的聚落群与刘庄、刘集盐业聚落群相对应,广饶中北部聚落群与小清河北部的东赵—王家岗、坡家庄盐业聚落群相对应,广饶东北部、寿光中北部聚落群与东北坞—南河崖、双王城—大荒北央制盐作坊群对应,寒亭北部的聚落与央子制盐作坊群相对应(表6.3—1)。这表明,一个聚落群可能对应着一或两个左右的盐业聚落群,换句话说,聚落群的高等级聚落如兰家、花官、古城可能统辖着一个或两个的盐业生产群。其职责就是管理和控制盐业生产,并调配着相关生产和生活的物资及流动。

分布在河冲积平原、山前洪冲积及黄泛冲积平原上像环状一样围绕着第一、二分布带的内陆腹地聚落群，多属于典型的农耕聚落，以种植粟、黍为主，兼种稻、小麦、大豆，有些聚落还有特殊的产业如专门制陶、制骨、制石业等。聚落分布上有一定的规制，间距一般2～3公里，较有规律。每个聚落的规模都数万平方米左右，内部布局有明显的规划，一般分为居住区、窖藏区、取土区、垃圾倾倒区以及专门的生产工具作坊区，墓地则位于居住区一侧，每个聚落年代都包含了殷商文化一至四期，多数延续西周初期，特殊功能和较高等级的聚落也未发生过更替，说明当时的聚落是稳定的，其所代表的社会组织建构也应是稳固的。

这里的聚落往往在上百平方公里范围内就集聚着几十处处聚落，每个聚落群中有一个或多个出土青铜容礼器和兵器（多为贵族墓葬内随葬品）的聚落，如沧县倪杨屯，惠民的大郭，博兴中南部的寨卞，广饶的西华，桓台西部的唐山、史家，寿光中部的桑家庄，青州北部的于家、苏埠屯等，它们应该属于等级较高的聚落。高等级聚落内都有防御性设施如壕沟的存在，尤其位于莱州湾南部内陆腹地东部和南部紧靠当地人居住区域，高等级聚落内如青州苏埠屯贵族墓内普遍随葬较多的兵器，说明其军事殖民色彩比较浓厚。各聚落出土的青铜器上不同的徽识符号说明各个聚落群隶属于不同族群。这些聚落的居民生活在有壕沟环绕的村落内，贵族享用着代表特殊身份地位的青铜礼器，控制着更多的占卜、祭祀行为（权），使用着来自其他村落制作的用具等，消费着比一般村落更多肉食和牺牲（如牛、猪）资源。

表 6.3 — 1　第一、二、三分布带上聚落群对应表

盐业 遗址 内陆	黄河三角洲地区的盐业聚落群					莱州湾沿岸地区的盐业聚落群				
	海兴、黄骅	齐周务、车镇	杨家与西封	洋江	？—刘集 ？—刘庄	东赵—王家岗、坡家庄	东北坞—南河崖	双王城—大荒北央	？—王家庄	央子
咸淡水分界线两侧的聚落群	？	？	沾化西南、滨城、阳信东部聚落群	沾化西南、滨城、阳信东部聚落群	博兴东北部聚落群	广饶中北部聚落群	广饶东北部聚落群	寿光中北部聚落群	寿光中北部遗址群	寒亭昌邑中部聚落群
内陆腹地聚落群	沧县、孟村聚落群	庆云、乐陵聚落群	阳信、惠民聚落群	阳信、惠民聚落群	博兴中南部聚落群	博兴南部、广饶中南部、临淄北部聚落群	广饶东南部、寿光西南部、青州西北部聚落群	寿光南部、青州北部聚落群	寿光南部、青州北部聚落群	寿光东南、寒亭南部聚落群

"？"表示目前已发现或有线索但仍需考古工作待定的聚落群。

苏埠屯仅墓地面积就达到6万平方米以上，目前已发现了除安阳殷墟以外的唯一一座带四条墓道、殉人和人牲最多的、规模最大墓葬。文字材料和考古发现表明苏埠屯应

是商王朝封国的贵族墓地,有规格很高的"亚醜"侯伯与亲属的墓葬,有从属官员作册
"融"族氏的墓葬,还有其他贵族如"藝从"族氏墓葬。苏埠屯一带无疑是殷墟时期整个莱
州湾沿岸的政治、文化、管理中心。黄河三角洲地区大郭墓地规模、殉人、随葬铜器等显
示出的等级程度也远高于兰家、寨下、史家、唐山等聚落,大郭也可能是黄河三角洲地区
殷墟时期的政治、管理中心。黄河三角洲与莱州湾南岸之间的小清河下游、支脉河一带
即古济水下游一带,多个规模巨大的制盐作坊群以及对应的近百处盐工定居地和内陆农
耕聚落,显示这里也应有一处像苏埠屯、大郭那样级别的政治、管理中心。这个中心可能
就是文献记录中位于贤(嫌)城的薄姑国。同样,黄河三角洲北部的沧州一带,也有同样
规格的中心。

如此看来,内陆腹地还存在着凌驾于各区域高等级聚落之上的更高层次的聚落,如
莱州南岸中部内陆腹地的苏埠屯、黄河三角洲地区中部的大郭、博兴的贤(嫌)城(薄姑
国)以及沧州的倪杨屯(暂定)。这些聚落(方国)可能分别管理和控制着莱州湾、黄河三
角洲沿海地区的盐业生产和相关的物流运作。就空间位置而言,苏埠屯的"亚醜"族氏或
方国统辖着莱州湾南岸地区中部的东北坞—南河崖、双王城—大荒北央、杨家—王家庄、
央子等制盐作坊群及附属的盐工定居地聚落群;博兴的"薄姑"国控制着广饶县、东营市
沿海一带的东赵—王家岗、坡家庄、刘集、刘庄盐业聚落群及相关的盐工定居地聚落群;
惠民大郭的"戎"族氏或方国管理者是黄河三角洲中部沾化和利津县一带的杨家、洋江等
制盐作坊群及相邻的盐工定居地聚落群;位于沧州一带的某族氏或方国负责着黄河三角
洲北部无棣、庆云、黄骅和海兴一带制盐作坊群和有关盐工定居地村落。

从空间分布上看,各个聚落群还与相关的盐工定居点聚落群连接,并与有关制盐作
坊群对应(见表6.3—1)。看来,渤海南岸第一二、三分布带上聚落,功能是不一样的。第
一分布带的聚落为大规模化的盐业生产基地。第二分布带的聚落则是盐工及亲属人员
的定居地,这里居民为制盐场所专门烧造煮盐盔形器和生活用陶器,制作和修理收割柴
薪工具,平时还饲养家畜、渔猎动物为春季制盐筹备肉食,盐工还在秋末冬初,带着工具
到制盐场所周围的沼泽、洼地、河旁收割芦苇,为来年筹备薪料和灶棚覆盖物。煮盐完毕
后,盐工们还负责把生产的食盐运往驻地的高等级聚落内集中。居住在第二分布带上一
处处高等级聚落的人员,不仅直接管理、控制着一两处制盐作坊群的盐业生产,而且负责
各类生活和生产物资的调配。位于第三分布带上聚落则为第一、二分布带上的聚落提供
了后勤保障和军事保护。这里属于农耕区,居民种植农作物为盐工及亲属人员提供粮
食,平时,不仅要把来自山谷和山前平原的木材和石料运往滨海地带,同时还负责把食盐
向内陆和中原地区外运。这些活动可能由一个个等级稍高的聚落人群具体负责组织和
操作。整个渤海南岸地区的人员组织、盐业生产、物资调配和运输等活动被至少有四个
较大的地区方国控制和管理着。

　　如此,殷墟时期至西周早期,位于滨海平原的盐业聚落群、咸淡水分界线两侧的盐工及亲属人员定居聚落群与环绕它们的内陆腹地的聚落群,同时出现,同时繁荣,在产业、社会组织上又有明显的分工,这样,它们就构成了一个整体,渤海南岸地区以沿海盐业生产和盐工定居地为导向的聚落分布体系也就形成了。

　　渤海南岸地区不同聚落群分布格局的出现,在经济、社会组织、政治、管理上的相互依存,显然不是自然形成的"共生",而是人为的、有计划、有组织的、统一规制的结果。

注释:

① 广饶县博物馆《山东广饶西杜疃遗址调查》,《考古与文物》1995 年第 1 期,第 1~7 页;王建国《山东广饶县草桥遗址发现西周陶器》,《考古》1996 年第 5 期,第 93~94 页;曹元启《试论西周至战国时代的盉形器》,《北方文物》1996 年第 3 期,第 22~26 页;李水城、兰玉富等《鲁北—胶东盐业考古调查记》,《华夏考古》2009 年第 1 期,第 11~25 页;国家文物局主编《中国文物地图集·山东分册》,中国地图出版社,2008,上册第 184、185、344、345 页,下册第 209~220、868~876 页;笔者于 2007 年在广饶和寿光博物馆观察了和核对这些遗址的资料;尹秀民主编《广饶文物博览》,内蒙古人民出版社,2001 年,第 8~24、57 页;笔者于 2007 年春夏调查过草桥、大桓台及西杜疃等遗址。

② 曹元启《试论西周至战国时代的盉形器》,《北方文物》1996 年第 3 期,第 22~26 页。

③ 尹秀民主编《广饶文物博览》,该书以及其他相关资料说铜爵出自南口遗址,内蒙古人民出版社,2001 年,第 57 页。最近的调查表明该遗址属于制盐遗存。东营市博物馆赵金先生查阅当时收藏该铜器的原始记录,只是说出自花官一带,并未肯定为南口遗址出土。

④ 山东省文物管理处、山东省博物馆合编《山东文物选集·普查部分》,文物出版社,1959 年,第 65 页;寿光县博物馆《寿光古遗址调查》,张学海主编,《海岱考古》第一辑,山东大学出版社,1989 年,第 29~60 页;山东大学东方考古研究中心等《山东寿光北部沿海环境考古报告》,《华夏考古》2005 年第 4 期,第 3~17 页;李水城、兰玉富《鲁北—胶东盐业考古调查记》,《华夏考古》2009 年第 1 期,第 11~25 页;笔者在寿光博物馆观察和核对了这批资料。

⑤ 国家文物局主编《中国文物地图集·山东分册》,中国地图出版社,2008 年,上册第 210 页,下册第 282~284 页;报庄子遗址系 2007 笔者调查时,村民提供信息;蔺家庄遗址系昌邑县博物馆第三次全国文物普查发现。

⑥ 寿光县博物馆《山东寿光县新发现一批纪国铜器》,《文物》1985 年第 3 期,第 1~11 页,图版壹、贰;贾效孔《商代纪国铜鼎》,戴维政主编《文博研究》第三辑,文物出版社,2002 年,第 87~103 页;贾效孔主编《寿光考古与文物》,中国文史出版社,2005 年,第 82~99 页。

⑦ 岳洪彬《殷墟青铜礼器研究》,中国社会科学出版社,2006 年,第 368~369 页。

⑧ 郜向平《商系墓葬研究》,科学出版社,2011 年,第 30 页。

⑨ 常叙政主编《滨州地区文物志》,山东友谊书社(济南),1991 年,第 5~13 页;山东省利津县文物管理所《山东四处东周陶窑遗址的调查》,《考古学集刊》第 11 集,中国大百科全书出版社,1997 年,第 292~297 页;山东省滨州市文物管理处等《山东阳信县古文化遗址调查》,《华夏考古》2002 年第 4 期,第 39~47 页;滨城文物管理所、北京大学中国考古学研究中心《山东省滨州市滨城区五处古遗址调查简报》,《华夏考古》2009 年第 1 期,第 26~38 页;国家文物局主编《中国文物地图集·山东分册》,中国地图出版社,2008 年,上册第 338~

343 页,下册第 861～867 页。

⑩　国家文物局主编《中国文物地图集·山东分册》,中国地图出版社,2008 年,上册第 344 页,下册第 868 页;2007 年秋,笔者调查了曹家遗址,该遗址有龙山晚期、岳石文化和殷墟时期的遗存。

⑪　常叙政主编《滨州地区文物志》,山东友谊书社(济南),1991 年,第 5～13 页;山东省利津县文物管理所《山东四处东周陶窑遗址的调查》,《考古学集刊》第 11 集,中国大百科全书出版社,1997 年,第 292～297 页。

⑫　山东省文物考古研究所、北京大学中国考古学研究中心等《山东阳信县李屋遗址商代遗存发掘简报》,《考古》2010 年 3 期,第 3～17 页。

⑬　李屋遗址出土的动物遗存鉴定由山东大学东方考古研究中心宋艳波博士鉴定,在此表示感谢。

⑭　宋艳波、燕生东《鲁北地区商代晚期遗址出土的动物遗存》,北京大学震旦古代文明研究中心编《古代文明研究通讯》,总第三十五期,2007 年,第 8～23 页;宋艳波、燕生东等《鲁北殷墟时期遗址出土的动物遗存》,《海岱考古》第四辑,科学出版社,2011 年,第 483～500 页。

⑮　关于兰家的相关资料散见于:王思礼《惠民专区几处古代文化遗址》,《文物》1960 年第 3 期,第 91～92 页;山东省文物管理处、山东省博物馆合编《山东文物选集·普查部分》,文物出版社,1959 年,第 1～3、65 页;常叙政主编《滨州地区文物志》,山东友谊出版社,1991 年,第 6～7 页;滨城文物管理所、北京大学中国考古学研究中心《山东省滨州市滨城区五处古遗址调查简报》,《华夏考古》2009 年第 1 期,第 26～38 页;山东滨州兰家遗址省文物保护单位资料;笔者于 2007 年冬天调查了该遗址。

⑯　方辉《商周时期鲁北地区海盐业的考古学研究》,《考古》2004 年第 4 期,第 53～67 页。

⑰　冯时《古文字所见之商周盐政》,《南方文物》2009 年第 1 期,第 57～71 页。

⑱　北京大学考古文博学院董珊先生见告,在此致谢。

⑲　国家文物局主编《中国文物地图集·山东分册》,中国地图出版社,2008 年,上册第 344、345 页,下册第 868～876 页;博兴县文物普查资料,笔者曾经调查过一些遗址,并于 2007 年到博兴县博物馆核实了这些遗址的调查资料。

⑳　国家文物局主编《中国文物地图集·山东分册》,中国地图出版社,2008 年,上册第 184、185 页,下册第 209～220 页;尹秀民主编《广饶文物博览》,内蒙古人民出版社,2001 年,第 8～24 页;广饶县第三次全国文物普查又有新发现,笔者曾经调查过一些遗址,还于 2007、2010 年两次到东营市博物馆核实了这些遗址的调查资料

㉑　尹秀民主编《广饶文物博览》,内蒙古人民出版社,2001 年,第 57 页。

㉒　临淄文物志编写组《临淄文物志》,中国友谊出版社,1990 年,第 25、26 页;国家文物局主编《中国文物地图集·山东分册》,中国地图出版社,2008 年,上册第 164、165 页,下册第 132～148 页;山东省文物考古研究所、北京大学考古文博学院于 2007、2008 年的调查资料。

㉓　魏成敏、燕生东等《博兴县寨卜商周时期遗址》,《中国考古学年鉴 2003》,文物出版社,2004 年,第 207～208 页;笔者参与了调查、钻探和试掘工作,所利用资料均为笔者根据田野工作后的认识。

㉔　2008 年发掘材料系山东省文物考古研究所孙波先生提供,特此致谢。

㉕　如《左传》昭公九年:"及武王克商,薄姑、商奄,吾东土也";《左传·昭公二十年》"昔爽鸠氏始居此地,季萴因之,有逢伯陵因之,蒲姑氏因之,而后太公因之";《今文尚书序》"成王既践奄,将迁其君于薄姑,周公告召公,作《将薄姑》"(《将薄姑》原文已佚);《汉书·地理志》齐地"…汤时有逢公柏陵,殷末有薄姑氏,皆为诸侯,国此地。至周成王时,薄姑氏与四国共作乱,成王灭之…";《今本竹书纪年》周武王"…十六年…秋,王师灭薄姑"。

㉖　司马迁《史记·齐太公世家》,中华书局,1987 年,第 1481、1482 页。

㉗　徐天进《周公庙遗址的考古所获及反思》,北京大学震旦古代文明研究中心编《古代文明研究通讯》总第二十九期,2006 年,第 23 页。

㉘　王光永《陕西宝鸡戴家湾出土商周青铜器调查报告》,《考古与文物》1991 年第 1 期,第 3～22 页;顾颉刚《周公东征和东方各族的迁徙》,《文史》第二十七辑,中华书局,1988 年,第 1～14 页。

㉙　张学海《齐营丘、薄姑、临淄三都考》,《张学海考古论集》,学苑出版社,1999 年,第 337 页。

㉚　潍坊市博物馆《山东潍坊地区商周遗址调查》,《考古》1993 年第 9 期,第 781～799 页,图版壹。

㉛　周庆喜《山东青州市发现商代铜爵》,《考古》1997 年第 7 期,第 66 页。

㉜　北京大学、山东省文化局于 1965、1966 年调查了该区域的商周时期遗址,资料现藏于山东省文物考古研究所临淄工作站;历年来调查的商代遗物现保存在青州市博物馆;国家文物局主编《中国文物地图集·山东分册》,中国地图出版社,2008 年,上册第 215 页,下册第 287～304 页;2009 年,笔者参加了山东省文物考古研究所何德亮先生主持的郝家庄遗址发掘工作,还详细调查了郝家庄、韩家、肖家等遗址。

㉝　祁延霈《山东益都苏埠屯出土铜器调查记》,《中国考古学报》第二册,1947 年,第 167～177 页;山东省文物管理处、山东省博物馆《山东文物选集(普查部分)》,文物出版社,1959 年,第 32～33 页;山东省博物馆《山东益都苏埠屯第一号奴隶殉葬墓》,《文物》1972 年第 8 期,第 17～29 页;齐文涛《概述近年来山东出土的商周青铜器》,《文物》1972 年第 5 期,第 3～9 页;出土文物展览工作组编《文化大革命期间出土文物》第一辑,文物出版社,1972 年,图版 123;殷之彝《山东益都苏埠屯墓地和“亚丑”铜器》,《考古学报》1977 年第 2 期,第 23～34 页;山东省文物考古研究所等《青州市苏埠屯商代墓发掘报告》,《海岱考古》第一辑,山东大学出版社,1989 年,第 254～273 页;夏名采、刘华国《山东青州市苏埠屯墓群出土的青铜器》,《考古》1996 年第 5 期,第 21～28 页;李海荣《“亚醜”铭铜器研究》,《辽海文物学刊》1995 年第 1 期,第 3～48 页;据山东省文物保护单位苏埠屯墓群登记资料,还提及 1926 年在北岭中段发现一墓,出土铜器 3,4 件,其中鼎、瓿上有铭文;在一号大墓北部还有两座被破坏的墓葬,1973 年,见于山东省文物考古研究所藏档案。

㉞　李海荣《“亚媿”铭铜器研究》,《辽海文物学刊》1995 年第 1 期,第 3～48 页。

㉟　刘雨《商周族氏铭文考释举例》,《故宫博物院学术文库·金文论集》,紫禁城出版社,2008 年,第 252 页。

㊱　黄川田 修《齐国始封地考——中国山东省苏埠屯遗址の性格》,《东洋学报》第 86 卷第 1 号,2004 年,第 1～56 页;黄川田 修著,蓝秋霞译《齐国始封地考——山东苏埠屯遗址的性质》,《文物春秋》2005 年 4 期,第 69～78 页。

㊲　郭妍利《也论苏埠屯墓地的性质》,中国社会科学院院考古研究所夏商周考古研究室编《三代考古》(三),科学出版社,第 247～272 页;胡进驻《殷墟晚商墓葬研究》,北京师范大学出版社,2010 年,第 245、246 页。

㊳　王恩田《山东商代考古与商史诸问题》,张光明等主编《夏商周文明研究——97’山东桓台中国殷商文明国际学术讨论会》,中国文联出版社,第 43～53 页。

㊴　殷之彝《山东益都苏埠屯墓地和“亚醜”铜器》,《考古学报》1977 年第 2 期,第 23～34 页。

㊵　黄川田 修《齐国始封地考——中国山东省苏埠屯遗址の性格》,《东洋学报》第 86 卷第 1 号,2004 年,第 1～56 页;黄川田 修著,蓝秋霞译《齐国始封地考——山东苏埠屯遗址的性质》,《文物春秋》2005 年 4 期,第 69～78 页。

㊶　图采自:山东文物事业管理局编《山东文物精萃》,山东美术出版社,1996 年,第 108、109、111、113 页;和歌山县立博物馆、山东省文物事业管理局《中国·山东省の至宝》,和歌山县立博物馆,1998 年,第 46～49 页;山口县立获美术馆·浦上纪念馆、山东省文化厅等编《黄河の酒神展》,山口县立获美术馆·浦上纪念馆,1999 年,第 29～36 页;谢治秀主编《山东文物精华品大展》,齐鲁三联印务有限公司,2007 年,第 29～31 页。

㊷　本章根据燕生东、魏成敏等《桓台西南部龙山、晚商时期的聚落》改写,见《东方考古》第 2 集,科学出版社,

2005 年,第 168～197 页。

㊸ 宋艳波、燕生东等《桓台唐山、前埠遗址出土的动物遗存》,《东方考古》第五集,科学出版社,2009 年,第 315～345 页。

㊹ 张连利等编《山东淄博文物精粹》,山东画报出版社,2002 年,第 57～67 页。

㊺ 光明等《桓台史家遗址发掘获重大考古成果》,《中国文物报》1997 年 5 月 18 日第一版。

㊻ 韩明《山东长清、桓台发现商代青铜器》,《文物》1982 年第 1 期,第 86～87 页;王宇信《山东桓台史家〈戍宁觚〉的再认识及其启示》,张光明等主编《夏商周文明研究——97'山东桓台中国殷商文明国际学术讨论会》,中国文联出版社,1999 年,第 15～29 页;严志斌《商代的"戍"》,宋镇豪等主编《纪念殷墟 YH127 甲骨坑南京室内发掘 70 周年论文集》,文物出版社,2008 年,第 242～249 页。

㊼ 宋艳波、燕生东等《桓台唐山、前埠遗址出土的动物遗存》,《东方考古》第五集,科学出版社,2009 年,第 315～345 页。

㊽ 前埠 H129 的面积很大,性质与唐山 H122 相同,但时代稍晚一些。考虑到唐山和前埠聚落时代相同,延续时间长,各自的聚落性质和功能未曾发生变化,我们预设前埠商代各阶段人们消费动物种类和数量未有大的变化,所以就把它们放到同一个层面比较了。

㊾ 宋艳波、燕生东等《桓台唐山、前埠遗址出土的动物遗存》,《东方考古》第五集,科学出版社,2009 年,第 315～345 页;Lin Min Conquest, *Concord, and Consumption: Becoming Shang in Eastern China*. Unpublished PH. D. Dissertation, University of Michigan, 2008.

㊿ 山东滨州市文物管理处等《山东阳信县古文化遗址调查》,《华夏考古》2002 年第 4 期,第 39～47 页;国家文物局主编《中国文物地图集·山东分册》,中国地图出版社,2008 年,上册第 340～342 页,下册第 861、862、864、865 页;滨州市文物管理处编《滨州市第三次全国文物普查资料汇编》,2010 年,内部资料,第 32 页。

○51 山东惠民县文化馆《山东惠民县发现商代青铜器》,《考古》1974 年第 3 期,第 208 页;铜器铭文见山东省博物馆编《山东金文集成》,齐鲁出版社,2007 年,第 109、730、761 页;常叙政主编《滨州地区文物志》,山东友谊书社(济南),1991 年,第 6 页,图版 23;山东省文物保护单位大盖(郭)遗址材料;2007 年春天,笔者调查了该遗址,并在县博物馆仓库拍摄了部分器物照片。

○52 岳洪彬《殷墟青铜礼器研究》,中国社会科学出版社,2006 年,第 163～172 页。

○53 山东省德州市文物管理室《山东乐陵、庆云古遗址调查简报》,《华夏考古》2000 年第 1 期,第 29～40 页;国家文物局主编《中国文物地图集·山东分册》,中国地图出版社,2008 年,上册第 312～313 页,下册第 813、818 页;笔者于 2008 年冬天调查了这些遗址。

○54 沧州市文物保护管理所、沧县文化馆《河北沧县倪杨屯商代遗址调查简报》,《考古》1993 年第 2 期,第 117～121 页;卢瑞芳《沧州商周以前古文化遗址的发现与认识》,三代文明研究委员会编《三代文明研究》(一),科学出版社,1999 年,第 440～447 页;沧州市文物局《沧州文物古迹》,除介绍了倪杨屯、高窑庄出土的商代遗存外,还出示了陈圩出土的商代晚期玉器,如是,该遗址可能有商代遗存,并且属于高等级聚落,科学出版社,2007 年,第 10～35 页;沧州地区文管所《孟村回族自治县高窑庄遗址调查简报》,《文物春秋》1993 年第 3 期,第 8～10 页;据卢文和黄骅市博物馆藏品介绍,黄骅郭堤城出土了殷墟三期陶鬲,如是,那里属于古滨海平原,应为盐业遗址。但笔者 2008 年冬天调查时在郭堤城内及周围并未发现这个时期的遗存。

○55 宗苗森《多处夏商遗址辉耀沧州历史》,《燕赵都市报》2008 年 9 月 9 日。

○56 陈雪香、方辉《从济南大辛庄遗址浮选结果看商代农业经济》,《东方考古》第四集,科学出版社,2008 年,第 47～68 页。

○57 靳桂云《山东高青县陈庄西周遗址笔谈》,《考古》2011 年第 2 期,第 32 页。

第七章 盐业生产性质

探讨渤海南岸地区商周时期盐业生产性质,就要分析是谁,如何组织、管理、控制盐业生产、盐制品消费及盐业生产与生活物资的流动等活动。

关于殷墟时期盐业的生产性质问题,本章主要从与制盐工具盔形器伴出其他物质遗存的文化性质,文献资料中的渤海南岸地区商代历史、族群、方国及与商王朝关系,该地区文化、经济与社会在商王朝发展中的地位,殷墟时期盐业生产是自发的、还是有组织的、王朝国家控制下的,以及盐制品如何运送到安阳殷都及王畿地区等方面入手。殷墟时期盐业生产性质问题是本章的重点。

西周时期该地区盐业生产延续时间较短,性质较为明确,只简单给予讨论。

一 商代盐业生产的文化性质

关于商代渤海南岸地区与制盐工具盔形器伴存其他物质遗址的文化归属问题,学界多同意为商文化性质,又因还有一定数量的土著文化因素如素面鬲、素面甗、高圈足簋、碗、钵类(实际上,这些器物多数属于西周早期)等,把它称之商文化大辛庄、或鲁中、或史家、或苏埠屯类型①。部分学者还把制盐工具盔形器归为当地文化特色因素。

盔形器的早期形态与商代中期的圜底罐(人头罐)相似。器腹拍印绳纹的做法,也非本地制器传统。盔形器不见本地岳石文化及后续文化会泉庄和芝水二期遗存内。与盔形器并存的各期各类陶器如鬲、甗、甑、斝、簋、盆、假腹豆、浅盘豆、圈足盘、圈足尊、小罐、中罐、瓮、四系罐,腹部多拍印绳纹,种类及形态特征与殷墟各期相同或相近,属于典型商文化系统。渤海南岸地区殷墟时期所见墓葬,其埋葬习俗如腰坑、殉狗、殉人、棺椁及随葬品组合②,与安阳殷墟相同;随葬陶鬲、簋、盆、豆、圈足尊、罍、小罐、中罐,也常见于安阳殷墟墓地。墓葬出土的青铜容礼器如方鼎、圆鼎、分裆鼎、甗、簋、提梁卣、尊、罍、瓿、爵、觯、斝、角、方彝,乐器如铙、铃,兵器如钺、镞、戈、矛、空首刀、环首刀、卷首刀、多孔刀,工具如凿、小刀,车马器如车饰、軎、辖、轭、马面饰、马镳,玉器如钺、戈、琮、柄形器、兽形器、鸟形饰等,无论种类,还是其形态与纹饰样式都与殷墟同类器物完全一致。铜器上族徽符号、日名都是商式的,所见符号也能在殷墟铜器、卜辞和其他地区的铜器上都能找到

（见下）。不仅是陶器和铜器，就连聚落遗址内出土的生产工具石器（如石镰）、蚌器、骨角器以及占卜用具卜骨、卜甲的种类和形体特征，与当地岳石文化及后续文化相比，也不是本地原有文化的延续或者外来文化和本地文化因素的混合体，而是一种替代关系。这些物质遗存所呈现的社会习俗、文化、制度以及技术层面，都是典型的商文化系统。

学者们还多注意到了青州苏埠屯墓地和寿光古城墓葬（地）的特殊性。苏埠屯1号墓是除安阳殷墟以外的唯一一座带四条墓道、"亞"字形椁、殉人最多的墓葬，墓葬形式与结构很像是殷墟武官陵王墓的缩版。苏埠屯和古城墓葬随葬铜器组合、样式，尤其以爵、觚搭配为核心，呈多等量配置与殷墟完全一致，古城墓葬中的陶鼎、爵、尊形器为仿铜器，这在殷墟之外是仅见的③。最值得一提的是殷墟墓葬中常见的陶明器觚、爵、圈足盘等在苏埠屯也有发现，这是殷墟周边地区唯一的特例④。这些显示出苏埠屯、古城与殷墟关系非同寻常。所以，多位学者仔细分析了苏埠屯墓地的墓葬形制、埋葬制度、随葬品组合及风格特点后，就认为，这些都与安阳殷都地区的商人墓葬保持了高度一致，其墓主人应是商王朝派往该地的高级官员、从属官员及其家属⑤。

可以这么说，渤海南岸地区出土的商代贵重物品如青铜器、玉器应是商王朝的某些固定作坊制作，由商王和上层贵族分发给各封国和族群的。无论种类还是样式都与商王朝中心保持一致的陶器、石器、骨器及占卜用的卜骨、卜甲等⑥，显然是由各个生产点遵循着一定范式制作的。最常见的日用陶器则是以殷都和王畿地区形式为"蓝本"在本地制作的，因而，可把这些陶器的生产称之为商式陶器工业。其制作特征表现在：陶器的器表多拍印绳纹，绳纹痕迹深刻而清晰；鬲（包括甗的鬲部）为分裆，三个鬲足分别模制成型后再拼接在一起，再上接实足根；晚期阶段的簋，口沿多较厚，呈三角缘，腹部深圆，圈足稍矮，腹部除有排印稀疏的绳纹外，多刻有三角划纹；罐、盆、瓮的底多为圜底内凹，即先制成圜底，再压成凹底；陶器多在还原焰条件下烧制而成（可能与用封口窑烧制有关），因而器表颜色为灰色或灰黑色。商式类陶器可能主要是商人和其控制下的居民制作和使用的。

为了更好地说明渤海南岸地区商文化的特征，还可以看看这个时期当地考古学文化——潍河流域的会泉庄遗存以及胶东半岛芝水二期遗存特征⑦。当地文化类型有自己的制陶业，陶胎壁是通过刮削使之变薄，陶坯经拍打加固后，器表多被抹平，未留下什么特殊印痕或纹饰，即我们通常所说的素面陶。陶器的羼合料多为云母及分选较好的细纱粒，个别为蚌片或蚌末。器物群主要有鬲、甗、簋、圈足盆、豆、罐、瓮、碗等（图7.1—1）。具体到某些器物，如鬲，多有乳状实足根，以"犟式鬲"最有特点，即上半部制成罐状，鬲足分制，手制，然后再拼接而成，器壁非常薄，分段连接的凹痕很明显。来自岳石文化传统的筒腹形和斜腹无实足根甗很有特点；甗类发达，甑部与鬲部相接处的腰部多有一周附加堆纹。陶器多是在氧化焰环境下烧成的（可能与使用敞口窑烧制有关），因而烧出的陶器器表颜色多呈红或红褐。无论制陶和烧造方法，还是器物种类与形态，都与商式陶器工业与产品迥然有别。此外，渤海南岸地区商文化和白浪河以东的当地文化遗存互不见对方的物质文化遗存。看来，殷墟时期，该地商文化与当地文化不是融合，而是二元对立。

因此，殷墟时期，渤海南岸地区与盐业生产有关的考古学文化属于典型商文化系统。埋葬制度、随葬品组合与特征又与安阳殷都高度一致，商文化还与当地文化的二元对立，说明该地商文化的出现是商人和殷商文化大规模进入的结果。

二　文献所见渤海南岸地区的商代

周汉文献及出土文字资料对渤海南岸地区商代历史、族群、方（封）国及与商王朝关系等也有一些记录。

春秋末年齐国晏婴在提及包含博兴、广饶、高青、临淄一带齐地的沿革史时，说"昔爽鸠氏始居此地，季荝因之，有逄伯陵因之，蒲姑氏因之，而后太公因之"（《左传·昭公二十年》），商代晚期该地的方国和族氏是逄伯陵和蒲姑。殷墟出土的二祀邲其卣铭文所记"丙辰，王令邲其觌，殷于逄"，讲的是纣王在逄地殷见诸侯的事迹。李学勤先生认为，逄即为逄伯陵，其地望就在这一带，黄组卜辞（帝乙帝辛时期）商王还到过逄地。这些说明逄与商王朝关系密切，是商的重要诸侯国[⑧]。

关于薄姑，在先秦和两汉时期的文献里，薄姑因为不服周人统治成为反叛的东方大国象征之一。周初，薄姑曾参与管叔、蔡叔、武庚、商奄发动的叛乱，因而被灭[⑨]。陕西宝鸡戴家湾出土的一件方鼎上有"佳（唯）周公于征伐东尸（夷），丰白（伯）、尃古咸哉"铭文，周公庙甲骨文中也有征博古的记录[⑩]，学者多认为博古就是文献中的薄姑[⑪]。在周人话语霸权下的族属分类系统中，薄姑为东夷。但学者多认为，薄姑、蒲姑、亳古是亳、薄等字音缓读而成，泛指殷商族群居住地[⑫]；或者，薄姑是殷民自称或周围居民拿来称殷民的方言，薄姑氏就是指居住齐地的殷人[⑬]。至于逄伯陵和薄姑都城的具体位置，文献记录说是在博兴寨卞或以北5公里的贤城（嫌），就是薄姑城所在。考古资料和地理环境显示，贤（嫌）城属于薄姑城的可能性比较大。

甲骨文中的画地，是殷王朝极重要的东方据点，殷王多次关心画地的状况，曾占卜该地是否受年，也为田游巡循之地，在画地设有负责田猎事务的犬官，画还成为商王直系贵族的封地（子画）。东方的旁方、兒伯消息均由画转告殷王朝。画地还尽臣子的责任向殷王朝进贡品如牛和龟板。商王征人方时曾路过画地。关于画地位置，学者界多认为即孟子"去齐宿画"之画，今临淄东北。

有学者认为，画地附近的八桑（桒）、旁方也在博兴、广饶、临淄一带[⑭]。旁方见于一、

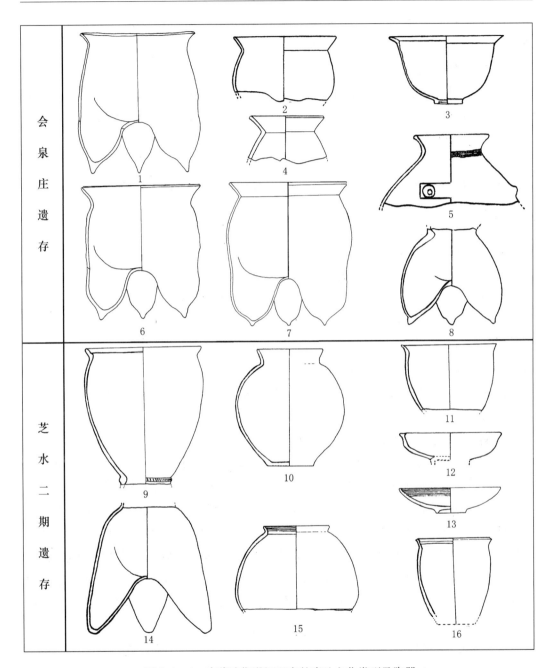

图 7.1－1　商代晚期潍河以东的当地文化类型及陶器

1、6、7. 陶鬲；2、8. 陶甗；3. 圈足盆；4. 罐；5. 瓮(1、7. 昌乐后于刘 H52∶1、2；6. 潍坊姚官庄 M3∶1；2～5、8. 寒
亭会泉庄 H1∶1，H6∶2，H4∶7，H16∶1，H12∶20)；9、14. 陶甗，10、11、15、16. 罐，12. 豆，13. 圈足盘(9～16.
均出自烟台芝水 H1∶4，T424 于④∶28，H11∶27，H11∶8，H1∶6，T403③∶11，H1⑤∶15、118)

三、四、五期卜辞。总体而言,旁方与商关系密切,商王征用旁方射兵,为王打仗,卜辞五期时出现亚旁(金文也见),说明旁方曾受商的分封或在商朝做亚官。商王还在旁地田猎。此外,旁方可能为子爵,商王曾问旁子有无疾病。

卜辞中还提及了齐地,齐地可能在古济水下游一带或现在的临淄城。商王曾多次在此驻扎(如《甲骨文合集》36821,"癸丑王卜:贞旬无祸? 在齐次")和巡视,征人(夷)方回来的路上,也路过齐(如《甲骨文合集》36493/5,"癸巳卜:贞王旬无祸?,在二月,在齐次,隹王来征人方")[15]。

黄组卜辞(帝乙帝辛时期)有商王曾到过寻地的记录,有学者认为寻即东周时期寿光东部的斟寻[16]。

"癸未卜,在海次,贞:旬亡祸? 王占曰:吉。在十月,唯王迻卤"(《甲骨文合集》36756),讲的是商王帅兵东巡海隅产盐之地,在此振兵田猎,保护盐田。海隅产盐处应就是指的渤海南岸某地。卜辞中"卤小臣其又(有)邑? …乎…邑?"(《甲骨文合集》5596),说商王赐予卤小臣采邑之事。小臣卤有自己的封邑,说明"小臣"在商王朝内等级较高。小臣卤的封邑可能就在渤海沿岸内陆腹地一带。

但是,也有学者认为潍淄河之间是商王朝晚期敌对集团夷(尸、人)方的都邑所在地[17],这一带属于当地夷人生活所在地。

渤海南岸地区出土的商代(部分包含周初)铜器铭文和徽识符号更能说明其族群(或封国)的来源。

关于青州苏埠屯"亚醜"族氏。甲骨文中有"辛卯,王…小臣醜…其作圉于东对,王占曰吉"(《甲骨文合集》36419)的记录。醜做过商王朝的内服百僚小臣官职。有学者认为"作圉于东"就是作疆于东,也就是封国[18];或者,"作圉于东对"就是作圉于东封,"对"意与"邦"近[19]。总之,卜辞意思就是占问小臣醜在东方建国是否得当。如是,小臣醜就是商王朝封国国君之类的人物。"亚醜"方觥、方爵、方罍、甗等上有"亚醜,者(诸)后以太子尊彝"铭文,有学者认为属于醜祭祀王后和太子的礼器,亚醜这一族氏可为殷商王族,地位比较高。醜还给商王通报过人(夷)方的动向[20]。这些说明亚醜族氏与商王朝的关系非常密切。这与苏埠屯 M1 等墓的规格、埋葬习俗、随葬器物组合及特点、时代等都是完全相符的。

关于寿光古城的"并"族氏。传世铜器有"亚并父己"簋,"并"簋、"并"方彝、"父辛并"簋、"并"爵、"己并"爵、"并"罨、"并"卣[21],李学勤先生还提及一组象纹铜器,如瑞典远东古物博物、日本出光博物馆藏的象纹觚以及故宫博物院藏的象纹簋,均带有"并"徽识[22]。河北邢台葛家庄西周早期墓葬 M73 随葬的铜簋内有"并作父宝尊彝"[23]。甲骨文中有卜问并氏的安全、商王遣并氏返国、派并氏代表致祭于黄河的记录。"并"地还是商王来往和田猎的地方[24],商王曾卜问并地农事情况("叀般乎田于并")[25],这些说明"并"族氏与商王朝关系非常密切。

关于桓台唐山出土瓢上"戍宁无寿作祖戊彝"铭文,学者多认为"戍"系商王朝的军事类职官称号,戍宁为镇守东方地区的官员⑳。

关于惠民大郭的"戎"族氏,丁山先生在有关文章中,引用的有传世铜器有"戎"彝器、"戎作从彝"卣、"戎翼"爵、"? 乙戎"鼎等㉗,并考证"戎"氏族属于商王族。这些传世铜器或可就出土于大郭一带。

关于滨州兰家出土铜卣上的铭文或徽识,有学者隶定为"卤"字,即可能与甲骨文中提及的那位管理盐业生产的"小臣卤"有关㉘;有学者认定为"甾"字,甾国是商王朝征伐对象,后为商所灭;"甾"本甾缶之象形字,甾氏以制造盛盐之容器为职㉙。

诚如上所述,在周人眼里,渤海南岸地区是殷商人集中区,还因不服周人统治进行过反抗;出土文字资料显示,商王常来往该地区,或田猎或巡视,或接见诸侯,或卜问该地农业收成情况,东征人(夷)方时也驻扎过此地。这里的方国、族氏与商王朝关系密切,有些本身就是商王朝东封的方国,有些族氏直接来自安阳殷都,个别甚至就是东封就国的、地位很高的王族,有些还向殷王朝进贡牛和龟板。因此,可以说,渤海南岸地区应是商王朝直接控制的区域。这与该地考古发现的典型商文化遗存也完全一致。

三　渤海南岸地区在商王朝的地位

探讨渤海南岸地区在商王朝中的地位问题,就要从商文化各阶段在东方地区发展情势以及商文化在全国周边地区的文化分布变迁来入手,看看渤海南岸地区商代聚落、人口、经济与社会发展状况。

以往学者们构建了商文化东进方式和过程:商代早期文化(指以郑州二里岗上、下层所代表的商文化)末段开始进入东方地区,渐次取代了本地的岳石文化。其中,又有两次东进的高潮,第一次为商代早、中期,第二次在商代晚期即殷墟时期;商代早期较晚阶段,商文化开始进入鲁西和鲁西南,商代中期,到达津浦铁路线两侧,晚期特别是武丁时期,势力范围向东扩大,山东大部分地区、江苏淮北直到黄海之滨基本上纳入了商王朝的势力范围。此外,济南大辛庄和滕州前掌大一带是商代中期和晚期商人在鲁北、鲁南的两大中心,淮泗流域是商代遗存分布最为密集的、商文化影响最深的地区。而渤海南岸地区主要是鲁北地区因保留有浓厚的土著文化因素还被称之为大辛庄、或大辛庄"鲁北"小区、或鲁北、或史家、或苏埠屯等地方类型㉚。当然,也有学者对此有不同的论述,比如早商时期(相当于中商时期),商文化已经到达潍河流域,并持续发展到商代晚期㉛,鲁北地区殷墟时期考古学文化"商化"程度要比山东其他地区更强烈些㉜。

最近,刘绪先生综括了全国各地商文化发展情况,指出,就商文化分布变迁而言,可分三个阶段,二里岗下层为第一阶段,二里岗上层至殷墟第一期为第二阶段,殷墟第二至四期是第三阶段[③]。商文化在第二阶段的扩张达到最顶峰,而在第三阶段在商人在北方、西方、南方,东南部地区势力退缩,唯东方地区保持着强盛劲头[④]。

目前东方地区所发现的商文化聚落资料,比较清楚地说明商文化东进过程也与全国商文化发展进程基本一致,但有些特殊性,在阶段划分上,可作微调整,二里岗上层至殷墟一期前段为第二阶段,殷墟一期后段、二、三期为第三阶段,殷墟四期及周初可单划出,为第四阶段。

第一阶段。豫东柘城县孟庄商代遗址 M5 出土的卷沿、斜腹细高锥足鬲,卷沿上出现折棱的双唇鬲,深腹粗柄矮圈足豆,卷沿深腹圈足簋,小口罐等[⑤]均具有二里岗下层的特征;鹿邑县栾台遗址第四期遗存出土了二里岗下层时期的圆唇、卷沿、深腹、薄胎细绳纹鬲(H57∶1),折沿鼓腹盆(H57∶3)等[⑥]。夏邑县清凉山遗址那几件归入岳石文化的陶器,如圆唇、卷沿、薄胎、细绳纹鬲(T1⑥∶216、227)和圆唇折沿、薄胎、细绳纹、鼓腹锥足鬲(T1⑥∶220)均属于二里岗下层典型器物[⑦]。这些说明,商文化第一阶段已经到达鲁豫皖交界区。相邻的鲁西南菏泽、聊城市,距郑州商城更近些,那里也应当有这时期的遗存,只是遗址多被淤土淤沙覆盖,加之田野工作少,只是目前未发现而已。济南大辛庄遗址出土的素面鬲和素面甗[⑧]与当地岳石文化同类器物相差太大,就整体形态而言,拟是模仿二里岗下层文化的绳纹鬲、绳纹甗。H690 出土的斜方唇卷沿斜腹、尖实足细绳纹薄胎鬲,圆唇素面鬲,卷沿、深弧腹圈足盆(簋)刻槽绳纹带流盆[⑨],年代也明显偏早。因此,商文化第一阶段应到达豫东、微山湖西侧、济宁、济南及德州一线(图7.3—1)。但该阶段,东方地区商文化聚落少,分布稀疏,人口也不太多。

第二阶段,商文化在东方地区扩张也达到了鼎盛时期(见图7.3—1),发现的聚落数量明显增多。商文化已到达潍坊市白浪河(如姚官庄等)、沂水县、莒南县(如墩后、虎园、竹墩[⑩])、苍山县、江苏连云港市(如大村[⑪])、沭阳县(如万北[⑫])(见图7.3—1)、盐城市(如龙岗[⑬])一带。鲁西南、鲁中南泗水流域及济南周围成为当时中心,聚落分布密集程度,聚落和人口数量增多。在滕州官桥一带还发现了轩辕庄、前掌大、大康留、吕楼等多个出土青铜礼器的高等级聚落,这里应是东方地区的中心之一。济南地区发现的这个时期聚落也较多,其中出土精美青铜礼器和规模较大的长清前坪、济南大辛庄属于高等级聚落,应为该区域的中心。连云港大村出土的青铜铜鼎、甗,形体硕大,规格较高,这一带也应有高等级聚落。莒南虎园也出土了这个时期的青铜瓴,看来这一带聚落群内也存在着高等级聚落。

第三阶段,商文化在东方发展态势发生了大变化,除鲁西、鲁西南聚落、人口稳定外,泗水河流域东侧及鲁东南几乎不见殷墟一期后段、二、三期的遗存(见图7.3—1)。而恰恰在第三阶段,鲁北及河北沧州地区的聚落、人口数量骤然增多,考古学文化空前繁荣。

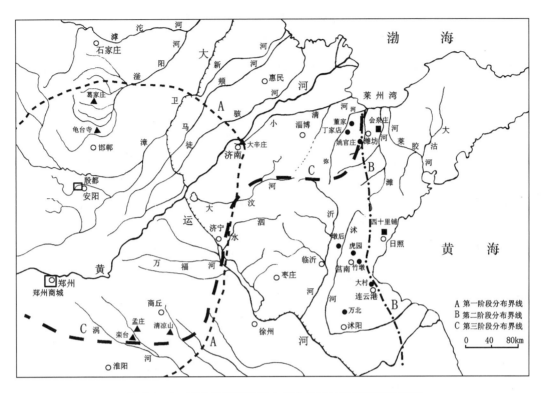

图 7.3－1　商文化不同阶段在东方地区的发展情势示意图

在莱州湾南岸内陆腹地,聚落数量已达到该地社会发展高峰期的龙山时期,而黄河三角洲地区的商代聚落数量,超过龙山时期数倍甚至十几倍。

第四阶段,商王朝多次征伐东夷及周人灭商后,商人大规模东迁,如鲁南和苏北地区,又出现了商文化遗存,如滕州前掌大、平邑洼子地、铜山丘湾、沭阳万北等聚落,商人势力重新出现[44],但鲁北地区,商文化反而有些退缩,如在昌乐后于刘等地就发现了比较典型的当地文化会泉庄类型的遗存。

具体到渤海南岸及内陆腹地一带。目前,在博兴利代、潍坊姚官庄[45]、临淄桐林[46]、于家、青州肖家[47]、寿光董家庄、丁家店子[48]、沧县倪杨屯[49]、孟村高窑庄[50]等遗址都发现了第二阶段遗存(图 7.3－2),说明这时期,商人的势力已经到达渤海沿岸和莱州湾南岸一带,其东界应在今白浪河流域一线。但这个时期聚落发现较少,目前发现不足 20 处。聚落分布比较分散,单个聚落规模不大,文化堆积单薄,延续时间不长,人口数量似乎不会太多。只有青州肖家和沧州倪杨屯遗址堆积厚些,规模大些。肖家遗址面积在 10 万平方米,还出土了象征军事指挥权的青铜钺(图 7.3－2:13),可能为本区域的中心。这些遗址出土的陶器如鬲、甗、大口尊、"十字"镂孔假腹豆和簋以及青铜钺都是商文化的典型器物。

但是,多年的田野工作表明,滨海平原上并未出现这个时期的遗址(即制盐遗存)。这说明,该阶段商人还没有开发当地的盐业资源。换言之,这个时期商人对东方地区的扩张殖民并非为了盐业资源。商王朝对该地区的侵入还属于开疆拓土、武装殖民、聚敛财富、巩固统治的性质。

第三阶段即殷墟时期,商文化在渤海南岸的海河积平原及相邻内陆地区的寿光、青州、广饶、临淄、博兴、桓台、东营、利津、沾化、滨州、惠民、阳信、邹平、章丘、济南、长清、济阳、齐河、临邑、乐陵、庆云、南皮、东光、孟村和沧州等县市却极度强盛起来,不仅发现了规模巨大的十几处盐场群、数百处制盐作坊,还在内陆地区发现了与盐业遗存同时的数百处聚落(图7.3-3)。这些聚落还形成了十几群,每群的规模比较大,往往在上百平方公里或数百平方公里,聚落之间间距在3公里左右,每群中有一个或多个出土青铜容礼器和兵器(往往为贵族墓葬出土)的聚落,如沧县倪杨屯,滨城兰家,惠民大郭,博兴寨卞,桓台唐山、史家,广饶花官、西华,寿光古城、桑家庄,青州苏埠屯、于家、涝洼,长清小屯,济南大辛庄、刘家,章丘涧溪,平阴洪范,沧州倪杨屯等,它们应属于各区域内等级较高的聚落。多数青铜器上还有不同的徽识符号,说明各个聚落群隶属于不同族群。而长清小屯、济南大辛庄、青州苏埠屯、博兴的贤城、惠民大郭等应属于凌驾于这些高等级聚落之上的中心。第三阶段渤海南岸地区商文化、经济与文化突然繁荣,聚落和人口数量的急剧增加,应是外来人员在很短时间内迁入的结果。

此时,渤海南岸地区成为殷墟时期商王朝直接控制的、唯一的产盐之地和唯一能通往海洋之地方。基于沿海地区盐业资源的开发,与之相邻的咸淡水分界线和内陆腹地的聚落和人口空前增多,社会、经济与文化得到了充分发展,渤海南岸地区最终形成了以沿海盐业和盐工定居地为导向的聚落分布格局。在其辐射下,泰沂山脉北麓、济南、德州、菏泽及沧州西南部,商文化也发展起来,聚落数量显著增多。殷墟时期,当商王朝的势力在北方、西方、南方和东南部退缩时,唯有渤海南岸及内陆腹地成为东方甚至整个商王朝境内人口最为密集,经济、文化最为发达地区之一。

四 商代盐业的管理与控制

渤海南岸地区商代盐业生产自发还是有组织的,若是有组织的,商王朝又是如何或者通过什么方式来严格管理和控制的。

目前,已发现殷墟时期规模巨大的盐业遗址群十多处,盐业遗址总数约200处(若黄河三角洲地区的盐业遗址未被淤土淤沙覆盖的话,所发现的盐业遗址应远远超过此数)。盐业聚落成群分布,并有规律地布局在便于食盐外运的河道两侧。每处盐业聚落群下可划分为若干制盐作坊小组群,早期阶段每小组群大约有4～5处制盐单元,晚期阶段开

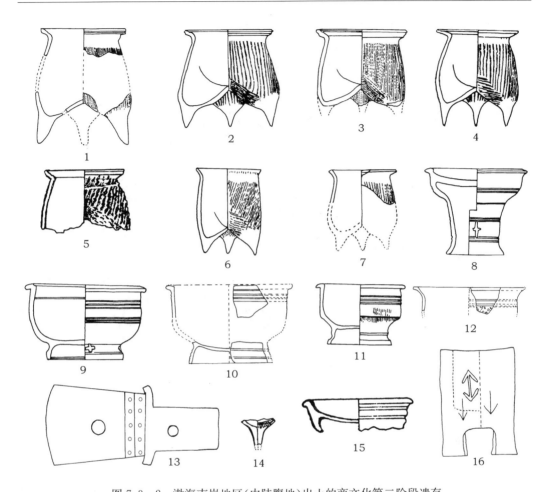

图 7.3-2　渤海南岸地区(内陆腹地)出土的商文化第二阶段遗存

1~7. 陶鬲;8、15. 假腹豆;9、10、11. 陶簋;12. 大口陶尊;13. 青铜钺;14. 陶鬲足;16. 陶方鼎(1、8、10、12、13. 青州肖家;2、4. 临淄桐林 H8②:1、H52②:3;3、7、16. 临淄区于家;5、14、15. 沧州倪杨屯 S:01,X:014,X:033;6. 寿光董家庄 98:1;9、11. 潍坊姚官庄)

始,盐业聚落群下划分小组群的数量明显较少,每组群所包含的制盐单元规模却增多,很有规律性。一个制盐作坊往往为一处独立的生产单元,每一生产单元占地面积在 2000 平方米左右,每个盐灶的面积在 30~40 平方米,不同地区和不同阶段的盐业遗址内,生产单元和盐灶结构基本一致,面积也相同。季节性的煮盐也是有规律的、固定性的、周而复始的。这些均可说明当时盐业生产存在着统一规划与组织。

不唯如此,就连数量庞大的制盐工具盔形器制作也遵循一定规制。制盐场所及内陆腹地所出盔形器虽然分别由位于咸淡水分界线两侧的几十处甚至上百处盐工定居点村落各自生产和烧制,但各地盔形器形态基本一致,口径、腹径大小统一性比较强,口径在

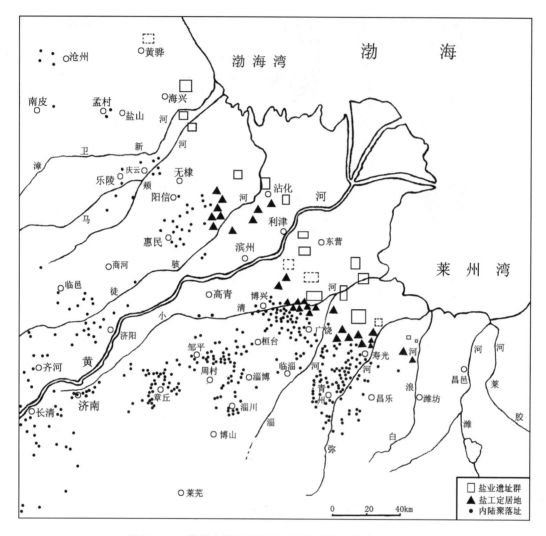

图 7.3－3　渤海南岸及内陆腹地殷墟时期聚落分布示意图

（据《中国文物地图集·山东分册》58、59 页改绘）

16～18、腹径在 17～18、通高在 22～25 厘米区间变化,容量也差不多,形态类型却只有二、三种,演变轨迹上也比较一致,显示各地盔形器生产都按照一定样式,其有组织的专业化、规制化生产程度较高。

　　每个盐灶一次举火煮盐所获数量都在千斤左右。这不只是由生产方式决定的,反映的更像是某种定制的存在。经计算,整个在渤海南岸地区,直接参与盐业生产的盐工人数应在数千人以上,盐制品年产量至少在数十万斤以上,数量是相当惊人的。这些盐制品每年还要从沿海运往内陆腹地的安阳殷都和王畿地区。盐工人每年消耗的粮食达数百万斤以上,搭设盐棚所需直径达 40 多厘米的木材要上万根,这些均需从内陆输入。繁琐的制盐工艺流程需要盐工们掌握一定的技术和经验,一个生产单元内部还需要分工好、协调好。而且,一个个规模巨大的盐业作坊群内的盐业生产和相关物资的流动、分配更需要专人来组织好、管理好。

单就盐业生产组织而言,每个制盐作坊群存在着三级生产组织。一处制盐单元(往往就是一个制盐作坊)是由 10 名左右盐工组成的最低一级生产组织单位。该级组织可能由经验丰富的、技术熟练的盐工具体负责。包含着 2 至 4 个同时的生产单元、盐工 20 至 40 名的制盐作坊,其内生产协作和生产、生活物资的调配,应由地位较高的人专门负责。若干处制盐作坊组成的小组群则代表着第二级盐业生产组织。早期阶段,该级组织数量多,规模较小,大约有四、五处制盐单元,盐工人数在四、五十名,与盐工定居地一个或多个聚落内劳力总人数相当,该级应有村落级内的首领负责。晚期阶段,这一级盐业生产组织单位数量增多,盐工人数在二三百名,应是来自若干处盐工定居地聚落内的劳力,并有专职人员负责这一级生产组织。包含了数十处制盐作坊和生产单元,有盐工四、五百名的整个盐业聚落群(即制盐作坊群)属于第三级盐业生产组织。渤海南岸地区同时期存在着至少十几个规模较大的、独立的、互不隶属的同类生产组织。这类组织应当由生活在咸淡水分界线两侧各区域统辖若干处盐工定居地的高等级聚落专职负责和管理。

由于沿海地区盐业经济的大规模发展,与之相邻的咸淡水分界线和内陆腹地的聚落和人口空前增多,社会、经济与文化也得到了充分发展,还形成了以沿海盐业和盐工定居地为导向的聚落分布体系。位于滨海平原上的制盐场所为盐业生产基地,位于咸淡水分界线两侧的聚落则是盐工及亲属人员的定居地。这里居民为制盐场所专门烧造煮盐用具和生活用陶器,制作和修理收割燃薪工具,平时还饲养家畜、渔猎动物为盐工筹备肉食。居住这一区域内的一处处高等级聚落,不仅直接管理、控制着一、二处规模较大的制盐作坊群的盐业生产,而且负责各类生活和生产物资的调配。位于内陆腹地的聚落群则为制盐场所和盐工定居地提供后勤保障和军事保护,这里属于农耕区,居民种植农作物为盐工及亲属人员提供粮食。此外,这里的居民不仅要把来自山谷和山前平原的木材和石料运往滨海地带,同时还负责把盐制品向内陆和中原地区外运。这些活动由一个个等级稍高的聚落人员具体负责组织和操作。位于滨海平原的盐业作坊群、咸淡水分界线两侧区域的盐工及亲属人员定居聚落群与环绕它们内侧的内陆腹地聚落群,同时出现,同时繁荣,在产业、组织管理上有明显的分工,在经济、政治、社会组织上又相互依存,这样就构成了一个整体。这种不同功能聚落群分布格局的出现,显然是人为的、有计划、有组织的和统一规制的结果。

无论是位于咸淡水分界线两侧区域盐工定居地中心聚落,还是位于内陆腹地各区域农耕聚落群内的高等级聚落,墓葬内出土青铜器的族徽识符号都能从安阳殷墟找到,显示墓主人与商王朝关系密切,有些本身就是商王朝东封的方国,有些族氏直接来自安阳殷都,个别甚至是地位很高的王族。看来,当时的盐业生产活动和相关的物质流动由商王朝派来的贵族直接负责、管理和控制。

据古文字学家的研究,东方地区已有专门煮盐和制作盛盐之器的族氏。商周金文中有"覃"族,如覃父乙爵、亚覃父乙卣等,"覃"为以器煮盐之会意字,覃族本应煮盐为职业,后因其用为族氏之名。兰家出土的铜卣铭文应释为"甾","甾"意为甾缶之象形,甾氏以制造盛盐之器为职[51]。

从煮盐工具盔形器形态和质地差异所反映的产地来看,盔形器产地可划分若干区。目前考古工作较多的莱州湾南岸中部的广饶东部、寿光和潍坊滨海开发区,莱州湾南岸西部及附近内陆的广饶西部、博兴、桓台、东营以及黄河三角洲中部的沾化、利津、滨城和阳信一带出土的盔形器,无论形态特征和质地上都有一些差别。比如,前两者在殷墟一期就开始出现夹砂陶质,西周早期夹砂陶的比例占绝对优势,绳纹也普遍较粗;后者盔形器基本为泥质陶,绳纹较细;第五期中段及以后,在黄河三角洲中部一带,盔形器个体容量变小,而莱州湾沿岸地区却相反。整体而言,莱州湾南岸地区中东部地区的盔形器口径多在 17～20、高 22～26 厘米,盔形器盛盐量多在 2500～3500 克,黄河三角洲地区中部的盔形器口径在 16～18、高 22～24 厘米之间,盛盐量在 2500～3000 克。前者的口径明显多大于后者,盛盐量也多些。莱州湾南岸中部地区的一、二期盔形器盛盐量约在 3000克左右,三、四期升至 3500 克左右,盛盐量逐渐上升,而第五期又明显下降,仅 2500 克左右;一、二期盔形器自重在 1600～2600 之间,三、四期至五期早段升重,达 3500 克左右,而五期中后段器壁加厚,自重在 4500～5000 左右,自重明显上升。黄河三角洲中部,一期至二期早段盔形器盛盐量较多,在 2800～3200 之间,与莱州湾南岸中部的差不多,三期为 2700～2600 克之间,明显较少,盛盐量从早到晚逐步减少;而盔形器自重也是这样的趋势,从一、二期的 2650～2850 克,降至第三期的 2550～2050 克之间。此外,黄河三角洲地区,无论是沿海平原盐业遗址、咸淡水分界线两侧的聚落遗址,还是内陆地区的聚落遗址,所出盔形器均不见一期早段和五期后段的资料,或可说明这里盐业生产开始晚些,结束却早些。这些表明,莱州湾南岸中部与黄河三角洲中部的盔形器区别还是很明显的,属于明显的两大不同产区。而莱州湾南岸与黄河三角洲地区交接处一带(广饶西部、博兴、桓台、东营市)出土的盔形器较前两区,种类形态较丰富多样,比如在一、二期,唇部有尖唇、圆唇、方唇之分,口沿分为窄沿、宽沿、折沿、卷沿多种,腹部有浅鼓腹、深弧腹两类,腹部绳纹有细、中、粗及细中交错类型,器胎厚薄不一。这里也应属于单独一区。

此外,黄河三角洲北部沧州、德州东部一带,考古工作较少,资料也欠缺些,但庆云齐周务等地出土的盔形器很有地域特点,三期盔形器形体瘦长,部分器表拍印竖绳纹,四、五期盔形器,形体偏小,说明那里也可能单划为一区。

　　这些细微差异表明这四区内盔形器的制作各自遵循一定的规制。换句话说,就煮盐工具盔形器生产、烧造而言,可分四区。第一区为莱州湾南岸中东部的广饶东部、寿光和潍坊滨海开发区盐业作坊群及相邻南部内陆一带,第二区莱州湾南岸西部、黄河三角洲南部及附近内陆的广饶、博兴和桓台,第三区为黄河三角洲中部的沾化、利津、滨城、惠民和阳信等一带,第四区为黄河三角洲北部的无棣、庆云、乐陵、海兴、黄骅、孟村、沧县等一带。

　　前面已提及,就盐业作坊群延续年代及所依附的咸淡水分界线两侧和内陆腹地聚落群等而言,渤海南岸地区的制盐作坊群也可分四个大区,在咸淡水分界线两侧和内陆腹地都有与这四大盐业作坊群对应或相关联的聚落群。如此看来,盔形器产地划分的区域与制盐作坊群空间分布划分是完全相符的。

　　从更大范围来看,每区的盐业生产以及生产、生活物资的调配,盐制品向商都与王畿地区的运输等活动应由更高层次的聚落和组织来负责和管理,第一区由内陆腹地商王朝的封国苏埠屯的"亚醜"族氏负责和控制,第二区为博兴的"薄姑"国直接负责,第三区由位于惠民大郭的"戎"国或族氏统辖,第四区由位于沧州、孟村一带的某古国或族氏管制。如此,商王朝通过封国或派过去的贵族直接控制了渤海南岸地区政治、经济活动。

　　殷墟时期,由于产盐之地晋南地区的解池已不属于商王朝的管辖范围,卜辞中记录的盐业活动应发生在东方沿海地区即渤海南岸地区。相关记录表明,商王朝非常重视盐业,商王不仅巡视、规划、保护产盐之地,并在那里举行祭祀活动(见前)。王朝派重臣负责敛取或运输盐卤,还有专设负责盐业生产的大臣。如,弜为殷大臣,曾代王行事。"壬戌…令弜…取鹵? 二月"(《甲骨文合集》7022),"戊戌卜,贞曰:弜其从鹵,亡口?"(《甲骨文合集》20177),弜还代表商王到制盐场所敛取盐卤。商王朝内还有主管盐业的专职官吏小臣,"鹵小臣其又(有)邑? …乎…邑?"(《甲骨文合集》5596),说的是商王赐予小臣鹵采邑之事。小臣鹵有自己的封邑,说明"小臣"在商王朝内等级较高[32]。

　　无论是考古资料还是文字都显示,渤海南岸地区商代制盐业表现的是有组织的规模化、集约化和专业化生产,这里是殷墟时期商王朝的盐业生产中心,各地区盐业生产的组织和管理、生产和生活物资运作及盐制品的外运均由商王派遣的官员、族群和封国来负责和控制。卜辞中还记录着商王朝不仅专司盐业的大臣,常常派大臣敛取盐卤,商王还亲自东巡海隅视察盐田。换言之,渤海南岸地区的盐业被牢牢掌控在商王朝之下了。

五　商代盐运路线之推测

　　食盐为易溶品,在考古上很难找到遗存。据鉴定,安阳殷墟出土贝类、螺类、海鱼类、鲸鱼,相当部分来自渤海内[33],殷墟花园庄东地、白家坟东北部等多地曾出土了来自渤海南岸地区的盔形器[54]，说明渤海沿岸与安阳殷都可直接来往。至于渤海南岸地区咸淡水分界线和内陆腹地聚落居民，从其所拥有铜器上徽识符号反映的人群而言，多数就来自安阳殷都，而青铜礼器、玉器及原始瓷器、印纹硬陶等贵重物品应是来自安阳殷都及周围地区，显示安阳及周围一带与渤海南岸地区人员和物流直接来往比较频繁。

　　单就田野工作较多的莱州湾南岸及内陆腹地而言，龙山时期聚落数量与殷墟时期大体相当，人口数量也应相差无几，但是，目前所见龙山时期制盐遗址还不足商代的二十分之一。显然，整个渤海南岸地区商代的盐产量远远超出本地所需。殷墟时期，渤海南岸地区突然出现了规模化的制盐作坊群，每年至少有数十万斤盐制品的产量，成为是殷墟时期商王朝的唯一制盐中心。这些说明这里生产的盐制品不应只局限在是在附近地区居民消费，而是外运到内陆腹地，主要是殷都及王畿地区。

　　盐制品属粗重物品，其运输方式，不外乎经陆运和水运（后者包括河运和海运），而在古代，大宗数量的物品运输一般经水运。东周时期齐国的食盐就"循河、济之流，南输梁、赵、宋、卫、濮阳"[55]。商代甲骨文曾提及了舟船这类水上交通的重要运输工具[56]。卜辞记录，弜代表商王到产盐之地敛取盐卤的时间是在殷历二月即夏末，此时河水涨满，便于行船运输。渤海南岸地区商代所产盐制品经过河流运往内地应是完全可能的。

　　从渤海南岸地区的古河道、商代盐业生产作坊群及对应的盐工定居点、内陆腹地聚落群空间布局看（图 7.5—1），它们在空间分布上与古河流走向上大体重合，并有规律地散布在古河流的两侧。由此就可以推测出当时的盐运路线了。

　　从相关文献记录及后世学者的梳理和研究来看，先秦时期，流经中原地区，从渤海南岸一带入海的河流主要是黄河、清河、漯水、济（沇）水、漳水、徒骇河等[57]。

　　殷墟卜辞有五百多片提及了"河"，"河"就是后世所称呼的黄河[58]。有学者据卜辞所记与黄河相联系的地名地望，复原了商代晚期黄河下游河道的走向：大致从今河南省郑州市以北，向东流经原阳县西北，然后折而向北流经淇县东南、浚县西南，再经濮阳一带，东北流向河北省大名市东南。如此看来，黄河在这一段主要流过了商王朝的王畿区[59]。流经安阳都城的洹水，卜辞中也多有记录，是一条自西向东流向的河流，洹水最终应当流入在此地南北流向的黄河，如是，殷都经洹水与黄河是相通的。商代晚期黄河在具体哪里入海，学术界还有争论，但不出周代黄河入海南北两侧，即在天津南至现代黄河河道以北范围内[60]。而《禹贡》等文献所提及黄河经大陆泽后北播为九河入海。关于黄河支津——九河，有学者考证为古徒骇河、太史河、简河、洁河、胡苏河、鬲津河、马颊河、复釜河、钩盘河，具体位置主要在今惠民阳信以北、沧州、黄骅以南地区[61]。换句话说，天津以南、今黄河以北的地区，经黄河及支津可与安阳殷都、王畿地区相通。

　　卜辞中记录最多的另一条河流就是王畿地区的滴水。滴水或是后世位于河北南部的漳水，或者是后世的清河（相当于现今的卫河）。滴水发源太行山，流经今河南新乡、卫辉、淇县、内黄,河北的魏县、清河县、景县、沧州市,向东北入海,是华北平原上仅次于黄河的一条大河,也是商代后期流经王畿区的、独流入海的一条大水[62]。

黄骅、海兴、无棣、庆云一带是古黄河及支津(或者九河)故道所在地。目前,南排河、漳卫新河、马颊河下游周围地区已发现了若干处制盐作坊群以及对应的内陆地区聚落群,内陆腹地聚落群还呈条带状向内陆延伸。说明该地生产的食盐可以沿着河流向安阳及其周围运送(见图7.5—1)。位于古黄河和大陆泽西侧的河北县隆尧双碑还出土过盔形器[63],显示这一带曾与沿海地区有联系。

今徒骇河发源于安阳及濮阳之间。徒骇河下游两岸地区也发现了几处大型盐业聚落群,如杨家、西封、洋江等,与之对应的盐工定居地、内陆农耕聚落群发现也多,就空间布局上看,也呈条带分布向西延伸。从惠民、阳信向西南沿商河、临邑、济阳、禹城、齐河[64]、茌平[65]、东阿、阳谷[66]等聚落群伸向地濮阳和安阳殷都。盐制品可从古徒骇河这条水路输往安阳殷都及王畿地区(见图7.5—1)。

据文献记录,现小清河和黄河之间,先秦时期有古济水下游和漯水河道。沿漯水上溯可达安阳东南的濮阳一带,济水在现长清南有四漕津与漯水相连[67]。东周时期齐国的食盐就通过济水输往中原地区。元代修挖疏浚的小清河,在元明清时期,俗称为"盐河"或运盐河[68],济阳、齐东县以东的大清河(或即古漯水),也被当时人称为"盐河"[69],即运送食盐之河道。学者多谓大清河为济水故道,但有学者已经指出,小清河为济水故道,大清河为古漯河河道[70]。就大体河流走向看,上述看法大体不谬。但是,邹平境内以东,现小清河河道内发现了多处南北朝隋唐寺院(高青县胥家庙、博兴县瞳子寺等遗址),商周时期城址、墓地(以上如高青县陈庄、博兴县东关、寨卞,广饶县草桥、大桓台等遗址),下游河道上还见成片的、规模巨大的盐业聚落群(如广饶县东赵、东北坞、南河崖、坡家庄、东马楼盐业遗址群,古代下游河道水呈漫流状态,其两岸应不太适合建设盐场),结合《水经注》等文献记录,原济水故道还应靠北些,大体应在现高青县城南侧、博兴县东北吕艺镇、广饶县陈官以北的支脉河附近。而漯水应在其北的今黄河河道一带。目前,发现最为密集、规模最大的制盐作坊群位于小清河与支脉河周围,如东赵、东北坞、坡家庄、刘集及刘庄等,与之对应的盐工定居地村落、内陆腹地聚落群规模也很大,并呈条带状向西延伸。这一区域内聚集了若干处规模巨大的制盐作坊群,上百处功能不一的商代聚落,并与腹地一带邹平、章丘、济阳、济南、齐河、长清、平阴、阳谷的商代聚落连成一片(见图7.5—1)。这里应为经古济水和漯水河向安阳殷都运送盐制品的通道。

此外,从空间分布上看,莱州湾南岸中部的双王城、央子等制盐作坊群远离通往中原地区的河道。但沿着泰沂山地前缘也分布着殷墟时期聚落群,这些聚落从潍坊、昌乐、青州、临淄、张店、邹平[71]以南山前地带向西经章丘、济南、在向西南至长清、平阴、到达河南北部,空间上基本呈条状分布。每隔一段距离就有出土青铜礼器的高等级聚落的存在,自东向西有苏埠屯、涝洼⑫、唐山、史家、涧溪⑬、大辛庄⑭、刘家⑮、郝庄、小屯（兴复河）⑯、崮山、孝里⑰、洪范⑱等，这些青铜器各有自己的徽识符号，说明它们分属不同族群。这些聚落一方面位于石料和森林资源丰富的山前丘陵地带，一方面处于古今东西交通要道上⑲。这里可能也是莱州湾沿海地区向西运送盐制品的一条主要陆路通道(图7.5－1)。

　　总之，殷墟时期，至少有5条运盐之路通向中原腹地，尤其是安阳殷都王畿区及周围地区。

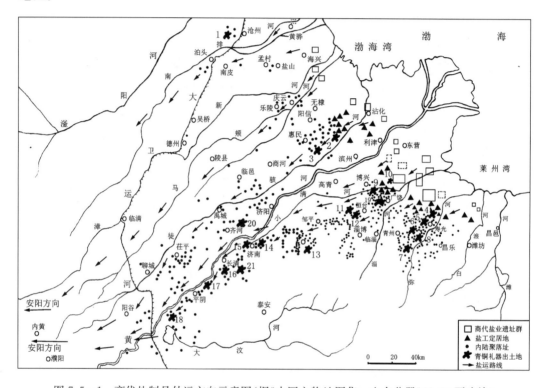

图7.5－1　商代盐制品外运方向示意图(据《中国文物地图集·山东分册》58、59页改绘)

1. 倪杨屯；2. 兰家；3. 大郭；4. 古城；5. 桑家庄；6. 于家；7. 涝洼；8. 苏埠屯；9. 寨卜；10. 花官；11. 史家；
12. 唐山；13. 涧溪；14. 大辛庄；15. 刘家；16. 小屯；17. 孝里；18. 洪范；19. 西华；20. 郝庄；21. 崮山

六　周初渤海南岸地区盐业生产性质

　　渤海南岸地区及内陆腹地的大多数聚落由商代晚期延续到西周初期，说明当时的社会发展情势一直延续到这个阶段、社会基层组织结构未发生很大变化。但是西周早期考古学文化发生了些变化，盐业规模却缩小、盐业归属问题也就有了变动。

　　商王朝灭亡后，莱州湾沿岸及腹地西周早期考古学文化面貌突然复杂起来，既有商文化的延续,又有当地文化的因素,还开始出现了少量周文化的面貌。自济南以东的地区至少存在土著式(夷人式)、商式和周式三大制陶工业,它们三足鼎立,并各有自己相应的陶器群。其中,商式和土著式陶器的比重相对较大些,周式陶器发现的数量虽不是很多,但较典型,说明周人的势力已到达该地区。周人灭商后,在东土商人势力范围及聚落人口密集区域分封了一些姬姓国、姻亲国和功臣,在鲁北地区主要是齐和纪(可能还有逢)。西周中期及以后,在各地的陶器呈现出以周式陶器为标准的“周式化”过程的同时,村落居址也发生了巨变,西周早期聚落几乎没有能够延续到西周中期。这些说明这个时期社会组织结构发生了重组,这可能与当时社会通过强制性搬迁原住居民进行社会重构以推行国野制度有关[30]。

与殷墟时期相比,渤海南岸盐业生产即西周早期第三阶段开始,制盐方式和盐业生产组织虽未发生大的变化,但盐业聚落群和制盐单元数量明显减少。五期后段,黄河三角洲一带已基本不见这个时期的制盐遗存,莱州湾南岸地区的盐业聚落群和制盐单元数量也明显减少,还出现了多个盐业聚落群合并、整合的现象。这种现象的出现可能与当时的政治格局发生了变化有关。周王朝取代了商王朝,国家的政治、经济、人口中心由东方迁至西部的关中地区,其他地区(比如晋南盐池)制盐业的兴起,渤海南岸地区由国家盐业生产中心变为区域生产中心和若干个封国所有。随着盐制品供应范围的变化,需求量减少,制盐规模也就随之逐渐缩小。尽管后期文献中说“太公至国…通商工之业,便鱼盐之利”(《史记·齐太公世家》),积极发展盐业生产,但该地制盐业还是衰落了。西周中期至春秋晚期,该地已不见规模化的制盐遗存了。制盐业的再次崛起要等到春秋末期、战国时期了[31]。

关于渤海南岸地区西周早期盐业的归属问题。先秦西汉文献说齐太公受封于鲁北营丘一带,之后丁公、乙公、癸公、哀公四君均都于此。营丘所在位置,有临淄齐故城、昌乐营陵、章丘东平陵附近、寿光窝宋台、昌乐河西、青州臧台等说。当然,至于齐国初封是否在山东[32],学术界也有争议。最近在山东高青陈庄的考古发掘,西周早期贵族墓葬出土铜卣上有“丰肇作文祖甲齐公尊彝”铭文[33],说明齐国初封就在鲁北一带,齐国早期都城也与此不远。综合商末周初鲁北古国、族群分布和文化发展态势看,齐国的领土范围应在古济水下游一带[34]。如是,黄河三角洲地区的西周早期盐业生产属于齐国没有问题。考古和文献资料还表明整个莱州南岸地区还有纪国、莱国以及从商代末期延续下来的一些古国。也就是说,西周早期莱州湾沿岸一带制盐业多隶属于这些国家而不只是齐国。

注释:

① 徐基《山东商代考古研究的新进展》,三代文明研究委员会编《三代文明研究》(一),科学出版社,1999 年,第
257～268 页;陈淑卿《山东地区商文化编年与类型研究》,《华夏考古》2003 年第 1 期,第 52～68 页;中国社会

科学院考古研究所《中国考古学·夏商卷》,中国社会科学出版社,2003年,第313~315页。

② 邰向平《商系墓葬研究》,北京大学考古文博学院2007年博士学位论文,第101、114、210、237页;胡进驻《殷墟晚商墓葬研究》,北京师范大学出版社,2010年,第243~249、266~268页。

③ 邰向平《商系墓葬研究》,科学出版社,2011年,第154~157页。

④ 刘绪《2004年度夏商周考古重大发现点评》,北京大学震旦古代文明研究中心编《古代文明研究通讯》总第26期,2006年,第16~17页;

⑤ 如郭妍利《也论苏埠屯墓地的性质》,中国社会科学院院考古研究所夏商周考古研究室编《三代考古》(三),科学出版社,第247~272页。

⑥ 关于该地区卜骨卜甲,见朴载福《中国先秦时期的卜法研究——从考古资料探讨卜用甲骨的特征与内容》,北京大学考古文博学院2008年博士学位论文,第269、279页。

⑦ 山东省文物考古研究所等《山东潍坊会泉庄遗址发掘报告》,《山东省高速公路考古报告集(1997)》,科学出版社,2000年,第119~132页;北京大学考古实习队、烟台市博物馆《烟台芝水遗址发掘报告》,《胶东考古》,文物出版社,2000年,第96~250页。

⑧ 李学勤《有逢伯陵与齐国》,《古文献丛论》,上海远东出版社,1996年,第103~109页。

⑨ 如《左传》昭公九年:"及武王克商,薄姑、商奄,吾东土也";《左传》昭公二十年:"昔爽鸠氏始居此地,季荝因之,有逢伯陵因之,蒲姑氏因之,而后太公因之";《今文尚书序》"成王既践奄,将迁其君于薄姑,周公告召公,作《将薄姑》"(《将薄姑》原文已佚),"周公在丰,将没,欲葬成周。公薨,成王葬于毕,告周公,作《亳姑》"(《亳姑》原文已佚);《汉书·地理志》齐"…汤时有逢公柏陵,殷末有薄姑氏,皆为诸侯,国此地。至周成王时,薄姑氏与四国共作乱,成王灭之…";《今本竹书纪年》周武王"…十六年…秋,王师灭薄姑";

⑩ 徐天进《周公庙遗址的考古所获及反思》,北京大学震旦古代文明研究中心编《古代文明研究通讯》总第29期,2006年,第23页。

⑪ 王光永《陕西宝鸡戴家湾出土商周青铜器调查报告》,《考古与文物》1991年第1期,第3~22页;顾颉刚《周公东征和东方各族的迁徙》,《文史》第二十七辑,中华书局,1988年,第1~14页。

⑫ 王晖《盘古考源》,《历史研究》2002年第2期,第3~19页。

⑬ 劳榦《论齐国的始封和迁徙及其相关问题》,《食货月刊》1984年第14期7、8月合刊,第294~300页。

⑭ 钟柏生《殷商卜辞地理论丛》,(台北)艺文印书馆,1989年,第104~106、152、213、214、230、278、354页。

⑮ 郑杰祥《商代地理概论》第三、四章,中州古籍出版社,1994年,第219、379页。郑认为齐地在河南临济城一带。

⑯ 李学勤《有逢伯陵与齐国》,《古文献丛论》,上海远东出版社,1996年,第103~109页。

⑰ 李学勤《商代夷方的名号和地望》,《中国史研究》2006年第6期,第3~7页;方辉《从考古发现谈商代末年的征夷方》,《东方考古》第1集,科学出版社,2004年,第249~262页。

⑱ 李学勤《重论夷方》,《走出疑古时代》(修订本),辽宁大学出版社,1997年,第331~336页。

⑲ 杜正胜《古代社会与国家》,(台北)允晨文化出版,1992年,第223~269页。

⑳ 李学勤《杞妇卣》,见《四海寻珍》,清华大学出版社,1998年,第114~115页;李学勤《重论夷方》,《走出疑古时代》(修订本),辽宁大学出版社,1997年,第331~336页。

㉑ 容庚编著,张振林、马国权摹补《金文编》,中华书局,2005年,第1063页;丁山《甲骨文所见民族及其制度》,中华书局,1999年,第114~115页。

㉒ 李学勤《四海寻珍——流散文物的鉴定和研究》,清华大学出版社,1998年,第43页;李学勤、艾兰《欧洲所藏中国青铜器遗珠》,文物出版社,1995年,第316页;杜迺松《记九象尊与四蛇方瓺》,《文物》1973年12期,

第 62～63 页。

㉓ 任亚珊等《1993～1997 年邢台葛家庄先商遗址、两周贵族墓地考古工作的主要收获》,《三代文明研究》(一),
科学出版社,1999 年,第 7～25 页。

㉔ 郑杰祥《商代地理概论》第四章,中州古籍出版社,1994 年,第 346 页。

㉕ 钟柏生《殷商卜辞地理论丛》,艺文印书馆,1989 年,第 273 页。

㉖ 韩明《山东长清、桓台发现商代青铜器》,《文物》1982 年第 1 期,第 86～87 页;王宇信《山东桓台史家〈戍宁
觚〉的再认识及其启示》,张光明等主编《夏商周文明研究——97'山东桓台中国殷商文明国际学术讨论会》,
中国文联出版社,1999 年,第 15～29 页;严志斌《商代的"戍"》,宋镇豪等主编《纪念殷墟 YH127 甲骨坑南
京室内发掘 70 周年论文集》,文物出版社,2008 年,第 242～249 页。

㉗ 丁山《甲骨文所见民族及其制度》,中华书局,1999 年,第 96 页。

㉘ 方辉《商周时期鲁北地区海盐业的考古学研究》,《考古》2004 年第 4 期,第 53～67 页。

㉙ 冯时《古文字所见之商周盐政》,《南方文物》2009 年第 1 期,第 57～71 页。

㉚ 徐基《山东商代考古研究的新进展》,三代文明研究委员会编《三代文明研究》(一),科学出版社,1999 年,第
257～268 页;陈淑卿《山东地区商文化编年与类型研究》,《华夏考古》2003 年 1 期,第 52～68 页;任相宏《泰
沂山脉北侧商文化遗存之管见》,张光明等主编《夏商周文明研究——97'山东桓台中国殷商文明国际学术
讨论会》,中国文联出版社,1997 年,第 54～64 页;任相宏《从泰沂山脉北侧的商文化遗存看商人东征》,《中
国文物报》1997 年 11 月 23 日第三版;方辉《商王朝经略东方的考古学观察》,荆志淳等编《多维视域——商
王朝与中国早期文明研究》,科学出版社,2009 年,第 70～84 页;中国社会科学院考古研究所《中国考古学·
夏商卷》,中国社会科学出版社,2003 年,第 201～203、263～264、313～315 页;高广仁《海岱区的商代文化遗
存》,《考古学报》2000 年第 2 期;高广仁、邵望平《海岱文化与齐鲁文明》第六章,商代东土的方国文明,江苏
教育出版社,2005 年,第 207～284 页;邵望平《商王朝东土的夷商融合》,山东大学东方考古研究中心编《东
方考古》第四集,第 95～103 页;许宏《对山东地区商代文化的几点认识》,山东大学历史系考古教研室编《纪
念山东大学考古专业创建 20 周年文集》,山东大学出版社,1992 年,第 244～256 页。

㉛ 如:王迅《东夷文化与淮夷文化研究》,北京大学出版社,1994 年,第 40～47 页;王立新《试论早商文化文化的
分布过程》,许倬云主编《中国考古学的跨世纪反思》下册,商务印书馆,1999 年,第 335～362 页。

㉜ 张学海《论四十年来山东先秦考古的基本收获》,《海岱考古》第一辑,山东大学出版社,1989 年,第 334～
337 页。

㉝ 刘绪《商文化在北方的进退》,"周边与中心:殷墟时期安阳及安阳以外地区的考古发现与研究"学术研讨会
论文,2006 年,台北。

㉞ 刘绪《商文化在西方的兴衰》,"纪念殷墟发掘八十周年学术研究会"论文,2008 年,台北;刘绪《商文化在北方
的进退》,"周边与中心:殷墟时期安阳及安阳以外地区的考古发现与研究"学术研讨会论文,2006 年,台北;
中国社会科学院考古研究所《中国考古学·夏商卷》,中国社会科学出版社,2003 年,第 304～325 页,书中也
认为,洛阳、长江中游、苏北地区已不见晚商文化;但文中所提出的老牛坡类型已非商文化,所列标本多属西
周时期,安徽江淮地区"晚商文化"大城墩类型,列举的陶器均为西周时期;燕生东、王琦《泗水流域的商
代——史学与考古学的多重建构》,《东方考古》第四集,科学出版社,2008 年,第 117～153 页;燕生东《江苏
地区的商文化》,《东南文化》2011 年第 6 期,第 48～56 页。

㉟ 中国社会科学院考古研究所河南一队、商丘地区文物管理委员会《河南柘城孟庄商代遗址》,《考古学报》
1982 年 1 期,第 49～70 页,图版拾。

㊱ 河南省文物研究所《河南省鹿邑栾台遗址发掘简报》,《华夏考古》1989 年第 1 期,第 9～11 页。

㊲　北京大学考古学系、商丘地区文管会《河南夏邑清凉山遗址发掘报告》，北京大学考古系编《考古学研究》
　　（四），科学出版社，2000 年，第 491、492 页。

㊳　山东大学东方考古研究中心《大辛庄遗址 1984 年秋试掘报告》，《东方考古》第四集，科学出版社，2008 年，第
　　467、471 页。

㊴　山东大学东方考古研究中心等《济南市大辛庄商代居址与墓葬》，《考古》2004 年第 7 期，第 25～33 页。

㊵　山东省文物考古研究所刘延常先生提供线索，笔者于 2009 年冬到莒南县博物馆查看了相关样本。

㊶　江苏省文物工作队《江苏新海连市大村遗址勘查记》，《考古》1961 年第第 6 期，第 321～323 页，图版拾。一
　　座残墓中出土铜鼎 4、甗 3 件，报告定为西周时期，冯峰博士认为属殷墟一期，可从。

㊷　谷建祥、尹增淮《江苏沭阳万北遗址试掘的初步收获》，《东南文化》1988 年第 2 期，文中公布了陶甗、鬲、簋和
　　罐的照片，第 49、50 页；南京博物院《江苏沭阳万北遗址新石器时代遗存发掘简报》，《东南文化》1992 年第 2
　　期，第 124～133 页；邹厚本主编《江苏考古五十年》，夏商周章节，南京出版社，2000 年，第 143、144 页。

㊸　王爱东《盐城首次出土一批商代文物》，《中国文物报》1996 年 9 月 29 日第一版；盐城市博物馆 韩明芳《江苏
　　盐城市龙岗商代墓葬》，《考古》2001 年第 9 期，第 87～90 页。简报出示的鬲口沿为圆唇，袋足，无实足根，但
　　从发表在《中国文物报》图片上看，口沿与足均已残。

㊹　燕生东、王琦《泗水流域的商代——史学与考古学的多重建构》，《东方考古》第四集，科学出版社，2008 年，第
　　117～153 页。

㊺　20 世纪 60 年代山东省文物考古研究所等单位调查所获这个时期的两件陶簋，现藏于山东省文物考古研
　　究所。

㊻　2003 年北京大学考古文博学院与山东省考古研究所发掘资料，现藏于山东省文物考古研究所临淄工作站。

㊼　北京大学、山东省文化局于 1965、1966 年考古调查、试掘资料，现藏于山东省文物考古研究所临淄工作站。

㊽　寿光县博物馆《寿光县古遗址调查报告》，《海岱考古》第一辑，山东大学出版社，1989 年，第 54 页，图十七：3，
　　图绘制不准；贾效孔主编《寿光考古与文物》，中国文史出版社，2005 年，彩版十九：3；笔者在寿光博物馆见到
　　了这两个遗址的调查材料。

㊾　沧州市文物保护管理所、沧县文化馆《河北沧县倪杨屯商代遗址调查简报》，《考古》1993 年第 2 期，第 117～
　　121 页。

㊿　沧州地区文管所《孟村回族自治县高窑庄遗址调查简报》，《文物春秋》1993 年第 3 期，第 8～10 页。

○51　冯时《古文字所见之商周盐政》，《南方文物》2009 年第 1 期，第 59～71 页。

○52　冯时《古文字所见之商周盐政》，《南方文物》2009 年第 1 期，第 59～71 页。

○53　钟柏生《史语所所藏殷墟海贝及其相关问题初探》，《"中央研究院"历史语言研究所集刊》第 64 本第三分，
　　1993 年；伍献文《记殷墟出土之鱼骨》，《中国考古学报》第四册，1949 年，第 139～144 页；杨钟健、刘东生《安
　　阳殷墟之哺乳动物类补遗》，《中国考古学报》第四册，1949 年，第 145～154 页。

○54　如中国社会科学院考古研究所编著《安阳殷墟花园庄东地商代墓葬》，科学出版社，2007 年，第 22、23 页；中
　　国社会科学院考古研究所编著《殷墟发掘报告 1958～1961》，文物出版社，1987 年，第 159、160 页。

○55　黎翔凤《管子校注·地数篇》，中华书局，2004 年，第 1367 页。

○56　杨升南《甲骨文中的舟和商代的水上交通运输工具》，宋镇豪等主编《纪念殷墟 YH127 甲骨坑南京室内发掘
　　70 周年论文集》，文物出版社，2008 年，第 193～203 页。

○57　（北魏）郦道元注，（清）杨守敬、熊会贞疏，段熙仲点校、陈桥驿复校《水经注疏》卷五、卷八、卷九、卷十，江苏
　　古籍出版社，1999 年，第 381～522、703～1018 页；（北魏）郦道元注、（清）王士铎图、陈桥驿校释《水经注图》，
　　山东画报出版社，2003 年，第 2、3、19、38 页；岑仲勉《东周黄河未徙以前的故道》，见《黄河变迁史》第七节，人

民出版社,2004年,第171~234页;史念海《论〈禹贡〉的导河和春秋战国时期的黄河》,《陕西师范大学学报(哲社版)》,1978年第1期,第28、45~66页;谭其骧《〈山经〉河水下游及其支流考》、《西汉以前的黄河下游河道》,见《长水集》,人民出版社,1987年,第39~86页;刘起釪《〈禹贡〉兖州地理丛考》,《文史》第三十辑,中华书局,1988年,第25~45页。

⑤⑧　刘起釪《卜辞的河与〈禹贡〉大伾》,《古史续编》,中国社会科学出版社,1991年,第477、478页。

⑤⑨　郑杰祥《商代地理概论》,第四章第一节,关于卜辞所记黄河下游部分河道的探讨,中州古籍出版社,1994年,第349~351页。

⑥⓪　岑仲勉《东周黄河未徙以前的故道》,见《黄河变迁史》第七节,人民出版社,2004年,第171~234页;史念海《论〈禹贡〉的导河和春秋战国时期的黄河》,《陕西师范大学学报(哲社版)》,1978年第1期,第28、45~66页;谭其骧《〈山经〉河水下游及其支流考》、《西汉以前的黄河下游河道》,《长水集》(下),人民出版社,1987年,第39~86页;刘起釪《〈禹贡〉兖州地理丛考》,《文史》第三十辑,中华书局,1988年,第25~45页。

⑥①　刘起釪《九河考》,《古史续编》,中国社会科学出版社,1991年,第544~573页。

⑥②　郑杰祥《商代地理概论》,第一章第一节,王畿以内的山川河流,中州古籍出版社,1994年,第44~75页。

⑥③　河北省文物研究所、隆尧县文物保管所《隆尧县双碑遗址发掘报告》,河北省文物研究所编《河北省考古文集》,东方出版社,1998年,第133~153页。

⑥④　李开岭《山东禹城、齐河县古遗址调查简报》,《考古》1996年第4期,第8~15页。

⑥⑤　陈昆麟等《聊城荏平古文化遗址调查简报》,《考古与文物》1998年第1期,第22~37页;陈昆麟《山东荏平李孝堂遗址的调查》,《华夏考古》1997年4期,第1~7页。

⑥⑥　孙淮生、吴明新《山东阳谷、东阿县古文化遗址调查》,《华夏考古》1996年第4期,第19~26页。

⑥⑦　刘起釪《〈禹贡〉兖州地理丛考》,《文史》第三十辑,中华书局,1988年,第45页。

⑥⑧　任宝祯编《小清河史志辑存》第57页引(明)嘉靖年间修《山东通志》山川篇,第92页引(清)道光年间修《济南府志》卷六山水篇,济南出版社,2008年。

⑥⑨　任宝祯编《小清河史志辑存》第36页引(清)乾隆年间修《大清一统志》卷一百二十六,济南出版社,2008年。

⑦⓪　任宝祯编《小清河史志辑存》第113、114页引(清)乾隆年间修《历城县志》卷八转引胡渭《禹贡锥指》,济南出版社,2008年

⑦①　目前,邹平境内已发现了殷墟时期聚落30余处,见A山东大学历史系考古专业等《山东邹平县古文化遗址调查》,《考古》1989年第6期,第505~523页;B山东省文物考古研究所等《山东邹平县古文化遗址调查简报》,《华夏考古》1994年第3期,第1~13页。

⑦②　周庆喜《山东青州市发现"鱼伯己"铜瓯》,《考古》1999年第12期,第53页。瓯圈足内有"鱼且己"铭文,"鱼"为徽识符号。

⑦③　常兴照、宁荫堂《山东章丘出土青铜器述要兼谈相关问题》,《文物》1989年第6期,第66~72页;王善荣等《山东章丘明水镇出土青铜提梁卣》,《考古与文物》2004年增刊,第10、11页。涧溪(墓地)出土青铜卣1、瓯2件,其中卣盖和底有铭文或徽识符号"宁"或"贮"。

⑦④　大辛庄是中商时期鲁北地区的一个中心,最近考古发现了带有文字的卜甲、出土青铜礼器的墓葬,铜器上也有徽识符号,这些显示出,大辛庄在殷墟时期也是一个等级较高的重要聚落。见山东大学东方考古研究中心等《济南市大辛庄遗址出土商代甲骨文》,《考古》2003年第6期,第3~6页;山东大学东方考古研究中心等《济南市大辛庄商代居址与墓葬》,《考古》2004年第7期,第25~33页;山东大学历史文化学院、山东省文物考古研究所《济南大辛庄遗址139号商代墓葬》,《考古》2010年第10期,第3~6页。

⑦⑤　李晓峰、杨冬梅《济南刘家庄商代青铜器》,《东南文化》2001年第3期,第22~26页。据简报,1972、1974、

1976 年修挖地下防空隧道发现了铜器近 20 件,能够修复成型的有鼎 3、簋 1、爵 3、觚 2、卣盖 1、甗算 1、弓形器 1、戈 1 件,时代分属殷墟二、三期,说明这些铜器应出土于不同墓葬单位,这里应有规模稍大的墓地。卣盖、簋上的"役"徽识符号也见于殷墟墓地内。2010 年发掘的中,又发现商代数座墓葬,出土一批青铜器、玉器,铜器上有族徽、铭文。

⑯　山东省文物管理处、山东省博物馆《山东文物选集(普查部分)》,文物出版社,1959 年,第 23~28 页;山东省博物馆《山东长清出土的青铜器》,《文物》1964 年第 4 期,第 41~47 页。1957、1964 年,长清兴复河北岸的小屯一带出土一批铜器,计青铜礼器 21 件,兵器 58 件,工具类 11 件,车马器 14 件。青铜礼器有圆鼎 2、方鼎 2、爵 5、觚 3、觯 3、提梁卣 2、贯耳卣 1、罍 1、豆 1 件。其中,方鼎、罍、卣、爵、觚、觯上有"举"字徽识,多还有"亚?(不识)"徽识符号。

⑰　长清孝里出土了殷墟时期的铜爵,上也有徽识符号,现藏于长清博物馆。

⑱　平阴县博物馆筹备处《山东平阴洪范商墓清理简报》,《文物》1992 年 4 期,第 93~96 页。殉人残墓内出土了青铜鼎、觚、爵、削等,爵鋬内有"子羲(?)"徽识符号。

⑲　侯仁之《淄博市主要城镇的起源和发展》,《历史地理学的理论与实践》,上海人民出版社,1984 年,第 339 页,图二。

⑳　蓝秋霞《山东地区西周陶器研究》,2004 年山东大学历史文化学院硕士论文,第 47~61 页。

㉑　燕生东、田永德等《渤海南岸地区发现的东周时期制盐遗存》,《中国国家博物馆馆刊》2011 年第 9 期,第 68~91 页。

㉒　傅斯年《大东小东说——兼论鲁、燕、齐初封在成周东南后乃东迁》,《历史语言研究所集刊》第二本第一分,1930 年;又见傅斯年《民族与古代中国史》,河北教育出版社,2002 年,第 79~89 页。傅认为齐在成周之南的吕地,后吕以新就大国,定宅济水,乃用新号齐国。

㉓　山东省文物考古研究所《山东高青县陈庄西周遗址》,《考古》2010 年第 8 期,第 27~34 页;山东省文物考古研究所《山东高青县陈庄西周遗存发掘简报》,《考古》2011 年第 2 期,第 3~21 页;李学勤、刘庆柱等《山东高青县陈庄西周遗址笔谈》,《考古》2001 年第 2 期,第 22~32 页。

㉔　关于齐国早期都城和疆域,将另文详论。

第八章　结　语

　　包含黄河三角洲和莱州湾沿岸的渤海南岸地区,特殊的地理环境与气候条件形成了丰富的、高浓度的制盐原料——浅层地下卤水。滨海平原面积广阔、地势平坦、淤泥粉砂土结构致密、渗透率小、降水稀少、雨水集中、年蒸发量远大于年降水量、光照充足、风多,不仅有利于盐业生产设施的建造和维护,也利于卤水的蒸发。生长在滨海平原上的柽柳、芦苇等植物是煮盐的燃料来源及建筑辅助用材。但该地区特殊的地理环境非常不利于盐业的大规模化生产。生活和生产物资及淡水资源的极度匮乏,恶劣的气候环境将严重影响盐工们的日常生活和定居;洪水导致的下游河道河水漫流、特大型河流如黄河尾闾间的左右摆动,以及频发的风暴潮不仅给盐业设施,而且也会给盐工生活、居住地甚至生命安全将带来毁灭性威胁。因此,该地区特殊的资源与环境表明制盐工艺流程有异于其他地区,更重要的是滨海平原上大规模化盐业生产,不仅要依托于相邻内陆地区社会经济的发展,而且还要需要一个统一的社会组织来集中化管理、分配和运作生活与生产物资的流通,并完成盐制品的短途和长途外运。

　　多年的考古调查工作在莱州湾滨海平原上仅发现了十多处龙山时期制盐遗址[①]。这个时期盐业遗存堆积薄,规模小,分布稀疏。如果把这些看做是渤海南岸地区早期盐业开发的话,商周时期则是该地区盐业生产的第一个鼎盛时期。

　　根据各类遗址的分布区域、堆积性质、出土遗物特点、延续年代、聚落结构以及经济形态等功能上差异,可把渤海南岸地区的商周时期聚落遗址(群)自沿海至内陆分为三区:分布海积和海河积平原上的盐业遗址群、分布于盐业遗址群的内侧即今咸淡水分界线两侧的聚落遗址群、像链条状环绕在上述两区遗址群内侧的内陆腹地聚落遗址群。这些遗址出土盔形器与伴出的日用器皿可分为连续发展的五期,其中第一至四期分别相当于殷墟一至四期,第五期为西周早期。这三区的聚落群同时出现,并延续了整个殷墟时期,部分还至西周早期,说明它们之间关系非同一般。

　　滨海平原上的商周时期盐业遗址分布范围非常大,东至昌邑的虞河,经潍坊市滨海经济开发区(原潍坊市寒亭区)、寿光、广饶,向西过小清河,再向北经东营、垦利、利津、沾化、无棣、庆云等县市,最北至河北的海兴、黄骅一带,横跨250余公里。盐业遗址多以群的形式出现,每群一般有十几处、几十处盐业遗址组成,规模宏大。每处遗址群的面积从上百平方公里、数十平方公里至数平方公里不等。就空间分布、煮盐工具盔形器形态特征、盐业聚落群延续年代及所依附的咸淡水分界线两侧和内陆腹地聚落群等诸方面分析，渤海南岸地区的盐业遗址群大至少可分四个大区，每大区内可分若干大群，一是莱州湾南岸地区的寿光市、潍坊市滨海开发区一带，如东北坞—南河崖、双王城—大荒北央、杨家—王家庄、央子等盐业聚落群；二是莱州湾南岸与黄河三角洲交接地区的广饶县、东营市一带，如东赵—王家岗、坡家庄、刘集、刘庄盐业聚落群；三是黄河三角洲的沾化和利津县一带，如杨家、洋江等盐业聚落群，四是黄河三角洲北部无棣、庆云、黄骅和海兴一带，如齐周务、车镇、海兴东南、黄骅南排河等盐业聚落群。每处盐业聚落群内，同时共存着 20～40 处制盐作坊，30～50 处制盐单元（即生产单位）。这些大区、大群之间，年代基本同时，从殷墟一期延续至西周早期。

目前看来，每处盐业遗址即制盐作坊的规模不是很大，一般在 4000～6500 平方米之间，有一个制盐单元。一个制盐作坊内只有一处制盐单元（生产单元）是当时的常例。少部分面积在上万平方米、制盐作坊内则包含 2～4 处制盐单元。每处制盐作坊的延续时间较短，仅一、两个期段，约上几十年或上百年左右。制盐作坊群在分布上一般由早到晚从内陆向海岸一带逐渐移动。若干处制盐遗址发掘、调查和钻探情况显示，不同区域和不同时期的盐业聚落群内，制盐单元结构基本相同：卤水坑井、盐灶、灶棚以及附属于盐灶的工作间、储卤坑等位于地势最高的中部，以之为中轴线，卤水沟和成组的坑池对称分布在南北两侧，而生产垃圾如盔形器碎片、烧土和草木灰则倾倒在盐灶周围空地与废弃的坑池、灰坑内。此外，灶棚内的空地可以作为盐工的临时住所以及仓储使用，具有房屋的功能。从制盐单元的结构和相关遗存的科学分析，可大体复原当时的制盐流程：春季盐工从井内取出卤水，倒入沉淀池过滤、净化；卤水在蒸发池内风吹日晒，形成高浓度的卤水；盐工把制好的卤水放入盐灶两侧的储卤坑，在椭圆形和长方（条）形灶室上搭设网状架子，网口内铺垫草拌泥，其上置放盔形器；在工作间内点火，往盔形器内添加卤水，卤水通过慢火熬煮成盐。夏初雨季来临之前，盐工们把煮好的盐制品运出，撤离制盐场所。盐业生产的时间集中在每年的春季至夏初，其特征有规律的、固定性的、周而复始的季节性制盐。

每一制盐单元占地面积在 2000 平方米左右，每个盐灶的面积在 30～40 平方米，不同地区和不同时期的盐业聚落群内，制盐单元和盐灶结构与面积基本相同，说明当时存在着某种规制。通过测量和计算，无论盔形器的体量因不同区域或不同时代如何变化，每个盐灶置放的盔形器数量都在 150～200 个，每次举火煮盐所获数量都在千斤左右。这不仅是由生产方式决定的，而且主要可能反映的是一种定制的存在。经计算，双王城一带每年盐产量就达四、五万斤，而整个在渤海南岸地区年产量至达数十万斤左右，数量也是相当惊人的。据制卤和煮盐过程、运送盐制品和盔形器所需人数推算，每个制盐单位有盐工 10 人左右,仅双王城就有盐工四五百人,而整个渤海南岸地区,直接参与盐业生产的人数应在数千人以上。这些人每年消耗的粮食也要在数百万斤以上,搭设盐棚所需直径达 40 多厘米的木材要上万根,这些均需从内陆输入。繁琐的制盐工艺流程需要盐工们掌握一定的技术和经验,一个制盐单元内部还需要分工好、协调好。而且,一个个规模巨大的盐业作坊群内的盐业生产更需要有人来组织好、管理好。

就共时性和历时性而言,各盐业聚落群存在着五个较为稳定的发展阶段:一期至三期前段为第一阶段,三期前段至四期前段为第二阶段,四期前段至五期前段为第三阶段,五期前段至五期中段为第四阶段,五期中段至五期后段为第五阶段。第一阶段,每处盐业聚落群下可划分若干制盐作坊小组群,每小组群大约有四五处制盐单元,很有规律性。而从第二阶段开始,盐业聚落群下划分小组群的数量明显减少,一般为两三个,每组群所包含的制盐单元规模却增多,一般 10~20 处,有的甚至达 30 处之多。如果说每个生产单元或制盐作坊属于盐业生产的一级社会组织单位的话,那么,包括若干处生产单元或制盐作坊的小组群应代表着较高一级的生产组织单位,而整个制盐作坊群又代表着更高一级的生产组织。如是,每处制盐作坊群则至少包含了三级生产组织单元。

一处制盐单元(往往就是一个制盐作坊)有盐工数量在 10 人左右,是当时最基本的盐业生产组织单位,这正好相当于盐工定居地内一个社区单元的劳力人数。该级组织应由经验丰富的、技术熟练的盐工具体负责。包含着 2 至 4 个同时的生产单元的制盐作坊,有盐工人数 20 至 40 名,他们可能是生活同一村落(或多个村落)内某社区组织的劳力。其内生产协作和生产、生活物资的调配,应由一名地位较高的人专门负责。

有若干处制盐作坊组成的小组群则代表着第二级盐业生产组织。第一阶段,每处盐业聚落群内的该级组织数量多,规模较小,大约有四五处制盐单元,盐工人数在四、五十名,这与盐工定居地多个聚落内劳力总人数相当,该级可能有村落级内的首领负责。而从第二阶段开始,盐业生产组织管理方面较前一阶段发生了变化,每处盐业聚落群下内包含的该级组织数量减少,这一级盐业生产组织单位数量增多,盐工人数在二三百名。如此规模的盐工数量,应是来自若干处盐工定居地聚落内的劳力,并有专职人员负责盐业生产、操作相关物资的流动以及配发生活和生产物资。

整个盐业聚落群(即制盐作坊群)属于第三级盐业生产组织。渤海南岸地区同时期存在着至少十几个规模较大的、独立的、互不隶属的盐业生产组织。每个盐业聚落群包含了数十处制盐作坊和生产单元,有盐工四、五百名。如此规模规模的盐工人数,显然是来自咸淡水交界线两侧某区域聚落群内的劳力。其组织应当由生活在咸淡水分界线两侧各区域高等级聚落内的贵族专职负责和管理。

但自第三阶段即西周早期开始,盐业聚落群和制盐单元数量明显减少。五期后段,黄河三角洲一带已基本不见这个时期的盐业遗址,莱州湾南岸的制盐作坊和制盐单元数量也逐步减少,还出现了多个盐业聚落群合并、整合的现象。这种现象的出现可能与当时的政治格局发生了变化有关。

分布在咸淡水分界线两侧的聚落遗址,一般规模不大,多在1万平方米左右,每个聚落均包含有房屋、院落、窑址、窖穴、取土坑、墓葬以及生产、生活垃圾,时间从殷墟一期延续四期,部分遗址还到西周早期。表现的是一个稳定的、长期的生产和生活消费单位。这些遗址内出土的盔形器占整个陶器群总的50%上下,完整盔形器数量较多,但均没有二次使用过的痕迹;生产垃圾内还多见窑壁、窑汗以及因烧制温度过高导致烧坏、烧熘、烧变形的盔形器,有些遗址内还发现了陶窑,说明这些聚落为制盐场所专门烧制盔形器。遗址内出土的收割工具如石制、蚌制刀、镰和加工修理刀镰的工具较多,而掘土工具较少,显示居民还要刈草积薪为来年煮盐做准备。

出土动物遗存中除家养的牛、羊、猪、狗外,野生哺乳类动物所占比例较高,大约占在40%~50%左右,动物的种类构成比较庞杂,居民的食肉量也偏高。这些显示动物饲养和渔猎活动在当时生业活动所占比重较高。值得注意的是牛、猪、狗、鹿类动物骨骸如头骨、肢骨和头骨部分缺失,而这部分骨骸恰恰出现在盐业遗址群内。居民饲养家畜、渔猎动物不仅自己食用,还为制盐场所内盐工筹备肉食。

遗址内还出土了代表较高身份的原始瓷器和玉钺等,拥有贵重物品的这类人可能负责和管理着聚落内生产和生活活动。规模稍大的聚落内存在着几个较为独立的生产和生活社区单位,每个社区单元还可以划分出更小的社群单元,每个社群单元各有自己的房屋和院落、窖藏、墓葬、生产和生活垃圾倾倒区。每个社区组织人口包含了成年男女和儿童,人口在数十人,劳力10人左右,这与滨海平原上的一个制盐单元所需劳力相符。

几乎每处聚落群内都有一个特殊聚落,这类聚落规模大,内部结构布局异于一般聚落,功能区有明显的规划,有专门的居住区、贵族墓葬区、平民墓葬区、生产作坊区。贵族墓葬内还出土了青铜容礼器和兵器,礼器上有族徽符号,说明它们属于不同族群。这类聚落等级上要明显高于周围等一般村落,应管理和控制盐业生产,并操作着相关生产和生活的物资分配和流动等。

从空间关系和出土盔形器特征来,分布在咸淡水分界线两侧的聚落群多与目前所发现的盐业聚落群相对应。已有的资料表明,一个规模较大聚落群可能对应着一、二处的制盐作坊群群,换句话说,聚落群内的等级较高的聚落如兰家、花官、古城可能统辖着一个或两处的制盐作坊群。

目前,在制盐作坊群和盐工生活居地内侧的内陆地区发现了十余处聚落群,在空间分布上,这些聚落群向海一面与盐工居住区聚落连成一片,很难分出界线。向内陆的一面还与相关聚落群连为一体。在时代上也是与盐业作坊群和盐工定居地同时共存。

这些聚落分布非常密集,往往在上百平方公里范围内就集聚着30余处聚落,聚落间距一般 2～3 公里，比较有规律，显示出聚落在分布上有一定的规划。聚落规模比盐工定居地大，面积(不含墓地)在 3～6 万平方米间，每个聚落都包含房子、水井、灰坑、窖穴、墓地和生产、生活垃圾堆积，个别聚落还有壕沟、陶窑、石器制作场。聚落内布局有明显的规划，一般分为居住区、窖藏区、取土区、垃圾倾倒区以及可能还有专门的制陶、制石作坊区，墓地则位于居住区一侧。经过详细考古工作的遗址，年代都包含了殷商文化一至四期和西周早期，特殊功能和较高等级的聚落也未发生过更替，说明当时的聚落是稳定的，其所代表的社会组织建构也是稳定的。

这些遗址出土陶器中，盔形器的比重在 5% 以内，完整者多出土于水井内，盔形器作为汲水工具使用。出土的动物遗骸显示，家养动物的比例占到 90% 左右。各聚落内内均出土了一定数量的铲、镰、刀类农耕用具，表现出稳定的农耕聚落特征。济南大辛庄商代中晚期和高青陈庄西周早期出土植物遗骸鉴定结果显示，当时种植的农作物有粟、黍、稻、小麦、大豆和大麻，其中，粟和黍出土概率最高，应是当时人们食用的主要粮食。该地区生产的粮食显然是咸淡水分界线两侧聚落和制盐场所工作人员生活的主要来源。

各聚落间不仅有生业形态上的差异，而且还有政治、文化、宗教功能等级上的区分。每处聚落群中有一个或多个出土青铜容礼器和兵器(多见于贵族墓葬)的聚落，这些聚落往往围以环壕，应该属于等级较高的聚落。各高等级聚落出土青铜器上还有不同的徽识符号，说明各个聚落群隶属于不同族群。但内陆地区还存在着凌驾于各区高等级聚落群之上的更高层次的聚落，如莱州湾南岸中部地区的苏埠屯，黄河三角洲中部地区的大郭及二者之间的贤(嫌)城(或可能就是文献中的薄姑国)等。从更高层面看，它们各自统辖着所在区域内的盐业生产以及生产、生活物资的调配，控制着食盐向商都安阳与王畿地区的运输等活动。

这三大区聚落同时共存，在生业经济形态、政治、社会组织等功能上又相互依赖。而且，这三大区聚落群同时出现，分布又很有规律性，像是一次统一规划的结果。因而，可把渤海南部地区商周时期聚落视为一个整体。

商文化发展、扩张的第二阶段，商人的势力已经到达渤海沿岸和莱州湾沿岸一带，其东界具体在今白浪河流域一线。但这个时期聚落分布比较分散，数量少，目前只发现了十几处，聚落规模也不大，文化堆积单薄，延续时间不长，人口数量似乎不会太多。多年的田野工作显示，滨海平原上并未出现这个时期制盐遗存，这说明，这时期商人还没有开发和利用当地的盐业资源。

殷墟时期(即商文化发展、扩张的第三阶段)，商人在北方、西方、南方、东南部地区(包括山东南半部)，势力退缩，唯在渤海南岸地区却突然极度强盛起来，目前已发现殷墟文化遗址达数百处。该地区短时间内集聚了大量聚落和人口，应是外来人员在短时间内从周围地区集中迁入的结果。渤海南岸各遗址内出土的陶器、石器(如石镰)、玉器、卜骨、卜甲的种类和形体特征属于商文化,渤海南岸地区殷墟时期所见墓葬,其埋葬习俗如腰坑、殉狗、殉人、棺椁及随葬品组合,青铜爵、觚搭配为核心且呈多等量配置,铜器上的徽识符号、日名等均属于商人系统。还有只有殷墟墓葬中才见的陶质觚、爵、圈足盘等明器。各个高等级聚落出土青铜器的徽识符号还多见于殷墟甲骨文和青铜器铭文。拥有这些礼器的贵族应是是由商王朝派来,操作和管理着盐业生产和相关的物资流动。有学者认为,商王朝对重要战略物资的追逐和控制是通过文化扩张、人口迁移和核心地区的政治中心在周边地区建立据点或城池②,这种看法是恰当的。

此时,渤海南岸地区成为商王朝直接控制的、唯一的产盐之地和唯一能通往海洋之地方。基于沿海平原上盐业资源的开发,与之相邻的咸淡水分界线和内陆腹地的聚落和人口空前增多,社会、经济与文化得到了长足发展,渤海南岸地区及腹地就形成了以沿海盐业生产和盐工定居地为导向的聚落分布格局。在其辐射下,泰沂山脉北麓、济南、德州、菏泽及沧州西南部,商文化也迅速发展起来,聚落和人口数量显著增多。来自商王朝的一些王族、族群和封国驻地大都布局在这一区域核心内。殷墟时期,渤海南岸及相邻内陆腹地成为东方甚至整个商王朝境内的人口最为密集,经济、文化最为发达和轴心地区之一。

渤海南岸地区属于殷墟时期商王朝的盐业生产中心,由商王派遣的官员、王族、族群与分封来的方国组织、管理操作着盐业生产、相关物资的物流与盐制品的外运,商王不仅亲自视察盐田,派大臣敛取盐卤,王朝内还有专司盐业的大臣。总之,渤海南岸地区的盐业被商王朝牢牢控制之下。

殷墟时期渤海沿岸滨海及内陆地区,人、盐、食物、木材、生产工具,可能还有相关运输工具——这六样成为流动的风景,且是一种季节性的、有层次的、有序的结构性流动。向东、向北沿海地区流动的是粮食、煮盐工具盔形器、木材以及各类用具,从滨海平原向南、西南内陆地区流动的盐制品。春季来临,盐工们从定居地出发,带着生产、生活用品、煮盐工具、木材来到滨海平原的盐业生产基地,搭建灶棚,修挖盐灶,掘井整池修滩,从事盐业生产;夏季,盐工们把生产的盐制品集中运往那些具有政治和物资流通中心及交通枢纽地位的高等级聚落内,再由此通过济水、漯水、古徒骇河、黄河支津等水道,以及沿泰沂山地北缘和西北缘陆路向内陆与安阳殷都远距离运输。秋季后,内陆地区生产的粮食、加工好的木材等生产、生活物资则运往盐工定居地。

显然,支撑这种流动的是分布在咸淡水分界线两侧的盐工居住地聚落,而物资流动的中枢点就是管辖各个盐业作坊群和各盐工定居点村落的一个个高等级聚落,甚至还包括内陆地区各聚落群内的高等级聚落。这里是物流集散地,来自内陆的地区的粮食、主要生产工具(如石器)、木材、贵重物品甚至本地区制作的生产和生活用具在这里集中后,再分发到各个盐工定居地聚落内,由他们各自带往制盐场所。而各个盐业生产之地运来的盐制品也在这里集中,再由此通过陆路与水路运往内陆和中原地区。在物资和盐制品的运输线上,沿途上的那些交通要冲也就是出土铜器地区的高等级聚落成为盐制品等物资的中转站。每年至少数十万斤盐制品需向内陆输送,数百万斤粮食和上万根木材向沿海制盐场所输送。这些显然需要一个更强有力的社会组织来协调、统筹和管理。这些艰巨而繁琐的任务可能分别由苏埠屯"亚醜"、大郭"戎"、博兴的"薄姑"国和位于沧州一带的某族群等所负责。

总之,滩涂平坦、盐碱充斥、地下卤水丰富、芦苇茂密、碱蓬丛生、淡水匮乏、旱涝灾频发、潮水倒灌、河水泛滥——这就是包含莱州湾和黄河三角洲地区的渤海南岸地区资源和环境的图景。构成渤海南岸地区古代故事最精彩篇章的,应是殷墟时期和西周早期规模化盐业生产带来的喧嚣和繁华。挖井取卤、整池修滩、刈草煮盐,曾是这个时期该地区民众最主要的经济生活方式。

殷墟时期商王朝对渤海南岸地区的经营和开发,不仅是基于政治上开疆拓土、宣播王化的需要,更主要是对盐业资源的大规模开发。由于国家力量对该地区的介入和对盐业资源的开发,使得这一地区进入了一个全新的历史时期,该地的文化和社会融入了一个庞大的国家控制体系之中。以盐业经营为中心的区域经济社会发展,在鲁北和冀东南的渤海沿岸及内陆腹地,几乎所有的社群和村落都以不同的形式、不同程度地卷入到盐业开发和运营的社会经济活动之中。基于盐业及相关产业的发展和繁荣,渤海南岸及内陆腹地成为东方地区的经济、文化中心,形成了以盐业生产、各类物资流动和盐制品外运为主导的经济、社会发展体系。在商王朝开疆拓土和经营盐业等对该地社会带来重大影响的历史事件发生后,一个经盐制品与中原地区连为一体的社会经济网络,以及规范制盐和食盐运销的控制制度也可能随之建立起来,中国早期盐业官营的雏形也就出现了。

据文献记载,东周时期,齐国境内(主要就是渤海南岸地区)还发生了中国古代盐业史的一次革命——率先实行了"食盐官营",包括食盐的民产、官征收、食盐官府专运专销、按人口卖盐征税等制度。就目前的考古发现而言,东周盐业遗址群的分布范围非常广大,向东跨过胶莱河到达莱州市,经昌邑、寒亭、寿光、广饶县市,向西过小清河,再向北经东营、利津、沾化等县市,最北至河北黄骅和天津静海区一带,横跨 350 余公里。昌邑市唐央、廒里、东利渔,潍坊滨海开发区西利渔、烽台、固堤场、韩家庙子,寿光市单家庄、王家庄、官台、大荒北央,广饶县西马楼、南河崖,东营市刘集,垦利刘庄,利津县南望参、洋江,沾化县杨家,无棣县邢家山子,海兴县杨埕,河北黄骅市郛堤等发现了盐业遗址群。盐业遗址群的数量已达近 30 处,单个遗址数量应在上千处,时代为春秋末期和战国时代。就盐业遗址群分布区域、出土文化遗存性质、盐业生产规模、经营形式与文献记录的契合而言,生产性质应属于齐国盐业。目前看来,东周时期(主要是战国)盐业遗址群的分布范围、整体规模、制盐作坊总数,显示该阶段为渤海南岸地区第二个盐业生产高峰期。渤海南岸地区东周时期盐场内部结构、盐井和盐灶的构造、制盐工具的类型所显示的制盐工艺,以及聚落形态所反映的盐工生活和居住方式虽与殷墟时期、西周早期有异,但是制盐作坊呈群分布,制盐原料使用地下卤水,成盐方式为熬煮,尤其是盐业生产、食盐运输和消费各环节由国家严格控制、管理诸方面,二者还是基本一致的。若说春秋末期和战国时期的齐国盐业生产和相关的管理方法继承、发展了殷墟时期商王朝的盐业制度,应当不为过。

注释:

①　燕生东、兰玉富《2007 年鲁北沿海地区先秦盐业考古工作的主要收获》,北京大学震旦古代文明研究中心编《古代文明研究通讯》总第 36 期,2008 年,第 43～56 页;寿光县博物馆《寿光县古遗址调查报告》,《海岱考古》第一辑,山东大学出版社,1989 年,第 29～60 页;山东大学东方考古研究中心、寿光市博物馆《山东寿光市北部沿海环境考古报告》,《华夏考古》2005 年第 4 期,第 3～17 页;最近在潍坊市央子办事处韩家庙子南、寿光市杨庄北、广饶县东赵村北、丁庄北等地又发现了 4 处龙山时期盐业遗址。

②　刘莉、陈星灿《城:夏商时期对自然资源的控制问题》,《东南文化》2000 年第 3 期,第 45～60 页。

附录一　参考文献

中、日文部分：

班固《汉书·地理志》，中华书局，1995 年。

北京大学考古实习队、烟台市博物馆《烟台芝水遗址发掘报告》，见《胶东考古》，文物出版社，2000 年。

北京大学考古学系、商丘地区文管会《河南夏邑清凉山遗址发掘报告》，北京大学考古系编《考古学研究》（四），科学出版社，2000 年。

滨城文物管理所、北京大学中国考古学研究中心《山东滨州市滨城区五处古遗址的调查》，《华夏考古》2009 年第 1 期。

滨州市文物管理处《滨州市第三次全国文物普查资料汇编》，内部资料，2010 年。

《沧州市志》编纂委员会编《沧州市志》，方志出版社，2006 年。

沧州市文物局《沧州文物古迹》，科学出版社，2007 年。

沧州市文物保护管理所、沧县文化馆《河北沧县倪杨屯商代遗址调查简报》，《考古》1993 年第 2 期。

沧州地区文管所《孟村回族自治县高窑庄遗址调查简报》，《文物春秋》1993 年第 3 期。

曹钢锋等编《山东天气分析与预报》，齐鲁出版社，1988 年。

曹元启《试论西周至战国时代的盔形器》，《北方文物》1996 年第 3 期。

岑仲勉《东周黄河未徙以前的故道》，见《黄河变迁史》，人民出版社，2004 年。

曾仰丰《中国盐政史》，上海书店，1984 年，据商务印书馆 1937 年版复印。

常叙政主编（滨州地区文物志编委会编）《滨州地区文物志》，山东友谊书社，1992 年。

常兴照、宁荫堂《山东章丘出土青铜器述要兼谈相关问题》，《文物》1989 年第 6 期。

昌邑县盐业公司编志办公室《昌邑县盐业志》，内部发行，1986 年。

常玉芝《殷商历法研究》，吉林文史出版社，1998 年。

陈伯桢《中国盐业考古的回顾与展望》，《南方文物》2008 年第 1 期。

陈伯桢《由早期陶器制盐遗址与遗物的共同特性看渝东早期盐业生产》，《盐业史研究》2003 年第 1 期。

陈伯桢《中国早期盐的使用及其社会意义的转变》，《新史学》第 17 卷第 4 期，2006 年 12 月。

陈昆麟等《聊城茌平古文化遗址调查简报》，《考古与文物》1998 年第 1 期。

陈昆麟等《山东茌平李孝堂遗址的调查》，《华夏考古》1997 年第 4 期。

陈淑卿《山东地区商文化编年与类型研究》，《华夏考古》2003 年第 1 期。

陈雪香、方辉《从济南大辛庄遗址浮选结果看商代农业经济》，《东方考古》第四集，科学出版社，2008年。

出土文物展览工作组编《文化大革命期间出土文物》第一辑，文物出版社，1972年。

崔剑锋、燕生东等《山东寿光市双王城遗址古代制盐工艺的几个问题》，《考古》2010年第3期。

丁山《甲骨文所见民族及其制度》，中华书局，1999年。

杜廼松《记九象尊与四蛇方甗》，《文物》1973年第12期。

杜正胜《古代社会与国家》，（台北）允晨文化出版，1992年。

方辉《对区域系统调查法的几点认识与思考》，《考古》2002年第5期。

方辉《从考古发现谈商代末年的征夷方》，《东方考古》第1集，科学出版社，2004年。

方辉《商周时期鲁北地区海盐业的考古学研究》，《考古》2004年第4期。

方辉《商王朝经略东方的考古学观察》，荆志淳等编《多维视域——商王朝与中国早期文明研究》，科学出版社，2009年。

冯时《古文字所见之商周盐政》，《南方文物》2008年第1期。

傅罗文（Rowan FLAD）著，陈伯桢译《新几内亚、乌干达及西罗马帝国的盐业生产、交换及消费》，《盐业史研究》2003年第1期。

傅罗文（Rowan FLAD）等著，袁振东译《中国早期盐业生产的考古和化学证据》，《法国汉学》丛书编辑委员会编《考古发掘与历史复原》，《法国汉学》第十一辑，中华书局，2006年。

傅罗文著，吕红亮译《专业化与生产：若干基本问题以及中坝制盐的讨论》，见四川大学博物馆等编《南方民族考古》第六辑，科学出版社，2010年。

傅斯年《大东小东说——兼论鲁、燕、齐初封在成周东南后乃东迁》，《历史语言研究所集刊》第二本第一分，1930年，又见傅斯年《民族与古代中国史》，河北教育出版社，2002年。

高广仁《海岱区的商代文化遗存》，《考古学报》2000年第2期。

高广仁、邵望平《海岱文化与齐鲁文明》第六章，商代东土的方国文明，江苏教育出版社，2005年。

邰向平《商系墓葬研究》，科学出版社，2011年。

顾颉刚《周公东征和东方各族的迁徙》，《文史》二十七辑，中华书局，1986年。

光明等《桓台史家遗址发掘获重大考古成果》，《中国文物报》1997年5月18日。

广饶县博物馆《山东广饶西杜瞳遗址调查》，《考古与文物》1995年第1期。

广饶县盐务局编《广饶县盐业志》，济南出版社，1994年。

郭妍利《也论苏埠屯墓地的性质》，中国社会科学院考古研究所夏商周考古研究室编《三代考古》（三），科学出版社，2009年。

郭永盛《历史上山东湖泊的变迁》，《海洋湖沼通报》1990年第3期。

郭正忠《中国盐政史》古代篇，人民出版社，1999年。

国家文物局主编《中国文物地图集·山东分册》（上、下册），中国地图出版社，2008年。

海兴县地方志编纂委员会编《海兴县志》，方志出版社，2002年。

韩嘉谷《渤海湾西岸考古调查和海岸线变迁研究》，《一万年来渤海西岸环境变迁对古文化发展的影响》，《北方考古研究（四）》，中州古籍出版社，1997年。

韩有松等《华北沿海中全新世高温期与高海面》,施雅风主编《中国全新世大暖期气候与环境》,海洋出版社,1992 年。

韩有松等《中国北方沿海第四纪地下卤水》,科学出版社,1994 年。

韩友松《第四纪滨海相地下卤水分布、成因与开发》,曾呈奎等主编《中国海洋科学研究及开发》,青岛出版社,1992 年。

韩明《山东长清、桓台发现商代青铜器》,《文物》1982 年第 1 期。

河北省地方志编纂委员会编《河北省志》第 3 卷《自然地理志》,河北科学技术出版社,1993 年。

河北省地方志编纂委员会《河北省志》第 26 卷《盐志》,中国书籍出版社,1996 年。

河北省文物研究所、隆尧县文物保管所《隆尧县双碑遗址发掘报告》,河北省文物研究所编《河北省考古文集》,东方出版社,1998 年。

和歌山县立博物馆、山东省文物事业管理局《中国·山东省の至宝》,和歌山县立博物馆,1998 年。

河南省文物研究所《河南省鹿邑栾台遗址发掘简报》,《华夏考古》1989 年第 1 期。

侯仁之《淄博市主要城镇的起源和发展》,《历史地理学的理论与实践》,上海人民出版社,1984 年。

胡进驻《殷墟晚商墓葬研究》,北京师范大学出版社,2010 年。

胡卫东《潍坊地区商周墓葬出土青铜器述略》,戴维政主编《文博研究》第二辑,文物出版社,2002 年。

胡秉华《山东史前文化遗迹与海岸、湖泊变迁及相关问题》,《中国考古学会第九次年会论文集·1993 年》,文物出版社,1997 年。

黄川田 修《齐国始封地考——中国山东省苏埠屯遗址の性格》,《东洋学报》第 86 卷第 1 号,2004 年。

黄川田 修著,蓝秋霞译《齐国始封地考——山东苏埠屯遗址的性质》,《文物春秋》2005 年第 4 期。

黄骅县地方志编纂委员会《黄骅县志》,海潮出版社,1990 年。

贾效孔主编《寿光考古与文物》,中国文史出版社,2005 年。

贾效孔《商代纪国铜鼎》,戴维政主编《文博研究》第二辑,文物出版社,2002 年。

贾振国《淄川区古遗址调查》,任相宏、张光明等主编《淄川考古》,齐鲁书社,2006 年。

江美华《莱州湾南岸全新世古气候与古湖泊研究》,北京大学环境学院 2004 年硕士学位论文。

江苏省地方志编纂委员会《江苏省志·盐志》,江苏科学技术出版社,1997 年。

江苏省文物工作队《江苏新海连市大村遗址勘查记》,《考古》1961 年第 6 期。

济青公路文物考古队宁家埠分队《章丘宁家埠遗址发掘报告》,《济青高级公路章丘段考古发掘报告集》,齐鲁书社,1982 年。

近藤义郎《土器制盐の研究》,东京,青木出版社,1984 年。

近藤义郎著,陈伯桢译《陶器制盐的研究》,《盐业史研究》2003 年 1 期。

荆志淳等编《多维视域——商王朝与中国早期文明研究》,科学出版社,2009 年。

靳桂云《山东高青县陈庄西周遗址笔谈》,《考古》2011 年 2 期。

孔庆友等编《山东矿床》,山东地下水矿床章节,山东科学技术出版社,2006 年。

蓝秋霞《山东地区西周陶器研究》,山东大学历史文化学院 2004 年硕士学位论文。

劳榦《论齐国的始封和迁徙及其相关问题》,《食货月刊》1984 年第 14 期 7、8 月合刊。

李爱贞等《莱州湾地区干湿气候研究》,山东省地图出版社,1997 年。

李道高等《莱州湾南岸平原浅埋古河道带研究》,《海洋地质与第四纪地质》2000 年第 20 卷第 1 期。

李道高《山东半岛滨海平原全新统研究》,《海洋学报》1995 年第 17 卷第 6 期。

(北魏)郦道元注,(清)杨守敬、熊会贞疏,段熙仲点校、陈桥驿复校《水经注疏》卷五、卷八、卷九、卷十,江苏古籍出版社,1999 年。

(北魏)郦道元注、(清)王士铎图、陈桥驿校释《水经注图》,山东画报出版社,2003 年。

李海荣《"亚媿"铭铜器研究》,《辽海文物学刊》1995 年第 1 期。

李开岭《山东禹城、齐河县古遗址调查简报》,《考古》1996 年第 4 期。

李荣升等《山东海洋资源与环境》,海洋出版社,2002 年。

李文漪等《河北东部全新世温暖期植被与环境》,《植物学报》第 27 卷第 6 期,1985 年。

李水城《盐业考古:一个可为的新的研究领域》,《南方文物》2008 年第 1 期。

李水城、罗泰主编《中国盐业考古——长江上游古代盐业与景观考古学研究》(第一集),科学出版社,2006 年。

李水城《中国的盐业考古及其潜力》,《世界文化的东亚视角——全球化进程中的东方文明》,北京大学出版社,2007 年。

李水城《近年来中国盐业考古领域的新进展》,《盐业史研究——巴渝盐业专辑》2003 年第 1 期。

李水城《中日古代盐业产业的比较观察——以莱州湾为例》,《考古学研究》(6),科学出版社,2006 年。

李水城、兰玉富等《莱州湾地区古代盐业考古调查》,《盐业史研究》2003 年第 1 期。

李水城、兰玉富等《鲁北—胶东盐业考古调查记》,《华夏考古》2009 年第 1 期。

李水城、燕生东《山东广饶南河崖发现大规模盐业遗址群》,《中国文物报》2008 年 4 月 23 日第 2 版。

李绍全等《黄河三角洲上的贝壳堤》,《海洋地质与第四纪地质》1987 年第 7 卷增刊。

李绍全等《黄河三角洲发现古贝壳堤》,《海洋地质与第四纪》1984 年第 4 卷第 2 期。

李学勤《四海寻珍》,清华大学出版社,1998 年。

李学勤《重论夷方》,《走出疑古时代》(修订本),辽宁大学出版社,1997 年。

李学勤《有逄伯陵与齐国》,《古文献丛论》,上海远东出版社,1996 年。

李学勤、艾兰《欧洲所藏中国青铜器遗珠》,文物出版社,1995 年。

李学勤《论新出现的一片征人方卜辞》,《殷都学刊》2005 年第 1 期。

李学勤《商代夷方的名号和地望》,《中国史研究》2006 年第 6 期。

李学勤、刘庆柱等《山东高青县陈庄西周遗址笔谈》,《考古》2011 年第 2 期。

李学训《昌乐县后于刘龙山文化至汉代遗址》,《中国考古学年鉴·1991》,文物出版社,1992 年。

李晓峰、杨冬梅《济南刘家庄商代青铜器》,《东南文化》2001 年第 3 期。

利津县地方史志编纂委员会编《利津县志》(1986～2002),中华书局,2006 年。

黎翔凤《管子校注》,中华书局,2004 年。

临淄文物志编辑组编《临淄文物志》,中国友谊出版公司,1990年。

刘长江、靳桂云、孔昭宸编著《植物考古——种子和果实研究》,科学出版社,2008年。

刘莉、陈星灿《城:夏商时期对自然资源的控制问题》,《东南文化》2000年第3期。

刘起釪《〈禹贡〉兖州地理丛考》,《文史》第三十辑,中华书局,1988年

刘起釪《卜辞的河与〈禹贡〉大伾》,《九河考》,《古史续辨》,中国社会科学出版社,1991年。

刘延常《珍珠门文化初探》,《华夏考古》2001年第4期。

刘树鹏《海兴出土春秋时期"将军盔"》,《燕赵都市报》2006年5月10日。

刘雨《商周族氏铭文考释举例》,《故宫博物院学术文库·金文论集》,紫禁城出版社,2008年。

刘绪《商文化在北方的进退》,"周边与中心:殷墟时期安阳及安阳以外地区的考古发现与研究"学术研讨会论文,2006年,台北。

刘绪《2004年度夏商周考古重大发现点评》,北京大学震旦古代文明研究中心编《古代文明研究通讯》总第26期,2006年。

刘绪《商文化在西方的兴衰》,"纪念殷墟发掘八十周年学术研究会"论文,2008年,台北。

鲁北沿海地区先秦盐业考古课题组(燕生东、兰玉富)《鲁北沿海地区先秦盐业遗址2007年调查简报》,《文物》2012年7期。

卢瑞芳《沧州商周以前古文化遗址的发掘与认识》,三代文明研究编辑委员会编:《三代文明研究》(一),科学出版社,1999年。

栾丰实《商时期鲁北地区的夷人遗存》,三代文明研究委员会编:《三代文明研究》(一),科学出版社,1999年。

(美)马克·科尔兰斯基(Mark Kurlansky)著,夏兰良等译《盐》(Salt A World History),机械工业出版社,2005年。

孟广兰等《渤海Bc-1孔第四纪孢粉组合及古气候》,《海洋与湖沼》1987年第18卷第3期。

(法)皮埃尔·拉斯洛著,吴自选等译《盐:生命的食粮》,百花文艺出版社,2004年。

平阴县博物馆筹备处《山东平阴洪范商墓清理简报》,《文物》1992年第4期。

朴载福《中国先秦时期的卜法研究——从考古资料探讨卜用甲骨的特征与内容》,北京大学考古文博学院2008年博士学位论文。

齐文涛《概述近年来山东出土的商周青铜器》,《文物》1972年第5期。

祁延霈《山东益都苏埠屯出土铜器调查记》,《中国考古学报》第二册,1947年。

青州市博物馆(夏名采)《青州市赵铺遗址的清理》,张学海主编,《海岱考古》,第一辑,山东大学出版社,1989年。

任宝祯编《小清河史志辑存》,济南出版社,2008年。

任相宏《泰沂山脉北侧商文化遗存之管见》,张光明等主编《夏商周文明研究——97'山东桓台中国殷商文明国际学术讨论会》,中国文联出版社,1999年。

任相宏《从泰沂山脉北侧的商文化遗存看商人东征》,《中国文物报》1997年11月23日。

任相宏、曹艳芳等《淄川北沈马遗址的发掘与研究》,任相宏、张光明等主编《淄川考古》,齐鲁书社,2006年。

任亚珊等《1993～1997 年邢台葛家庄先商遗址、两周贵族墓地考古工作的主要收获》,《三代文明研究》(一),科学出版社,1999 年。

容庚编著,张振林、马国权摹补《金文编》,中华书局,2005 年。

荣子录《马跑泉的传说》,尹秀民主编《文博研究集粹》,东营市新闻出版局,1995 年。

山东大学东方考古研究中心等《济南市大辛庄遗址出土商代甲骨文》,《考古》2003 年第 6 期。

山东大学东方考古研究中心等《济南示大辛庄商代居址与墓葬》,《考古》2004 年第 7 期。

山东大学东方考古研究中心《大辛庄遗址 1984 年秋试掘报告》,《东方考古》第 4 集,科学出版社,2008 年。

山东大学历史文化学院、山东省文物考古研究所《济南大辛庄遗址 139 号商代墓葬》《考古》2010 年第 10 期。

山东大学东方考古研究中心、寿光市博物馆《山东寿光市北部沿海环境考古报告》,《华夏考古》2005 年第 4 期。

山东大学东方考古研究中心、寿光市博物馆《山东寿光市大荒北央西周遗址的发掘》,《考古》2005 年第 12 期。

山东大学考古系、山东省文物考古研究所等《山东东营市南河崖西周煮盐遗址》,《考古》2010 年第 3 期。

山东大学历史系考古专业等《山东邹平县古文化遗址调查》,《考古》1989 年第 5 期。

山东大学历史系考古专业《山东邹平丁公遗址第二、三次发掘简报》,《考古》1992 年第 6 期。

山东大学历史系考古专业教研室等《山东邹平丁公遗址试掘简报》,《考古》1989 年第 6 期。

山东滨州市文物管理处等《山东阳信县古文化遗址调查》,《华夏考古》2002 年第 4 期。

山东惠民县文化馆《山东惠民县发现商代青铜器》,《考古》1974 年第 3 期。

山东省博物馆《山东益都苏埠屯第一号奴隶殉葬墓》,《文物》1972 年第 8 期。

山东省博物馆编《山东金文集成》,齐鲁出版社,2007 年。

山东省博物馆《山东长清出土的青铜器》,《文物》1964 年第 4 期。

山东省博兴县史志编纂委员会编《博兴县志》,齐鲁书社,1993 年。

山东省地方史志编纂委员会编《山东省志·地质矿产志》,山东人民出版社,1993 年。

山东省测绘局编制《山东省地图册》,山东省地图出版社,1998 年。

山东省地方史志编纂委员会编《山东省志·自然地理志》,山东人民出版社,1996 年。

山东省东营市地方史志编纂委员会编《东营市县志》,齐鲁书社,2000 年。

山东省德州市文物管理室《山东乐陵、庆云古遗址调查简报》,《华夏考古》2000 年第 1 期。

山东省广饶县地方史志编纂委员会编《广饶县志》,中华书局,1995 年。

山东省惠民县地方史志编纂委员会编《惠民县志》,齐鲁书社,1997 年。

山东省利津县地方史志编纂委员会编《利津县志》,东方出版社,1990 年。

山东省利津县文物管理所《山东四处东周陶窑遗址的调查》,《考古学集刊》第 11 集,中国大百科全书出版社,1997 年。

山东省庆云县县志编委会《庆云县志》,内部发行,1988 年第二版。

山东省寿光县地方史志编纂委员会编《寿光县志》,中国大百科全书出版社上海分社,1992年。

山东省寿光市羊口镇志编委会《羊口镇志》,山东潍坊新闻出版局,1998年。

山东省土壤肥料工作组《山东土壤》,中国农业出版社,1994年。

山东省潍坊市寒亭区史志编纂委员会编《寒亭区志》,齐鲁书社,1992年。

山东省无棣县史志编纂委员会编《无棣县志》,齐鲁书社,1994年。

山东省文物考古研究所等《山东姚官庄遗址发掘报告》,《文物资料丛刊》第5辑,文物出版社,1981年。

山东省文物考古研究所等《山东广饶新石器时代遗址调查》,《考古》1985年第9期。

山东省文物考古研究所等《青州市凤凰台遗址发掘》,张学海主编《海岱考古》,第一辑,山东大学出版社,1989年。

山东省文物考古研究所等《山东邹平县古文化遗址调查简报》,《华夏考古》1994年第3期。

山东省文物考古研究所等《青州市苏埠屯商代墓发掘报告》,张学海主编《海岱考古》第一辑,山东大学出版社,1989年。

山东省文物考古研究所等《山东潍坊会泉庄遗址发掘报告》,《山东省高速公路考古报告集(1997)》,科学出版社,2000年。

山东省文物考古研究所《山东章丘市王推官庄遗址发掘报告》,《华夏考古》1996年第4期。

山东省文物考古研究所、北京大学中国考古学研究中心等《山东阳信县李屋遗址商代遗存发掘简报》,《考古》2010年第3期。

山东省文物考古研究所、北京大学中国考古学研究中心等《山东寿光市双王城盐业遗址2008年的发掘》,《考古》2010年第3期。

山东省文物考古研究所《山东高青县陈庄西周遗址》,《考古》2010年第8期。

山东省文物考古研究所《山东高青县陈庄西周遗存发掘简报》,《考古》2011年第2期。

山东省文物管理处等《山东文物选集·普查部分》,文物出版社,1959年。

山东文物事业管理局编《山东文物精萃》,山东美术出版社,1996年。

山东省昌邑县志编纂委员会《昌邑县志》,内部发行,1987年。

山东省沾化县地方史志编纂委员会编《沾化县志》,齐鲁书社,1995年。

山口县立荻美术馆·浦上纪念馆、山东省文化厅等编《黄河の酒神展》(图录),山口县立荻美术馆·浦上纪念馆,1999年。

邵望平《商王朝东土的夷商融合》,《东方考古》第四集,科学出版社,2008年。

史立本等编《地下水更新技术与黄河三角洲区域治理》,山东大学出版社,2000年。

石家河考古队(赵辉、张弛)《石家河遗址群调查报告》,《南方民族考古》第五辑,1992年。

史念海《论〈禹贡〉的导河和春秋战国时期的黄河》,《陕西师范大学学报(哲社版)》,1978年第1期。

寿光县博物馆《寿光县古遗址调查报告》,张学海主编《海岱考古》第一辑,山东大学出版社,1989年。

寿光县博物馆《山东寿光县新发现一批纪国铜器》,《文物》1985年第3期。

《寿光县盐业志》编写组《寿光县盐业志》,内部发行,1987年。

《寿光市双王城盐业遗址》，山东省文物考古研究所编《考古年报》，2009 年。

《寿光市双王城盐业遗址》，山东省文物考古研究所编《考古年报》，2010 年。

四川省文物考古研究所、北京大学考古文博学院等《中坝遗址的盐业考古研究》，《四川文物》2007 年第 1 期。

司马迁《史记·齐太公世家》，中华书局，1987 年。

宋艳波、燕生东《鲁北地区商代晚期遗址出土的动物遗存》，北京大学震旦古代文明研究中心编《古代文明研究通讯》，总第 35 期，2007 年。

宋艳波、燕生东等《桓台唐山、前埠遗址出土的动物遗存》，《东方考古》第 6 集，科学出版社，2009 年。

宋艳波、燕生东等《鲁北殷墟时期遗址出土的动物遗存》，《海岱考古》第四缉，科学出版社，2011 年。

宋艳波、王青等《山东广饶南河崖遗址 2008 年出土动物遗存分析》，《东方考古》第 7 集，科学出版社，2010 年。

宋达泉主编《中国海岸带土壤》，海洋出版社，1996 年。

孙淮生等《山东阳谷、东阿县古文化遗址调查》，《华夏考古》1996 年第 4 期。

谭其骧《〈山经〉河水下游及其支流考》、《西汉以前的黄河下游河道》，《长水集》，人民出版社，1987 年。

唐际根《中商文化研究》，《考古学报》1999 年第 4 期。

王建国《山东广饶县草桥遗址发现西周陶器》，《考古》1996 年第 5 期。

王国栋《鲁北平原第四纪古地理的演变》，《海洋地质与第四纪地质》1989 年第 9 卷第 2 期。

王光永《陕西宝鸡戴家湾出土商周青铜器调查报告》，《考古与文物》1991 年第 1 期。

巫鸿《从地形变化和地理分布观察山东地区古文化的发展》，苏秉琦主编《考古学文化论集》，文物出版社，1987 年。

王晖《盘古考源》，《历史研究》2002 年第 2 期。

王宏等《环渤海海岸带 14C 数据集（Ⅰ、Ⅱ）》，《第四纪研究》2004 年第 24 卷第 6 期，2005 年第 25 卷第 2 期。

王立新《试论早商文化文化的分布过程》，许倬云主编《中国考古学的跨世纪反思》下册，商务印书馆，1999 年。

王青、朱继平《山东北部商周时期海盐生产的几个问题》，《文物》2006 年第 4 期。

王青、朱继平《山东北部商周盔形器的用途与产地再论》，《考古》2006 年第 4 期。

王青《鲁北地区的先秦遗址分布与中全新世海岸变迁》，周昆叔、莫多闻等主编《环境考古研究》（第三辑），北京大学出版社，2006 年。

王青《山东北部沿海先秦时期海岸变迁与聚落功能研究》，《东方考古》第 3 集，科学出版社，2006 年。

王青等《山东东营南河崖西周煮盐遗址获得考古重要发现》，《中国文物报》2008 年 7 月 11 日第 2 版 。

王恩田《山东商代考古与商史诸问题》，张光明等主编《夏商周文明研究——97'山东桓台中国殷商文明国际学术讨论会》,中国文联出版社,1999年。

王绍鸿《莱州湾西岸晚第四纪海相地层及其沉积环境的初步研究》,《海洋与湖沼》1979年第10卷第1期。

王思礼《惠民专区几处古代文化遗址》,《文物》1960年第3期。

王迅《东夷文化与淮夷文化研究》,北京大学出版社,1994年。

王宇信《山东桓台史家〈戍宁觚〉的再认识及其启示》,张光明等主编《夏商周文明研究——97'山东桓台中国殷商文明国际学术讨论会》,中国文联出版社,1999年。

王善荣等《山东章丘明水镇出土青铜提梁卣》,《考古与文物》2004年增刊。

魏成敏、燕生东等《博兴县寨卜商周时期遗址》,《中国考古学年鉴2003》,文物出版社,2004年。

潍坊市博物馆(曹元启等)《坊子区院上遗址发现商代青铜器》,《海岱考古》第一辑,山东大学出版社,1989年。

潍坊市博物馆《山东潍坊地区商周遗址调查》,《考古》1993年第9期。

无棣县盐务局编著《无棣县盐业志》,山东省地图出版社,2003年。

吴忱、许清海等《黄河下游河道变迁和古河道证据及河道整治研究》,《历史地理》第十七辑,2001年。

伍献文《记殷墟出土之鱼骨》,《中国考古学报》第四册,1949年。

夏名采、刘华国《山东青州市苏埠屯墓群出土的青铜器》,《考古》1996年第5期。

谢治秀主编《山东文物精华品大展》,齐鲁三联印务有限公司,2007年。

许宏《对山东地区商代文化的几点认识》,山东大学历史系考古教研室编《纪念山东大学考古专业创建20周年文集》,山东大学出版社,1992年。

徐基《山东商代考古研究的新进展》,《三代文明研究》(一),科学出版社,1999年。

徐明广《引黄济青工程沿线浅层第四系沉积相和沉积环境》,《海洋地质与第四纪地质》,1988年第8卷第2期。

徐家声《渤海湾黄骅沿海贝壳堤与海平面变化》,《海洋学报》1994年第16卷第1期。

徐天进《周公庙遗址的考古所获及反思》,北京大学震旦古代文明研究中心编《古代文明研究通讯》总二十九期,2006年。

许清海等《25000年以来渤海湾西岸古环境探讨》,《植物生态学与地植物学学报》1993年第17卷第1期。

许清海等《30ka B. P. 来鲁北平原的植被和环境》,梁名胜等主编《中国海陆第四纪对比研究》,科学出版社,1991年。

许青海等《河北平原全新世温暖期的证据和特征》,施雅风主编《中国全新世大暖期气候与环境》,海洋出版社,1992年。

张丕远主编《中国历史气候变化》,山东科学技术出版社,1996年。

徐其忠《从古文化遗址分布看距今七千年～三千年间鲁北地区地理地形的变迁》,《考古》1992年11期。

燕生东、常叙政等《山东阳信李屋发现商代生产海盐的村落遗址》,《中国文物报》2004年3月5日。

燕生东、赵岭《山东李屋商代制盐遗存的意义》,《中国文物报》2004 年 6 月 11 日。

燕生东《山东阳信李屋商代遗存考古发掘及其意义》,《古代文明研究通讯》总第 20 期,北京大学古代文明研究中心,2004 年。

燕生东、袁庆华等《山东寿光双王城发现大型商周盐业遗址群》,《中国文物报》2005 年 2 月 2 日。

燕生东《山东寿光双王城西周早期盐业遗址群的发现与意义》,北京大学震旦古代文明研究中心编:《古代文明研究通讯》总第 24 期,2005 年。

燕生东、魏成敏等《桓台西南部龙山、晚商时期的聚落》,《东方考古》第 2 集,科学出版社,2006 年。

燕生东《全新世大暖期华北平原环境、文化与海岱地区》,周昆叔、莫多闻等主编《环境考古研究》(第三辑),北京大学出版社,2006 年。

燕生东《关于判定聚落面积、等级问题的思考》,《中国文物报》2007 年 2 月 16 日。

燕生东、王琦《泗水流域的商代——史学与考古学的多重建构》,《东方考古》第四集,科学出版社,2008 年。

燕生东、兰玉富《2007 年鲁北沿海地区先秦盐业考古工作的主要收获》,北京大学震旦古代文明研究中心编《古代文明研究通讯》总第 36 期,2008 年。

燕生东《山东地区早期盐业的文献叙述》,《中原文物》2009 年第 2 期。

燕生东、党浩等《山东寿光双王城盐业遗址群》,《中国文物报》2009 年 2 月 17 日,中国十大考古新发现展示材料。

燕生东《渤海南岸地区先秦盐业考古方法及主要收获》,《东方考古》第 7 集,科学出版社,2010 年,第 297~321 页。

燕生东、田永德、赵金、王德明《渤海南岸地区发现的东周时期制盐遗存》,《中国国家博物馆馆刊》2011 年第 9 期。

燕生东《江苏地区的商文化》,《东南文化》2011 年第 6 期。

盐山县地方志编纂委员会《盐山县志》,南开大学出版社,1991 年。

严文明《聚落考古与史前社会研究》,《文物》1997 年第 6 期。

严志斌《商代的"戍"》,宋镇豪等主编《纪念殷墟 YH127 甲骨坑南京室内发掘 70 周年论文集》,文物出版社,2008 年。

杨伯峻《春秋左传注》(修订本),中华书局,1990 年第二版。

杨升南《从'卤小臣'说武丁对西北征伐的经济目的》,台湾师范大学国文系等编《甲骨文发现一百周年学术研讨会论文集》,文史哲出版社有限公司(台北),1998 年。

杨升南《甲骨文中的舟和商代的水上交通运输工具》,宋镇豪等主编《纪念殷墟 YH127 甲骨坑南京室内发掘 70 周年论文集》,文物出版社,2008 年。

杨庆礼主编《黄骅县志》,海潮出版社,1990 年。

杨怀仁等《黄河三角洲地区第四纪海进与岸线变迁》,《海洋地质与第四纪地质》1990 年第 10 卷第 3 期。

杨钟健、刘东生《安阳殷墟之哺乳动物类补遗》,《中国考古学报》第四册,1949 年。

殷之彝《山东益都苏埠屯墓地和"亚醜"铜器》,《考古学报》1977 年第 2 期。

尹秀民主编《广饶文物概况》，内蒙古人民出版社，2001 年。

岳洪彬《殷墟青铜礼器研究》，中国社会科学出版社，2006 年。

张连利等编《山东淄博文物精粹》，山东画报出版社，2002 年。

张林泉主编《中国鲁北盐区遥感调查研究》，山东科学技术出版社，1989 年。

张光直《聚落形态考古》，《考古学专题六讲》，文物出版社，1986 年。

张万春主编《漫话柏寝台》，中国文史出版社，2005 年。

张学海《论四十年来山东先秦考古的基本收获》，《海岱考古》第一辑，山东大学出版社，1989 年。

张学海《张学海考古论集》，学苑出版社，1999 年。

张祖鲁《渤海莱州湾南岸滨海平原的黄土》，《海洋学报》1995 年第 7 卷第 3 期。

赵辉《聚落考古工作方法的尝试》，张忠培、许倬云主编《中国考古学跨世纪的回顾与前瞻》，科学出版社，2000 年。

赵辉《读＜垣曲盆地聚落考古研究＞》，2007 年 11 月 7 日。

赵可夫等主编《中国盐生植物》，科学出版社，1999 年。

赵平安《战国文字中的盐字及相关问题研究》，《考古》2004 年第 8 期。

赵希涛主编《中国海面变化》，山东科学技术出版社，1996 年。

赵希涛、王绍鸿《中国全新世海面变化及其与气候变迁和海岸演化的关系》，施雅风主编《中国全新世大暖期气候与环境》，海洋出版社，1992 年。

郑杰祥《商代地理概论》，中州古籍出版社，1994 年。

中国海湾志编辑委员会《中国海湾志》第三分册，《山东半岛北部和东部海湾》，海洋出版社，1991 年。

中国社会科学院考古研究所河南一队、商丘地区文物管理委员会《河南柘城孟庄商代遗址》，《考古学报》1982 年第 1 期。

中国社会科学院考古研究所编著《安阳殷墟花园庄东地商代墓葬》，科学出版社，2007 年。

中国社会科学院考古研究所《殷墟的发现与研究》，科学出版，2001 年。

中国社会科学院考古研究所编著《殷墟发掘报告 1958～1961》，文物出版社，1987 年。

中国社会科学院考古研究所《中国考古学·夏商卷》，中国社会科学出版社，2003 年。

中国社会科学院考古研究所编著《中国考古学·两周卷》，中国社会科学出版社，2004 年。

钟柏生《殷商卜辞地理论丛》，（台北）艺文印书馆，1989 年。

钟柏生《史语所所藏殷墟海贝及其相关问题初探》，《中央研究院历史语言研究所集刊》第 64 本第三分，1993 年。

周庆喜《山东青州市发现商代铜爵》，《考古》1997 年第 7 期。

周庆喜《山东青州市发现"鱼伯己"铜瓿》，《考古》1999 年第 12 期。

朱继平、王青、燕生东等《鲁北地区商周时期的海盐业》，《中国科学技术大学学报》第 35 卷第 1 期，2005 年。

庄振业等《渤海南岸 6000 年来的岸线演变》，《青岛海洋大学学报》第 21 卷第 2 期，1991 年。

庄振业等《山东半岛西北岸全新世海侵时代的研究》，《第四纪冰川与第四纪地质论文集》（碳十四专集），地质出版社，1987 年。

宗苗淼《多处夏商遗址辉耀沧州历史》，《燕赵都市报》2008 年 9 月 9 日版。

邹衡《试论殷墟文化分期》，《试论夏文化》，《夏商周考古学论文集》（第二版），文物出版社，2001 年。

英文部分：

Eduardo Williams *The Ethnoarchaeology of Salt Production at Lake Cuitzeo*, *Michoacán*, *Mexico*, *Latin American Antiquity*, Vol. 10, No. 4. (Dec. , 1999).

Flad, Rowan K *Specialized Salt Production and Changing Social Structure at the Prehistoric site of Zhongba in Eastern Sichuan Basin*, China. Unpublished PH. D. Dissertation, University of California, 2004.

Jeffrey R. Parsons *The Last Saltmakers of Nexquipayac*, *Mexico——An Archaeological Ethnography*, Ann Arbor, Michigan 2001.

Lin Min *Conquest*, *Concord*, *and Consumption*: *Becoming Shang in Eastern China*. Unpublished PH. D. Dissertation, University of Michigan, 2008.

附录二　山东地区早期盐业的文献叙述

"论者谓古代盐产之富,莫盛于山东;盐法之兴,亦莫先于山东,其信然欤"[①](曾仰丰著《中国盐政史》)。

一　盐业生产情况

山东省三面环海,海岸线长达 3121 公里,占全国海岸线的六分之一。从地质构造和地理单元区划上,可分为沙质基岩质的胶东半岛和淤泥沙质的莱州湾、黄河三角洲地区。这里有取不尽的制盐原料——海水和储藏量巨大的地下卤水[②],胶东半岛海岸线蜿蜒曲折,港湾众多,渤海南部海滩平坦、广阔,非常适合盐业生产。山东沿海一带是古代也是目前中国重要的产盐基地。传说中的炎黄时期,宿(夙)沙氏就在这一带发明了煮海为盐,东周时期,齐国还发生了盐业史的一次革命——率先实行了"食盐官营"。

《世本·作篇》:"宿(夙)沙作煮盐。"《说文解字》:"古者宿(夙)沙初作鬻海盐。"学者多认为宿(夙)沙氏为炎黄时期人。《北堂书钞》卷 146 引齐鲁仲连所著《鲁连子》:"宿沙瞿子善煮盐,使煮滔(渍)沙,虽十宿不能得。"《左传》鲁襄公二、十七、十八、十九年提及了齐灵公的寺人和少傅夙沙卫。说明齐国不仅有宿沙族群的存在,而且他们还可能是世世代代的煮盐专业高手。学者一般都认为宿沙族群生活在齐国沿海一带[③]。宿(夙)沙氏因首创了煮盐,还被后世尊为"盐宗"。

山东沿海地区是为古人所熟知的、著名的古代盐业基地。先秦和西汉文献中多次提到了"青州贡盐"、"幽州鱼盐"、"北海之盐"、"渠展之盐"、"东莱鱼盐"、"齐国鱼盐之地三百里"、"齐之海隅鱼盐之地"等名称。

《禹贡》中记载青州"海滨广斥。……厥贡盐绨",盐是古青州沿海的特产(方物),曾作为贡品献给中央王朝。

《逸周书·职方》和《周礼·夏官·职方氏》说幽州的河、泲、蕳、时河一带,"其利鱼盐"[④],这显示今黄河三角洲一带也盛产鱼盐。

先秦文献《尸子》提及了北海之盐(先秦时期,齐人称渤海为北海),还把桀、纣食用北海之盐作为他们生活奢侈腐化、劳役百姓的证据[⑤]。

《史记·货殖列传》说齐国"带山海,膏壤千里,宜桑麻,人民多文彩布帛鱼盐"。鱼盐丰饶成为了齐国富裕的标志。

汉代文献《史记·齐太公世家》、《史记·货殖列传》和《汉书·地理志》都提到了周初姜太公的"便鱼盐之利"和管仲"设轻重鱼盐之利"政策。齐国通过解决盐的生产、运输和销售,促进了食盐和商业的发展,最终使齐发展为国富民强的东方泱泱大国,齐桓公还成为春秋首霸⑥。

《管子·地数》、《管子·轻重甲》都记载了齐国有"渠展之盐"。管子还把齐国的"渠展之盐"与楚国的"汝汉之金"、燕国的"辽东之煮"并列为当时天下最有价值的物质资源(财富),并鼓吹如果"渠展之盐"利用得当,足以让齐国富国强兵、称霸天下⑦。《管子·轻重甲》还说,齐国在渠展煮盐,征"成盐三万六千锺",销往梁(魏)、赵、宋、卫、濮阳等中原各国(地),"得成金万一千余金"。管仲因首次创制了食盐民产、官收、官运和官销的官营制度(见下),被后世尊为"盐宗"。

《国语·齐语》、《管子·小匡》还提到了齐国东莱(今胶东半岛)之鱼盐⑧。

据《左传·昭公三年》和《韩非子·外储说右上》记载,春秋晚期,田氏为了笼络百姓,对鱼盐实行了不收盐税的惠民手段。

《战国策·齐策一》记载,张仪劝说齐宣王连横秦国,齐乃"献鱼盐之地三百于秦"作为贿质。《战国策·赵策二》云,苏秦鼓吹道,如果赵王听从他的建议,"齐必致海隅鱼盐之地"以示屈服;《战国策·赵策二》,张仪游说道,齐国已"献鱼盐之地"于秦国(表示臣服之意)。这些说明在说客张仪和苏秦眼里,齐之"鱼盐之地"不仅是齐国的财富,也是齐国的象征⑨。

上述历史文献叙述中,我们可以看到齐国北部境内是著名的制盐基地。《国语·齐语》"通齐国之鱼盐于东莱,使关市几而不征,以为诸侯利,诸侯称广焉",《管子·小匡》"通齐国之鱼盐于东莱,使关市几而不正,廛而不税,以为诸侯之利,诸侯称宽焉",说明东莱也从齐国进口食盐,显示出先秦时期胶东半岛的制盐业可能并不发达。因而,我们认为,先秦时期山东地区的盐业生产中心在莱州湾沿岸和今黄河三角洲一带。

西汉初年的私人大盐业主,也主要出自齐国,如《史记·货殖列传》说齐国人刀(刁)闲,利用奴僮,从事煮盐、捕捞和长途贩运,累积资产达"数千万";《史记·平准书》说东郭咸阳,"齐之大煮盐",以煮盐致富,家资"累千金"。东郭咸阳与南阳孔仅还被汉武帝任命为大农令盐铁丞,进行盐铁改革,"募民自给费,因官器作煮盐,官与牢盆",禁止私煮和贩卖食盐,实行食盐官营,增加国家赋税。其盐业改革可能是在东周齐国盐政的基础进行的。

汉及以降,山东的盐业不仅深受国家政治、经济、文化中心发展的变迁和区域经济的影响,而且,食盐的生产、流通、销售也深受国家盐业制度的制约,产盐数量和营销范围甚至制盐方法和制盐工具也受到了严格限定。但是，山东地区仍是最重要的产盐区。

据《汉书·地理志》记载，汉王朝在全国产盐区设置盐官（部分可能为了盐制品的运输），共 37 处，而渤海南部和山东半岛及周围地区，共有 12 处。分别是渤海郡章武县、千乘郡、北海郡都昌县、寿光县、东莱郡曲成县、东牟县、巾弦县、昌阳县、当利县、琅琊郡海曲县、计斤县、长广县等，数量占全国的三分之一。学者们根据其他文献和考古发现，增补盐官至 50 处[⑩]，其中位于山东半岛及周围地区的盐官还有琅琊郡赣榆县（《水经注·沭水》），东海郡伊卢、北蒲、郁州[⑪]。盐官总数达到 16 处，也占全国的近三分之一，占全国海盐的五分之三，可见其重要性。但在 16 处设盐官的郡县中，渤海南部地区只有 4 处，而在胶东半岛和日照、连云港一带却有 12 处。自此，山东地区的制盐中心已经转移到胶东半岛及东南沿海一带。

南燕慕容德至齐地后（401 年），置"盐官于乌常泽，以广军国之用"（《晋书·慕容德载记》）。乌常泽，学者多认为在今寿光清水泊东部的黑冢泊。东魏时期，国家在沧州（今山东乐陵、无棣、河北沧州一带）、青州、瀛州（河北河间）、幽州（北京一带）四州境内"旁海煮盐"，其中在沧州有盐灶数 1484、青州为 546 个，二者相加为四州总数的 80%（《魏书·食货志》）。

据《新唐书》、《元和郡县图志》等记载，唐代在渤海南部、山东半岛沿海设盐官，计有沧州清池（今沧州）、盐山、鲁城（今沧州），棣州蒲台（今博兴）、渤海（今滨州），青州千乘（今广饶）、北海，密州诸城、莒县，莱州掖县、胶水、即墨、昌阳（今莱阳），登州牟平、文登、蓬莱，海州东海、怀仁（今赣榆）等 18 处，占全国海盐生产的五分之二[⑫]。从所设盐官数量看，当时的产盐中心仍在胶东半岛及东南沿海一带。只有到了元明清时期，山东地区的制盐业才又移到莱州湾沿岸和黄河三角洲地区[⑬]。

二　齐国之盐政

《史记·齐太公世家》提到，西周初期"太公至国，修政，因其俗，简其礼，通商工之业，便鱼盐之利，而人民多归齐，齐为大国"。《史记·货殖列传》和《汉书·地理志》也有同样记载，齐太公的政策改革"便鱼盐之利"，或许就是政府参与了盐业的生产和贸易活动。

据《管子·轻重甲》、《管子·地数》、《管子·海王》篇记载[⑭]，东周时期齐国首次施行了食盐官营制度。综合各位学者们的研究，其食盐官营制度主要包含了以下内容[⑮]。首先，食盐的民产、官征收制度。《管子·轻重甲》说"齐有渠展之盐，请君伐菹薪，煮沸水为盐，正（同征）而积之"，"十月始正（征），至于正月，成盐三万六千钟"，盐是征收而来，说明是制盐非官为；又说"孟春既至，农事且起"，"北海之众，毋得聚庸而煮盐"。看来，政府对民产的控制，主要表现为对食盐资源的管理和生产者时间上。其次，实行食盐官府专运，无论本地产还是由外输入,皆由政府统制经营,还利用官府的限产,待食盐价格上涨后,再"以四什之贾(价),循河、济之流,南输梁、赵、宋、卫、濮阳"(《管子·地数篇》)。最后是食盐的官卖,除食盐出口和转手贸易外,管仲特别强调在国内的官卖,按人口卖盐征税。《管子·海王篇》"海王之国,谨正盐筴"。所谓"盐筴"就是按人口册藉出卖食盐,以稳收盐利[16]。曾仰丰先生曾精辟地指出:"管子之意,以盐为人民日用所必需,若明令征税,则人民鲜有不疾首蹙额呼号相告,以图抵抗者,不如寓租税于专卖之中,使人民于不知不觉之间,无从逃脱,则盐利收入,其数必巨,公家不必另筹税源,而国用已足,此乃专卖之优点,故《海王》一篇,实为千古言盐政之祖"[17]。可谓一语中的。

管仲的盐禁制度,在中国盐业发展史上具有重要的地位。食盐之官营,虽不大利于民而大利于国家。自此,秦汉以降的历朝历代,盐业管理制度继承了管仲的食盐官营政策并日趋严密。

《左传·昭公二十年》记载,晏子批评齐景公暴征其私,导致民人苦病,"山林之木,衡鹿守之;泽之萑蒲,舟鲛守之;薮之薪蒸,虞候守之;海之盐、蜃,祈望守之"。这也或可说明当时的盐业活动确实受到过政府的严格控制。据《左传·昭公三年》和《韩非子·外储说右上》记载春秋末期,田氏为了笼络百姓,"鱼、盐、蜃、蛤,弗加于海","泽之鱼盐龟鳖蠃蚌,不加贵于海",施行了与姜齐不同的政策——对盐销售不另加盐税的惠民策略。

传世的"徙盐之玺"铜玺,也证明齐国存在与盐运输有关的官员(见下文)。

三　制盐原料、方法与食盐流通区域

制盐在中国古代社会是一项很重要的产业,但对于早期制盐所需原料、制盐过程,古代文献多语焉不详。到了元代才有海盐生产流程的详细记录(如陈椿的《熬波图》),其过程大体包括建造房屋、开辟滩场、引纳海潮、收草、浇淋取卤(或刮土淋卤)、试卤、最后才煎炼海盐。连云港一带民间流传的熬煎海盐工艺流程为:刈草于荡("荡为草源,草为盐母"),烧灰于场,晒灰淋卤,临卤于池(牢),煎盐于鏊[18]。

目前就我们所了解的知识看来,中国古代沿海的盐业生产,所用原料有海水、地下卤水、盐碱土(斥卤),制盐流程至少包括取卤(如,用灰土、草木灰取海水、盐泽、潟湖水等,用器皿汲取地下卤水等)、制卤(包括净化卤水、淋卤、提高盐水浓度、试卤)、成盐(煮或晒)、包装、储存和运输等过程。

山东地区三面环海,我们会想当然地认为,古代制盐原料必为海水,制法也唯煮煎而已。如上文所提及的宿沙氏煮海为盐。但是,古文献中透露的信息特别复杂。由于原料不同,制盐方法也不一样。所以,我们有必要了解一下早期文献的叙述。

《尚书·禹贡》中记载青州"海滨广斥。…厥贡盐絺",《史记·夏本纪》作"海滨广潟,厥田斥卤",潟即咸卤地,《集解》引郑玄曰"斥谓地咸卤",《说文解字》:"卤,西方咸地也。……东方谓之(斥),西方谓之卤。"全祖望在注释《水经注·胶水》时说^⑲,"斥卤(盐咸土)可煮为盐"。后世也有学者根据渤海南部特殊的地理环境,推测早期煮盐原料为海滩上的盐咸土。

《管子·轻重甲》:"今齐有渠展之盐,请君伐菹薪,煮沛(济)水为盐。"由此,有学者认为当时煮盐原料为沛(济)水,但马非百先生据《管子·轻重乙》"夫海出沛无止,山生金木无息。……沛水之盐以日消"的记载,认为沛水就是卤水^⑳。《管子·戒》还说"草封泽盐者之归之也,譬若市人"(结果垦草成封,就泽而盐的人们,其归附之多,象集市一样)^㉑。高浓度的卤水可能来自海水,也可能来自盐泽和潟湖,甚至是地下卤水。这也说明当时并非直接煮海水为盐。

《水经注·淄水》:"淄水入车马渎,乱流东北,径琅槐故城南,……又东北至皮丘坈入于海"。皮丘坈(坑)靠近渤海。《北堂书钞》一百四十六卷引晋伏琛《齐地记》"齐有皮邱坑,民煮坑水为盐,色如白石,石盐似之",煮盐原料是皮邱坑内水。《水经注·胶水》记载,"胶水北历土山,注于海。海南,土山以北,悉盐坑相承,修煮不辍"。盐坑(坑),明朱谋㙔认为指盐泽^㉒。盐坑(坑)或指盐井。《元和郡县图志》卷十一莱州"平度故城,……城西北有土山,古今煮盐处"。明确指出当时煮盐场所远离海岸。古文献中说该地煮盐原料是皮邱坑或盐坑内水。《太平御览》地部四十引晋代郭缘生《述征记》云"齐人谓湖曰坑",(清)王念孙《读书杂志》曰"坑,大泽也"。煮盐原料为湖或盐泽之水,但不是海水。当然也不排除盐坑(坑)为盐井。

《元和郡县图志》卷十一密州诸城县"县东南一百三十里滨海有卤泽九所,煮盐,今古多收其利"。煮盐原料为盐泽、潟湖中水,也不是海水。《元和郡县图志》卷十七记载,棣州蒲台县"海畔有一沙阜,高一丈,周回二里,俗人呼为斗口淀,是济水入海之处,海潮与济相触,故名。今淀上有甘井可食,海潮虽大,淀终不没,百姓于其下煮盐。"煮盐的原料似乎也不是海水,而是潟湖、盐泽之水。

《新唐书·地理志》记载,贞观年间,"东莱郡掖县有盐井二",首次直接说明这里还有盐井,制盐原料显然就是地下卤水了。

以上的文献记录说明,渤海南部地区,古代制盐原料多不是直接利用海水,而是盐坑、盐泽(沼)、潟湖之水和地下卤水。

《汉书·平当传》:"使行流民幽州,……言渤海盐池可,且勿禁,以救民急"。文中首次提到了盐池,可能是净化卤水和提高浓度用的。《金史·食货志·盐》还记载了一条公案,讲述了山东博兴县李孜"收日炙盐"案,朝廷对李孜非刮鹻非煎所获盐的判刑产生了争议。日炙盐就是凭借"日炙"或日晒制成的海盐^㉓,昭示着新的制盐方法——日晒盐的出现。

山东地区的盐制品除了满足本地区需要外,还销往外地。古文献中反复提到山东地区的鱼盐,说明各地人民很早就熟知这里的食盐。据文献记载,该地还把盐作为贡品献给中央王朝,桀、纣也食用过北海之盐。说明这里的盐很早就运送到过中国古代文明核心地区中原一带。西周早期齐太公便"鱼盐之利"之策,实际上主要就是促进了食盐的外销。《管子·轻重甲》记载齐国"以令粜之梁、赵、宋、卫、濮阳",《管子·地数》也说"修河、济之流,南输梁、赵、宋、卫、濮阳",就是说当时的食盐外销至中原各国。《国语·齐语》说"通齐国之鱼盐于东莱,使关市几而不征,以为诸侯利,诸侯称广焉"(《管子·小匡》与之记载基本相同),就是把齐国的盐运往东莱(山东半岛)各国销售。由于东莱也产盐,所以,学界对上面的两段文字理解还有所不同。汉代,山东的部分食盐可能有中央调拨,分售全国各地。但以后各朝代,山东的食盐主要销往本地及周围地区。

四　出土文字资料所反映的山东盐业

目前,有些甲骨文、金文和竹简文字等数据可能直接或间接涉及山东地区的盐业情况。

《说文解字》:"盐,卤也,天生曰卤,人生曰盐"。东周时期开始出现"盐"字。甲骨文中"卤"字即为"盐"字。"卤小臣其又(有)邑"(《甲骨文合集》5596),杨升南先生认为望乘、妇好、唐才有封邑,拥有邑的"卤小臣",在武丁朝中的地位不会很低的,其职位可能是主掌武丁朝的盐务大臣。"壬午……令弜……取卤。二月"(《甲骨文合集》7022),"取卤"意指商王自产盐地征收取用所需的盐。"(不)氐(致)卤"(《甲骨文合集》19497),"己酉卜,宾,贞戎卤。[?]氐(致)卤五"(《甲骨文合集》7023),"致盐"即指诸侯或臣下、贵族向王贡纳盐物[24]。杨升南等学者认为甲骨文所记录的盐业活动发生在晋西南盐池一带,武丁征伐西北目的之一就是保护那里的盐业资源[25],最近,有学者根据考古发现和晚商考古学文化的分布,认为晚商时期(殷墟时期),商人的势力已退出晋西南地区[26]。但恰巧这个时期,渤海南部沿海地区,殷商文化、经济、聚落突然繁荣起来,出现了多处规模巨大的制盐遗存群,形成了不同功能区聚落格局的形成,说明这里应是商王朝(商代晚期)的盐业生产中心[27]。因此,甲骨文中所提及的盐(卤)业活动可能与这一带有关。

荆门包山二号楚墓第 147 号简[28]有"陈[?]、宋献为(楚)王煮盐于海"一段话,是目前最早的言及煮海盐的记载。林沄先生认为,'陈'字为齐国田氏之陈的写法,陈[?]可能是来自齐国的煮盐技师[29]。

目前见的五枚战国"徙盐之玺"铜玺,赵平安先生认为,铜玺没有边框,上面有突出部分,属于典型的齐玺风格,徙盐应为齐国与盐运输有关的官名[30]。"徙盐之玺"是在食盐的流通过程中使用的官印,其目的是保证盐的正常流通以及有效征税或避免重复征税。

"徙盐之玺"铜玺的发现,从一个侧面也说明东周时期齐国对食盐销售的控制。

传世的汉代早期"琅琊左盐"封泥和"琅琊左盐"、"琅左盐丞"铜印[31],说明了汉代琅琊郡盐官的设立情况。尹湾《东海郡属县乡吏员定薄》内记录了东海郡属县内的盐官人员设置与级别,有长、丞、令史、啬夫、佐[32]。在《集薄》上称盐铁官为"都官",显示这些官员直属于中央政府[33]。这些从一个侧面反映了西汉时期的盐业官营制度。

上世纪 80 年代初莱州(掖县)海边的西由街西村出土了一枚重约 6.5 公斤的特大型铜印,上铸"右盐主官",研究者根据印面上部的兽像和字体特征,认为其时代为东汉或稍晚。铜印是为海盐封包或直接盖印于盐坨上,以便运销时官方核验,防范私盐私贩[34]。

注释:

① 曾仰丰《中国盐政史》,上海书店,1984 年,据商务印书馆 1937 年版影印,第 66 页。

② 韩有松等《中国北方沿海第四纪地下卤水》,科学出版社,1994 年,第 13~20 页。

③ 郭正忠《中国盐政史》古代篇,人民出版社,1999 年,第 19~22 页。

④ 《逸周书·职方》:"东北曰幽州,其山镇曰医无闾,其泽薮曰貕养,其川河泲,其浸菑时,其利鱼盐。"《周礼·职方氏》所记内容与之相同。

⑤ 《尸子》:"昔者桀纣纵欲长乐以苦百姓。珍怪远味,必南海之荤、北海之盐、西海之菁、东海之鲸。此其祸天下亦厚矣。"(佚文)

⑥ 《史记·齐太公世家》:"太公至国,修政,因其俗,简其礼,通商工之业,便鱼盐之利,而人民多归齐。齐为大国"。"桓公既得管仲,与鲍叔、隰朋、高傒修齐国政,连五家之兵,设轻重鱼盐之利,以赡贫穷,禄贤能,齐人皆说。"《史记·货殖列传》:"故太公望封于营丘,地潟卤,人民寡,于是太公劝其女功,极技巧,通鱼盐,则人物归之,襁至而辐凑。故齐冠带衣履天下,海岱之闲敛袂而往朝焉。其后齐中衰,管子修之,设轻重九府,则桓公以霸,九合诸侯,一匡天下;而管氏亦有三归,位在陪臣,富于列国之君。是以齐富强至于威、宣也。"《汉书·地理志》:"古有分土,亡分民。太公以齐地负海潟卤,少五谷而人民寡,乃劝以女工之业,通鱼盐之利,而人物辐凑。后十四世,桓公用管仲,设轻重以富国,合诸侯成伯功,身在陪臣而取三归。故其俗弥侈,织作冰纨绮绣纯丽之物,号为冠带衣履天下。"

⑦ 《管子·地数》:"桓公问于管子曰:'吾欲守国财而毋税于天下,而外因天下,可乎?'……管子对曰:'可。夫楚有汝汉之金,齐有渠展之盐,燕有辽东之煮。此三者亦可以当武王之数。'"《管子·轻重甲》:"管子曰:'阴王之国有三,而齐与在焉。'桓公曰:'此若言可得闻乎?'管子对曰:'楚有汝、汉之黄金,而齐有渠展之盐,燕有辽东之煮。此阴王之国也。……'"

⑧ 《国语·齐语》:"通齐国之鱼盐于东莱,使关市几而不征,以为诸侯利,诸侯称广焉。"《管子·小匡》:"通齐国之鱼盐于东莱,使关市几而不正,廛而不税,以为诸侯之利,诸侯称宽焉。"学者对上文的理解多认为是把齐国的鱼盐销售至东莱(胶东半岛)。

⑨ 《战国策·齐策》:"齐王曰:'齐僻陋隐居,托于东海之上,未尝闻社稷之长利。今大客幸而教之,请奉社稷以事秦'。献鱼盐之地三百于秦也"。《战国策·赵策二》:"(苏秦曰:)'请屏左右,曰言所以异,阴阳而已矣。大王诚能听臣,燕必致毡裘狗马之地,齐必致海隅鱼盐之地,楚必致橘柚云梦之地,韩、魏皆可使割地汤沐之邑,贵戚父兄皆可以受封侯。……'"《战国策·赵策二》:"(张仪曰:)'凡大王之所信以为从者,恃苏秦之计。荧惑诸侯,以是为非,以非为是,欲反复齐国而不能,自令车裂于齐之市。夫天下之不可一亦明矣。今

　　　楚与秦为昆弟之国,而韩、魏称为东蕃之臣,齐献鱼盐之地,此断赵之右臂也。……'"

⑩　陈伯桢《中国早期盐的使用及其社会意义的转变》,《新史学》第 17 卷第 4 期,2006 年,第 54～57 页。

⑪　连云港市博物馆等《尹湾汉墓简牍》,中华书局,1997 年,第 84 页。

⑫　郭正忠《中国盐政史》古代篇,人民出版社,1999 年,第 85～87 页。

⑬　许檀《明清时期山东商品经济的发展》,中国社会科学出版社,1998 年,第 128～129 页。

⑭　《管子》一书的多数篇章属于战国时期文献,而对《管子·轻重》篇的年代,学术界争论较大,有西汉、新莽时
　　期说,有战国说。参考张固也《<管子·轻重>篇成书年代新论》,《国学研究》第十一卷,北京大学出版社,
　　2003 年,第 129～146 页。

⑮　郭正忠《中国盐政史》古代篇,人民出版社,1999 年,第 26～28 页。

⑯　《管子·海王篇》:"管子对曰:'海王之国,谨正(征)盐筴。'……管子对曰:'十口之家,十人食盐。百口之家,
　　百人食盐。终月,大男食盐五升少半,大女食盐三升少半,吾子食盐二升少半。此其大历也。盐百升而釜。
　　令盐之重升加分强,釜五十也。升加一强,釜百也。升加二强,釜二百也。锺二千,十锺二万,百锺二十万。
　　万乘之国,人数开口千万也。禺筴之,商日二百万,十日二千万,一月六千万。万乘之国,正人百万也。月人
　　三十钱之籍,为钱三千万。今吾非籍之诸君吾子,而有二国之籍者六千万。使君施令曰'吾将籍于诸君吾
　　子',则必嚣号。今夫给之盐筴,则百倍归于上,人无以避此者,数也。'"

⑰　曾仰丰《中国盐政史》,上海书店,1984 年,根据商务印书馆 1937 年版影印,第 6 页。

⑱　王志坚《淮盐今古》,中国文史出版社,2005 年,第 30 页。

⑲　郦道元注,杨守敬、熊会贞疏《水经注疏》,江苏古籍出版社,1999 年,第 2284 页。

⑳　马非百《管子轻重篇新诠》,中华书局,1979 年,第 420～421 页。

㉑　本文依赵守正的解释,见赵守正译注《白话管子》,岳麓书社,1993 年,第 127 页。

㉒　郦道元注,杨守敬、熊会贞疏《水经注疏》,江苏古籍出版社,1989 年,第 2284 页。

㉓　郭正忠主编《中国盐业史》古代篇,人民出版社,1999 年,第 411～412 页。《金史·食货志·盐》原文"(大定)
　　二十三年七月(1183 年),博兴县民李孜收日炙盐,大理寺具私盐及刮碱土二法以上。宰臣谓非私盐可比。
　　张仲愈独曰:'私盐罪重,而犯者犹众,不可纵也。'上曰:'刮碱非煎,何以同私?'仲愈曰:'如此则渤海之人恣
　　刮碱而食,将侵官课矣。'力言不已。上乃以刮孜同碱科罪,后犯则同私盐法论。"

㉔　释文依杨升南,见《从'卤小臣'说武丁对西北征伐的经济目的》,台湾师范大学国文系等编《甲骨文发现一百
　　周年学术研讨会论文集》,文史哲出版社有限公司(台北),1998 年,第 221～226 页。

㉕　杨升南《从'卤小臣'说武丁对西北征伐的经济目的》,台湾师范大学国文系等编《甲骨文发现一百周年学术
　　研讨会论文集》,文史哲出版社有限公司(台北),1998 年,第 221～226 页。

㉖　刘绪《商文化在北方的进退》,"周边与中心:殷墟时期安阳及安阳以外地区的考古发现与研究"学术研讨会
　　论文,2006 年,台北。

㉗　燕生东、兰玉富《2007 年鲁北沿海地区先秦盐业考古工作的主要收获》,北京大学震旦古代文明研究中心编
　　《古代文明研究通讯》,总第 36 期,2008 年 3 月,第 43～56 页。

㉘　湖北省荆沙铁路考古队《包山楚简》,文物出版社,1991 年,图版六十七。

㉙　林沄《读包山楚简札记七则》,《江汉考古》,1992 年第 4 期,第 84 页。

㉚　赵平安《战国文字中的盐字及相关问题研究》,《考古》2004 年第 8 期,第 56～61 页。

㉛　牛济普《汉代官印分期例举》,《中原文物》1998 年第 1 期。

㉜　连云港市博物馆等《尹湾汉墓简牍》,中华书局,1997 年,第 84 页。

㉝　朱荣莉《西汉东海郡的海盐生产与管理》,《尹湾汉墓简牍综述》,科学出版社,1997 年,第 154～156 页。

㉞　林仙庭、崔天勇《山东半岛出土的几件古盐业用器》,《考古》1992 年第 12 期,第 1139～1141 页;崔天勇《莱州市出土盐官印考》,山东大学历史系考古教研室编《纪念山东大学考古专业创建 20 周年文集》,山东大学出版社,1992 年,第 372～378 页。

（原文刊于《中原文物》2009 年第 2 期）

后 记

本书是导师赵辉先生指导下的博士学位论文《渤海南岸地区商周时期盐业考古研究》改写而成。

2003年夏,我发掘了阳信县李屋商代遗址和发现了寿光双王城盐业遗址群后,导师赵辉先生就用敏锐的眼光指出了这些发现的重要性,指示我深入做下去。后来,先生不弃我愚钝,招入门下,商定以盐业考古为博士学位论文题目。先生多次亲自与山东省文物考古研究所等单位协商,促成了鲁北沿海地区先秦盐业考古课题的立项,并协调各方面关系,使得野外考古调查和发掘诸项工作得以顺利开展下去。2007、2008年还数次冒着寒暑和风沙亲临寿光双王城工地指导我们的发掘,并到临淄工作站帮着我分析有关考古资料。先生高瞻远瞩地指出了目前盐业考古问题症结所在,提醒我要在田野调查和发掘工作应注意和解决的问题。可以说,渤海南岸地区盐业考古的重要发现,与先生的宏观和具体指导分不开的。先生还就本书结构、章节安排、遣词造句等提出了详细修改意见。总之,这几年我的一点点工作成绩无不凝聚着先生的心血。感激之情,无法用言语表达。

就鲁北沿海地区先秦时期盐业进行考古研究问题,2006年10月初,时任山东省文物考古研究所副所长佟佩华研究员专程到北京拜会赵辉先生和李水城先生,经协商,就山东省文物考古研究所与北京大学考古文博学院合作研究达成了合作意向。由山东省文物考古研究所李传荣所长、北京大学考古文博学院赵辉院长担任课题项目管理人,由佟佩华研究员和李水城教授为课题项目具体负责人。双方还商定了课题项目的人员组成、课题立项、田野工作方法、课题实施年限、研究成果的发表方式以及经费来源、使用和管理等事项。

徐天进先生最终促成了鲁北沿海地区先秦盐业课题在北京大学中国考古学研究中心的立项和本书的出版,还亲自到寿光市双王城田野考古发掘现场指导了我们的工作,并对本书提出了很多建设性的修改意见。

严文明先生也一直关心着渤海南岸地区的盐业考古工作,2004年冬南水北调东线山东段工程文物保护规划汇报会上,先生就高瞻远瞩地指出双王城盐业遗址群发现的重要性,呼吁缩小水库建设规模以保护遗址。2008年冬还不厌其烦地听取了我们的田野工作汇报。2010年春,严文明先生、李伯谦先生还考察了双王城盐业遗址考古发掘现场。

每每向刘绪先生汇报商周时期盐业考古新发现时,他同我一样都怀着激动心情,不断鼓励我们继续开展下去。刘先生还亲临临淄工作站帮助分析陶器的年代和文化性质,两次到寿光双王城、广饶南河崖考古现场指导我们田野工作,撰写文章积极评价渤海南岸地区盐业考古新发现的意义。赵化成、王幼平、杨哲峰先生也到双王城考古工地指导了我们的田野工作。

十多年来,张弛先生一直是我追模的对象。曾多次跟随他在河南邓州八里岗考古发掘。工地上无论遗迹现象多么复杂,他都能够用独特的观察视角和简练的文字叙述,一一化解我们的疑问,让我们豁然开朗。他用聚落角度观察和分析各类遗迹的方法、独树一帜的聚落和经济形态考古研究与叙述方式以及处理各类事务的技巧,让我在渤海南岸盐业田野考古和研究工作获益。

吴小红、雷兴山、方月妹等诸位老师也经常关注着渤海南岸地区盐业考古进展情况,对我们的工作还提出过不少具体建议。考古文博学院金英副书记,在我四年读书生活中提供了许多帮助,还多次关心我的工作进展情况。

本书实际上为教育部人文社会科学重点研究基地北京大学中国考古学研究中心2007年度重大项目"鲁北沿海地区先秦时期盐业考古"阶段成果之一,也是课题组赵辉、李传荣、李水城、佟佩华、崔剑锋、王守功、张振国、兰玉富、党浩等所有参与人员集体合作的成果。北京大学城市与环境学院莫多闻先生、毛龙江博士、郭媛媛博士在双王城遗址群环境方面的研究,山东大学东方考古研究中心靳桂云教授、宋艳波博士对鲁北地区商周时期植物和动物遗存的研究,中国文化遗产研究院李乃胜博士、中国科学院科技史与科技考古系杨益民博士对制盐遗存的相关分析,都给我很多启示。

田野调研工作得到了潍坊、东营、滨州、德州、淄博、济南、沧州等地市及辖区内的县市文物(化)机关和田永德、张文升、贾效孔、常叙政、郑希敏、刘乃贤、潘波、张万春、张淑敏、王晓莲、丁宝谭、王春海、王建国、刘桂芹、荣子录、李开岭、魏兰香、高继喜等干部与专家的积极协调和配合。王德明、赵金、袁庆华、田永德、翟松岩、曹元启、刘建爱、田茂磊、刘凯、袁玉歧、王伟波、张亦军、王震、齐向阳、马赛、贾昌明等参与了野外考古调查,陪着我度过了春日沙土飞扬、夏季烈日炎炎、冬季寒风栗栗,徒步走过了一条条排水沟,经历了种种困难,共同发现了数百处盐业遗址,还把数百袋陶器标本经肩背手提、自行车驮运,蚂蚁搬家似的一袋袋运至临淄工作站,其间艰辛,难以言状。八年来,王德明和赵金分别陪着我调查了寿光市和广饶县的所有盐业遗址群。寿光市委党史办赵守祥主任也关心着盐业考古,还提供了一些资料和工作便利。

野外工作期间,山东省文物考古研究所领导李传荣、佟佩华、郑同修、王守功、张振国,为我联系和协调各县市文物部门负责人,派送车辆,选派技工,使得所有野外和室内工作得以顺利开展。2008 年春夏，与党浩在双王城野外连续发掘工作达 5 个多月，一个个考古新发现带来的喜悦，消解了多风多沙、高温多雨、生活困苦等不便和野外考古工作的孤寂。双王城盐业遗址的发掘被评为"2008 年度全国十大考古新发现"之一，并荣获2007～2008 年度国家文物局田野考古奖二等奖，也许是对我们多年辛勤劳动的一种认可吧。技工石念吉、房成来、张圣现、魏恒川、孙亮慎、张贤英等，无论是野外发掘还是室内整理、器物绘图，他们吃苦耐劳，克服诸多困难，都出色地完成任务，表现出良好的工作作风。发掘期间，山东省文博界的老专家和领导张学海、王永波等先生还多次到考古工地指导了我们的田野工作。

博士论文开题、预答辩、答辩中，还得到了陈星灿、许宏、徐良高、王辉、饭岛武次等诸先生的鼓励、批评和建议。

郭伟民、魏兴涛、张昌平、洪玲玉、吴晓筠、秦岭、张海、朴载福、谢肃、马赛、曲彤丽、袁泉、盛起新、冯峰、孟原召、阎志、舒涛、篠原典生、刘能、张洁、刘静、张莉、杨岐黄、杨清越、施文博、张敏、邰向平、张晓虎、杨颖亮、曹斌、张东、崔天兴、张通、仲召兵、庄奕杰、耿庆刚等校友，或不耐其烦帮我做图表，或翻译外文资料，或为我收集、核对和解释资料，或排列引文目录，或对我的疑问做出解答，对博士学位论文的最终形成起了很大作用。答辩期间，秘书常怀颖博士，帮着做各种繁琐的准备资料，为我节省了很多时间。

山东省文物考古研究所魏成敏、刘延常、孙波、高明奎、李繁玲、董波等不仅提供了一些发掘和调查资料，在临淄工作站整理资料期间，还提供了很多便利和帮助。多年来，张学海和何德亮研究员一直引导着我的研究工作，还时刻关心着我的学业和工作。山东大学东方考古研究中心栾丰实教授允许我观看了邹平丁公遗址的出土资料，王青教授还提供了南河崖等遗址的部分发掘资料。

老同学和老朋友段伦君、赵锋、刘明亮、燕云、王睿、赵新平、秦彧、郭震旦、袁永明、张明东、李旻、王海城、曹大志等也给予了很多便利和鼓励。

本书英文摘要由曲彤丽博士翻译，李旻博士校对。

本书修改中，还得到了山东省政协副主席、教育部人文社会科学重点研究基地山东师范大学齐鲁文化研究中心主任王志民教授、中心常务副主任郭玉峰研究员、程奇立教授的支持和鞭策。

博士学位论文的写作得到了台北石璋如先生考古学纪念奖的资助，本书的出版得到了北京大学震旦古代文明中心的资助。

文物出版社编辑窦旭耀和王霞先生为本书的出版付出了很多努力和心血。

对以上单位和个人，表达我最诚挚的谢意。

特别感谢爱人张小嫚和家人对我多年求学和长期在野外考古工作的支持。

此外，本书部分章节内容曾以作者独立和与他人合作的名义发表在《齐鲁文化研究》

第八辑(《渤海南岸地区商周时期盐业遗址考古发现与研究》)、《古代文明》第八卷(《渤海南岸地区商周时期盐业遗址群结构研究》)、《考古》2010年第3期(《山东阳信县李屋遗址商代遗存发掘简报》、《山东寿光市双王城盐业遗址2008年的发掘》)、《东方考古》第2、7、9集(《桓台西南部龙山、晚商时期的聚落》、《渤海南岸地区先秦盐业考古方法及主要收获》、《渤海南岸地区殷墟时期盐业生产的性质》)上,观点和资料与书中有出入者,均以本书为准。

Abstract

Archaeologists have uncovered several large-scale archaeological sites of salt production from the Shang and Western Zhou period in recent years. This study of settlement archaeology explores these research questions : How was salt systematically produced? What techniques were adopted? How was the salt production socially organized? How do we understand the relationship between the large-scale salt production on the coastal and the inland settlements? Studies on the natural environment, social structure, and patterns of resource exploitation, as well as the chronology and nature of the settlements, are carried out to provide answers to these questions. This research hopes to provide a solid basis for interpreting the social and technical significance of salt production in this region.

The coastal area is advantageous for salt production because of the suitable environment and the brine source in the shallow layer of underground that was easily accessible. However, in the coastal plain, the large-scale salt production has to be attached to the socioeconomic development of inland area due to the lack of certain resources and the harsh environment.

The chronology of the helmet-shaped vessel (used for boiling salt) and household utensils shows that the salt production in the south bank of the Bohai Gulf became highly developed in the Late Shang and early Western Zhou period. The salt workshops within each settlement were similarly structured. The brine pit, salt stove, stove shed, the work area attached to the stove, and the specialized, brine storage pit were all set on high ground. The workshop structure, combined with the scientific analysis on other related archaeological remains, makes it possible to reconstruct the ancient methods of salt production. The output of each workshop during one round of production is estimated to be over a thousand grams, a conclusion reached by measuring the volume of helmet-shaped vessels. The annual production of salt in the region south of the Bohai Gulf, could have reached approximately hundreds of thousands of grams, and thousands of laborers might have been involved in salt production.

The sites concentrated in the Yellow River Delta and the coastal region of Lanzhou Bay. They exhibit the regional variability in terms of the helmet-shaped vessels. Each group of the sites has dozens of salt-working fields, which contain smaller groups of workshops. A workshop is composed of four or five working units. This pattern of structure reveals a three-tiered organization. Other large-scale but independently organized units of salt production are also visible in the whole region south of Bohai Gulf.

The settlements lie adjacent to the boundaries between saltwater and fresh water. They were the seasonal habitation (summer, autumn and winter) of the laborers and their families. The inhabitants produced the helmet-shaped vessels, collected the grass used for fuel, raised livestock, and hunted animals for food. Large settlements included several communities. The high-ranked settlements were very likely to be the organizing and controlling center for salt production and dominated the distribution and flow of resources.

The inland settlements surrounded the sites of salt production and the labor residences. The settlements in each mentioned area display a hierarchical structure in terms of politics, economy, religion and subsistence. The Suzutan and Xiancheng in the coastal region of Lanzhou Bay, Dagon and Niyangtun in the Yellow River Delta, there are higher-ranked settlements overriding others. They are in charge of logistical management and transportation of food, resource and production materials, along with the control of long-distance transportation of salt product from the coast to the inland and the Central Plain area.

The sites of late Shang period in the southern coast of Bohai Gulf and nearby inland area exhibit a similar material culture and burial ritual with those of late Shang sites. The marks and symbols found on bronzes are identified as being from high-ranked settlements. The same markings also appear on oracle bones and bronze inscriptions from Linux. Therefore, researchers can conceptualize a possible scenario wherein Shang Kings sent the nobles to settle in the gulf region. They were the owners of the bronzes and dominated the salt production and flow of resources. The large-scale sites of salt production suddenly emerged in the region south of Bohai during the late Shang period. The number of local settlements and population rapidly increased at this time; simultaneously, the Shang culture and economy rapidly developed in this region. Additionally, the complex settlement pattern, in light of function and organizational structure, appeared. The change of demographic, economic, and social organization indicates the e-mergence of the gulf coast region as a salt production center of Shang dynasty during the late Shang period. All the communities and villages on the southern coast of Bohai and/or the inland were involved in salt exploitation and production, leading to the develop-ment of regional economies. With the great social influence of Shang dynasty through territory-expanding and a developing salt industry, a socio-economic network based on the standard salt production and dominating system of management between this region and Central Plain established itself. The traditional state-controlled salt industry in his-torical China emerged in this circumstance.